CAUSERIES
DU LUNDI

PARIS. — IMPRIMERIE E. CAPIOMONT ET C$^\text{e}$
6, RUE DES POITEVINS, 6

CAUSERIES
DU LUNDI

PAR

C.-A. SAINTE-BEUVE

DE L'ACADÉMIE FRANÇAISE

TROISIÈME ÉDITION

—

TOME TREIZIÈME

—

PARIS

GARNIER FRÈRES, LIBRAIRES-ÉDITEURS

6, RUE DES SAINTS-PÈRES, 6

CAUSERIES DU LUNDI

Lundi, 20 octobre 1856.

LETTRES INÉDITES

DE VOLTAIRE

RECUEILLIES PAR M. DE CAYROL, ANNOTÉES PAR M. A. FRANÇOIS, AVEC UNE PRÉFACE DE M. SAINT-MARC GIRARDIN (1).

La vérité sur les hommes comme sur les choses est difficile à trouver, et quand elle est trouvée une fois, elle n'est pas moins difficile à conserver. Où en est-on sur Voltaire? à combattre encore, à se contredire, à se lancer ce nom à la tête comme une arme de guerre, à s'en faire un signal de ralliement ou une pierre de scandale. Nous demandons la permission, ayant à parler de lui, d'en rester à nos propres impressions déjà anciennes, fort antérieures à des débats récents, et de redire, à propos des volumes aujourd'hui publiés, et sauf les applications nouvelles, le jugement assez complexe que nous avons tâché, durant plus de vingt ans, de nous former sur son compte, de mûrir en nous et de

(1) Deux vol. in-8°, chez Didier, libraire, quai des Augustins, 35.

rectifier sans cesse, ne voulant rien ôter à un grand esprit si français par les qualités et les défauts, et voulant encore moins faire, de celui qui n'a rien ou presque rien respecté, un personnage d'autorité morale et philosophique, une religion à son tour ou une idole.

Il n'y aura d'ailleurs nulle singularité ni originalité en tout ceci. Voilà déjà trois générations, ce me semble, qui se succèdent et dans lesquelles un nombre assez considérable d'esprits partis de points de vue fort différents se sont fait de Voltaire une assez juste idée, mais une idée qui est restée dans la chambre entre quelques-uns et qui a toujours été remise en question par la jeunesse survenante; car les jeunes gens, à leur insu, au moment où ils entrent activement dans la vie, cherchent plutôt dans les hommes célèbres du passé et dans les noms en vogue des prétextes à leurs propres passions ou à leurs systèmes, des véhicules à leurs trains d'idées et à leurs ardeurs : soit qu'ils les épousent et les exaltent, soit qu'ils les prennent à partie et les insultent, c'est eux-mêmes encore qu'ils voient à travers ; c'est leur propre idée qu'ils saluent et qu'ils préconisent, c'est l'idée contraire qu'ils rabaissent et qu'ils rudoient. Voir les choses telles qu'elles sont et les hommes tels qu'ils ont été est l'affaire déjà d'une intelligence qui se désintéresse, et un effet, je le crains, du refroidissement.

Je dis que pendant trois générations successives Voltaire a été sainement apprécié de quelques-uns, bien que ces jugements soient comme en pure perte et qu'ils n'aient pu se consolider encore et s'établir parmi tous. Comptons un peu. De son vivant, il a été parfaitement jugé et connu, tant pour ses bonnes qualités que pour ses défauts, pour ses belles et charmantes parties que pour ses folies et ses détestables travers, par des personnes de sa société, et, jusqu'à un certain point, de ses amis. Qui voudrait recueillir dans les correspondances du temps les mots et les jugements de madame Du Deffand, du président Hénault et autres de ce monde-là sur Voltaire, les jugements du président de Brosses, de Frédéric, de madame de Créqui (j'en ai donné des échantillons), quiconque ferait cela aurait l'idée d'un Voltaire vrai, non convenu, non idéalisé et ennobli par l'esprit de parti, et auquel on laisserait toutefois la gloire entière de ses talents. Mais cette opinion de quelques témoins clairvoyants et bien informés se transmit peu. L'éloignement où Voltaire se tint dans ses dernières années, la révérence qu'il inspirait de loin, dans son cadre de Ferney, aux générations nouvelles qui n'avaient rien vu de sa pétulante et longue jeunesse, le concert de louanges que sa vieillesse habile et infatigable avait fini par exciter en France et en Europe, tout prépara l'apothéose dans laquelle il s'éteignit et contre laquelle bien peu de protestations alors s'élevèrent. Cependant il avait contre lui au fond, même dans le parti de la philosophie dès lors triomphant, les disciples et les sectateurs de ce Rousseau qu'il avait méconnu et outragé. Après que la Révolution eut fait son œuvre de ruine, bien des anciens adorateurs de Voltaire se détachèrent de son culte plus qu'à demi; ils sentirent le prix des institutions qu'il avait imprudemment sapées; ils se dirent qu'il les aurait, lui aussi, regrettées comme ils les regrettaient eux-mêmes; on se rendit mieux compte de ses inconséquences, et, en gardant de l'admiration pour l'esprit inimitable et séduisant, on en vint à le juger avec une sévérité morale justifiée par l'expérience. Marie-Joseph Chénier continuait de tout admirer de Voltaire, et l'Épître qu'il lui adressa put devenir le programme brillant du peuple des voltairiens: mais les gens de goût et dont en même temps l'esprit s'ouvrait à des aperçus d'un ordre plus élevé, des hommes tels que M. de Fontanes, par exemple, savaient fort bien concilier ce que méritait en Voltaire l'auteur charmant, et ce qui était dû au satirique indécent, au philosophe imprudent, inexcusable. Dans cette seconde génération, Voltaire trouva donc des juges très-éclairés, très-équitables de mesure, et qui surent faire les deux parts.

Quant à ce que j'appelle la troisième génération, et dans laquelle je prends la liberté de ranger les gens de mon âge à la suite de ceux qui ont une dizaine d'années de plus, c'est moins d'une admiration excessive qu'ils eurent à revenir que d'un sentiment plus ou moins contraire. L'influence de M. de Chateaubriand (juge d'ailleurs assez équitable de Voltaire), celle de madame de Staël, c'est-à-dire de Rousseau toujours, le réveil d'une philosophie spiritualiste et respectueuse pour la nature humaine, l'action aussi de la Renaissance religieuse qui atteignait au moins les imaginations quand ce n'était pas les cœurs, l'influence littéraire enfin qui soufflait tantôt de la patrie de Goëthe et de Schiller, tantôt de celle de Shakspeare, de Walter Scott et de Byron, ces diverses causes générales avaient fort agi sur plusieurs d'entre nous, jusque dans nos premières lectures de Voltaire. Quelques-uns étaient tentés de lui trop refuser. Mais, avec le temps, et en perdant soi-même de sa roideur et de sa morgue juvénile, on a rendu plus de justice à ce naturel parfait, à cette langue qui ne demande qu'à être l'organe rapide du plus agréable bon sens, qui l'est si souvent chez lui, et à laquelle, après tous les essors aventureux et les fatigues de style, on est heureux de se retremper et de se rafraîchir comme à la source maternelle. On s'est laissé reprendre à tant de qualités de vive justesse, de raison railleuse et de grâce. Je dirai donc, sans croire nous trop accorder, que dans cette troisième génération plus d'un esprit en est revenu, sans fléchir sur les points essentiels, à voir en Voltaire ce qu'il convient d'y voir avant tout lorsqu'on le considère en lui-même et dans les conséquences immédiates qui sont sorties de ses œuvres. Mais ces conséquences (là est le malheur), elles ne sont pas seulement immédiates et relatives à son temps, elles ont encore à sortir et à courir pour plusieurs générations, et elles sont loin d'être épuisées. L'homme et l'écrivain chez Voltaire sont parfaitement définis et connus, ou du moins peuvent l'être : le combattant et le chef de parti Voltaire continue toujours. Comme un général mort, mais dont le nom promet des victoires, on l'a attaché sur son cheval, et la bataille se rengage autour de lui, comme autour du plus guerroyant. Il est le champion voué à des querelles immortelles. Demandez donc de l'impartialité dans cette mêlée! Pauvre effort d'une postérité qui fuit continuellement et recule! On se donne bien du mal pour arriver à être juste, à voir juste, et quand on a à peu près atteint le point, entrent à l'instant de nouveaux venus qui brouillent tout encore une fois, remettent tout en jeu, et, au nom de leurs passions ou de leurs convictions, ne veulent voir qu'un côté, sont excessifs dans l'enthousiasme comme dans l'invective; et c'est ainsi que tout est à recommencer toujours.

La publication de ces deux volumes de Lettres inédites va nous permettre et nous obliger de parcourir une fois de plus et de repasser rapidement en idée toute la vie de Voltaire. Elle ne change rien d'ailleurs à ce qu'on connaissait, elle n'y ajoute rien d'imprévu; avec Voltaire, il ne faut plus s'attendre depuis longtemps à des révélations; il a tout dit du premier coup. Mais ces deux volumes contiennent de nouveaux témoignages de son esprit et de ses grâces, et sont généralement assez purs de ses excès. On peut en parler sans avoir à toucher nécessairement à rien de ce qui envenime. Les premières lettres en date nous le montrent dans cette première saillie de jeunesse et de joie, avant ses tristes aventures, avant ce voyage d'Angleterre, qui le fit rentrer en lui-même et le mûrit. Il a vingt-quatre ans, il écrit à madame de Bernières, sa grande amie d'alors; il fait des rêves de retraite délicieuse avec elle dans sa maison de La Rivière-Bourdet, et dès ce temps-là il s'occupe de sa fortune avec M. de Bernières, qui paraît avoir eu le goût des spéculations et des entreprises :

« Pour moi, Madame, qui ne sais point de compagnie plus aimable que la vôtre et qui la préfère même à celle des Indes, quoique j'y aie une bonne partie de mon bien, je vous assure que je songe bien plutôt au plaisir d'aller vivre avec vous à votre campagne, que je ne suis occupé du succès de l'affaire que nous entreprenons. La grande affaire et la seule qu'on doive avoir, c'est de vivre heureux; et si nous pouvions réussir à le devenir sans établir une caisse de *Juifrerie*, ce serait autant de peine épargnée. Ce qui est très-sûr, c'est que si notre affaire échoue, j'ai une consolation toute prête dans la douceur de votre commerce, etc. »

Il va à Villars chez la maréchale, qui était aussi l'une de ses grandes amies, et plus encore, une passion. Il partage en ce temps-là sa vie entre les Villars, les Sully, les Richelieu, les d'Ussé, les La Feuillade; il nage à fleur d'eau dans ce grand monde et s'y déploie à l'aise comme chez lui, avec une légère pointe d'insolence qui sent la conquête. On est sous la Régence; les rangs semblent confondus. Voltaire qui représente l'esprit ne conçoit nulle limite à son essor, et dès le premier jour il fraie sur le pied d'égalité avec les premiers. Ceux-ci le caressent et le gâtent, jusqu'à l'heure où l'un d'eux lui fera sentir que tout n'est pas encore gagné, que faveur n'est pas justice, et que tolérance n'est pas droit. Cependant, au milieu de ses succès, et tout en travaillant à ses tragédies, à son poëme épique, Voltaire songe à ses affaires de fortune. Par un canal sûr qu'il a auprès du Régent (et il était à portée d'en avoir plus d'un parmi ses amis), il a parole d'obtenir un privilége pour la formation de je ne sais quelle compagnie; les capitalistes sont tout trouvés. Voltaire est à Villars; il s'y oublie un peu; les gens intéressés à l'affaire le pressent et lui font dire qu'il est urgent qu'il revienne à Paris. Il faut voir comme le gentilhomme Voltaire reçoit l'avis de ces messieurs, les hommes d'argent; c'est à madame de Bernières toujours qu'il écrit (1718) :

« Si j'avais eu une chaise de poste, Madame, je serais venu à Paris par l'envie que j'ai de vous faire ma cour, plus que par l'empressement de finir l'affaire. Je ne l'ai pas négligée, quoique je sois resté à Villars. On m'a écrit que M. le Régent a donné sa parole, et comme j'ai celle de la personne qui l'a obtenue du Régent, je ne crains point qu'on se serve d'un autre canal que le mien; je peux même vous assurer que, si je pensais qu'ils eussent dessein (les hommes d'argent) de s'adresser à d'autres, mon peu de crédit auprès de certaines personnes serait assez fort pour faire échouer leur entreprise. Ces messieurs se moquent du monde de s'imaginer que le succès de l'affaire dépende de me voir arriver à Paris le 15 plutôt que le 20; quelques jours de plus ou de moins ne gâteront rien à nos arrangements.

« Je pars jeudi, demain au soir, avec M. et madame la maréchale de Villars. Quand je serai arrivé, il faudra que j'aille sur-le-champ à Versailles, dont je ne partirai qu'après avoir consommé l'affaire, ou l'avoir entièrement manquée. Vous me mandez que, si je ne suis pas à Paris aujourd'hui jeudi, la chose est manquée pour moi. Dites à vos messieurs qu'elle ne sera manquée que pour eux, que c'est à moi qu'on a promis le privilége, et que, quand je l'aurai une fois, je choisirai la compagnie qui me plaira. »

On voit que dans les affaires comme dans la littérature, comme dans le monde, et partout, il entre la tête haute, sûr qu'il est de son fait, remettant les gens à leur place et prenant la sienne hardiment, en grand seigneur de l'esprit.

Admire qui voudra cette faculté qu'avait Voltaire à vingt-quatre ans de faire des tragédies, un poëme épique et des *affaires!* Il prévoyait, dit-on, qu'il fallait être riche pour être ensuite indépendant. Je crois qu'il prévoyait moins cela alors, qu'il n'obéissait à un goût naturel, à un besoin chez lui très-caractérisé et qu'ont noté tous ceux qui l'ont bien connu. Seulement il y joignait bien du bel air.

Dans une des lettres de ce temps à madame de Bernières, il met ce mot à l'adresse de Thieriot : « Et vous, mon cher Thieriot…, je vous demande instamment un Virgile et un Homère (non pas celui de La Motte). Envoyez cela, je vous prie, au suisse de l'hôtel de Villars, pour me le faire tenir à Villars. J'en ai un besoin pressant. — Envoyez-le-moi plutôt aujourd'hui que demain. Ces deux auteurs sont mes dieux domestiques, sans lesquels je ne devrais point voyager. » Voilà le poëme épique qui le préoccupe au milieu de tant d'autres soins; cette diversité d'emplois et de pensées ne laisse pas d'y nuire. Conçu, bercé, caressé et promené dans ces châteaux des Sully, des Caumartin, le poëme de *la Henriade* n'y reçut jamais ce dernier achèvement de la méditation, de la solitude, ce je ne sais quoi de sacré que donne la visite silencieuse de la Muse. Homère et Virgile n'étaient pas, j'imagine, sujets à de telles diversions mondaines. Molière, louant le peintre Mignard, son ami, et célébrant ses grands travaux du Val-de-Grâce, lui disait, ou plutôt disait à son sujet à Colbert :

> L'étude et la visite ont leurs talents à part;
> Qui se donne à la Cour se dérobe à son art.
> Un esprit partagé rarement s'y consomme,
> Et les *emplois de feu* demandent tout un homme.

Le feu chez Voltaire fut toujours rapide. Ce ne fut qu'une flamme souvent charmante; ce qu'elle n'avait pas dessiné en courant et du premier jet, le foyer intérieur n'y suppléait pas. Même quand il eut tout le loisir, il n'eut jamais le recueillement ; son esprit, de tout temps, resta partagé.

Il est vrai que, si l'on excepte les poëmes épiques, on fait bien des choses à la fois dans la jeunesse. Ce grand monde et ces salons qui se disputaient Voltaire l'accomplirent à certains égards et firent de lui le poëte du tour le plus vif, le plus aisé, l'homme de lettres du goût le plus naturellement élégant. Quand on ne songe qu'à l'idéal de l'agrément, à la fleur de fine raillerie et d'urbanité, on se plaît à se figurer Voltaire dans cette demi-retraite, dans ces jouissances de société qu'il rêva bien souvent, qu'il traversa quelquefois, mais d'où il s'échappait toujours. « Mon Dieu, mon cher Cideville, écrivait-il à l'un de ses amis du bon temps, que ce serait une vie délicieuse de se trouver logés ensemble trois ou quatre gens de Lettres avec des talents et point de jalousie, de s'aimer, de vivre doucement, de cultiver son art, d'en parler, de s'éclairer mutuellement ! Je me figure que je vivrai un jour dans ce petit paradis, mais je veux que vous en soyez le dieu. » La lettre où il dit cela est de 1732, c'est-à-dire d'une date postérieure à son séjour en Angleterre. Sans trop presser les dates, les personnages de cette intimité idéale que de loin et à distance on lui compose, seraient Formont, Cideville, Des Alleurs, madame du Deffand, le président de Maisons, Genonville, l'élite des amis de sa première ou de sa seconde jeunesse ; gens d'esprit et de commerce sûr, jugeant, riant de tout, mais entre soi, sans en faire part au public, sachant de toutes choses ou croyant savoir ce qui en est, prenant le monde en douceur et en ironie, et occupés à se rendre heureux ensemble par les plaisirs de la conversation et d'une étude communicative et sans contrainte. Mais Voltaire, en étant le dieu d'un tel monde et se modérant assez pour s'en contenter, se condamnant à mener cette vie de parfait galant homme, n'eût rien été qu'un Voiture accompli et un Hamilton supérieur : et il avait en lui une autre étoffe, bien d'autres facultés qui étaient à la fois son honneur et son danger. Il traversa bien souvent dans sa vie de ces cercles délicieux (*suavissimam gentem*, comme il disait) qui se formaient un moment autour de lui, qui se ralliaient à son brillant, dont il était le génie familier et l'âme, et il en sortait bientôt par quelque accident. L'accident au fond venait de lui : il tenait à un défaut et à une qualité. Le défaut, c'était le besoin d'action à tout prix, le besoin de bruit et de renommée qui ne se passait ni des intrigues ni des manéges, et qui jouait avec les moyens scabreux : de là toute une suite d'indiscrétions, de déguisements, de rétractations, de désaveux, de mensonges, une infinité de misères. La qualité était une passion souvent sincère et la conviction sur des points qui intéressaient l'humanité. Mais, même lorsqu'il fut devenu ce qu'il n'aurait pu dans aucun cas s'empêcher d'être, le roi des poëtes de son temps et le chef du parti philosophique, même alors Voltaire avait des regrets et des habitudes d'homme de société, d'auteur de société, et qui n'aurait voulu rester que cela. A l'entendre, lui l'homme de la publicité harcelante et qui fatigua la renommée, il ne publiait jamais, presque jamais, ses livres que malgré lui, à son corps défendant : il avait un secrétaire qui le volait, un ami indiscret qui colportait ses manuscrits ; le libraire pirate s'emparait de son bien en le gâtant, en le falsifiant, et force lui était alors d'imprimer lui-même ses productions et de les livrer au public dans leur sincérité. C'était son apologie. « Comment est-ce donc qu'on a imprimé ma lettre à l'abbé Dubos ? écrivait-il à Thieriot en 1739 ; j'en suis très-mortifié : il est dur d'être toujours un homme public. » Ce fut toute sa vie sa prétention d'avoir l'existence d'un écrivain gentilhomme, qui vit de son bien, s'amuse, joue la tragédie en société, s'égaie avec ses amis et se moque du monde : « Je suis bien fâché, écrivait-il de Ferney à d'Argental (1764), qu'on ait imprimé *Ce qui plaît aux dames* et *l'Éducation des filles*; c'est faner de petites fleurs qui ne sont agréables que quand on ne les vend pas au marché. »

Je me suis amusé moi-même à recueillir dans la Correspondance nouvellement publiée bon nombre de préceptes de vie qui se rapportent à ce régime de gaieté, auquel il dérogea souvent, mais sur lequel aussi il revient trop habituellement pour que ce ne soit pas celui qu'il préfère :

« Ce monde est une guerre ; celui qui rit aux dépens des autres est victorieux. »

« Je me contente de ricaner sans me mêler de rien. Il est vrai que je ricane beaucoup. Cela fait du bien et soutient son homme dans la vieillesse. »

« Mes anges (il appelle ainsi M. et madame d'Argental), en attendant la tragédie, voici la farce ; il faut toujours s'amuser, rien n'est si sain. »

« Que la guerre continue (celle de Sept ans), que la paix se fasse, *vivamus et bibamus!* »

« Je me ruine (à bâtir), je le sais bien ; mais je m'amuse. Je joue avec la vie ; voilà la seule chose à quoi elle soit bonne. »

« J'ai essuyé de bien cruelles afflictions en ma vie ; le baume de Fier-à-bras que j'ai appliqué sur mes blessures a toujours été de chercher à m'égayer. Rien ne m'a paru si gai que mon Épître dédicatoire (celle de la tragédie des *Scythes*). Je ne sais pas si elle aura plu, mais elle m'a fait rire dans le temps que j'étais au désespoir. »

« Réjouissez-vous bien, Monsieur (il parle au comte de La Touraille), il n'y a que cela de bon, après tout. »

J'arrête là ces citations qu'on pourrait multiplier à l'infini. On sent en plus d'un endroit une sorte de parti pris de rire. Il ne rit pas seulement, il ricane ; il y a un peu de tic, c'est le défaut. A la longue, on prend toujours la ride de son sourire.

Quoi qu'il en soit, Voltaire, même au début, avant le rire bouffon et le rire décharné, Voltaire dans sa fleur de gaieté et de malice était bien, par tempérament comme par principes, le poëte et l'artiste d'une époque dont le but et l'inspiration avouée était le plaisir, avant tout le plaisir.

Mais les cercles les plus agréables, cependant, ne suffisaient point à Voltaire et ne pouvaient l'enfermer : il en sortait, à tout moment, je l'ai dit, et par des défauts et par des parties plus sérieuses et louables. Il en sortait parce qu'il avait le *diable au corps*, et parce qu'il avait aussi des étincelles du dieu. Se moquer est bien amusant ; mais ce n'est qu'un mince plaisir si l'on ne se moque des gens à leur nez et à leur barbe, si les *sots ennemis* qu'on drape n'en sont pas informés et désolés ; de là mille saillies, mille escarmouches imprudentes qui devenaient entre eux et lui des guerres à mort. Le théâtre, la tragédie, qu'adorait Voltaire et où il excellait selon le goût de son temps, le livrait au public par un plus noble côté. L'histoire, où il excellait aussi, et où il se montrait supérieur quand elle était contemporaine ou presque contemporaine, ne le conviait pas moins à devenir un auteur célèbre dans le sens le plus respectable du mot, le peintre de son siècle et du siècle précédent. Voltaire s'intéressait à tout ce qui se passait dans le monde auprès de lui ou loin de lui ; il y prenait part, il y prenait feu ; il s'occupait des affaires des autres, et, pour peu que sa fibre en fût émue, il en faisait les siennes propres ; il portait le mouvement et le remue-ménage partout où il était, et devenait un charme ou un tourment. Ce *diable d'homme* (c'est le nom dont on le nomme involontairement) ne pouvait donc, dans aucun cas, malgré ses velléités de retraite et de riante sagesse, se confiner à l'existence brillante et douce d'un Atticus ou même d'un Horace, et se contenter pour la devise de sa vie de ce mot qu'il écrivait galamment au maréchal de Richelieu : « Je me borne à vous amuser. » Il avait commencé, nous l'avons vu, par dire à madame de Bernières : « La grande affaire et la seule, c'est de vivre heureux; » et, bon gré mal gré, il était entraîné à justifier chaque jour à l'avance le mot de Beaumarchais : « Ma vie est un combat. »

La Correspondance inédite donne peu de détails nouveaux sur la sortie de Voltaire hors du royaume en 1726 et sur cette retraite en Angleterre, qui fut si décisive pour son éducation intellectuelle. Il devait y être préparé par ses conversations avec Bolingbroke, qu'il avait beaucoup vu à Paris et à sa terre de la Source, près d'Orléans; mais l'impression qu'il reçut de ce spectacle nouveau, moins encore de la chose politique et du jeu de la Constitution que du groupe philosophique et librement penseur qu'il y rencontra, paraît avoir surpassé son attente; elle fut sur lui profonde et indélébile. Cette période de la vie de Voltaire, ces trois années d'étude et de silence, où il entra n'étant que le libertin du *Temple* et le plus charmant homme de société, et d'où il sortit homme et philosophe, sont restées assez obscures et mystérieuses, précisément parce qu'il les passa dans le silence. On entrevoit par sa Correspondance avec le chevalier Falkener quelles liaisons fortes et tendrement graves il y avait contractées, et combien intime et durable il en garda le souvenir. Cet endroit me paraît le seul de la vie de Voltaire qui fasse désirer encore des éclaircissements de détail. Il est un moment et un milieu où les talents et les esprits, jusque-là tout jeunes et adolescents, s'achèvent, se font et deviennent adultes : l'Angleterre a été ce lieu pour Voltaire. Il en revint définitivement formé, avec un fonds d'idées qu'il accroîtra peu, et avec un cachet intérieur qu'il ne perdra plus.

J'avais cru d'abord que la lettre suivante, qui dans le nouveau Recueil est mise à la date de 1724, était de

1726, et devait se rapporter au moment où Voltaire venait d'avoir affaire au chevalier de Rohan et se disposait à quitter la France, ou du moins Paris, avant d'être mis à la Bastille : il y a un accent qui me semblait déceler son âme en cette crise la plus douloureuse de sa vie. Voici la lettre :

« A madame de Bernières.

« J'ai été à l'extrémité ; je n'attends que ma convalescence pour abandonner à jamais ce pays-ci. Souvenez-vous de l'amitié tendre que vous avez eue pour moi ; au nom de cette amitié, informez-moi par un mot de votre main de ce qui se passe, ou parlez à l'homme que je vous envoie, en qui vous pouvez prendre une entière confiance. Présentez mes respects à madame Du Deffand. Dites à Thieriot que je veux absolument qu'il m'aime, ou quand je serai mort, ou quand je serai heureux ; jusque-là, je lui pardonne son indifférence. Dites à M. le chevalier Des Alleurs que je n'oublierai jamais la générosité de ses procédés pour moi. Comptez que, tout détrompé que je suis de la vanité des amitiés humaines, la vôtre me sera à jamais précieuse. Je ne souhaite de revenir à Paris que pour vous voir, vous embrasser encore une fois, et vous faire voir ma constance dans mon amitié et dans mes malheurs. »

Mais, tout bien considéré, ces mots, *j'ai été à l'extrémité*, se rapportent peut-être mieux à une maladie qu'il eut en effet en 1724, après avoir pris les eaux de Forges, et conviennent moins à l'état où l'aurait mis l'indigne guet-apens du chevalier de Rohan. Nous en resterons donc, pour sa disposition d'esprit en cette heure pour lui si sérieuse, sur cet unique témoignage, cette lettre adressée à Thieriot qui se trouve dans la Correspondance générale, et où se lisent ces nobles paroles :

« Je suis encore très-incertain si je me retirerai à Londres : je sais que c'est un pays où les arts sont tous honorés et récompensés, où il y a de la différence entre les conditions, mais point d'autre entre les hommes que celle du mérite. C'est un pays où l'on pense librement et noblement, sans être retenu par aucune crainte servile. Si je suivais mon inclination, ce serait là que je me fixerais, dans l'idée seulement d'apprendre à penser. Mais je ne sais si ma petite fortune, très-dérangée par tant de voyages, ma mauvaise santé, plus altérée que jamais, et mon goût pour la plus profonde retraite, me permettront d'aller me jeter au travers du tintamarre de Whitehall et de Londres. Je suis très-bien recommandé en ce pays-là et on m'y attend avec assez de bonté ; mais je ne puis pas vous répondre que je fasse le voyage. Je n'ai plus que deux choses à faire dans ma vie : l'une de la hasarder avec honneur dès que je le pourrai, et l'autre de la finir dans l'obscurité d'une retraite qui convient à ma façon de penser, à mes malheurs et à la connaissance que j'ai des hommes. »

Au retour d'Angleterre, et l'idée de pouvoir amener le chevalier de Rohan à une réparation personnelle par les armes étant dès longtemps abandonnée, Voltaire essaya de réaliser en partie la dernière moitié de son vœu, et, sinon d'ensevelir sa vie dans la retraite, du moins de l'y abriter et de l'y embellir, en ne se livrant au monde que par le superflu de son esprit et par les pages que le vent ferait toujours assez vite envoler par sa fenêtre : il noua sa liaison étroite avec la marquise du Châtelet, et il eut sa période de Cirey. Il vécut pour elle et selon elle. Si l'on a égard à son humeur, à ses pétulances et au caractère aussi de la marquise, on trouvera qu'il ne tint pas trop mal sa gageure, puisque cette liaison dura plus de quinze ans et ne fut rompue que par la mort. Il y fut heureux malgré quelques courts orages, et sauf des querelles d'intérieur qui ont transpiré et que la curiosité maligne a recueillies. Il était réellement sous le charme : il l'admirait, il la proclamait sublime, il la trouvait belle ; il se plaît, dans ses lettres à Falkener, à donner son adresse chez elle, au château de Cirey : « Là, disait-il, vit une jeune dame, la marquise du Châtelet, à qui j'ai appris l'anglais, etc. » Trois choses pourtant me gâtent Cirey, a dit un fin observateur : — d'abord, cette manie de géométrie et de physique qui allait très-peu à Voltaire, qui n'était chez lui qu'une imitation de la marquise, et par laquelle il se détournait de sa vocation vraie et des heureux domaines où il était maître; — en second lieu ces scènes orageuses, ces querelles de ménage soudaines, rapides mais burlesques, dont nous sommes, bon gré mal gré, informés, et qui faisaient dire à un critique de nos jours qu'il n'aurait jamais cru que l'expression *à couteaux tirés* fût si près de n'être pas une métaphore; — en troisième lieu, cette impossibilité pour Voltaire, même châtelain, même amoureux, même physicien et géomètre de rencontre, de n'être pas un homme de lettres depuis le bout des nerfs jusqu'à la moelle des os; et dès lors ses démêlés avec les libraires, ses insomnies et ses agitations extraordinaires au sujet des copies de *la Pucelle* (voir là-dessus les lettres de madame de Grafigny), ses fureurs et ses cris de possédé contre Desfontaines et les pamphlets de Paris. C'en est assez, en effet, pour gâter un Éden.

Sur le chapitre des mathématiques, et sur cette géométrie de complaisance dont le goût prit subitement à Voltaire, le nouveau Recueil nous fournit quelques lettres qui sont de celles que le commun des lecteurs se contente de parcourir et d'effleurer du regard : un habile homme m'avertit d'y prendre garde, et il me fait lire, en me le commentant, ce passage :

« Puisque me voilà en train, dit Voltaire en écrivant à un M. Pitot de l'Académie des sciences, il faut encore, Monsieur, que je vous importune sur une petite difficulté. Madame la marquise du Châtelet me faisait, il y a quelques jours, l'honneur de lire avec moi la Dioptrique de Descartes : nous admirions tous deux la proportion qu'il dit avoir trouvée entre le sinus de l'angle d'incidence et le sinus de l'angle de réflexion; mais en même temps *nous étions étonnés qu'il dît que les angles ne sont pas proportionnels, quoique les sinus le soient. Je n'y entends rien : je ne conçois pas que la mesure d'un angle soit proportionnelle, et que l'angle ne le soit pas. Oserai-je vous supplier d'éclairer sur cela mon ignorance?*

« J'ai une santé bien faible pour m'appliquer aux mathématiques; je ne peux pas travailler une heure par jour sans souffrir beaucoup. »

Il avait mieux à faire de sa santé que de forcer son ingénieux et rapide esprit à s'occuper de ces matières, qu'il comprenait assurément au moment où on les lui expliquait, mais qu'il oubliait aussitôt, et qu'il lui eût fallu rapprendre l'instant d'après. Ainsi il est étrange, me dit mon excellent *avertisseur*, que Voltaire s'étonne de ce que les angles ne sont pas proportionnels, quoique les sinus le soient; car c'est une proposition élémentaire de géométrie « que les arcs de cercle sont proportionnels aux angles au centre qui les comprennent; » mais quant à la ligne qu'on appelle *sinus*, ce n'est qu'une fonction de l'angle, et qui seule ne suffit pas pour le mesurer. Ce qui est plus étrange encore que l'étonnement de Voltaire, c'est que cet étonnement ait été partagé par l'illustre marquise, qui passe pour un géomètre d'une certaine force : il fallait que ce jour-là elle eût perdu ses *principes*, selon le mot piquant et bien connu de madame de Staal de Launay : « Elle fait actuellement la revue de ses principes : c'est un exercice qu'elle réitère chaque année, sans quoi ils pourraient s'échapper, et peut-être s'en aller si loin qu'elle n'en retrouverait pas un seul. Je crois bien que sa tête est pour eux une maison de force, et non pas le lieu de leur naissance : c'est le cas de veiller soigneusement à leur garde. » Cela n'a l'air que d'une méchanceté; mais voici la preuve. Les principes, ceux qui concernent le sinus, avaient déménagé ce matin-là.

Et Voltaire, ce même homme qui trébuchait ainsi dans le détail, reprenait ses avantages dès qu'il s'agissait d'ensemble; il était de ces esprits fins et prompts qui devinent mieux qu'il ne connaissent, qui n'ont pas la patience de porter une démonstration un peu longue, mais qui enlèvent parfois tout d'une vue une haute vérité, et qui réussissent alors à l'exprimer de manière à ravir les savants eux-mêmes. Dans le temps où il faisait ses cours de physique si intéressants et si suivis, M. Biot se plaisait à citer, comme le plus fidèle et le plus vivant résumé de la théorie de la lumière, ces beaux vers de l'Épître à madame du Châtelet *sur la philosophie de Newton :*

> Il déploie à mes yeux par une main savante
> De l'astre des saisons la robe étincelante;
> L'émeraude, l'azur, le pourpre, le rubis,
> Sont l'immortel tissu dont brillent ses habits.
> Chacun de ses rayons dans sa substance pure
> Porte en soi les couleurs dont se peint la nature;
> Et, confondus ensemble, ils éclairent nos yeux,
> Ils animent le monde, ils emplissent les cieux...

Ainsi cette excursion fort inutile de Voltaire dans les mathématiques, et qui allait devenir une fausse route, ne fut pas tout à fait perdue : elle lui servit du moins à composer cette belle Épître (1). — « Je suis bien malade, écrivait-il à Thieriot en août 1738, Newton et *Mérope* m'ont tué. » Ni l'un ni l'autre ne le tuèrent. Cette Mé-

---

(1) M. Émile Du Bois Reymond, l'un des secrétaires perpétuels de l'Académie de Berlin, dans un discours prononcé en séance publique (1868), a traité de Voltaire *dans ses rapports avec les sciences naturelles.* M. Du Bois Reymond me fait l'honneur de m'écrire à ce sujet, dans une lettre du 11 avril 1868 : « Je crois que les travaux scientifiques auxquels Voltaire s'est livré avec tant d'ardeur pendant son séjour à Cirey, ont fait plus que lui fournir seulement le sujet de quelques beaux vers; qu'ils ont eu sur son esprit une influence marquée et que c'est à eux, ou, si l'on aime mieux, à la tournure d'esprit qui seule l'en rendait capable, mais que par contre-coup ils tendaient à développer, qu'on doit rapporter ce *positivisme* qui forme le trait caractéristique de Voltaire. Je crois voir, en un mot, dans ces travaux de Voltaire, sinon le germe, tout au moins un élément très-essentiel de l'action qu'il a exercée sur son siècle... » — Nous autres, Français, nous sommes un peu lestes dans nos conclusions, et nous avons beau faire, nous ressemblons plus ou moins à ce seigneur Pococurante que Voltaire lui-même a introduit dans *Candide.* Les critiques allemands, au contraire, sont grands raisonneurs et se piquent de rattacher rigoureusement les effets aux causes. Que celui qui a du loisir examine, s'il est curieux, le point en question!

rope, qui parut l'un de ses chefs-d'œuvre, lui valut de vives jouissances. Il avait fait semblant de résister aux avances de ceux qui voulaient qu'il la donnât au public. Mademoiselle Quinault lui avait écrit à ce sujet; il lui répondait par une des plus jolies lettres du nouveau Recueil; il lui disait :

« Vous êtes toute propre à faire des miracles; j'en ai grand besoin. Je ne sais si je n'ai pas renoncé entièrement à l'envie dangereuse de me faire juger par le public. Il vient un temps, aimable Thalie, où le goût du repos et les charmes d'une vie retirée l'emportent sur tout le reste. Heureux qui sait se dérober de bonne heure aux séductions de la renommée, aux fureurs de l'envie, aux jugements inconsidérés des hommes! Je n'ai que trop à me repentir d'avoir travaillé à autre chose qu'à mon repos. Qu'ai-je gagné par vingt ans de travail? Rien que des ennemis. C'est là presque tout le prix qu'il faut attendre de la culture des belles-lettres; beaucoup de mépris quand on ne réussit pas, et beaucoup de haine quand on réussit. Le succès même a toujours quelque chose d'avilissant par le soin qu'on a d'encourager je ne sais quels bateleurs d'Italie à tourner le sérieux en ridicule et à gâter le goût dans le comique (*allusion aux parodies qu'on faisait de ses pièces*)...

« J'ai toujours été indigné pour vous et pour moi, que des travaux si difficiles et si utiles fussent payés de tant d'ingratitude; mais à présent mon indignation est changée en découragement. Je ne réformerai point les abus du monde; il vaut mieux y renoncer. Le public est une bête féroce : il faut l'enchaîner ou la fuir. Je n'ai point de chaînes pour elle, mais j'ai le secret de la retraite. J'ai trouvé la douceur du repos, le vrai bonheur. Irai-je quitter tout cela pour être déchiré par l'abbé Desfontaines, et pour être immolé sur le théâtre des farceurs italiens à la malignité du public et aux rires de la canaille ?...

« J'ajouterai à tout ce que je viens de vous dire qu'il est impossible de bien travailler dans le découragement où je suis. Il faut une ivresse d'amour-propre et d'enthousiasme : c'est un vin que j'ai cuvé, et que je n'ai plus envie de boire. Vous seule seriez capable de m'enivrer encore; mais, si vous avez toujours le saint zèle de faire des prosélytes, vous trouverez dans Paris des esprits plus propres que moi à cette vocation, plus jeunes, plus hardis, et qui auront plus de talent. Séduisante Thalie, laissez-moi ma tranquillité; je vous serai toujours aussi attaché que si je devais à vos soins le succès de deux pièces par an. Ne me tentez point, ne rallumez point un feu que je veux éteindre, n'abusez point de votre pouvoir. Votre lettre m'a presque fait imaginer un plan de tragédie; une seconde lettre m'en ferait faire les vers. Laissez-moi ma raison, je vous en prie. Hélas! j'en ai si peu!... »

Il céda, il fit encore une et deux tragédies, et bien d'autres. Il laissa donner sa *Mérope*, et il lui dut à Paris un triomphe des plus flatteurs, et qui présageait celui qui l'attendait aux mêmes lieux trente-cinq ans plus tard : « Mercredi 20 (mars 1743), lit-on dans le *Journal* de l'avocat Barbier, on représenta à la Comédie-Française la tragédie de *Mérope*, veuve du fils du grand Alcide et mère d'Égisthe. Cette pièce a été composée par M. de Voltaire, qui est le roi de nos poëtes. Cette tragédie, dans laquelle il n'y a pas un seul mot d'amour ni d'intrigue, a été trouvée si belle, que M. de Voltaire, qui parut après la pièce dans une première loge, fut claqué personnellement pendant un quart d'heure, tant par le théâtre que par le parterre; *on n'a jamais vu rendre à aucun auteur des honneurs aussi marqués.*» — Nous continuerons de parcourir librement la vie de Voltaire, en prenant autant que possibles nos preuves et témoignages dans le Recueil nouveau.

Lundi, 27 octobre 1856.

LETTRES INÉDITES

DE VOLTAIRE

RECUEILLIES PAR M. DE CAYROL, ANNOTÉES PAR M. A. FRANÇOIS, AVEC UNE PRÉFACE DE M. SAINT-MARC GIRARDIN.

(Suite et fin.)

Le voyage de Prusse et son essai d'établissement à Berlin furent pour Voltaire une triste campagne, dont il a été assez parlé, et dont on aime à sortir comme lui le plus tôt possible. A sa rentrée en France, il ressemble à un homme qui se tâte, qui s'assure qu'il est dans son entier et qui sent des contusions dans tous ses membres. Cette dernière expérience paraît avoir été pour lui décisive, et après quelques saisons de convalescence morale en Alsace, dans les Vosges, entre deux montagnes, il comprit qu'il était temps de prendre ses quartiers de vieillesse et d'indépendance. Il passa en Suisse, et s'établit dans le pays de Vaud d'abord, puis près de Genève. Sa grande *seconde renaissance* date de là. Il avait soixante-et-un ans, et bien de l'avenir encore... *dum prima et recta senectus*.

Sa vie à Monrion, à Lausanne, et ensuite aux *Délices* à la porte de Genève, offre une agréable nuance de transition. Il est comme un homme délivré et qui respire librement; il se remet à rire, à jouer la comédie et la tragédie en société; il est heureux de cette bienveillance intelligente qu'il inspire, et de cette culture mêlée de simplicité qu'il rencontre au pied des Alpes. Quand il eut acquis Ferney, il fut au complet chez lui, et dans tout son aplomb. C'était au fort de la guerre de Sept ans; il écrivait à la duchesse de Saxe-Gotha, des *Délices* (27 novembre 1758) :

« Je demandais à tous les Allemands qui venaient dans nos montagnes si les armées n'avaient point passé sur votre territoire... J'ai dit cent fois *malheureux Leipsick! malheureux Dresde!* mais que je ne dise jamais *malheureux Gotha!* Les succès ont donc été balancés l'année 1758 et le seront probablement encore l'année prochaine, et l'année d'après; et Dieu sait quand les malheurs du genre humain finiront! Plus je vois ces horreurs, plus je m'enfonce dans la retraite. J'appuie ma gauche au mont Jura, ma droite aux Alpes, et j'ai le lac de Genève au-devant de mon camp, un beau château sur les limites de la France, l'ermitage des *Délices* au territoire de Genève, une bonne maison à Lausanne; rampant ainsi d'une tanière dans l'autre, je me sauve des rois et des armées, soit combinées, soit non combinées... »

Dans une lettre à Tronchin de Lyon, du 13 décembre 1758, il explique encore plus à nu toute sa stratégie, et comment il cherche son assiette la plus sûre en se mettant à cheval sur trois pays (Genève, Berne, dont Lausanne était la sujette alors, et la France). Il y eut même un moment où, en achetant à vie la comté de Tourney, du président de Brosses, Voltaire se trouva, à plus de titres encore, le seigneur qualifié de quelques-uns même des gros bonnets de Genève qui avaient des terres dans le ressort de Tourney. C'était un coup de maître de se donner pour vassaux plusieurs de ceux qui, sans cela, n'auraient pas été fâchés de l'inquiéter à deux pas de là comme membres du souverain. Par Tourney et Ferney en France, il se rendait donc indépendant de Genève et des ministres calvinistes, et par le voisinage de Genève il se mettait à l'abri du côté de la France et des Parlements. Une maison d'hiver à Lausanne, les *Délices* ou ce qu'il appelait sa guinguette près de Genève, les châteaux de Ferney et de Tourney pour les étés, voilà tous les gîtes d'agrément et de précaution qu'une expérience chèrement payée lui conseilla de se ménager, et que sa grande fortune lui permit d'acquérir. Il en rabattit après quelques années; Ferney devint et resta son séjour unique et suffisant.

Un des premiers soins qu'il se donna dans sa retraite fut d'élever et de doter la petite-nièce de Corneille; il entreprit le Commentaire sur le théâtre de son grand-oncle. Quelque jugement qu'on porte sur l'ensemble de ce travail, il le conçut à bonne fin et le commença avec un zèle extrême :

« L'entreprise est délicate, écrivait-il à un de ses amis de Paris, M. de Chenevières; il s'agit d'avoir raison sur trente-deux pièces; aussi je consulte l'Académie toutes les postes, et je soumets toujours mon opinion à la sienne. J'espère qu'avec cette précaution l'ouvrage sera utile aux Français et aux étrangers. Il faut se donner le plus d'occupation que l'on peut pour se rendre la vie supportable dans ce monde. Que deviendrait-on si on perd son temps à dire : Nous avons perdu Pondichéry, les billets royaux perdent soixante pour cent, etc?... Vous m'avouerez que ces discours seraient fort tristes. Je prends donc mon parti de planter, de bâtir, de commenter Corneille, et de tâcher de l'imiter de loin, le tout pour éviter l'oisiveté. » — « Plus j'avance dans la carrière de la vie, disait-il encore, et plus je trouve le travail nécessaire. Il devient à la longue le plus grand des plaisirs et tient lieu de toutes les illusions qu'on a perdues. »

Dans tout ceci je m'attacherai à présenter le Voltaire, non pas le plus complet, mais le plus honorable et le plus souhaitable, sans pourtant dissimuler l'autre, et en laissant apercevoir l'homme dans sa vérité.

Dans ce Commentaire sur Corneille, il fut fort sincère; là même où sa critique nous paraît excessive et trop peu intelligente de l'ancienne langue, il obéit à son goût personnel, à ses habitudes d'élégance, à l'ennui que lui causaient à la longue les mauvaises pièces du vieux tragique. D'Olivet, ancien professeur de Voltaire, s'était mis à étudier Racine en grammairien et y avait relevé toutes sortes de fautes :

« Mon cher maître, lui écrivait Voltaire, je vous trouve quelquefois bien sévère avec Racine. Ne lui reprochez-vous pas quelquefois d'heureuses licences, qui ne sont pas des fautes en poésie? Il y a dans ce grand homme plus de vers faibles qu'il n'y en a d'incorrects; mais, malgré tout cela, nous savons, vous et moi, que personne n'a jamais porté l'art de la parole à un plus haut point, ni donné plus de charme à la langue française. J'ai souscrit, il y a deux ans, pour une édition qu'on doit faire de ses pièces de théâtre avec des commentaires. J'ignore qui sera assez hardi pour le juger, et assez heureux pour le bien juger. Il n'en est pas de ce grand homme, qui allait toujours en s'élevant, comme de Corneille, qui allait toujours en baissant, ou plutôt en tombant de la chute la plus lourde. Racine a fini par être le premier des poëtes dans *Athalie*, et Corneille a été le dernier dans plus de dix pièces de théâtre, sans qu'il y ait dans ces enfants infortunés ni la plus légère étincelle de génie, ni le moindre vers à retenir. Cela est presque incompréhensible dans l'auteur des beaux morceaux de *Cinna*, du *Cid*, de *Pompée*, de *Polyeucte*. »

Il dit là toute sa pensée.

Un avocat journaliste qui ne demandait avis à personne et qui jugeait d'après lui-même jusqu'à être souvent seul contre tous, Linguet, dont Voltaire a su apprécier les talents et la vigueur d'esprit, publia sur le grand écrivain, au lendemain de sa mort, un Essai où il y a quelques réflexions très-justes et fort bien rendues. Linguet veut expliquer à ses contemporains comment Voltaire a pu être et paraître si universel, et par quel enchaînement de circonstances, par quelle suite d'événements qui ne furent des épreuves que le moins possible, la destinée le favorisa en lui donnant une jeunesse si aisée, si répandue, si bien servie de tous les secours, et en lui ménageant à Ferney une longue vieillesse si retirée et si garantie du tourbillon :

« La jeunesse de presque tous les écrivains célèbres, disait Linguet, se consume ordinairement, ou dans les angoisses du malaise, ou dans les embarras attachés à ce qu'on appelle le *choix d'un état*. Ils sont tyrannisés, ou du moins distraits longtemps par leurs familles, si ce n'est par leurs besoins. Il n'y en a presque pas un chez qui le premier essor du talent n'ait été combattu comme un délire qu'il fallait réprimer, ou retardé, affaibli par la détresse, plus accablante encore que les contradictions... Il y a donc bien peu d'entre eux dont le public puisse se flatter de connaître les talents en entier. Dans l'âge où la culture, l'exercice, la liberté, seraient nécessaires pour les nourrir, les développer et les accroître, le souci les dessèche et l'esclavage les étouffe : plus tard, quand la réputation est faite, le repos, l'abondance les énervent. Jeunes, les gens de lettres sont éloignés du monde, dont le commerce modéré, recherché sans avilissement d'un côté, accordé sans orgueil de l'autre, servirait infiniment à les former : dans un âge plus avancé ils y sont portés, fêtés, absorbés, de manière qu'il ne leur reste plus de temps pour l'étude ou le travail. Il n'en a pas été ainsi de M. de Voltaire... »

Et, en effet, on se rend compte aussitôt de la différence : sa jeunesse fut toute portée, toute favorisée par les circonstances, et il ne cessa d'avoir le zéphyr en poupe, depuis le jour où Ninon lui légua *de quoi acheter des livres* jusqu'au jour, le premier tout à fait sérieux et douloureux de sa vie, où il eut son aventure avec le chevalier de Rohan. Les longues années de Cirey furent encore pour lui des années d'étude variée et de bonheur. Lorsqu'il quitta la Prusse après sa seconde épreuve douloureuse et quand était venue déjà la première vieillesse, il était le mieux muni et le mieux préparé des hommes pour mettre à profit les loisirs de la retraite où il sut entrer, et pour y multiplier les productions de tout genre avec une abondance et une facilité qui étonnerait moins aujourd'hui, mais qui parut phénoménale dans son siècle. Cette santé même dont il se plaignait toujours, cette *complexion voltairienne*, de tout temps « assez robuste pour résister au travail d'esprit le plus actif, et assez délicate pour soutenir difficilement tout autre excès, » lui était un fonds précieux dont il usait à merveille, et qu'il gouvernait sous air de libéralité avec une prudente économie. Lui-même, d'ailleurs, dans une des lettres les plus jolies du nouveau Recueil, et qui est de son meilleur entrain, il a réduit à sa valeur cette réputation exagérée d'universalité qu'on se plaisait à lui faire :

« Je viens de lire un morceau, écrivait-il à M. Daquin, censeur et critique (22 décembre 1766), où vous assurez que je suis heureux. Vous ne vous trompez pas : je me crois le plus heureux des hommes ; mais il ne faut pas que je le dise : cela est trop cruel pour les autres.

« Vous citez M. de Chamberlan, auquel vous prétendez que j'ai écrit que tous les hommes sont nés avec une égale portion d'intelligence. Dieu me préserve d'avoir jamais écrit cette fausseté ! J'ai, dès l'âge de douze ans, senti et pensé tout le contraire. Je devinais dès lors le nombre prodigieux de choses pour lesquelles je n'avais aucun talent. J'ai connu que mes organes n'étaient pas disposés à aller bien loin dans les mathématiques. J'ai éprouvé que je n'avais nulle disposition pour la musique. Dieu a dit à chaque homme : Tu pourras aller jusque-là, et tu n'iras pas plus loin. J'avais quelque ouverture pour apprendre les langues de l'Europe, aucune pour les orientales : *Non omnia possumus omnes*. Dieu a donné la voix aux rossignols et l'odorat aux chiens ; encore y a-t-il des chiens qui n'en ont pas. Quelle extravagance d'imaginer que chaque homme aurait pu être un Newton ! Ah ! monsieur, vous avez été autrefois de mes amis ; ne m'attribuez pas la plus grande des impertinences !

« Quand vous aurez quelque *Semaine* curieuse (1), ayez la bonté de me la faire passer par M. Thieriot, mon ami ; il est, je crois, le vôtre. Comptez toujours sur l'estime, sur l'amitié d'un vieux philosophe qui a la manie, à la vérité, de se croire un très-bon cultivateur, mais qui n'a pas celle de croire qu'on ait tous les talents. »

Quand Voltaire a raison, il n'y a que lui pour avoir la raison si facile et si légère.

N'allons pas croire, toutefois, que Ferney ait corrigé Voltaire : il était de ceux qui pensent qu'on ne se donne rien et qu'on se corrige très-peu. Il vivait sans se contraindre, selon ses veines et ses boutades de nature. Il y a chez lui l'homme irréligieux, anti-chrétien, que le

---

(1) Une espèce de Revue littéraire que publiait M. Daquin.

séjour de Ferney ne fera que fortifier par la sécurité et confirmer dans ses hardiesses. De même que dans ses lettres les plus ordinaires, il y a toujours un joli tour, un je ne sais quoi de piquant et de leste et un air d'agrément, de même dans ses meilleures pages, il y a presque toujours une pointe de licence, d'impiété, qui se glisse et qui se fait sentir, ne fût-ce qu'en jouant, et au moment où l'on s'y attend le moins. Il nous suffit de dire que, dans le nouveau Recueil, ce côté n'est pas celui qui domine. On fait plus qu'entrevoir, pourtant, le fond du cœur de Voltaire et sa passion d'homme de parti, lorsque, écrivant à M. Bordes de Lyon, sur la nomination de Clément XIV, il lui dit (juillet 1769) :

« Je ne sais pas trop ce que sera le cordelier Ganganelli ; tout ce que je sais, c'est que le cardinal de Bernis l'a nommé pape, et que par conséquent ce ne sera pas un Sixte-Quint. C'est bien dommage, comme vous le dites, qu'on ne nous ait pas donné un brouillon. Il nous fallait un fou, et j'ai peur qu'on ne nous ait donné un homme sage... Les abus ne se corrigent que quand ils sont outrés...»

Ce sont là de détestables sentiments, en même temps qu'un détestable système et une fausse vue des véritables intérêts qui importent le plus aux hommes réunis en société. Bien imprudent et insensé celui qui, en quelque ordre que ce soit, appelle de ses vœux l'excès du mal sous prétexte d'un total et prochain redressement, et qui se plaint lorsqu'à la tête des pouvoirs humains (pour ne parler ici qu'humainement) se rencontrent la modération et la sagesse !

Ce même M. Bordes, à qui Voltaire écrivait ainsi, était un ancien ami de Jean-Jacques Rousseau, et qui était devenu, depuis, son réfutateur et son adversaire. En lui parlant de Rousseau, Voltaire s'abandonne à toute son antipathie contre cet émule et ce puissant collaborateur, en qui il s'obstine à ne voir qu'un fou et qu'il injurie sans pitié :

« Ah! monsieur, écrivait-il à M. Bordes (mars 1765), vous voyez bien que Jean-Jacques ressemble à un philosophe comme un singe ressemble à l'homme... On est revenu de ses sophismes, et sa personne est en horreur à tous les honnêtes gens qui ont approfondi son caractère. Quel philosophe qu'un brouillon et qu'un délateur! Comment a-t-on pu imaginer que les Corses lui avaient écrit? Je vous assure qu'il n'en est rien; il ne lui manquait que ce nouveau ridicule. Abandonnons ce malheureux à son opprobre. Les philosophes ne le comptent point parmi leurs frères. »

Il n'a point assez d'injures dans son vocabulaire pour le flétrir : c'est « un misérable dont le cœur est aussi mal fait que l'esprit; » c'est « le chien de Diogène qui est attaqué de la rage. » Dans une lettre à M. Thomassin de Juilly, un autre des réfutateurs de Rousseau :

« Ce malheureux singe de Diogène, dit-il, qui croit s'être réfugié dans quelque vieux ais de son tonneau, mais qui n'a pas sa lanterne, n'a jamais écrit ni avec bon sens ni avec bonne foi. Pourvu qu'il débitât son orviétan, il était satisfait. Vous l'appelez Zoïle : il l'est de tous les talents et de toutes les vertus. »

Il y a particulièrement un endroit qui donne tristement à réfléchir sur la faiblesse du cœur humain chez les plus grands esprits. Voltaire vient d'écrire à la duchesse de Saxe-Gotha au sujet de l'exécution du chevalier de La Barre; il en est révolté, et avec raison; il trouve horrible que, pour un indigne méfait, et qui certes méritait (ce n'est plus lui qui parle) *une correction sévère*, le chevalier ait été torturé, décapité, livré aux flammes, comme on l'eût fait au douzième siècle; et tout à côté (tome II, page 558), dans la lettre suivante, adressée à M. Tabareau de Lyon, voilà qu'il plaisante lui-même sur l'idée qu'on pourrait bien pendre Jean-Jacques Rousseau :

« Je fais mon compliment, monsieur, à la ville de Lyon sur les droits qui lui sont rendus; mais je ne lui fais point mon compliment si elle pense qu'il y ait jamais eu un projet de déclarer Jean-Jacques le Cromwell de Genève. Il est vrai qu'on a trouvé dans les papiers du sieur Niepz un mémoire de ce polisson pour bouleverser sa taupinière, et je vous réponds que si Jean-Jacques s'avisait de venir, il courrait grand risque de monter à une échelle qui ne serait pas celle de la Fortune. Mais vous ne vous souciez guère des affaires de Genève : elles sont fort ridicules... »

Quel changement de ton ! l'idée de Jean-Jacques montant à la potence ne lui arrache plus qu'un éclat de rire. Il est bien vrai que ce ne sont là que des paroles; que si Jean-Jacques était venu à Genève pour y tenter une insurrection, et s'était vu obligé de se réfugier à Ferney, et que si on avait dit tout d'un coup à Voltaire à table, en train de se déchaîner contre lui : « Le voilà qui entre ! il est dans la cour du château, il vous demande asile, » Voltaire n'aurait plus dit : *Le misérable !* il se serait écrié : « Le malheureux ! Mais où est-il ? qu'il entre vite ! fermez les grilles !... » Il aurait couru l'embrasser (1). — Ses propos sur Jean-Jacques n'en sont

(1) Je n'invente rien; ma supposition n'était qu'une réminiscence. On lit, en effet, dans la *Correspondance littéraire* de Grimm, à la date du 1ᵉʳ janvier 1766 :

« A propos de M. de Voltaire et de J.-J. Rousseau, il faut conserver ici une anecdote qu'un témoin oculaire nous conta l'autre jour. Il s'était trouvé présent à Ferney le jour que M. de Voltaire reçut les *Lettres de la Montagne*, et qu'il y lut l'apostrophe qui le regarde; et voilà son regard qui s'enflamme, ses yeux qui étincellent de fureur, tout son corps qui frémit, et lui qui s'écrie avec une voix terrible : « Ah ! le scélérat ! ah ! le monstre ! il faut que je le fasse assommer... Oui, j'enverrai le faire assommer dans les montagnes, entre les genoux de sa gouvernante. » — « Calmez-vous, lui dit notre homme, je sais que Rousseau se propose de vous faire une visite, et qu'il viendra dans peu à Ferney. » — « Ah ! qu'il y vienne, répond M. de Voltaire. » — « Mais comment le recevrez-vous ? » — « Comment je le recevrai ?... je lui donnerai à souper, je le mettrai dans mon lit, je lui dirai : Voilà un bon souper; ce lit est le meilleur de la maison; faites-moi le plaisir d'accepter l'un et l'autre, et d'être heureux chez moi. »

« Ce trait, ajoute Grimm, m'a fait un sensible plaisir : il peint M. de Voltaire mieux qu'il ne l'a jamais été; il fait en deux lignes l'histoire de toute sa vie. »

L'homme dont parle Grimm a tout l'air d'être le prince de Ligne, pas moins odieux et de toute indécence. Les hommes de lettres doivent veiller à leurs propos, à leurs pensées publiques, car ils ne peuvent donner au monde que cela.

Dans ses violences contre Rousseau, il ne faudrait point voir cependant de la jalousie. Voltaire n'était point jaloux; il était passionné, injuste, et dans le cas présent il obéissait en aveugle à toutes ses antipathies de goût et d'humeur contre l'homme qui ne badinait jamais, qui tournait tout, non en raillerie, mais en amertume; qui écrivait avec emphase, et dont l'élévation même devait lui sembler emphase; qui déclamait en républicain contre les arts, les spectacles : « Souvenez-vous que ce malheureux petit Jean-Jacques, le transfuge, m'écrivit il y a un an : *Vous corrompez ma république pour prix de l'asile qu'elle vous a donné.* » Toute l'explication du mépris léger de Voltaire pour Rousseau est dans ces mots-là. Il ne comprit rien au sérieux ardent de ce nouvel apôtre et à sa prise sur les jeunes âmes : il n'y vit qu'un grotesque, par-ci par-là éloquent.

Ce n'était pas un démocrate que Voltaire, et il n'est

---

qui, de son côté, raconte ce qui suit d'une conversation de Voltaire, à Ferney :

« Je n'aime pas, disait Voltaire, les gens de mauvaise foi et qui se contredisent. Ecrire en forme pour ou contre toutes les religions est d'un fou. Qu'est-ce que c'est que cette profession de foi du vicaire savoyard de Jean-Jacques, par exemple? » — C'était le moment où il lui en voulait le plus ; et dans le moment même qu'il disait que c'était un monstre, qu'on n'exilait pas un homme comme lui, mais que le bannissement était le mot, on lui dit : « Je crois que le voilà qui entre dans votre cour. » — « Où est-il, le malheureux? s'écria-t-il; qu'il vienne : voilà mes bras ouverts; il est chassé peut-être de Neuchâtel et des environs. Qu'on me le cherche! amenez-le-moi; tout ce que j'ai est à lui. »

Il en résulte bien certainement que Voltaire a dû dire quelque chose d'approchant.

pas mauvais de le rappeler à ceux qui de loin, et pour le besoin de leurs systèmes, veulent nous donner un Voltaire accommodé à la Jean-Jacques ; quand on aime à étudier les hommes et à les voir tels qu'ils sont, on ne saurait s'accoutumer à ces statues symbolisées dont on menace de faire les idoles de l'avenir. Voltaire est contre les majorités et les méprise ; en fait de raison, les masses lui paraissent naturellement bêtes ; il ne croit au bon sens que chez un petit nombre, et c'est assez pour lui si l'on parvient à grossir peu à peu le petit troupeau :

« Il paraît par la dernière émeute, écrivait-il à M. Bordes (novembre 1768), que votre peuple de Lyon n'est pas philosophe ; mais pourvu que les honnêtes gens le soient, je suis fort content. » — « La France, écrit-il à un autre de ses correspondants de Lyon, M. Tabareau, serait un bien joli pays sans les impôts et les pédants. A l'égard du peuple, il sera toujours sot et barbare : témoin ce qui est arrivé à Lyon. Ce sont des bœufs auxquels il faut un joug, un aiguillon et du foin. »

Malheureuse parole ! Voltaire se moque quelque part du bruit qui avait couru qu'on allait ériger sa terre de Ferney en marquisat : « Le *marquis Crébillon*, le *marquis Marmontel*, le *marquis Voltaire*, ne seraient bons qu'à être montrés à la foire avec les singes de Nicolet. » C'est avec son goût qu'il se moque du titre ; mais son esprit, sa nature était aristocratique au fond, et cette fois sa première impression l'a emporté plus loin, il a été brutalement féodal. On a dit que la Révolution, s'il avait assez vécu pour en être témoin, l'aurait désolé ; ce qui est bien certain, c'est que les excès et les horreurs qui se mêlèrent dès l'abord aux utiles réformes ne l'auraient en rien surpris. En 93 même, s'il y avait assisté, il aurait dit : « Les y voilà, je les reconnais, mes Welches ; c'est bien cela. » Nul n'a aussi vivement et aussi fréquemment exprimé le contraste qui se fait remarquer dans le caractère des Français et des Parisiens aux diverses époques de notre histoire. Voici un passage entre dix autres :

« J'ai toujours peine à concevoir, écrit-il au père de Benjamin Constant (janvier 1776), comment une nation si agréable peut être en même temps si féroce, comment elle peut passer si aisément de l'Opéra à la Saint-Barthélemy; être tantôt composée de singes qui dansent, et tantôt d'ours qui hurlent; être à la fois si ingénieuse et si imbécile, tantôt si courageuse et tantôt si poltronne. »

Et encore, et plus gaiement (septembre 1770) :

« Je crois que rien ne pourra empêcher le Factum de La Chalotais de paraître; le public s'amusera, disputera, s'échauffera; dans un mois, tout finira; dans cinq semaines, tout s'oubliera. »

Il faut que ce soit un Français aussi Français que Voltaire qui dise de ces choses à sa nation d'alors et d'autrefois pour qu'on se permette de les répéter. Ajoutons, pour être juste, que dans toutes ses appréciations piquantes et sagaces, mais qui sentent la boutade, Voltaire oubliait ou ne prévoyait pas un adoucissement graduel de mœurs, un progrès insensible et continu auquel lui-même contribuera. Le peuple de Paris a montré de nos jours, et même dans les périodes d'excès, qu'il n'était plus le même que ce peuple informe, tout nouvellement sorti de la société d'avant 89.

D'intéressantes lettres du nouveau Recueil adressées à Tronchin de Lyon pour être lues du cardinal de Tencin, et dont je me suis servi dans mon Étude sur la Margrave de Baireuth, ont fait dire que Voltaire, si habile à ménager et à nouer une négociation, aurait pu faire un ministre. Il faut bien s'entendre. Voltaire avait certainement tout l'esprit nécessaire pour être ministre; mais il ne s'agit pas tant, en politique, d'avoir quantité d'idées que d'avoir la bonne idée de chaque moment et de s'y tenir. Le tempérament voltairien, tel que nous le connaissons, cette sensibilité si prompte, si vive, si irritable et si irrésistible, est le contraire du tempérament politique. Si Voltaire avait été ministre, il y a des jours où madame Denis aurait été obligée de l'enfermer sous clef et de le cacher, pour qu'il ne parût pas un enfant.

Ce que Voltaire aimait mieux que d'être ministre, c'était d'être bien avec les rois, de se voir compté et caressé par eux, de les flatter à son tour et de les égratigner doucement :

« Vous serez peut-être surpris, écrivait-il à d'Argental (janvier 1765), que *Luc* (Frédéric) m'écrive toujours. J'ai trois ou quatre rois que je mitonne. Comme je suis fort jeune, il est bon d'avoir *des amis solides pour le reste de sa vie.* »

En s'installant à Ferney, Voltaire s'était donc emporté tout entier lui-même, avec son imagination et ses caprices, avec tous ses principes d'agitation et d'inquiétude. On l'y retrouve surtout dans les premieres années, engendrant encore les tracasseries jusque dans son bonheur, se montant la tête pour son éternelle *Pucelle;* car s'il avait eu tort de la faire, elle l'en a bien puni ; il se créait des dangers en idée, se voyait déjà décrété par un Parlement, et tenait parfois ses paquets tout prêts, même en plein hiver et pendant les mois de neige, pour pouvoir d'un saut, s'il le fallait, franchir la frontière. Mais il dut bientôt à la protection du duc de Choiseul de vivre plus rassuré, et alors il se livra avec une incroyable ardeur au plaisir de bâtir, de planter, de peupler ses environs, d'y établir des industries et des fabriques de montres, d'y introduire la joie, la santé et l'aisance. Il obtint notamment pour ses fabriques de Ferney et de Versoix des exemptions qui favorisèrent la naissance de ces petites colonies. Quand M. de Choiseul tomba, il sut, tout en restant honnêtement fidèle au ministre disgracié, à l'illustre *Barmécide,* comme il l'appelait, se ménager la protection du chancelier Maupeou. Voltaire n'avait point d'aversion pour ce ministère Maupeou, de près si impopulaire; l'éloignement l'avait bien servi et lui avait fait voir juste sur un point. Il avait les Parlements en haine, et il estimait que c'était beaucoup de s'être débarrassé de ces corps arriérés et désormais gênants, qui feraient un perpétuel obstacle à toute amélioration et réforme émanant du pouvoir royal. Il n'eût jamais été d'avis qu'on les ressuscitât. Cependant ce ne fut qu'avec le ministère de M. Turgot et les espérances auxquelles l'avénement de Louis XVI ouvrit carrière, que Voltaire, philosophe et berger, manufacturier et laboureur, parut reprendre une vie toute nouvelle. Le nouveau Recueil de lettres dessine très-bien ce vieillard de quatre-vingts ans qui tout d'un coup rajeunit, qui se multiplie pour écrire au ministre réformateur et à ceux qui le servent, aux Trudaine, aux De Vaisnes, aux Dupont de Nemours, et s'écrie gaiement : « Nous sommes dans l'âge d'or jusqu'au cou. »

Il était arrivé à Voltaire ce qui arrive naturellement à toute grande renommée littéraire qui est jointe à une existence sociale considérable, mais ce qui devait lui arriver à lui plus qu'à un autre, à cause de son activité prodigieuse et des preuves éclatantes qu'il en avait données. Chacun, de près ou de loin, réclamait ses bons offices; on le consultait, on lui racontait les injustices dont on était victime, et on sollicitait le secours de sa plume, de son crédit. Ce ne sont à Ferney que requêtes sur requêtes, de toute forme et de toute espèce : tantôt Lalli-Tollendal plaidant pour réhabiliter la mémoire de son père, tantôt une directrice de théâtre à Lyon à laquelle on retire son privilége; aujourd'hui d'Étallonde songeant à faire reviser son procès, demain les *main-mortables* de Saint-Claude à affranchir de la glèbe monacale et à rendre sujets du roi. C'est une noble idée,

et qui ne saurait être tout à fait une illusion, que plus
un homme est cultivé, et plus il doit être bon ; que dans
une position élevée, et avec une renommée toute faite,
on est plus aisément impartial et qu'on se doit à tous.
Voltaire, disons-le, dans les dernières années de sa vie,
nous apparaît, par cette suite même de lettres, comme
s'étant occupé activement du bien public dans sa petite
contrée de Gex, et de tous les intérêts particuliers qui,
de loin, faisaient appel à son patronage; il plaide sans
cesse auprès des ministres et des sous-ministres pour
ses colons et pour tout ce qui peut assurer leur existence
ou améliorer leur bien-être, et aussi pour les autres
clients plus éloignés qui se donnaient à lui. Il est l'avocat bénévole et zélé de plus d'une belle cause. Ce qui
avait pu ne paraître qu'inquiétude fébrile devint à la
fin une sollicitude noble pour des intérêts généraux.
Cela honore sa vieillesse; cela explique qu'on ait fini
par rattacher à son nom une renommée plus sérieuse et
plus grandiose que ne semblaient l'autoriser tant d'incartades de conduite et d'inconséquences, et cela aussi
fait regretter qu'il ne se soit pas toujours souvenu de
ce qu'il écrivit une fois à un libraire de Hollande, Marc-
Michel Rey, qui lui attribuait dans son catalogue des
ouvages indignes de lui :

« Mon nom ne rendra pas ces ouvrages meilleurs, et n'en facilitera pas la vente. J'aurais trop de reproches à me faire, si je m'étais
amusé à composer un seul de ces ouvrages pernicieux. Non-seulement
je n'en ai fait aucun, mais je les réprouve tous, et je regarde comme
une injure cruelle l'artifice des auteurs qui mettent sous mon nom
ces scandaleux écrits. Ce que je dois à ma religion, à ma patrie, à
l'Académie française, à l'honneur que j'ai d'être un ancien officier
de la maison du roi, et surtout à la vérité, me force de vous écrire
ainsi... »

Voltaire, absent de Paris depuis des années, et qui
depuis sa première jeunesse n'y avait jamais, à l'en
croire, demeuré deux ans de suite, avait contre ce

monde parisien dont il était l'idole une prévention invétérée : « L'Europe me suffit, disait-il un peu impertinemment ; je ne me soucie guère du tripot de Paris, attendu que ce tripot est souvent conduit par l'envie, par la cabale, par le mauvais goût et par mille petits intérêts qui s'opposent toujours à l'intérêt commun. » Il croyait sincèrement à la décadence des lettres, et il le dit en vingt endroits avec une amère énergie : « La littérature n'est à présent (mars 1760) qu'une espèce de brigandage. S'il y a encore quelques hommes de génie à Paris, ils sont persécutés. Les autres sont des corbeaux qui se disputent quelques plumes de cygne du siècle passé qu'ils ont volées, et qu'ils ajustent comme ils peuvent à leurs queues noires. » A Le Kain il écrivait en 1765 : « Je vous souhaite un autre siècle, d'autres auteurs, d'autres acteurs et d'autres spectateurs. » Ce fut bien autre chose quand il crut voir qu'on abandonnait Racine pour Shakspeare, il poussa des cris d'aigle : « La canaille se mêle de vouloir avoir de l'esprit, écrivait-il en janvier 1778 au censeur Marin ; elle fait taire les honnêtes gens et les gens de goût. Vous buvez la lie du détestable vin produit dans le siècle qui a suivi le siècle de Louis XIV. Si j'avais quelques bouteilles de l'ancien temps, je voudrais les boire avec vous. » Enfin il était nettement d'avis qu'on n'avait jamais autant écrit qu'alors et que jamais on n'avait écrit plus mal. Voltaire, homme de goût, était impitoyable pour le siècle de Voltaire. Mais patience! moins d'un mois après cette lettre à Marin, il arrive à Paris, dans ce dernier et imprudent voyage qu'il se décida à y faire. Il y est reçu comme on sait, et, au sortir de cette représentation où son buste est couronné, il écrit à la présidente de Meynières : « Après trente ans d'absence et soixante ans de persécution, j'ai trouvé un public et même un parterre devenu philosophe, et surtout compatissant pour la vieillesse mourante... » Il est séduit, il pardonne; toute sa colère est tombée. C'est la fable de Borée et du Soleil : le Soleil n'a eu qu'à montrer son rayon, et le voyageur a quitté son manteau.

Voltaire, retiré en Suisse depuis plus de vingt ans, n'avait pas créé seulement Ferney et Versoix ; il avait fait Paris à son image, et il l'avait fait de loin. Ce n'est pas le résultat le moins singulier de cette merveilleuse existence.

Les éditeurs de ces deux volumes méritent des remercîments. Il y a bien quelques défauts à relever dans la distribution des lettres, et quelques légères inexactitudes dans les notes. Il n'est pas commode pour le lecteur que ces volumes, qui sont un supplément à la Correspondance générale, renferment eux-mêmes deux suppléments subsidiaires ; dans une réimpression on devrait mettre ordre à ce dérangement. Quant aux notes, je ferai observer que le curé Meslier (tome I, page 349) était curé d'*Étrépigni* et de *But*, et qu'il ne s'agit point là de *lord Bute;* que, si le *Pollion* de Thieriot (tome I, page 65) est en effet M. de la Popelinière, ce Pollion, à deux pages de là (p. 63), n'est probablement pas le duc de Richelieu; que, si le marquis d'Argenson perdit le portefeuille des affaires étrangères, ce ne fut point purement et simplement, comme on l'affirme (tome I, page 263), parce qu'il avait des sentiments généreux et de la probité, mais aussi parce qu'il était utopiste et *secrétaire d'État de la république de Platon*; qu'il est douteux que l'ami qui servait de lien entre Diderot et Voltaire (tome II, page 519) fût Thieriot, et qu'il est bien plus vraisemblable que c'était Damilaville; que, si l'on prodigue le contre-seing *Belle-Isle* (tome I, page 370) pour faire arriver les lettres franc de port, ce ne sont pas *messieurs de Laporte* qui en seront mécontents, mais plutôt messieurs de la Poste, etc., etc. Ce sont là des riens. M. Alphonse François, fort au-dessus par son esprit et par son goût de ce travail d'annotateur, a montré qu'il en était plus que capable dans des notes spirituelles et fines toutes les fois qu'il s'agissait de théâtre et de comédie. M. Alphonse François est de ces esprits délicats et de ces hommes heureux qui, dès leur jeunesse, ont pris le parti de goûter les belles choses et les choses exquises, plutôt que de se fatiguer à en produire ; c'est un *dilettante* classique dont je puis parler pertinemment, car, d'un âge approchant du mien, mais de bonne heure très-mûr, il a eu autrefois des bontés pour mon enfance. Nul ne savait mieux que lui, au collége, aiguiser le vers latin et même tourner le vers français en un genre qu'on était déjà près d'abandonner :

Sous lui bâille un commis qui l'aide à ne rien faire,

disait-il agréablement dans une Épître à je ne sais quel avocat sans cause (1). Amateur de l'orchestre, sachant son ancien théâtre et les traditions du foyer comme s'il avait vingt-cinq ans de plus, il lui est toujours resté ce pli (un excellent pli), d'avoir été nourri entre le goût pour Andrieux et l'admiration pour M. Villemain. Et c'est ainsi que lorsqu'il s'est agi d'une introduction pour le présent Recueil, il est allé tout droit dans sa modestie vers l'écrivain qui peut paraître, au meilleur titre, concilier en lui ces deux filiations, ce double mérite de la haute critique et de la gentillesse de parole et d'esprit ; il s'est donc adressé à M. Saint-Marc Girardin, qui a répondu à son appel par une lettre ou préface très-vive, très-spirituelle, parfaitement judicieuse, un peu indulgente, mais tout à fait digne, par son tour preste et dégagé, d'ouvrir cette lecture des lettres de Voltaire.

(1) Il faut être exact de tout point : l'Épître de M. François est adressée à un jeune clerc, et dans le vers cité il s'agit du commis d'un greffier.

Lundi, 10 novembre 1856.

LE MARÉCHAL DE VILLARS

On déprécie trop Villars depuis quelque temps. Le portrait saillant, ineffaçable, qu'a tracé de lui Saint-Simon en sa fureur de peintre, reste dans les yeux, et empêche qu'on ne soit tenté de regarder le personnage en lui-même et d'une vue plus reposée. Il faut un intervalle pour s'en remettre et pour qu'il soit possible de se figurer l'original sous d'autres couleurs. Les principaux traits accusés par Saint-Simon sont bien en Villars; mais il les a présentés sous un jour si contraire, si particulier, à la clarté de sa lampe de nuit et avec de telles rougeurs dans l'ombre, qu'on n'a devant soi qu'un monstre de vanité, de forfanterie et de fortune, une caricature. Changez la lumière, faites que le rayon tombe où il faut, que l'ombre se retire et se dégrade, en un mot regardez Villars au soleil, le même homme va paraître tout différent. Le charmant portrait que Voltaire a tracé du héros de Denain dans le *Siècle de Louis XIV* est bien plus celui qui nous semble juste, sauf l'indispensable teinte de flatterie, laquelle encore est si transparente qu'elle laisse bien apercevoir les défauts. Mais cette esquisse de Voltaire, dans sa simplicité élégante et naturelle, ne suffit point aujourd'hui pour réfuter et repousser le magnifique portrait *en laid* où

Saint-Simon a versé toutes ses ardeurs et son amertume : placée à côté, elle en est éteinte et absorbée. Il faut donc faire là comme en tant d'autres points de l'histoire : étudier, creuser, recourir aux sources, se former une opinion directe; après quoi l'on se trouvera revenu, par bien des détours et avec des motifs plus approfondis, à ce que les contemporains judicieux et vifs avaient exprimé d'une manière plus légère.

Ç'a été pour moi une satisfaction imprévue que de lire ce qu'on appelle les *Mémoires de Villars*. J'en dois l'idée à l'un de mes confrères à l'Académie, au noble général historien M. de Ségur, qui lui-même en avait été très-frappé dans une lecture récente. J'avais contre l'ouvrage une vague prévention qui, ce me semble, est assez généralement répandue. Ces Mémoires, quoique la première partie, assure-t-on, jusqu'à la fin de l'année 1700, soit du maréchal même, ne peuvent être considérés en effet que comme rédigés après coup sur ses lettres, bulletins et dépêches; mais Anquetil, qui a été l'arrangeur, et qu'on doit suivre à partir de 1700, a très-bien fait ce travail, qui gagne en avançant plutôt qu'il ne perd, et qui est d'un intérêt continu. Villars, par ses lettres et par ses propos, y est toujours en scène; c'est bien lui seul, et pas un autre, qu'on entend parler. Il n'y dit jamais de mal de lui, mais dans le bien qu'il en raconte, dans ses récits les plus avantageux, il y a tant d'esprit, de gaieté, de bons mots joints à l'action, de belle et vaillante humeur française, il est si bien un héros de notre nation, que ses défauts cessent d'y déplaire. De grandes et incontestables qualités de guerrier y apparaissent, même à ceux qui sont le moins du métier. Villars n'est pas seulement brave et brillant, il a les instincts de la grande stratégie, de celle dont notre siècle a vu les développements et les merveilles : en deux ou trois occasions, s'il avait été maître de ses mouvements, il frappait au cœur de l'Allemagne de ces coups agressifs auxquels on n'était pas accoutumé alors; il se lançait, par exemple, jusqu'aux portes de Vienne, et très-probablement il y entrait. Le bonheur presque constant qui l'accompagna ne saurait se séparer du mérite réel et des *parties de capitaine* que Saint-Simon lui-même est bien forcé de lui reconnaître. C'était une nature de guerrier, tout en dehors, tout d'une venue, donnant sa mesure de pied en cap et se dessinant de toute sa hauteur; capable d'ailleurs de plus d'un emploi, et de négociations comme de batailles; toujours actif, toujours insatiable, audacieux et fin, aimant les richesses, le faste, avide de grandeur, adorant la gloire; ne songeant qu'à avancer, et en toute chose à tenir la tête. Involontairement on se demande, en lisant sa vie et en le voyant contenu autant qu'appuyé par Madame de Maintenon et par Louis XIV, ce qu'il serait devenu à une époque où la carrière était ouverte plus largement, et où il n'y avait pas de limites aux espérances : où se serait-il arrêté? où n'aurait-il point visé? et l'on se dit: Quel général de la Révolution aux années du Directoire, ou mieux encore quel maréchal d'Empire c'eût été que Villars, et de ceux qui aspiraient de tout leur cœur à être rois !

Le maréchal de Villars fut même académicien. Il y eut depuis, sur la liste des Quarante, plus d'un personnage revêtu de cette éminente dignité militaire, les maréchaux de Richelieu, d'Estrées, de Belle-Isle, de Beauvau; mais il fut le premier maréchal de France qui, en possession du bâton, eut cette idée gracieuse sous Louis XIV de vouloir être de l'Académie. Il y fut reçu le 23 juin 1714, quelques mois après avoir signé la paix de Rastadt et au comble de sa gloire. M. de La Chapelle (l'auteur des *Amours de Catulle*), qui était chargé de lui répondre, lui dit : « Il manque quelque chose à votre gloire et à celle de l'Académie : la fortune devait mettre en ma place Cicéron pour répondre à César. » — « Nous avons vu des lettres de vous, disait-il encore, que les Sarazin et les Voiture n'eussent pas désavouées. » Je n'ai pas vu de ces lettres, mais les dépêches de Villars, et les pièces dont les extraits forment le tissu de ses Mémoires, justifient pour nous suffisamment cette ambition qu'il eut de vouloir joindre à tant de palmes les titres de l'esprit (1).

I

Parents de Villars. — Son éducation; ses débuts. — Apprentissage de guerre. — Il se distingue sous Turenne, Condé et Créqui. — Volontaire à l'armée de Hongrie. — Envoyé du roi en Bavière. — Sert sous Luxembourg. — Souffre des guerres inactives.

Louis-Hector de Villars, né en mai 1653, à Turin, disent les uns, où son père aurait été alors ambassadeur, ou plus probablement, selon les autres, à Moulins en Bourbonnais (2), était fils de Pierre de Villars et de

(1) On apprendra avec plaisir qu'une nouvelle édition des *Mémoires de Villars* est en préparation et doit être assez prochainement donnée par un homme de mérite, M. Dussieux, professeur d'histoire à Saint-Cyr et l'un des éditeurs du *Journal de Dangeau*; elle fera partie de la bibliothèque elzevirienne de Jannet. (Cette édition n'a point paru.)

(2) Depuis que ceci est écrit, on m'a fait connaître une pièce qui prouve que la prétention de la ville de Moulins à revendiquer la naissance de Villars est un droit désormais authentique. On a retrouvé, dans ces dernières années, l'acte de baptême qui constate que *Claude*-Louis-Hector de Villars (ce prénom de *Claude* a toujours été omis par la suite) fut baptisé le 29 mai 1653, dans la chapelle du couvent de la Visitation de Moulins. Il a paru résulter de cet acte assez grossièrement dressé, et où manquent les noms du père et de la mère, que l'enfant avait atteint l'âge de trois semaines lors du baptême, ce qui reporterait la naissance de Villars à la date du 8 mai environ. (Voir le tome II de l'*Histoire du Bourbonnais*, par M. de Coiffier, et une Note lue à la Société d'émulation de Moulins, le 6 no-

Marie de Bellefonds. Son père, qui avait poussé assez loin sa fortune, jusqu'à être lieutenant général et ambassadeur, avait eu à souffrir des revirements politiques du temps et des suites de la Fronde. Agréé toutefois de Louis XIV au début de ses conquêtes de Flandre pour son expérience et sa bonne mine, et devenu l'un de ses aides de camp, il se reprenait aux grandes espérances, lorsque l'inimitié de Louvois, qui haïssait en lui l'allié du maréchal de Bellefonds, l'arrêta de nouveau, du moins dans son avancement militaire ; car le marquis de Villars eut depuis de grandes missions et des ambassades. Cette mauvaise fortune des parents du maréchal n'était donc que relative, et en aurait paru une meilleure et très-suffisante à d'autres moins ambitieux. Les entendant un jour s'en plaindre, Villars encore enfant s'écria : « Pour moi, j'en ferai une grande. » Et comme ses parents lui demandaient sur quoi il se fondait pour parler de la sorte, il répondit : « C'est déjà un avantage pour moi que d'être sorti de vous ; et, d'ailleurs, je suis résolu à chercher tellement les occasions, qu'assurément je périrai, ou je parviendrai. » Son mot d'ordre, sa devise en entrant dans la vie aurait pu être : « En avant, et toujours plus haut ! »

La mère de Villars était une personne de beaucoup d'esprit, de raillerie et de finesse. On a d'elle de très-agréables lettres à madame de Coulanges pendant l'ambassade de son mari en Espagne. Elle y alla au moment où Charles II épousa la fille de Monsieur, la nièce de

vembre 1852, par M. de Laguérenne, conservateur de la bibliothèque de la ville.) — L'opinion qui plaçait son berceau à Turin, tenait surtout au désir de faire un rapprochement remarquable. Villars, en effet, étant mort à Turin le 3 juin 1734, on se plut à dire qu'il était allé mourir dans la même ville et dans la même chambre où il était né plus de quatre-vingts ans auparavant. Dans quelques couplets du Recueil de Maurepas, où on le chansonne, Turin aussi est indiqué comme le lieu de sa naissance.

Louis XIV (1679). Les mœurs espagnoles, les usages de Madrid et de la Cour, les bizarreries et les monotonies de cette vie si nouvelle pour une Française et une amie des La Fayette et des Sévigné, y sont touchées avec une discrète ironie. Tout cela est dit à madame de Coulanges pour qu'elle y donne l'air qu'elle savait mettre aux choses en les racontant; mais la marquise fait à l'avance ce qu'elle recommande si bien à madame de Coulanges. On voit que si le maréchal de Villars eut de l'esprit, il avait de qui tenir.

De même s'il avait un peu de romanesque dans l'humeur, il le devait sans doute à son père, à qui sa belle mine et ses airs de héros de roman avaient valu dans la société le surnom d'*Orondate*. Cet Orondate ou Oroondate est le principal héros du roman de *Cassandre*, de La Calprenède. Prince de Scythie, incomparablement beau et valeureux, fidèle à sa princesse Statira et rival auprès d'elle ou même successeur d'Alexandre, il offre l'image d'un vrai chevalier et l'idéal d'un parfait galant. Le père de Villars dans sa jeunesse, par sa tournure ou ses sentiments, donnait à ses enjouées contemporaines l'idée de cet intéressant personnage, et le nom lui en était resté. On saura de plus que le fils du maréchal, le duc de Villars du dix-huitième siècle, et qui succéda à son père dans le fauteuil académique, possédait au plus haut degré le talent de la déclamation dramatique et était un excellent tragédien de société. Il semble qu'une veine légèrement romanesque et théâtrale circulât dans la famille. On sera donc peu étonné que le maréchal sût lui-même par cœur quantité de vers de Racine, de Corneille, et jusqu'à des vers d'opéra, et qu'il les citât à tout propos. Un jour qu'un homme d'Etat, un homme politique comme nous dirions, s'étonnait un peu malignement qu'un guerrier sût tant de vers de comédie: « J'en ai joué moins que vous, répliqua-t-il gaiement, mais j'en sais davantage. » Supposez que le mot est dit au cardinal Dubois ou à quelqu'un de tel, il devient très-joli et des plus piquants. Le maréchal de Villars aima toute sa vie et jusqu'à son extrême vieillesse la comédie, le théâtre et ce qui s'ensuit.

Il avait coutume de dire que les deux plus grands plaisirs qu'il eût jamais eus, ç'avait été de remporter un prix en rhétorique et de gagner une bataille, ce qui ferait supposer qu'il avait fait de bonnes et même de brillantes études. Le maréchal de Villars n'était pas fâché par là de le donner à entendre : il n'était pas seulement ambitieux en avant, il l'était aussi dans son passé.

Villars débuta auprès de Louis XIV par être un des pages de la grande écurie : « Avec une figure avantageuse, une physionomie noble, et de la vivacité qui relevait encore un extérieur prévenant par lui-même, il se fit bientôt connaître et distinguer du roi parmi ses camarades. » A un moment il aurait pu suivre à l'armée son cousin-germain le maréchal de Bellefonds ; mais, pressentant la disgrâce de ce général et guidé par son étoile, il se détermina « à se tenir le plus près du roi qu'il lui serait possible. » S'attacher au roi, lui persuader qu'il ne dépendait et ne voulait dépendre que de lui, ce fut toute sa politique au dedans. Elle lui vaudra un jour, quand il parviendra aux grands emplois, bien des ennemis et des envieux, à une époque où l'opposition frondeuse et dénigrante se sera glissée partout, même sur les terrasses de Marly.

En 1672, le jeune Villars accompagna le roi dans sa conquête de la Hollande, fut des premiers dans une pointe qui se fit jusque dans les barrières de Maëstricht, des premiers à la tranchée devant Doësbourg, se trouva au passage du Rhin, et se jeta, toujours des premiers, dans le fleuve. Il était avide d'occasions, et quand elles ne s'offraient pas d'elles-mêmes, il courait les chercher ailleurs, jusqu'à les faire naître sous ses pas. Il avait pour principe qu'à la guerre un homme qui ne fait que son devoir n'en fait pas assez : « Il y a tel officier qui, à la rigueur, a fait son devoir, et qui en plusieurs années de service ne s'est pas trouvé à une seule action. » Pour lui, qui brûlait de parvenir, il briguait les périls et s'y prodiguait. Il avait ce qu'on a tant conseillé de ne pas avoir en diplomatie, — le zèle.

En même temps qu'il faisait bien et plus que bien, il n'hésitait pas à en solliciter le prix. Personne n'a été moins honteux à demander des grâces et des grades; il savait les pouvoir payer ensuite, et qu'il les mériterait hautement après les avoir reçus.

Le roi s'accoutuma à l'agréer, à se servir de lui à plus d'une fin; il l'envoya à Madrid après la campagne de 1672, pour complimenter le roi d'Espagne qui relevait de la petite vérole. Le père de Villars y était, dès ce temps-là, ambassadeur.

Villars raccourut vite, de peur de perdre un seul jour, et fut à l'ouverture de la campagne suivante. On entreprit le siége de Maëstricht. Le roi défendit aux volontaires d'aller aux attaques sans sa permission. Villars, qui avait la charge de cornette des chevau-légers de Bourgogne, et qui n'avait rien à faire là comme cavalier, se jeta dans la tranchée sans en rien dire, une nuit où il prévoyait qu'il y ferait chaud; avec quelques gendarmes de son corps mêlés aux grenadiers, il marcha des premiers à l'attaque d'une demi-lune, s'y logea, et y tint aussi longtemps qu'il put jusqu'au jour. Le roi, qui s'était informé plusieurs fois de ce qui se passait de si opiniâtre dans cette demi-lune, fit appeler Villars au retour : « Mais ne savez-vous pas que j'ai défendu, même aux volontaires, d'aller aux attaques sans ma permission? à plus forte raison à des officiers, qui ne doivent pas quitter leurs troupes, et moins encore des troupes de cavalerie. » — « J'ai cru, lui répondit Villars, que Votre Majesté me pardonnerait de vouloir apprendre le métier de l'infanterie, surtout quand la cavalerie n'a rien à faire. » C'est encore à ce siége, et pour une autre action de Villars, que le roi dit de lui : « Il semble, dès que l'on tire en quelque endroit, que ce petit garçon sorte de terre pour s'y trouver. »

Le maréchal de Bellefonds, ne pouvant aider son jeune parent que de ses conseils, lui donna du moins celui-ci, dont Villars profita : c'était d'apprendre le métier de partisan, et d'aller souvent faire des *partis* avec ceux qui passaient pour entendre le mieux ce genre d'entreprise ; car, faute d'avoir ainsi pratiqué le détail de la guerre, et de cette guerre légère de harcèlement et d'escarmouches, bien des officiers-généraux, quoique braves, se trouvent ensuite fort embarrassés quand ils commandent des corps détachés dans le voisinage d'une armée ennemie. Ce que Villars n'avait fait jusque-là que par instinct et pour trouver des occasions, il le fit dès lors avec le désir de s'instruire :

> « Il passait souvent trois et quatre jours de suite dans les partis avec les plus estimés dans cet art : c'était alors les deux frères de Saint-Clars, dont l'un, qui était brigadier, fut une fois six jours hors de l'armée, toujours à la portée du canon de celle des ennemis, poussant leurs gardes à tout moment à la faveur d'un grand bois dans lequel il se retirait, faisant des prisonniers, et donnant à toute heure au vicomte de Turenne des nouvelles des mouvements des ennemis. Et certainement rien n'est plus propre à former un véritable homme de guerre qu'un métier qui apprend à attaquer hardiment, à se retirer avec ordre et avec sagesse, et enfin qui accoutume à voir souvent l'ennemi de fort près. »

Ceci se rapporte au moment où Villars achevait cette campagne de 1673, en Franconie, sous Turenne.

A travers tout ce brillant de jeune homme et cette ardeur de s'avancer qui pouvait sembler un peu aveugle et téméraire, il y eut donc de la suite, de l'étude, de l'observation, ce qui se trouve toujours au fond de ces grands bonheurs, que, de loin, on se plaît à attribuer au seul hasard. Le bonheur, ce n'est le plus souvent que le bon sens hardi et adroit.

Villars, tandis qu'il sert dans la cavalerie, apprend le métier d'éclaireur : aux siéges où il est, il fait le métier de fantassin. Il veut savoir mener et manier des troupes sous toutes les formes et dans le plus fréquent usage. C'est ainsi qu'ensuite on connaît à fond le soldat, et que rien n'étonne devant l'ennemi (1).

L'année suivante, Villars continua de servir encore quelque temps en Allemagne sous Turenne, qui l'apprécia, et qui dit qu'il le fallait faire colonel le plus tôt possible; puis il passa en Flandre, sous Condé, de qui il eut pareillement l'honneur d'être distingué. Le matin de la journée de Senef, à un mouvement que faisaient les ennemis, la plupart des officiers généraux qui étaient autour du prince crurent qu'ils fuyaient. « Ils ne fuient pas, dit Villars, ils changent seulement leur ordre. » — « Et à quoi le connaissez-vous? » lui dit le prince de Condé en se retournant vers lui. — « C'est, reprit Villars, à ce que, dans le même temps que plusieurs escadrons paraissent se retirer, plusieurs autres s'avancent dans les intervalles, et appuient leur droite au ruisseau dont ils voient que vous prenez la tête, afin que vous les trouviez en bataille. » Le prince de Condé lui dit : « Jeune homme, qui vous en a tant appris? » Et regardant ceux qui étaient auprès de lui : « Ce jeune homme-là voit clair, » leur dit-il.

Après quelques ordres donnés, le prince se mit à la tête des premiers escadrons et tira son épée. Le jeune

---

(1) Il existe aux Manuscrits de la Bibliothèque impériale un Traité de la guerre par Villars.

Villars, qui se tenait le plus près possible, ne put s'empêcher de s'écrier, de manière à être entendu de lui : « Voilà la chose du monde que j'avais le plus désiré de voir, le grand Condé l'épée à la main ! » Condé parut content du mot.

Belle parole et noble désir en effet! Qu'il y ait dans tout ceci, et dans la manière dont Villars le raconte, un peu d'appareil, de mise en scène et d'air de gloire, qui en doute? Villars a le panache comme naturel. Il ne prétend jamais assurément se faire tort ni se faire oublier. Mais il y a aussi le fond du sentiment et le feu sacré. Un soldat n'est pas tenu d'être abstrait et rentré comme un philosophe.

Voir le grand Condé un jour de bataille l'épée à la main, qui de nous (chacun dans son art) n'a point formé tout haut ou tout bas un pareil vœu? Pour le poète de théâtre, quel rêve que celui qui lui découvrirait le grand Corneille à l'œuvre, travaillant à une scène de *Polyeucte* ou d'*Horace!* Pour le poëte tendre, quel songe plus doux que de rencontrer à la lisière d'un bois La Fontaine égaré, au moment où il a trouvé de beaux vers? Quiconque a dit : *Et moi aussi je suis peintre*, que ne donnerait-il pas pour qu'il lui fût permis de contempler un instant ou Michel-Ange ou Raphaël le pinceau à la main, et tout entier suspendu à sa toile ou à sa paroi sublime? Le géomètre, qui a le génie des hautes sphères et l'imagination froidement sereine dans l'étendue, n'a pas été lui-même sans se représenter quelquefois Newton ou Lagrange dans la méditation d'un problème. De tous ces vœux, le plus en dehors et le plus flamboyant est celui de Villars, mais il l'a exprimé ce jour-là comme un héros de Corneille. Il s'est senti à la fête, et il a eu le mot du moment, qui résume toute la poésie de son art.

Il dut à sa conduite à Senef, où il ne cessa de combattre, bien que blessé au commencement de l'action, d'être nommé colonel de cavalerie; il avait vingt et un ans.

L'année suivante (1675), il continua de servir en Flandre sous Condé encore, puis sous Luxembourg, l'un de ses maîtres pour le brillant et le hardi comme pour le bonheur. A défaut d'affaire générale et de bataille, il y eut des escarmouches, des partis, et Villars, pratiquant plus que jamais le conseil de son cousin, fit de ces expéditions et de ces aventures, qui tournèrent bien. Il se plaît à les raconter avec détail, et dans ces endroits de ses Mémoires il nous rappelle le vieux Montluc, grand amateur et narrateur aussi d'escarmouches et d'actions particulières.

Le maréchal de Schomberg, chargé de secourir Maëstricht en 1676, eut à contenir l'ardeur de Villars qui avait bien envie, à un certain moment, qu'on attaquât l'armée du prince d'Orange en train de se retirer, et qu'on engageât une affaire en tombant au moins sur l'arrière-garde. Il alla au maréchal de Schomberg et lui représenta qu'il croyait l'instant favorable. Le maréchal reçut l'avis assez vertement; mais peu après, rappelant Villars, il lui dit avec amitié : « Quand une place comme Maëstricht est secourue sans bataille, le général doit être content, et, pour satisfaire un jeune colonel avide d'actions, il faut lui donner un parti de cinq cents chevaux. Faites-les commander, prenez les officiers que vous voudrez; et, en suivant l'armée ennemie pendant trois ou quatre jours, vous verrez ce qu'elle deviendra, et ce que vous pourrez faire sans vous commettre. »

Le lendemain soir, au retour, Villars ramenant bon nombre de prisonniers qu'il avait enlevés, le maréchal lui dit : « Nous aurions été brouillés ensemble, si je ne vous avais pas donné un détachement pour suivre vos amis que vous ne sauriez perdre de vue. »

En 1677, à la bataille de Mont-Cassel près Saint-Omer, commandant une réserve de cinq escadrons, Villars conseilla sur la droite des ennemis une charge qui, faite à temps, eût rendu la victoire décisive; mais un ordre précis, apporté par l'aide de camp Chamlay, homme de confiance de la Cour, le força de s'abstenir et de se diriger ailleurs. Peu après, le maréchal de Luxembourg ayant emporté l'abbaye de Piennes et gagné le champ de bataille, mais voyant la droite des ennemis se retirer sans perte, ne put s'empêcher de dire à Villars : « Je voudrais que le cheval de Chamlay eût eu les jambes cassées quand il vous apportait ce maudit ordre. » Villars ne raconte sans doute dans ses Mémoires que ce qui peut lui faire honneur, et il ne serait pas plus juste de le suivre en tout aveuglément que de s'en remettre à Saint-Simon contre lui; mais dans tout ceci il n'est rien qui ne réponde à la suite de sa carrière et que ne confirment ses futurs succès. Qui pourrait en douter? tout d'abord il eut le coup d'œil.

Il croyait en son bonheur, et il tenait à ce qu'on y crût. Servant, cette même année, en Alsace sous le maréchal de Créqui, il désira passer d'une brigade dans une autre, n'étant pas en bons termes avec le brigadier. Le maréchal, bien qu'il eût de l'amitié pour Villars et qu'un jour, qu'il le voyait en habit brodé d'or s'exposant sur une brèche, il s'échappa jusqu'à lui dire : « Jeune homme, si Dieu te laisse vivre, tu auras ma place plutôt que personne, » ne fit point dans le cas présent ce qu'il désirait : « Et cela fut heureux pour le marquis de Villars, ajoutent les Mémoires; car d'être demeuré dans cette brigade lui valut d'avoir la meilleure part à quatre actions considérables qui se passèrent dans le reste de cette campagne. »

Ce petit désagrément, qui tourna si bien, servit dans la suite à le persuader tout à fait de sa bonne chance et le guérit pour toujours de demander ni même, à ce qu'il assure, de désirer d'être plutôt dans un corps que dans un autre. Il se dit qu'il avait sa fatalité et qu'elle était bonne; il s'abandonna à la fortune et à son bon génie. Plus tard, quand il commanda en chef, dans les marches qu'il entreprenait on avait remarqué qu'en général il faisait beau temps, et les soldats, quand ils voyaient le soleil dès le matin, appelaient cela un *temps de Villars.*

Les hommes ont bien des manières de se vanter et de s'en faire accroire à eux-mêmes. Tantôt ils se flattent de ne rien devoir qu'à leur mérite, à leur vertu, sans rien laisser au hasard; tantôt ils sont plus fiers de paraître tout devoir au hasard qu'à leurs qualités propres : c'est qu'il semble alors qu'un génie suprême, l'âme même des astres et de l'univers s'occupe d'eux, — change et incline l'ordre général pour eux.

Je passe sur ces quatre occasions considérables que rencontra Villars en cette campagne. Il se complaît à ces prémices de sa fortune. La sienne lui paraissait cependant trop lente à son gré. Il aspirait au grade de brigadier, et voyait de ses cadets l'obtenir sans qu'on le lui accordât. Il avait le roi pour lui, mais Louvois était contre; et, de plus, en cette saison Villars était amoureux, violemment amoureux (il ne nous dit pas l'objet de cette belle passion), ce qui, sans nuire à son service, nuisait peut-être à son assiduité en Cour pendant les hivers. J'ai peine à croire pourtant que le roi ne le trouvât point à ses levers aussi souvent qu'il le fallait; il était de ceux qui se multiplient. Il pressa par trois fois Louis XIV sur ce grade de brigadier :

« Sa Majesté y répondit deux fois avec bonté, et même avec des éloges de ses actions; mais, à la troisième, ce fut avec quelque aigreur, et le marquis de Villars se retira. Réduit à la nécessité de se faire un mérite qui forçât la Fortune en sa faveur, et d'être pour ainsi dire lui-même sa créature, son cœur lui suggéra le seul parti que la raison elle-même lui laissait à prendre, de servir et de surmonter les obstacles, ou de périr. »

On ne peut nier qu'il n'ait, en effet, conquis par ses seules actions et ses services continuels l'avancement dont il fit un si heureux et glorieux usage. Cet homme, qui à vingt et un ans était colonel et si en vue auprès des chefs, ne devint maréchal de France qu'à près de cinquante.

La paix de Nimègue fut pour beaucoup dans ce retard. L'inaction n'était pas son fait. La guerre entre l'Empereur et le Turc, comme on disait, ayant recommencé, Villars eut l'idée d'y aller tenter prouesse. Ayant obtenu la commission de porter à l'Empereur un compliment de condoléance sur la mort de l'impératrice sa mère, il se rendit à Vienne, y fut reçu agréablement, se mit au fait des intrigues de cour et de cabinet, se hâta d'en informer le roi, et travailla dès lors par tous moyens auprès de l'Électeur de Bavière à le détacher de l'Empereur, dont il s'était fait le général, et à le ramener vers la France où sa sœur était Dauphine. En même temps qu'il ne perdait point de vue les intérêts du roi et qu'il restait Français zélé à Vienne, il se conduisait à l'armée de Hongrie comme un fidèle sujet de l'Empereur, et il prit part, en y contribuant de son conseil autant que de son bras, à une grande victoire contre les Turcs. L'Empereur lui en fit faire des remerciements publics dans une santé portée en plein festin par un de ses ministres.

Cependant Villars s'attachait de plus en plus à l'Électeur de Bavière; il eut ordre de le suivre à Munich, et put prendre auprès de lui la qualité d'envoyé extraordinaire de la Cour de France : il alarma par ses progrès celle de Vienne, qui envoya, pour le contrecarrer, ses meilleurs hommes d'État, de ceux qu'il aura plus tard à combattre comme généraux. Villars joua cette partie diplomatique avec beaucoup d'adresse et de vigueur. Né pour la guerre, on sentit à Versailles qu'il pouvait être utile encore à autre chose. Louvois, de loin, se réconcilia avec lui et lui promit son appui à l'avenir. A l'un de ses retours en France, le roi l'accueillit avec bonté et « lui fit l'honneur de lui dire qu'il l'avait toujours connu pour un très-brave homme, mais qu'il ne l'avait pas cru si grand négociateur. » Madame de Maintenon lui fit aussi un accueil très-obligeant; le jour même de son arrivée, elle le mena à une comédie que l'on représentait à Saint-Cyr devant le roi; et où il n'y avait que peu d'élus (1687). Enfin Villars fut des Marly.

De retour à Munich, il n'y put toutefois conjurer l'ascendant des ministres de l'Empire; dans la nouvelle ligue qui se nouait, l'Électeur dut se déclarer, en attendant mieux, contre la France, et Villars, pour s'en revenir (1688), eut à traverser en toute hâte des pays ennemis, des populations irritées. A la frontière de Suisse, aux portes de Bâle, il tomba par une nuit sombre dans le fossé, et faillit y laisser sa vie. Louis XIV, la première fois qu'il le revit après cet accident, « lui fit l'honneur de lui dire qu'il avait trop bonne opinion de l'étoile du marquis de Villars pour croire qu'il eût pu périr d'une chute dans les fossés de Bâle. »

Dans les années de guerre qui suivirent et qui ne se terminèrent qu'à la paix de Riswick, Villars, d'abord commissaire-général de la cavalerie, puis maréchal de camp, puis lieutenant-général et gouverneur de Fribourg en Brisgau, continua de se distinguer; mais il souffrait beaucoup de l'inaction où l'on restait trop souvent avec de fortes armées, et se plaignait de ces campagnes trop peu remplies d'événements. Il ne trouva un peu son compte qu'en servant sous Luxembourg, et en prenant grande part au combat de Leuze (1691), dont il disait avoir préparé l'occasion en même temps qu'il aida fort au succès. En lisant cette partie de ses Mémoires, telle qu'il paraît l'avoir rédigée ou dictée lui-même, on est très-sensible à ce ralentissement d'ardeur et de mouvements, qui trahit dans le corps des armées une lassitude générale et une diminution dans les talents militaires de ceux qui commandaient en chef. Les maréchaux de Lorges, de Choiseul, de Joyeuse, toute cette monnaie de M. de Turenne, paraissent au-dessous des commandements supérieurs, auxquels le courage seul et les qualités secondaires ne suffisent pas. Les grands hommes, les beaux caractères, tels que Bouflers, Catinat, sont modestes (ce qui n'est pas un mal), mais d'une grande circonspection, et semblent quelquefois fléchir ou du moins s'arrêter sous le poids de la responsabilité. Villars est plein de verve et d'ardeur, il se dévore; il conçoit à tous moments des plans, des possibilités d'entreprise là où d'autres jugent qu'il n'y a rien à faire. Sous ses airs bouillants il observe; il étudie les terrains où il passe. Son gouvernement de Fribourg lui donne occasion d'aller visiter les entrées des Montagnes Noires : « Il ne les trouva pas d'un accès si difficile que l'on le publiait, et dès ce temps-là il prit des connaissances qui lui furent utiles dans la suite. » Le roi lui demande même des mémoires sur les projets de guerre qu'on peut former : Villars les lui remet en audience particulière; le roi les lit et l'assure que c'est avec plaisir, et qu'il en comprend les conséquences et l'utilité : « mais comme celui qui pensait n'était pas à portée d'être chargé de l'exécution, qu'il y avait trois maréchaux de France destinés au commandement de l'armée d'Allemagne, et que, d'ailleurs, le ministre de la guerre (c'était alors Barbesieux) était ennemi déclaré du marquis de Villars, ses idées ne furent point suivies. Elles lui furent cependant très-utiles : elles avaient frappé le roi et le confirmaient dans le dessein de l'élever, ce qui arriva quelques années après. » Louis XIV, dans son jugement de maître, le nota donc et le tint en réserve comme l'homme nécessaire et indiqué, pour le cas où il faudrait à tout prix agir et remonter par quelque action hardie le moral des Français. Le mérite de Villars et le trait dominant de son tempérament militaire fut de rester jeune de cœur et entier de zèle pendant ces ennuis et ces retardements, qui en eussent usé ou fatigué d'autres ; et il se trouva le plus entreprenant des maréchaux, à cinquante ans, c'est tout simple, et à soixante, ce qui est plus rare, — j'allais dire, et à quatre-vingts, — car il garda jusqu'à l'extrême vieillesse, et quand il prenait Milan en 1734, la vivacité de son feu et de son allure.

Lundi, 17 novembre 1856.

LE MARÉCHAL DE VILLARS

(SUITE)

II

Ambassade de Vienne. — Campagne du Rhin; Villars et Catinat. — Journée de Friedlingen. — Prise de Kehl. — Villars sur la rive gauche du Rhin; grondé par Louis XIV. — Le ressort moral chez Villars.

Je ne prétends pas dissimuler les taches et les côtés faibles de Villars, ses vanteries, sa plénitude naturelle de soi, cet air de tout tirer à lui, de tout tourner à son avantage (même ses défaites, on le verra). Il fallait bien qu'il eût dans son amour-propre, et dans la manière dont il le portait, quelque chose qui choquait et offensait l'amour-propre des autres, pour qu'il ait excité, aux heures de ses succès militaires et de ses plus grands services, un déchaînement d'envie et une irritation telle qu'on en connaît peu d'exemples. « Mon fils, lui avait dit sa spirituelle mère quand il entra dans le monde, parlez toujours de vous au roi, et jamais aux autres. » Villars, a-t-on remarqué, ne suivit que la première moitié du conseil : il parlait constamment de lui devant tous et se citait en exemple dans les grandes comme dans les petites choses. — Après la paix de Riswick, le roi jugea à propos de l'envoyer à Vienne comme ambassadeur (1699-1704); le poste était important à cause de la question pendante de la succession d'Espagne, qui pouvait à tout moment s'ouvrir; il s'agissait de négocier par précaution un traité de partage avec l'Empereur, ce traité dût-il ne pas s'exécuter ensuite. Villars fit partir de Paris, à l'avance, un grand train conforme à son nouvel état de représentant du plus magnifique des rois : trois carrosses à huit chevaux, quatre chariots attelés de même, cinq ou six charrettes chargées de meubles, six pages, quatre gentilshommes, avec grand nombre de domestiques; mais comme il avait su allier toute cette pompe avec un esprit d'exacte économie, il ne put s'empêcher de s'en vanter tout haut et de le raconter au roi et à tous :

« Il demanda à Sa Majesté (ce sont les Mémoires qui parlent) ce qu'elle pensait que pouvait coûter la conduite d'un tel équipage de Paris à Vienne. Ceux qui étaient auprès du roi, ou pour faire plaisir au marquis de Villars, ou pour approcher de la vérité, estimaient que cette dépense pouvait monter à quarante ou cinquante mille livres.
« Messieurs, leur dit-il, il ne m'en a pas coûté une pistole. » Le roi, surpris de la réponse, lui en demanda l'explication. « Sire, répondit
« Villars, pour être magnifique, il faut être économe et se servir de
« son esprit. » Le courtisan ne savait à quoi ce préliminaire allait conduire, lorsque Villars ajouta : « Sire, lorsque mon équipage est
« parti, la réforme de votre cavalerie se faisait. Votre Majesté sait
« que l'on donnait les chevaux de cavaliers à vingt-cinq livres; j'en
« fis acheter cent à Verdun, Mouzon, Châlons et autres lieux : ils ne
« me revenaient, rendus à Paris, qu'à trente et une ou trente-deux
« livres; ils n'y furent que quatre jours, et de Paris à Ulm, vingt
« jours : ainsi, aucun de ces chevaux, avec la nourriture, ne revenait qu'à soixante livres. On les vendit, l'un portant l'autre, à Ulm,
« cent cinquante livres : par conséquent, le gain sur les chevaux défraya le reste du voyage. » Le roi loua fort le bon esprit et le bon ordre de Villars... »

Aussi n'est-ce point d'avoir raconté au roi la chose, qu'on peut blâmer Villars; il répondait par là d'avance à plus d'une accusation, et montrait que, sous son faste et son apparente profusion, il savait calculer juste. Mais ce n'était pas de bon goût à lui de venir ainsi étaler devant les courtisans, et pour la satisfaction d'une minute, son art et son secret d'économie domestique. C'est trop d'écraser les gens de son luxe, et à la fois de leur prouver qu'on ne se ruine pas, que bien au contraire on ne dépense rien, et qu'on profite peut-être au maquignonnage; c'est en vérité trop vouloir les mortifier d'un coup, et ils s'en vengent. On fait de ces choses enfin, on ne les dit pas en pleine Cour, et on ne les enregistre pas dans ses Mémoires comme un fait notable et singulier. Mais que voulez-vous? il y a des gens qui aiment à se faire valoir en toute démarche et à se broder sur toutes les coutures.

Villars paraît s'être acquitté fort convenablement de sa mission délicate d'ambassadeur auprès d'une Cour naturellement très-mécontente de Louis XIV et très-alarmée de l'ambition qu'il témoignait à l'égard de la succession d'Espagne; il sut y soutenir avec fierté et hauteur la dignité du roi son maître, amuser et contenir les ministres de Léopold, et suspendre, arrêter à temps la prise de possession provisoire, par les armées impériales, des États espagnols en Italie, tandis que le roi d'Espagne vivait encore et dans un moment où il s'y prêtait. Villars croyait avoir rendu par là un service qui ne fut pas assez apprécié. En même temps, comme il prévoyait une guerre générale prochaine, il observait de près le caractère des généraux de l'Empire, qu'il connaissait déjà depuis son premier voyage de 1685, et auxquels il comptait bien avoir affaire, surtout le prince Louis de Bade et le prince Eugène; et il ne se perdait point de vue en les dépeignant. On serait presque tenté de croire que ce qui suit est un petit apologue de son invention, qu'il débite à l'usage du ministre :

« Vous ne serez pas fâché, écrivait-il de Vienne à Chamillart, de connaître quelque chose du caractère de messieurs les princes de Bade et de Savoie, et vous en jugerez sur ce que je leur ai ouï dire de celui des autres généraux : — Les uns, disent-ils, parvenus aux dignités à force d'années et de patience, se trouvant un commandement inespéré, et qu'ils doivent plutôt à leur bonne constitution qu'à leur génie ou à leurs actions, sont plus que contents de ne rien faire de mal. — D'autres, plus heureux par des succès qu'ils doivent uniquement à la valeur des troupes, aux fautes de leurs ennemis, enfin à leur seule fortune, ne veulent plus la commettre, quelque avantage qu'on leur fasse voir dans des mouvements qui pourraient détruire un ennemi déjà en désordre, sans les trop engager. — *Mais une troisième espèce d'hommes, assez rare à la vérité, compte de n'avoir rien fait tant qu'il reste quelque chose à faire*, profitant de la terreur qui aveugle presque toujours le vaincu, à tel point que les plus grosses rivières, les meilleurs bastions ne lui paraissent plus un rempart. »

Si Villars rangeait dans cette troisième espèce d'hommes le prince Louis de Bade et le prince Eugène, il entendait bien s'y ranger également, et il se déclarait encore mieux lorsqu'il ajoutait :

« Ceux-là, à la vérité, ne sont pas communs : mais comment ne s'en trouverait-il pas sous le règne du plus grand roi du monde, et dans des armées toujours victorieuses? Vous avez trop bonne opinion de la nation pour ne pas croire qu'elle puisse produire des gens qui, soutenus uniquement par leur zèle, osent penser noblement... Trop heureux s'ils peuvent être bien connus, et si des ministres éclairés, attentifs, justes, sans humeur et sans passion (*avis à Chamillart!*), les démêlent à travers tous les mauvais offices dont de tels gens sont d'ordinaire accablés! »

En écrivant ainsi, il pouvait sembler y mettre de la jactance, il ne disait que vrai cependant à bien des égards; il était l'un de ces hommes-là.

Il se montrait dès lors très-préoccupé de ses ennemis et de ses envieux, qui, le voyant décidément percer et arriver aux plus grands emplois, redoublaient en Cour de railleries et de méchants propos. Comme on s'étonnait à Vienne qu'à la veille du départ, et devant bientôt peut-être se rencontrer tous deux le pistolet au poing dans les batailles, il reçût publiquement du prince

Eugène des marques d'estime et de cordialité, Villars dit ce mot souvent répété depuis : « Voulez-vous que je vous dise où sont les vrais ennemis du prince Eugène? Ils sont à Vienne, et les miens sont à Versailles. » C'est ainsi que plus tard, quittant Louis XIV pour aller à l'armée, il dira : « Sire, je vais combattre les ennemis de Votre Majesté, et je la laisse au milieu des miens. »

De retour en France, Villars fut bien reçu du roi, mais se plaignit de ce qu'on ne faisait rien pour lui : au bout de chaque action, il voulait son salaire. D'autres ambassadeurs avaient reçu des grâces qu'il croyait avoir tout autant méritées : « Cependant, à mon retour, dit-il, je trouvai que j'avais battu les buissons, et mes camarades pris les oiseaux. » Aux bonnes et obligeantes paroles de Louis XIV, il répondit, avec cette pointe de gaieté et d'humeur gaillarde dont il assaisonnait ses convoitises : « Il faut donc que je porte écrit sur ma poitrine tout ce que Votre Majesté me fait l'honneur de me dire; car qui pourra penser que je l'aie bien et fidèlement servie, lorsqu'elle ne fait rien pour moi? » — « Soyez tranquille, répondit affectueusement le monarque; vous apercevrez aux premières occasions à quel point je suis content de vous. »

La guerre recommençait, et Villars allait retrouver son véritable élément. Il fut employé la première année (1704) en Italie; mais bientôt ce fut sur le Rhin qu'on l'envoya, à l'armée d'Allemagne, où Catinat commandait comme général. Villars s'était marié dans l'intervalle, pendant l'hiver de 1701-1702, avec mademoiselle Roque de Varangeville. Ce mariage compte dans sa vie, même militaire et publique, parce qu'on prétendit qu'il était amoureux et jaloux au point de déranger quelquefois ses opérations de guerre en vue de sa passion et dans ses inquiétudes d'homme de cinquante ans pour sa jeune femme. Saint-Simon, à qui il n'a pas tenu de faire de Villars un personnage burlesque et de comédie, nous a mis au courant de tous ces propos de la malveillance. Heureusement, à partir de ce moment décisif où Villars va commander en chef, nous avons les moyens les plus sûrs de contrôle, les pièces mêmes et instruments d'une histoire militaire complète, dans les *Mémoires relatifs à la Guerre de la Succession*, dressés au dix-huitième siècle par le lieutenant-général de Vault et publiés de nos jours avec grand soin par M. le général Pelet (1). Là, on trouve non-seulement la suite méthodique et l'analyse raisonnée des opérations de Villars, mais ses lettres au roi, aux ministres, les ordres ou les réponses qu'il reçoit, enfin tous les éléments pour former un jugement solide sur son caractère et son mérite de général. Les méchants propos de Versailles ne sont plus que des propos, et même en y faisant toute la part possible, en accordant un peu de vérité dans beaucoup de mensonge, les lignes et les traits essentiels de l'habile et hardi capitaine, ses belles parties de talent n'en sont pas entamées; la gloire de Villars subsiste.

Quand Louis XIV, de son propre mouvement, destina Villars à l'armée d'Allemagne, il commençait à ne plus être content des services de Catinat. Dès qu'on parle de Catinat, il y a à prendre garde : si le dix-huitième siècle, en le célébrant et en cherchant à préconiser en lui un de ses précurseurs, une des victimes du grand roi, a raisonné un peu à l'aveugle de ses talents militaires et les a exaltés académiquement, il ne faut pas tomber dans l'excès contraire ni trancher au détriment d'un homme qui eut ses jours brillants, dont l'expérience et la science étaient grandes, et dont le caractère moral soutenu, élevé, est devenu l'un des beaux exemplaires de la nature humaine. Catinat est de ces généraux si

(1) Dans la Collection des *Documents inédits de l'Histoire de France*. — Neuf volumes (et plus) de ces Mémoires militaires (de 1701 à 1709) ont paru.

parfaits et si purs dans leur disgrâce, qu'on est tenté de la leur désirer comme un dernier triomphe, et qu'on ne voudrait pas la leur ôter. Venant de parler des autres généraux en vogue et en renom, et de Villars même, qui était alors sur le pied de conquérant, madame de Coulanges, dans une lettre à madame de Grignan (1703), écrivait : « Mais, Madame, je m'amuse à vous parler des maréchaux de France employés, et je ne vous dis rien de celui dont le loisir et la sagesse sont au-dessus de tout ce que l'on en peut dire ; il me paraît avoir bien de l'esprit, une modestie charmante : *il ne me parle jamais de lui...* C'est un parfait philosophe, et philosophe chrétien ; enfin, si j'avais eu un voisin à choisir, ne pouvant m'approcher de Grignan, j'aurais choisi celui-là. » Catinat disgracié est encore mieux dans son cadre et à son avantage que M. de Pomponne. Mais cependant, à la guerre, il faut agir, s'ingénier, entreprendre. Dans cette guerre du Rhin en particulier, Louis XIV avait besoin, en 1702, qu'on opérât une puissante diversion en faveur de l'Électeur de Bavière, qui osait, au cœur de l'Allemagne, se déclarer pour lui, et qui était en danger, si on ne les partageait, d'avoir à porter le gros des forces de l'Empire. Catinat, chargé de former et de commander un corps d'armée en état de tenir tête au prince Louis de Bade sur cette frontière, et qui d'ailleurs ne fut instruit par sa Cour de l'alliance avec la Bavière qu'au dernier moment et lorsqu'elle fut déclarée, se trouva trop faible dès le début pour s'opposer au siége de Landau, qui était alors à la France, et se résigna tout d'abord à la perte de cette place. Il se trouva trop faible encore pour rien tenter qui en dédommageât. Il estimait l'armée du prince de Bade trop nombreuse, et la sienne trop peu, pour risquer aucune affaire et pour prendre l'offensive. Louis XIV et lui n'étaient nullement d'accord sur le chiffre des troupes. Le roi commettait une erreur assez ordinaire aux souverains directeurs d'armée, erreur en partie volontaire, qui consiste à prétendre que le général a plus de troupes sous le drapeau qu'il n'y en a en effet, et que les ennemis en ont moins qu'on ne le suppose. C'est quelquefois le moyen de faire faire aux hommes plus qu'ils ne peuvent. Mais Catinat ne se laisse point entraîner à ces soubresauts du point d'honneur, et il ne répond pas à l'aiguillon. Sur tout ce qu'on lui propose, il dit : « C'est impossible; » et il ne propose rien en retour qu'une retraite prudente. Le roi le presse, le stimule autant qu'un roi majestueux comme Louis XIV peut stimuler un général d'armée :

« ... Je vois néanmoins que vous ne vous proposez rien, pas même de vous avancer à Weissembourg, pour leur donner de l'inquiétude. Je sais que vous n'avez pas un corps de troupes suffisant pour présenter la bataille au prince de Bade, s'il est en plaine devant vous; mais vous n'êtes point assez faible pour lui laisser prendre Landau sans y mettre quelque obstacle, ce qui se peut par plusieurs moyens différents... (Et après un aperçu de ces moyens :) Tout ce que je vous mande n'est que pour vous donner différentes vues, et vous mettre en état de faire un plan qui ne peut être autre que de secourir Landau en cas que je vous envoie suffisamment de troupes... Mais, supposé que je ne le puisse pas faire et que je sois obligé d'abandonner cette place à sa propre défense, ne pourriez-vous, en ce cas, faire quelque entreprise qui puisse donner lieu à une diversion, ou du moins empêcher le mauvais effet que produirait l'inaction dans laquelle vous demeureriez? » (Lettre du roi, du 22 juin 1702.)

A mesure que ce siége de Landau approche du terme prévu, les ordres de la Cour redoublent de vivacité pour qu'on avise au moins par quelque endroit à une revanche. Chamillart, dans une lettre à Catinat du 22 juillet, en demandant pardon « de s'expliquer sur une matière aussi délicate, sur laquelle il ne raisonne, dit-il, que par le bon sens que Dieu lui a donné, et sans aucune expérience, » se prodigue en exhortations des plus vives :

« Il me semble que des troupes aussi bonnes que celles que vous avez, et en aussi grand nombre, ne doivent point appréhender l'armée de l'Empereur, pourvu que vous les puissiez rassembler avant que le siége de Landau soit fini. Le roi travaille à faire des troupes pour fortifier le côté de la Sarre, et avant la fin de septembre il y aura au moins douze bataillons d'augmentation, et vers le 1er novembre encore huit autres ; il n'y a de dangereux que le moment critique dans lequel vous êtes. Au nom de Dieu, hasardez quelque chose pour vous en garantir ; car, si vous pouvez arrêter les ennemis, tout est sauvé ; si au contraire vous vous laissez entamer, il n'y aura plus de retour, et les suites de ce dérangement font trembler.

« Pardonnez à l'excès de mon zèle, qui peut-être m'emporte bien loin ; mais j'ai cru devoir au roi et à vous, peut-être à moi-même, une explication aussi naturelle, qui vous servira à vous fortifier à prendre des résolutions honorables ; car, pour le reste, c'est à vous de faire ce que vous croirez qui convient le mieux. »

Catinat tient bon et ne démord pas de son dire : « Cela ne se peut pas. » Il voit des difficultés partout, il a réponse à tout ; le meilleur parti à ses yeux, dans le cas présent, n'est que le moins mauvais, et il persiste dans sa méthode expectante, qui doit tout bonnement aboutir à une marche rétrograde raisonnée sous Strasbourg : « Voilà, Sire, quel est mon sentiment. Si je parlais autrement à Votre Majesté, je n'aurais plus l'honneur de me conduire à son égard *avec un esprit de vérité.* » C'est comme un janséniste de la guerre que Catinat ; il y porte l'amour strict de la vérité, et une prudence, une patience opiniâtre. Cet homme-là était trop philosophe pour être longtemps un général selon le génie de la nation.

Villars paraît, et l'on n'a plus affaire aux mêmes scrupules ni à la même réserve ; c'est ici un guerrier d'une autre famille que Catinat, mais, en tant que guerrier, d'une famille meilleure et plus faite pour l'action. Il sait comment on relève de sa langueur et comment on électrise le Français. Louis XIV, en lui donnant l'ordre de partir, lui a dit expressément « qu'il voudrait bien inspirer à ce qui est à la tête des armées l'audace naturelle à quiconque mène des Français ; » et ce mot-là a plus que suffi pour l'électriser lui-même. Il n'a encore à cette date que le grade de lieutenant-général ; il diffère d'emblée sur les vues d'avec le maréchal. Déjà il avait, dans son zèle, remis un mémoire à Chamillart pour indiquer les moyens de rendre le siége de Landau difficile, ou, en cas de perte, de prendre sa revanche sur Kehl, ou de pourvoir tout au moins à la sûreté des frontières. Avec Villars, il y aura fertilité et luxe plutôt que disette de moyens, de plans, de vues; on n'a qu'à choisir; il a l'initiative, il a l'invention. Un de ses principes (car Villars a des principes, et sous son fracas il a le fond), c'est « qu'à la guerre, comme dans toute autre matière importante, il est dangereux de n'avoir qu'un objet, parce que, si on le manque, on se trouve sans vues et sans desseins, et par conséquent dans une inaction ruineuse. » Ce qui n'est que difficile ne lui paraît jamais impossible; ce qu'on dit impossible le tente : l'extrême activité est un de ses moyens. Il est « persuadé qu'à la guerre tout dépend d'imposer à son ennemi, et, dès qu'on a gagné ce point, *ne lui plus donner le temps de reprendre cœur.* » — Villars, chargé d'abord d'un détachement sur la Sarre et sous les ordres de Catinat, n'approuve point les idées craintives de ce maréchal. Il a sa correspondance directe avec Chamillart; il lui écrit des environs de Haguenau (10 juillet 1702) :

« Pour moi, Monseigneur, je vois M. le maréchal de Catinat persuadé que, Landau pris, les ennemis pourront songer au siége de Sarre-Louis. En vérité, je ne puis imaginer comment il serait au pouvoir de M. le prince de Bade d'avoir l'appareil nécessaire pour deux siéges. Je n'ai point seulement pensé qu'il lui fût possible d'en avoir suffisamment pour celui de Landau. Vous savez, Monseigneur, quels sont les transports prodigieux pour faire un siége comme celui de Sarre-Louis. D'où les tirer? où les établir? Sa Majesté connaît mieux que personne quel temps il faut pour de pareils amas ; je n'y vois pas la moindre apparence. Cependant sur cette crainte, selon moi très-peu fondée, il m'ordonne d'y mettre trois bataillons des troupes qu'amène M. de Chamarande et trois escadrons. Voilà ce qu'il fait, Monseigneur, que l'on n'a plus d'armée quand on met tout en garnison... — Pardonnez-moi, Monseigneur, mes raisonnements; je les soumets avec le respect que je dois, et j'ose me flatter que vous n'en désapprouverez pas la liberté. Je vous supplie de vouloir bien que M. le maréchal de Catinat ne puisse juger, par les lettres dont vous l'honorerez, ce que je vous mande. Je lui ai bien dit les mêmes choses... »

Cependant Catinat semble un instant avoir une velléité d'attaquer, et il donne une espérance d'offensive. Le fils aîné de l'Empereur, le jeune roi des Romains a rejoint l'armée impériale devant Landau; ce jeune prince, dans son ardeur de se signaler, peut se porter en avant et offrir une occasion :

« Rien n'est plus important, écrit Louis XIV à Catinat (2 août 1702), que de profiter de la vivacité de ce jeune prince, qui pourra l'entraîner à des mouvements dont un homme sage et d'une expérience consommée comme vous pourrait profiter; mais, pour cela, il faudrait être à portée de lui... Je vous avoue que rien ne me saurait tirer de la peine où je suis, que de vous voir déterminé à prendre un parti de vigueur. L'ordre que vous avez donné au marquis de Villars y convient parfaitement, pourvu qu'il vous puisse joindre en cas que vous jugiez avoir besoin de lui : il peut y arriver le 10 ou le 12 au plus tard. Si vous vous trouvez à portée de faire quelque entreprise, n'appréhendez point que je vous rende garant du succès; je prends sur moi tous les événements, et vous donne un plein pouvoir d'attaquer les ennemis et de les combattre forts ou faibles, lorsque vous les trouverez, en cas que vous le jugiez à propos; tout ce que j'appréhende, c'est que vous ne vous retiriez en les laissant maîtres de l'Alsace et de la Sarre. »

Après avoir rejoint Catinat, Villars diffère encore d'opinion avec lui dans la supposition d'une retraite prochaine : quand l'ennemi ferait un mouvement dans la haute Alsace, il est d'avis qu'on n'abandonne pas Saverne, et qu'on se poste vers la montagne, assurant sa communication avec la Lorraine; au lieu que Catinat, qui craint pour le pays plat d'Alsace, veut tenir sur le Rhin. Dans le conseil de guerre que Catinat assemble à ce sujet, Villars est seul de son avis, mais le sien est aussi celui du roi, qui l'approuve. Bref, il n'y a plus à en douter, surtout lorsque l'alliance déclarée avec l'Électeur de Bavière va exiger un grand effort pour la jonction, Villars est l'homme du roi à l'armée du Rhin, l'homme de la pensée de Versailles et en qui on a confiance pour l'exécuter; Catinat n'est plus général en chef que de nom, jusqu'à ce que les convenances mêmes indiquent qu'il n'y peut honnêtement demeurer. Villars commande le détachement qui doit tout faire pour forcer les obstacles et se mettre en mesure de joindre l'Électeur : il s'agit d'abord de traverser le Rhin en présence de l'ennemi, puis de s'ouvrir malgré lui et à travers ses postes retranchés l'entrée des Montagnes Noires. L'Électeur, s'il était exact et fidèle au rendez-vous, devrait y tendre de son côté et n'en être pas loin. Il manqua à ce qu'on attendait de lui, cette fois, et d'autres encore; mais Villars fit tout ce qu'il fallait et ce que Catinat estimait impossible, et en définitive il réussit.

Je me suis permis d'exposer ce détail qui laisse voir en une sorte de conflit deux noms célèbres, ou du moins j'ai voulu l'indiquer en renvoyant aux vraies sources, aux *Mémoires de la Guerre de la Succession,* pour qu'on ne dise pas en deux mots que Villars a miné et supplanté Catinat à l'armée du Rhin, tandis que réellement Catinat, quelque respect que l'on doive à son caractère, s'y mina lui-même par une inaction et une circonspection excessive qu'il n'avait sans doute pas toujours eue à ce degré, mais qui s'était accrue avec l'âge, au point de devenir elle-même un danger. « Il y a des temps où les Fabius sont de bon usage, et des temps où les Marcellus sont nécessaires. » Le mot est de M. Des Alleurs, un des amis de Villars, lequel l'accepte volontiers et s'en décore. Il n'est pas homme à se priver d'un compliment.

Après cela, à lire la suite de ses lettres au roi et à Chamillart, il est clair que Villars n'a cessé de se proposer lui-même : il sentait sa valeur et aspirait à son emploi. Ainsi, le 2 juin de cette année 1702, il écrivait à Chamillart :

« Ne voulez-vous point, Monseigneur, dans la guerre la plus difficile qu'on ait vue depuis trente ans, peser la différence qu'il y a d'un homme à un autre? et quel malheur n'est-ce point de n'avoir pu tirer de la plus fière de toutes les nations, toujours victorieuse depuis le règne du plus grand roi qui ait jamais porté la couronne, un peu plus d'hommes capables de mener cette nation! J'ai tout le respect que je dois pour ceux qui sont à la tête de nos armées, mais cependant peut-être y aurait-il encore chez eux quelque chose à désirer. Faut-il que les raisons de cour, les protections, certains emplois déjà occupés, le grand âge, de longs mais froids services... »

Il s'embrouille dans sa phrase (ce qui lui arrive quelquefois quand les phrases sont longues), et il ne l'achève pas; mais il suit très-bien sa pensée, et il veut dire ce qu'il redit souvent encore ailleurs en des termes que je résume ainsi : « Les hommes à la guerre sont rares; avec mes défauts, je crois en être un; essayez de moi. »

Villars, à la tête d'un détachement considérable et par le fait général en chef, investi de la confiance du roi, ne songe qu'à la justifier. Il trouve moyen d'abord de passer le Rhin à Huningue (1er et 2 octobre 1702), en s'aidant d'une île qui coupe le cours du fleuve et qui laisse le plus petit bras du côté de la rive opposée. Le pont jeté et le Rhin franchi ou pouvant l'être, il n'eut plus qu'une idée, celle d'attaquer le front des ennemis, malgré l'avantage des hauteurs qu'ils occupaient. Une lettre de Louis XIV, du 5 octobre, ne contribua pas peu à l'y exciter :

« Monsieur le marquis de Villars, je suis si content de ce que vous venez de faire, et j'ai une confiance si entière en votre expérience et votre bonne conduite, que j'ordonne au maréchal de Catinat de vous envoyer le plus diligemment qu'il pourra une augmentation de dix bataillons avec vingt escadrons. Je me persuade qu'avec le corps de troupes que vous avez, lorsqu'il sera renforcé par celui-ci, vous serez en état par vous-même de vous avancer, sans craindre que l'armée des ennemis puisse vous en empêcher... »

Catinat recevait en même temps une lettre du roi qui lui disait, après les motifs déduits :

« Tout cela bien examiné et discuté, je ne vois pas de meilleur parti à prendre que de soutenir et de renforcer le marquis de Villars, afin de le mettre en état d'entreprendre seul ce qu'il jugera à propos pour faciliter sa jonction avec l'Électeur de Bavière. »

Villars était arrivé au point où doit viser tout homme qui est né pour le commandement : agir seul et en chef. Car Villars, quel que soit le rang qu'on lui assigne en ordre de mérite, est un général en chef : ce n'est pas un lieutenant ni un second. « En lui, commander, a-t-on dit, était comme son état naturel. Il y faisait voir non pas de l'égalité seulement et une activité paisible, mais presque un jeu continuel, si on ose s'exprimer ainsi. » Bien que cela ait été dit dans un discours académique, cela est vrai.

L'Électeur a manqué au rendez-vous; il n'a pas fait un pas dans ce sens, et n'a pas établi le concert indispensable. Villars bouillonne d'impatience : « Enfin, Monseigneur, écrit-il à Chamillart du camp de Huningue, je suis *hors de moi* quand je songe qu'Ulm a été surpris le 8 septembre, que nous sommes au 11 octobre, et que je suis encore à recevoir les premières lettres de M. de Ricous (l'envoyé du roi à Munich), et à régler les premiers concerts avec M. l'Électeur. » Cependant l'idée d'attaquer de front le camp des ennemis sur les hauteurs en face de Huningue lui souriait. La prise de Neubourg, sur le Rhin, à quatre lieues au-dessous, qu'avait conseillée et conduite un des lieutenants de Villars, M. de Laubanie, aida à l'entreprise, et la rendit possible sans témérité. C'est en cet état de choses que Villars, assuré de deux points de passage sur le Rhin et voyant le prince Louis de Bade mettre en mouvement ses troupes pour troubler son nouvel établissement de

Neubourg, l'attaqua avec hardiesse dans ses retranchements mêmes, et, inférieur en nombre, livra et gagna, le 14 octobre, contre le général le plus renommé alors de l'Empire, la bataille de Friedlingen, qui lui valut le bâton de maréchal. Les propres soldats de Villars furent les premiers à le saluer maréchal sur le champ de bataille. — Le prince de Bade perdit ses munitions, abandonna dans les bois son artillerie, et ne put rallier ses troupes qu'à six lieues au delà.

Mais que ne va-t-on pas dire à Versailles, à cette nouvelle du succès de l'heureux Villars? Louis XIV d'abord : — celui-là sera juste. Sans compter les marques de satisfaction publique, la première fois qu'il reverra Villars, deux ou trois mois après, il lui dira ces belles paroles :

« Je suis autant Français que roi; ce qui ternit la gloire de la nation m'est plus sensible que tout autre intérêt. C'est d'ordinaire sur les six heures du soir que Chamillart vient travailler avec moi, et pendant plus de trois mois il ne m'apprenait que des choses désagréables. L'heure à laquelle il arrivait était marquée par des mouvements dans mon sang. Vous m'avez tiré de cet état; comptez sur ma reconnaissance. »

Mais les courtisans ou les frondeurs, MM. de l'Œil-de-Bœuf et les oisifs des terrasses de Versailles, oh ! c'est autre chose ! La France a eu un succès; la victoire revient sous nos drapeaux, elle console le cœur d'un roi qui, en cela du moins, est patriote : que leur importe ! l'essentiel, pour eux, est de savoir si c'est bien Villars qui a gagné la bataille, si ce ne serait pas un autre, si on ne peut lui en ôter l'honneur; et quel plaisir alors, quel triomphe de l'humilier ! Le fait est que dans cette bataille si bien préparée, si hardiment engagée, il y avait eu du hasard comme dans toute bataille, et même de la bizarrerie. La cavalerie faisait des merveilles dans la plaine; l'infanterie fit de même d'abord sur la hauteur et dans les bois; mais à un moment, en débusquant dans la plaine à leur tour, les plus ardents à la poursuite furent repoussés; ils se rejetèrent en arrière, et il y eut un mouvement rétrograde, presque une panique. Il pouvait se faire qu'une bataille gagnée devînt une bataille perdue. Tout cela fut réparé; les ennemis perdirent plus de quarante drapeaux et étendards, et l'armée du roi n'en laissa pas un des siens; seulement, le temps qu'il fallut pour remettre quelque ordre dans l'infanterie sauva celle des Impériaux et nuisit à la poursuite. Or, à Versailles, dès qu'on sut les particularités de l'affaire, on les exagéra. M. de Magnac, maréchal de camp, avait fort bien conduit la cavalerie, qui décida du gain de la journée. Villars, dès son premier billet au roi, daté du 14 et du camp de Friedlingen, disait dans un post-scriptum : « *Je dois rendre justice aussi à M. de Magnac.* » Ce n'était pas assez dire. Il le désignait avec distinction dans son rapport du lendemain, mais pas hors ligne. Magnac, dans une lettre du 17 octobre, s'adressa directement au roi :

« Sire, la cavalerie de l'armée de Votre Majesté a gagné la bataille le 14 de ce mois; j'avais l'honneur de la commander, sans qu'il y eût aucun lieutenant-général au-dessus de moi, pendant que M. le marquis de Villars était à votre infanterie, où il essuyait de grosses décharges de celle des ennemis. Sire, je vous demande, pour récompense de quarante-six années de service en qualité d'officier dans votre cavalerie, de vous faire informer, par M. de Villars, si ce jour-là je vous ai assez rendu de services pour mériter la grâce de me faire lieutenant-général. Comme je ne doute pas que ce brave homme ne vous dise la vérité lorsque vous lui ferez demander, j'espère, Sire, que vous aurez autant d'estime pour moi qu'il m'a prouvé d'amitié. Depuis l'âge de onze ans, Sire, je n'ai d'autre application que de vous bien servir; mais le 14 de ce mois, ce n'a pas été inutilement. Je n'ai ni brigue ni patron à la Cour, Sire; c'est pourquoi je demande encore à Votre Majesté, avec instance, de se faire informer si j'ai bonne part à la victoire que vous avez remportée contre vos ennemis. Toutes vos troupes en sont témoins; M. de Villars me l'a dit à la tête de votre armée, en me faisant l'honneur de m'embrasser devant tous les officiers... »

Il fut nommé peu après lieutenant-général. On saisit bien la nuance et le degré du tort où Villars put être à l'égard de M. de Magnac ; il le nomme, il lui rend *aussi* justice : mais il ne va pas sur son compte au-devant de l'entière et éclatante vérité : seulement, si on la lui demande, il la dira. Catinat, certes, en eût agi autrement. Dans tous les cas et toute justice rendue à M. de Magnac, c'était bien Villars qui avait remporté la victoire et tout fait pour la remporter. Mais Saint-Simon ne le veut pas ; dans une de ses notes sur Dangeau, qui a trait au moment où l'heureuse nouvelle arrive à la Cour, on lit :

« M. de Villars crut si bien la bataille perdue, que Magnac, lieutenant-général (lisez maréchal de camp), le trouva sous un arbre s'arrachant les cheveux, qui lui apprit qu'elle était gagnée. Il eut peine à le croire, et poussa plus d'une demi-lieue, et trouva qu'il était vrai. — *On trouva fort ridicule l'envoi du comte d'Ayen pour apporter les drapeaux pris, et qu'il en eût accepté la commission, ne s'étant pas trouvé du tout à la bataille.* »

J'en demande pardon à Saint-Simon : mais il est fâcheux, lorsqu'après tant de langueur et de médiocrité dans la conduite des armées, on apprend qu'on a enfin gagné une bataille, et qu'on l'a gagnée dans des circonstances difficiles et par un général nouveau qui se déclare, il est fâcheux de ne la prendre aussitôt que par un petit côté et par le *ridicule*. Quant à l'image de Villars sous un arbre s'arrachant les cheveux, le croira qui voudra : les grands écrivains pittoresques ont de ces métaphores.

Villars eut toute sa vie à combattre ce déchaînement de la Cour et les mille histoires qu'on y faisait sur lui. Même quand il était le plus populaire en France et dans l'armée, il était raillé à Versailles. On n'y crut à l'importance de la journée de Denain qu'à la dernière extrémité.

Il savait ces choses, et il s'en inquiétait afin d'y répondre, et de ne pas négliger, au besoin, de se poser en victime; mais, pourvu qu'il eût le roi pour lui, il ne s'en affligeait guère et ne s'en décourageait pas. Il allait avoir fort à faire encore malgré sa victoire; l'Électeur de Bavière n'était pas à portée pour qu'on pût songer à le joindre, et il fallait ajourner l'exécution de ce principal dessein. En attendant, « j'ose assurer Votre Majesté, écrivait le maréchal de Villars après Friedlingen, que ce qui ne sera pas exécuté par l'armée dont il lui a plu de me donner le commandement n'aura pu l'être; et il ne viendra pas de lettre de ladite armée qui dise que l'on pouvait faire plus. »

Villars pense à assurer ses quartiers d'hiver et à parer aux nouvelles dispositions de l'ennemi. Il croit nécessaire pour cela de faire occuper Nancy (alors au duc de Lorraine), et, ayant obtenu l'approbation du roi, il charge de l'exécution M. de Tallard. Celui-ci, dont les troupes étaient fatiguées, lui représenta les difficultés, et, entre autres, que pendant la gelée on ne pouvait ouvrir la terre ni se servir des rivières, et que pendant les pluies on ne pouvait faire les charrois. A quoi Villars répondit : « Pendant les pluies on se sert des rivières et on ouvre la terre, et pendant la gelée on fait les charrois. » Villars a beaucoup de ces saillies et de ces répliques heureuses. S'il était aussi bien M. de Vendôme, on dirait que c'est le sang de Henri IV qui pétille dans sa parole.

Il revient à Paris au commencement de janvier 1703, pour voir sa femme et un fils qui lui était né. Il y prend les ordres du roi et repart treize jours après avec la permission de faire le siége de Kehl, s'il le croyait convenable. Cette entreprise, dont l'avantage était d'aider ultérieurement à la jonction avec l'Électeur et de faire dès à présent une diversion très-utile sur le Rhin, offrait d'assez grandes difficultés dans la saison. Villars en triompha à force de rapidité dans les marches et de résolution dans l'attaque. Il redonna aux troupes (et moins aisément aux officiers généraux qu'aux soldats) l'entrain qu'on avait perdu depuis MM. de Turenne et de Créqui pour les campagnes d'hiver. Il prenait tout le premier sa part à la peine en ne quittant presque pas la tranchée. « Il n'est pas nécessaire, lui disaient les ingénieurs, qu'un maréchal de France y soit si souvent. » — « Non, répondait-il, mais avouez que cela ne fait pas mal. »

« Je passe avec eux (avec les soldats) une partie de la nuit, écrivait-il au ministre ; nous buvons un peu de brandevin ensemble : je leur fais des contes, je leur dis qu'il n'y a que les Français qui sachent prendre les villes l'hiver. Je n'en ai pas fait pendre un seul. Je leur garde deux grenadiers qui l'ont bien mérité, pour leur donner leur grâce en faveur de la première bonne action que leurs camarades feront : enfin, j'y fais tout de mon mieux. Tout ira bien, s'il plaît à Dieu ; mais si quelqu'un vous dit que tout ceci est bien aisé, ayez la bonté de ne le pas croire. »

On ne suivit pas exactement la méthode de l'art dans l'attaque, et, sentant de la mollesse dans les assiégés, Villars passa sur quelques règles que le corps du génie a coutume d'observer. Informé des critiques de Versailles, tant celles des courtisans que de quelques officiers-généraux, il crut devoir se justifier auprès du ministre d'avoir pris Kehl trop cavalièrement, sans avoir observé toutes les formes. Il avait fait en douze jours de tranchée ouverte ce que d'autres eussent fait en un mois.

On était en mars. Villars, jugeant impossible d'entreprendre sa jonction avec l'Électeur avant le mois de mai, prit sur lui de ramener son armée sur la rive gauche du Rhin pour lui donner du rafraîchissement. Il conserva quatre ponts sur le Rhin par lesquels il pouvait toujours repasser à volonté sur la rive droite.

Ce temps de repos de Villars déplut à Versailles, et Louis XIV même ne l'approuva point. La pensée politique dominait ce monarque; il sentait l'importance de garder l'Électeur de Bavière pour allié au centre de l'Empire, et il voulait à tout prix lui prouver qu'il ne négligeait rien pour occuper les forces du prince Louis de Bade, et pour faire pénétrer un corps d'armée jusqu'à lui.

« Vous avez acquis beaucoup de gloire, écrivait Louis XIV à Villars (16 mars 1703), vous avez fait tout ce que le courage, le zèle le plus ardent et l'expérience la plus consommée me devaient faire attendre de vous; ce qui vous reste à faire est encore plus important, et vous pouvez vous combler d'honneur et me procurer une paix glorieuse en joignant les troupes de l'Électeur de Bavière, et en portant avec lui la guerre dans le milieu de l'Empire. »

Villars insista pour un retard, il donna des raisons militaires de tout genre. Il avait, de plus, quelques doutes sur la fidélité de l'Électeur et sur sa fermeté dans son engagement; depuis plusieurs mois il n'avait pu même obtenir de ce prince qu'il établît avec lui une correspondance régulière pour concerter ensemble leurs démarches et opérations. Il hésitait à entrer dans les Montagnes Noires, de peur d'y être coupé, sans pouvoir joindre un allié qui tendait si peu la main. Il sentait à son tour le poids de la responsabilité : « Ce que je crains le moins, ce sont les ennemis, écrivait-il; et dès que j'aurai passé le Rhin, mon salut consiste à les chercher partout, et je désire seulement qu'ils ne prennent pas le parti d'éviter le combat. »

Louis XIV fut mécontent de ce raisonnement prolongé et de cette persistance de Villars dans son propre sens :

« Vous m'aviez bien mandé, lui écrivit-il (19 mars 1703), le besoin que vos troupes avaient de repos, et la nécessité de leur donner un mois ou cinq semaines pour se rétablir, faire joindre leurs recrues, et les réparations dont elles avaient besoin pour être en état d'agir plus utilement ; mais vous ne m'aviez pas donné lieu de croire que vous les feriez repasser dans l'Alsace ; je devais même être persuadé que vous les feriez cantonner de l'autre côté du Rhin. Tout cela n'est arrivé que par la confiance que j'ai en vous. Il est de votre intérêt, pour la conserver, de faire en sorte que le mouvement que vous avez fait ne porte aucun préjudice à la situation heureuse dans laquelle vous avez mis mes affaires. »

Et il lui réitère les ordres les plus précis de rentrer immédiatement en campagne. — Villars est touché et piqué du reproche :

« J'ose supplier Votre Majesté d'être bien persuadée que je tâcherai de mériter l'honneur de sa confiance par une très-grande exactitude à ne rien prendre sur moi ; il est vrai que, depuis que sa bonté a daigné me confier ses armées, elle m'avait laissé une liberté entière, dont, grâce à Dieu, je n'ai pas abusé au détriment de ses affaires. Je serai plus circonspect à l'avenir, et je ressens une vive douleur de m'en être écarté... »

Quand on lit la suite de ses lettres, il semble toutefois que les bonnes raisons pour la conduite qu'il tint alors ne lui ont pas tout à fait manqué.

Les courtisans n'y regardaient pas de si près : Villars, nouvellement marié et père, avait fait venir la maréchale à Strasbourg, et l'on prétendait que ce n'était que pour elle et par jalousie, pour ne la point perdre de vue, qu'il avait songé à procurer ce repos à son armée après la prise de Kehl. L'envoyé de l'Électeur de Bavière à Versailles, M. de Monasterol, chauffait ces discours qui nous sont revenus tout vifs et bouillants par Saint-Simon : *Honteux délais de Villars ; jaloux de sa femme*, etc., etc. On peut voir le reste au chapitre VI du tome IV de la bonne édition de Saint-Simon.

« Je sais, écrivait Villars au prince de Conti, que sur les terrasses de Versailles et de Marly, moi pauvre diable, on me traite d'extravagant, ou par l'amour, ou par l'avarice, ou par la vanité. J'ai ouï dire qu'il n'y a que ces trois petits points dans mon procès ; or c'est bien assez pour faire juger un homme pendable. »

Et au ministre Chamillart il écrivait d'un ton moins léger :

« Ceux qui publient que je ne veux pas joindre M. l'Électeur de Bavière, et que j'ai repassé le Rhin pour voir madame de Villars, qui ne m'a pourtant pas beaucoup occupé pendant mon siége de Kehl, ne songent sans doute pas que j'ai dû me conserver de la subsistance pour repasser le Rhin ; qu'il y a un esprit de prévoyance dans la guerre de campagne pour ménager un pays qui doit nous servir dans les nécessités urgentes, et que de ces ménagements dépend quelquefois le succès d'une campagne. »

La lettre à Chamillart du 27 mars 1703, où on lit ces mots, est capitale pour la connaissance morale de Villars ; elle met à nu son cœur à ce moment, et elle nous le découvre même avec une naïveté qui, ce me semble, ne saurait manquer de plaire. Chamillart lui avait écrit un peu à la légère au commencement de la campagne : « Ce n'est pas assez pour vous d'avoir fini glorieusement la dernière, il faut mériter pendant celle-ci d'être Connétable. » Villars n'a pas laissé tomber le propos, et il s'est dit : *Pourquoi pas ?* De plus, s'il a été fait maréchal après Friedlingen, il n'a pas été fait duc, et il le désire. Lui qui sait comment on mène les hommes, il indique donc très-naïvement et assez gaiement à Chamillart de quelle manière il conviendrait de le mener lui-même, et à quelle fumée d'ambition il est le plus homme à se laisser prendre. Car nul cœur n'a senti plus au vif que Villars l'aiguillon de la louange, et nul aussi n'est plus affecté d'un reproche :

« Vous eûtes la bonté, écrit-il, de me mander que je m'étais fait maréchal de France la campagne précédente par de très-grands services et de belles actions ; qu'il fallait songer à me faire Connétable. Je n'ai pas regardé ce discours comme une espérance bien prochaine, et j'eus l'honneur de vous mander que je n'en étais pas encore là ; mais enfin de tels propos réveillent l'ardeur. Qu'est-il arrivé ? C'est que nous avons surmonté, premièrement, tous les obstacles qui nous retenaient en Alsace. On est parti de Neubourg le 15 février, et, vingt-deux jours après, Kehl a été au pouvoir du roi.

« Pour l'expédition de ce second projet (la jonction avec l'Électeur), ma foi ! si vous me permettez de sortir un peu du sérieux qui convient quand on a l'honneur d'écrire à son ministre, j'aurai l'honneur de vous dire que vous vous y prenez très-mal. On commence par me gronder : j'ai abusé de la confiance de Sa Majesté en prenant trop sur moi ; il me revient des menaces. Ce n'est pas là la bonne manière, et, suivant l'expérience, il fallait me mander : « *Le roi sait que votre zèle et un désir de gloire vont tellement avant tout dans votre cœur, que les récompenses ne sont pas nécessaires pour vous exciter. Cependant, comme rien n'est plus important que la jonction, Sa Majesté envoie à M. l'Electeur de Bavière un brevet de duc pareil à ceux qu'elle a donnés à messieurs les maréchaux de Boufflers et d'Harcourt, pour vous le remettre dès que son armée aura joint les troupes bavaroises. Après cela, allez vers l'Autriche, divisez les forces de l'Empire, forcez-le à la paix, et nous verrons si l'on pourra croire sérieux ce que vous avez bien vu qui ne l'était pas quand je vous ai nommé l'emploi de Connétable.* »

« Voilà, Monsieur, des paroles nécessaires, non pour augmenter le zèle, il est toujours égal, mais pour que votre général ait l'esprit plus libre, le cœur satisfait, et que, jugeant de sa fortune dans la guerre par celle qu'il trouve dans son élévation, il ne croie rien d'impossible. En vérité, cela est plus sûr que de suivre l'avis des courtisans, qui, ne songeant qu'à détruire ceux qui n'ont pour eux que leurs services, pourraient établir, sous un roi moins juste et moins grand que celui que la bonté de Dieu nous a donné, cette maxime si dangereuse pour les maîtres de la terre, qu'il vaut mieux songer à leur plaire qu'à les servir. Plaire et servir, cela peut-il être séparé ? Peut-on plaire sans servir ? Vraiment oui, et recevoir les grâces les plus importantes. Peut-on servir sans plaire ? Hélas ! oui. »

Tel est au vrai Villars nous donnant son secret, et dictant spirituellement les paroles et les moyens les plus propres pour exalter et enlever Villars. Cette lettre écrite à une heure décisive lui était restée très-présente, et, bien vieux, il aimait à en rappeler textuellement les dernières paroles : *Peut-on servir sans plaire ? Peut-on plaire sans servir ?* etc. La lettre, d'ailleurs, se terminait par un post-scriptum plus grave et qui montrait qu'à travers les bouffées et les saillies de la vanité, on avait affaire à un chef réfléchi, ayant la conscience de ses hauts devoirs militaires. Voici ce post-scriptum, qui n'est plus d'un homme qui badine, mais d'un général :

« Sur ce que vous me faites l'honneur de me dire que le courtisan veut s'imaginer que j'évite la jonction, j'aurai celui de vous répondre que je la désire passionnément, mais que je regarde le commandement d'une armée séparée de nos frontières comme l'emploi le plus difficile qui ait jamais été donné à personne. Ajoutez-y, Monsieur, que cette armée part sans officiers, ni recrues, ni habillements, ni armes, et des fonds bien médiocres pour sa subsistance. A cela près, fussions-nous déjà de l'autre côté du Danube! Mais celui qui ne comprendra pas la pesanteur d'un tel emploi ne mérite pas d'en être chargé. »

Je ne crains pas d'insister sur cette Étude de Villars, parce qu'il me semble qu'en exprimant à fond, et à l'aide de ses propres paroles, sa brillante nature si décidée et si en dehors, je dépeins peut-être plus d'un homme en sa personne et plus d'un vaillant guerrier.

Lundi, 24 novembre 1856.

LE MARÉCHAL DE VILLARS

(SUITE)

III

Expédition en Bavière. — Bataille d'Hochstett. — Villars dans les Cévennes. — Villars à Haute-Sierk : retraite de Marlborough. — Campagnes du Rhin ; refus de servir en Italie.

Il s'agissait pour Villars de joindre l'Électeur de Bavière le plus promptement possible ; mais en attendant qu'il eût fait reconnaître les chemins et qu'ils fussent praticables, il résolut d'attaquer le prince de Bade dans ses lignes de Bühl et de Stollhofen, lignes en renom qui fermaient l'entrée de l'Allemagne, et qu'il emporta quelques années plus tard sans difficulté, mais après la mort du prince. Celui-ci vivant et les défendant, l'entreprise paraissait difficile, même téméraire. Villars, malgré son vif désir, n'osa prendre sur lui l'événement contre l'avis de ses officiers généraux, qui, la plupart, lui firent et pour la seconde fois, au moment même de commencer l'attaque, dans la nuit du 23 avril (1703), de très-fortes et obstinées représentations. Il s'arrêta à contre-cœur, et en témoigna toujours des regrets depuis. Parlant au roi des conseils de guerre et de ces délibérations où le général en chef met aux voix une entreprise :

« Depuis que Votre Majesté me l'a défendu, écrivait Villars quelques mois après, je consulte médiocrement, et seulement par honnêteté; et plût à Dieu ne l'avoir pas fait à Bühl, ou que mes premiers ordres eussent été suivis le 23 avril, jour qui me donnera des regrets toute ma vie! Votre Majesté était maîtresse de l'Empire; il est inutile d'en parler : la prudence, la circonspection à laquelle on a été accoutumé dans la dernière guerre d'Allemagne (celle d'avant la paix de Riswick), a fait oublier la véritable guerre à plusieurs. »

Villars n'était pas fâché peut-être d'exagérer auprès du roi l'inconvénient de n'avoir pas osé attaquer ce jour-là. Grondé pour avoir pris sur lui de repasser sur la rive gauche du Rhin, il tenait à faire sentir qu'il en avait été un peu découragé, et que cela nuisait à la grandeur des vues, au bien du service : « J'avoue, Sire, écrivait-il à Louis XIV, que je me suis cru obligé à plus de circonspection, bien que pénétré de toutes les bontés dont il a plu à Votre Majesté de m'honorer pour me relever le courage un peu abattu par la crainte de lui avoir déplu en repassant le Rhin. » Et avec Chamillart il s'ouvrait complaisamment dans le même sens, et il continuait d'insinuer cette leçon indirecte où nous l'avons déjà vu si habile, et où la naïveté sert de couvert à la finesse :

« La prudence, Monsieur, est très à la mode dans les armées. Les bontés de Sa Majesté, l'honneur de sa confiance me donnent du courage; mais permettez-moi de vous parler avec liberté : ce qui est arrivé après Kehl, lorsqu'on m'a blâmé d'avoir ramené l'armée en France, a fait une impression sur mon esprit, laquelle se détruira; mais on est homme, et une certaine activité qui m'a fait agir jusqu'à présent sans trop consulter, une fois désapprouvée, ne se rétablit pas tout d'un coup. Elle reviendra, mais j'ai vu clairement que si je n'emportais pas le poste de M. le prince de Bade, on me regarderait comme un fou.

« Si après Kehl on m'avait honoré de quelque élévation (il voulait dire la duché-pairie), on se dit à soi-même : *Suivons notre génie et la véritable raison de guerre; ne soyons pas retenu par des craintes basses; au pis-aller que me feront ces misérables? Je me trouve toujours une dignité qui établit ma famille.* Mais une malheureuse petite fortune à peine commencée, chancelante, ébranlée dans les occasions qui devraient l'affermir, l'on se dit : *Ne faisons rien qu'à la pluralité des voix;* et l'on ne fait rien qui vaille. »

Pour nous expliquer toute la vérité sur Villars, sans lui faire injure, et pour nous expliquer en même temps le jugement indigné de Saint-Simon sans faire à ce dernier trop de tort, nous n'avons qu'à nous figurer (ce qui arrivait en effet) Villars dans quelque retour à Versailles, Villars déjà comblé et se présentant comme à moitié délaissé et déçu, parlant avec ostentation de sa *malheureuse petite fortune à peine commencée,* et de son peu de faveur en cour, disant tout haut qu'il voyait bien que c'était une des maximes favorites des rois qu'*on retient plus les hommes par l'espérance que par la reconnaissance,* qu'ils font espérer beaucoup et accordent peu, et donnant par là à entendre qu'à lui, on lui promettait plus qu'on ne tenait. Saint-Simon, présent à de telles paroles, et qui avec son œil de lynx lisait dans tous les plis de cet amour-propre avantageux et content de soi, content de se déployer au soleil, ne se sentait pas de colère : « Je laisse à penser, écrit-il, en une circonstance pareille, comment ce mot fut reçu venant d'un compagnon de sa sorte, élevé et comblé au point où il se trouvait. » Je doute cependant que l'éloquent duc et pair ait éclaté devant Villars, mais il rentrait chez lui outré, grinçant des dents, la tête fumante, et il couchait sur le papier toutes ses indignations contre cet homme « le plus complétement et le plus constamment heureux de tous les millions d'hommes nés sous le long règne de Louis XIV, » et qui prétendait se donner comme heureux en effet sans doute, mais comme n'ayant pas atteint à toute sa fortune. Quant à Villars, il n'entrait pas dans toutes ces susceptibilités, et les heurtait sans trop les regarder ni les apercevoir; il allait son train, poussant ses qualités, usant de ses défauts, remplissant sa carrière, et bonhomme au demeurant. Dans le Journal de ses dernières années, écrit ou dicté par lui, il ne dit de mal de personne, et y nomme même Saint-Simon à la rencontre, indifféremment.

N'ayant pas fait sa diversion contre le prince de Bade, Villars n'avait plus qu'à exécuter au plus tôt les ordres du roi en cherchant à joindre l'Électeur à travers et par delà les Montagnes Noires. Au moment d'entreprendre ce passage, il en marquait les difficultés : « Ceci n'est pas une jonction, écrivait-il au roi; pour cela il faut qu'une armée vienne au-devant de l'autre : c'est celle de Votre Majesté qui marche en Allemagne, pendant que celle de M. l'Électeur est vers Passau, c'est-à-dire à près de cent cinquante lieues d'ici. » Enfin l'opération se fit et réussit parfaitement. Villars et ses lieutenants traversèrent les défilés, en étant inquiétés à peine. L'Électeur le reçut à bras ouverts, avec des larmes de joie, en le proclamant son sauveur (9 mai 1703). Cette union des premiers jours devait peu durer.

Villars, qui connaissait l'Électeur de longue main, croyait que le meilleur parti à prendre avec lui était celui de la hauteur pour lui imposer et fixer les incertitudes d'un esprit peu solide, assez beau en paroles, mais qui n'avait nulle résolution arrêtée, surtout en matière de guerre. Dès le premier jour, il fit remarquer, dans une lettre au roi, qu'au milieu de tous les compliments de l'Électeur il n'y avait aucune différence à table pour le cérémonial entre lui maréchal de Villars, commandant les armées de Sa Majesté, et les autres convives : « ni chaise distinguée, ni pour laver, ni gens pour me servir; c'étaient de simples valets de pied, comme pour tout le reste. » Louis XIV, qui connaît les défauts de Villars, et les penchants sur lesquels il faut l'arrêter, lui répond : « Mettez-vous au-dessus des petites choses pour parvenir aux plus grandes. » Il lui recommande aussi la déférence avant tout et l'insinuation :

> « Il ne convient pas d'avoir de la hauteur avec un homme de sa naissance et de sa dignité; vous devez avoir de la fermeté pour les choses qui seront importantes, mais lui représenter avec honnêteté; et vous prendrez plus d'autorité sur lui par cette conduite que vous ne feriez en usant autrement. »

Avec un prince souverain qui était son allié et à qui il écrivait *Mon frère,* Louis XIV n'entendait pas que même son général le prît sur un autre ton que celui du respect.

Les contributions dont on avait coutume de frapper les pays ennemis, et moyennant lesquelles ils se rachetaient de l'incendie et du pillage, étaient une autre difficulté que Villars avait prévue dès l'abord et dont il avait parlé au roi. La répartition plus ou moins égale et disputée de ces contributions entre le roi et l'Électeur, et aussi entre le général du roi et les officiers de l'Électeur, devint une cause secrète et assez peu honorable de brouille et de récriminations.

Toutefois les talents militaires de Villars se dessinèrent avec éclat, et s'il eût rencontré un autre homme que cet Électeur, on aurait vu des événements extraordinaires. Le premier plan de Villars dans cette campagne du Danube était de se porter entre Passau et Lintz, d'attaquer celle des deux villes qui aurait paru le plus dégarnie de troupes, et, si une partie de ces troupes s'y était laissé prendre, de marcher sur Vienne : « Je dois connaître cette place, ajoutait Villars, par le séjour que j'y ai fait. Sans nulle difficulté on se loge le premier jour sur la contrescarpe; on occupe en arrivant Léopolstadt, et si nous n'y avions trouvé que ce régiment de la garde ordinaire que j'ai vu battre par les écoliers de Vienne, ce n'eût peut-être pas été un siége de huit jours. » Notez que Villars comptait bien alors se tenir, par le Tyrol, en communication avec l'Italie et avec l'armée de Vendôme, dont un détachement l'aurait appuyé : « Ces troupes, écrivait-il au roi, auraient traversé le Tyrol comme l'on va de Paris à Orléans, si elles s'étaient mises en marche dès les premiers jours de juillet. » Les grandes idées des campagnes de 1805 et de 1809, Villars les a donc entrevues; il avait pour principe qu'*il faut qu'un seul et même esprit gouverne toute la guerre :* « Votre Majesté saura un jour que l'Empereur était perdu si on avait marché à Passau, et il n'y a que des gens gagnés par l'Empereur, ou des ignorants, qui aient pu s'opposer à ce dessein. » Le prince Eugène, revoyant Villars à Rastadt, le lui dit en présence de témoins : si on avait suivi ce parti alors, la paix qui se fit en 1714 eût pu être conquise par la France neuf ans plus tôt.

Mais Villars n'était pas maître de ses mouvements. Il n'obtint rien de M. de Vendôme; il ne put déterminer l'Électeur à un grand parti, et ne put lui persuader que le meilleur moyen de défendre ses États était de faire trembler l'adversaire au cœur des siens. Louis XIV était trop loin, et d'ailleurs ce grand roi, qui envisageait les choses à un point de vue surtout politique et prudent, se fût bien gardé d'autoriser son général à une entreprise qui dépassait à ce point les horizons connus. Les généraux d'état-major savants et modestes qu'il consultait n'étaient pas hommes à prendre l'initiative de semblables conseils, et à inaugurer cette stratégie supérieure qui combine les mouvements des différentes armées et qui leur imprime de l'unité; M. de Chamlay n'était pas un Carnot.

Mais en évitant de faire la seule grande chose, on arrivait à n'en pas faire même de médiocres : « A la guerre, Sire, écrivait Villars, il n'y a que de certains moments à prendre et la diligence, sans quoi, au lieu d'avantages, il faut craindre des revers. » Les premiers et faciles succès que l'Électeur était allé chercher dans le Tyrol se perdaient six semaines après dans une insurrection générale des paysans. Villars, espérant peu désormais de M. de Vendôme, réclamait instamment qu'on fît une diversion du côté du Rhin; il se voyait en danger d'être isolé et cerné au sein de l'Empire, coupé de toute communication avec la France, et même investi dans son camp. D'heureux combats partiels ne faisaient que retarder l'instant extrême, sans changer la situation. C'est alors que, voyant qu'il ne devait compter que sur lui-même et guettant l'occasion de sortir du pas difficile où il se trouvait, pressé qu'il était déjà entre deux armées, il livra aux troupes du comte de Stirum, près de Donawerth, la bataille d'Hochstett, qu'il gagna complétement (20 septembre 1703).

On voulut encore, et dans sa propre armée (où il avait des jaloux parmi les officiers généraux), et à Versailles, en user comme après Friedlingen et prétendre qu'un autre avait tout fait. M. d'Usson, qui écrivit directement au roi et dont le courrier même devança à Versailles celui de Villars, essaya de se donner l'honneur de la journée; les envieux voulurent faire de lui le M. de Magnac de la nouvelle victoire. Mais cette fois il n'y eut pas moyen, et il fut prouvé que, loin d'avoir tout fait pour le succès, il l'avait plutôt compromis par une manœuvre peu réfléchie. Lorsque plus tard Villars revit le roi, il fut question de ce mauvais procédé de M. d'Usson; mais il faut voir comme Villars parle de ses ennemis sans fiel et d'un air de magnanimité; il n'est pas de la même humeur que Saint-Simon :

« Sa Majesté me parla d'un officier qui, dans le dessein de se donner les honneurs de la victoire d'Hochstett, lui avait dépêché un courrier avant le mien pour lui en annoncer la nouvelle. Je le jugeai indigne de ma colère, et répondis seulement à Sa Majesté que l'on pouvait lui pardonner d'avoir manqué à son général, puisque le bonheur d'être le premier à annoncer une bonne nouvelle tourne quelquefois la tête ; mais que cette action, qui pouvait être blâmée, était cependant une des plus raisonnables qu'il eût faites. »

Villars en était venu à se défier de la fidélité de l'Électeur dans l'alliance, tant il le voyait indécis, mal entouré, et sollicité en sens contraire par sa famille et par ses proches ; il craignait d'un moment à l'autre une défection : « Cette bataille empêche un grand changement, » écrivait-il à Chamillart au lendemain d'Hochstett ; et il ajoutait :

« Je crois devoir vous supplier, Monsieur, de représenter à Sa Majesté qu'il est bon qu'elle paraisse entièrement satisfaite de la valeur de M. l'Électeur, de celle du comte d'Arco, des troupes de M. l'Électeur, bien que dans la chaleur du combat je n'aie pu m'empêcher de me plaindre un peu de leur flegme (1). »

Cependant l'éclat et le bruit de cette bataille d'Hochstett, livrée et gagnée en quelque sorte malgré l'Électeur, ne faisaient, militairement, que procurer un répit ; il fallait en revenir toujours à l'idée d'un secours prochain et indispensable, ou tout au moins d'une diversion. Villars était à bout de patience, et son désaccord avec l'Électeur et avec les favoris de ce prince ne pouvait aller plus loin sans que l'alliance s'en ressentît. Il avait, disait-il, plus d'esprits encore à combattre que d'ennemis. Il demandait à la Cour son rappel, et Louis XIV, voyant l'incompatibilité arrivée à ses dernières limites, et craignant quelque rupture, y consentit assez aisément. Ce rappel lui fut accordé d'ailleurs dans les termes d'une entière satisfaction.

Marcin plus souple vint le remplacer, et à moins d'un an de là on s'aperçut trop de l'absence de Villars,

(1) Je dois la connaissance de cette lettre inédite à M. Dussieux.

lorsqu'on perdit la seconde bataille d'Hochstett sur le même terrain où il avait gagné la première. Villars rentra en France par la Suisse. Saint-Simon lui reproche d'y être rentré avec ses coffres pleins, et il fait en même temps un grand éloge de Marcin, « lequel fut, dit-il, parfaitement d'accord en tout avec l'Électeur, et au gré des troupes et des officiers généraux, et très-éloigné de brigandage. » Si Marcin eut des qualités ou même des vertus, on ne prétend pas les lui ôter; mais de cet esprit complaisant, de ce si parfait accord avec l'Électeur, ainsi que de la condescendance de M. de Tallard, il résulta en définitive le désastre du second Hochstett et la perte totale de l'armée française. Il serait pénible de discuter le degré des torts de Villars sur une matière aussi délicate que celle des deniers provenant des contributions forcées, et il serait certainement difficile de le justifier. La morale moyenne de son temps et les usages de la guerre, invoqués à titre de circonstances atténuantes, ne fourniraient que de faibles réponses : il vaut mieux passer condamnation. Il était, à certains égards, peu scrupuleux. Ce sera surtout dans sa campagne d'Allemagne de 1707, où il put se répandre en toute liberté par delà le Rhin, qu'il appliquera en grand sa méthode de contributions et son organisation de la maraude en pays ennemi :

« Je tirai de très-grosses sommes, nous dit-il lui-même, dont je continuai à faire l'usage que j'avais fait de toutes les autres. Je les avais divisées en trois parts : la première servait à payer l'armée, qui ne coûta rien au roi cette année (1707); avec la seconde, je retirai les billets de subsistance qu'on avait donnés l'année dernière aux officiers, faute d'argent, et j'en envoyai une grosse liasse au ministre des finances; je destinai la troisième à *engraisser mon veau* (son château de Vaux) : c'est ainsi que je l'écrivis au roi, qui eut la bonté de me répondre qu'il approuvait cette destination, et qu'il y aurait pourvu lui-même si je l'avais oublié. »

Un courtisan ayant dit, de manière à être entendu du

roi : « Le maréchal de Villars fait bien ses affaires. » — « Oui, mais il fait bien aussi les miennes, » repartit Louis XIV. Voilà tout ce qu'on peut dire à la décharge de Villars. Il ne se cachait nullement de ses profits ni de la source, et dans un compte de sa fortune qu'il adressa au roi en 1705 sans qu'on le lui demandât, il faisait monter le produit des *sauvegardes dans l'Empire* à deux cent dix mille livres. — Il est plus agréable de se reporter sur ses grandes qualités de capitaine, et lui-même il est le premier à nous y convier et à nous avertir que c'est là le côté principal par lequel il convient de considérer surtout un homme de son métier, lorsqu'écrivant à l'un de ses amis pendant cette campagne du Danube, il dit avec une vive justesse :

« Mais à propos (il venait de citer le nom de M. de Feuquières), pourquoi ne s'en sert-on pas, de ce Feuquières? Je vous le donne pour officier général très-entendu et des meilleurs. Je sais qu'il aurait ardemment désiré de servir, même depuis qu'on a fait des maréchaux de France. On dit qu'il est méchant : et qu'importe au roi que l'on soit méchant? Vous trouverez les qualités du plus grand général du monde dans un homme cruel, avare, perfide, impie. Qu'est-ce que tout cela fait? J'aimerais mieux, pour le roi, un bon général qui aurait toutes ces pernicieuses qualités, qu'un fat que l'on trouverait dévot, libéral, honnête, chaste, pieux. Il faut des hommes dans les guerres importantes; et je vous assure que ce qui s'appelle des hommes sont très-rares. »

Il était très-frappé de cette rareté des hommes, surtout à mesure qu'on s'élève dans le grade et dans l'échelle, et qu'on leur demande davantage. Il était très-bon connaisseur en telle matière, et savait à quoi l'on pouvait appliquer chacun, et aussi que *chacun* n'est pas toujours le même; il a de curieuses paroles à ce sujet, et qui montrent qu'il y a un moraliste caché intérieur dans tous les chefs qui ont le don du commandement :

« Ce que je connais tous les jours dans la pratique des hommes, écrit-il à Chamillart, c'est que l'on ne les connaît point. Je suis quelquefois forcé de me rendre à cette opinion des Espagnols, laquelle j'ai toujours combattue, qui veulent que l'on dise : *Cet homme était brave ce jour-là.* Ce qu'il y a de bien certain, c'est que la vertu ferme, solide, constante, est bien rare. Si par hasard vous la trouvez soutenue de quelque génie, ne la rebutez pas pour les défauts dont elle peut être accompagnée. »

Ainsi nous voyons insensiblement se dessiner tout entier Villars et par ses actes et par ses paroles. Nous ne croyons pas à tout ce qu'il dit, et il va un peu loin à sa louange lorsqu'en un moment d'effusion il croit faire son portrait en deux mots : « Je n'ai pas l'honneur d'être encore bien connu de Sa Majesté. Qu'elle ne craigne jamais que mon intérêt particulier ait la moindre part à mes actions : j'ose dire que je suis né véritable et vertueux. » Villars ici se pavoise trop ; il donne évidemment à ce mot de *vertu* l'acception toute personnelle qui sied à Villars : mais il n'est que dans le vrai lorsqu'après la victoire d'Hochstett, réclamant son congé du roi et se plaignant de n'être plus écouté, souffrant de tant de fautes, et de celles qu'on fait sous ses yeux et de celles qu'on va faire, il lui échappe ce mot qui trouverait si souvent son emploi : « Heureux, Sire, heureux les indolents ! »

Villars rentré en France vit tous les grands commandements se distribuer pour l'année 1704 sans en obtenir : le roi le destinait à une mission assez singulière et de confiance. On l'envoya, tout maréchal de France qu'il était, dans les Cévennes pour avoir raison des fanatiques révoltés, et pour extirper du cœur du royaume cette guerre civile religieuse qui devenait une complication fort maligne à cette heure d'une guerre générale extérieure. « On envoie un empirique, disait-il gaiement, là où les médecins ordinaires ont échoué. » Il prit d'ailleurs sa mission très au sérieux, et eut dès l'abord des idées saines et justes sur l'esprit qu'il convenait d'y apporter :

« Je me mis dans la tête de tout tenter, d'employer toutes sortes de voies, hors celle de ruiner une des meilleures provinces du royaume; et même que si je pouvais ramener les coupables sans les punir, je conserverais les meilleurs hommes de guerre qu'il y ait dans le royaume. Ce sont, me disais-je, des Français, et très-braves et très-forts, trois qualités à considérer. »

Cette partie des Mémoires qui traite de la guerre des Cévennes est très-intéressante : Villars divise les Camisards en différentes catégories, ainsi que les catholiques eux-mêmes. Il analyse très-bien le fanatisme à ses divers degrés, et distingue le véritable du faux. Il se rend un compte exact de la manière dont il faut agir avec chaque espèce et chaque nature d'individus parmi les révoltés. Enfin il proportionne la guerre à cet échiquier nouveau, et s'attache à en ôter le dégoût aux officiers, leur donnant lui-même l'exemple de commander en personne une poignée d'hommes. Villars, de plus, ne méprise point son ennemi, si bas qu'il le voie d'apparence, et il apprécie Cavalier, ce paysan de vingt-deux ans à qui la nature a donné le génie et les qualités du commandement; il n'hésite pas à conférer avec lui : « C'est un bonheur, dit-il, si je leur ôte un pareil homme. » On voit qu'il n'aurait pas hésité à en faire un de ses lieutenants dans les guerres.

Par un mélange de fermeté, de vigueur et de tolérance, d'adresse à manier les esprits et de discours appropriés, « offrant la grâce à ceux qui se soumettaient, ne faisant point quartier à ceux qui résistaient, et surtout ne leur manquant jamais de parole, » Villars réussit, de concert avec M. de Bâville, à tout éteindre, du moins à éteindre le mal dans ses principaux foyers. Au milieu de la rigueur nécessaire, il s'y montre assez humain, bon politique, observateur éclairé et curieux des cerveaux en délire, nullement présomptueux : « Quand on a, dit-il, à ramener un peuple qui a la tête renversée, on ne peut répondre de rien que tout ne soit consommé. » Témoin des phénomènes physiologiques les plus bizarres, des tremblements convulsifs des prophètes et prophétesses, il est un de ceux dont la science invoquera un jour le témoignage :

> « J'ai vu dans ce genre des choses que je n'aurais jamais crues si elles ne s'étaient passées sous mes yeux : une ville entière, dont toutes les femmes et les filles, sans exception, paraissaient possédées du diable. Elles tremblaient et prophétisaient publiquement dans les rues. J'en fis arrêter vingt des plus méchantes... »

Il voit des gens jusque-là réputés fort sages, un maire d'Alais, par exemple, à qui la tête tourne subitement et qui se croit prophète à côté d'une prophétesse, fou d'ailleurs sur ce seul point et sensé sur tous les autres, comme don Quichotte qui ne déraisonnait que quand il était question de chevalerie errante. Villars est d'avis d'étouffer le plus qu'on peut ces sortes d'aventures, qui, en éclatant, ne peuvent que mettre en branle les autres fous ou capables de le devenir.

Cinq des principaux officiers du chef camisard Roland ayant été pris, on les exécuta avec tout l'appareil effrayant de la justice d'alors. Les réflexions que Villars adressait au ministre à ce sujet sont d'un grand sens :

> « On les destina à servir d'exemple : mais la manière dont Maillé reçut la mort était bien plus propre à établir leur esprit de religion dans ces têtes déjà gâtées qu'à le détruire. C'était un beau jeune homme, d'un esprit au-dessus du commun. Il écouta son arrêt en souriant, traversa la ville de Nîmes avec le même air, priant le prêtre de ne pas le tourmenter ; et les coups qu'on lui donna ne changèrent point cet air, et ne lui arrachèrent pas un cri. Les os des bras rompus, il eut encore la force de faire signe au prêtre de s'éloigner ; et tant qu'il put parler, il encouragea les autres. Cela m'a fait penser, ajoutait Villars, que la mort la plus prompte à ces gens-là est

toujours la plus convenable ; qu'il est surtout convenable de ne pas donner à un peuple gâté le spectacle d'un prêtre qui crie, et d'un patient qui le méprise ; et qu'il faut surtout faire porter leur sentence plutôt sur leur opiniâtreté dans la révolte que dans la religion. »

D'après ce principe et sur son conseil, on supprima les supplices, dont il avait fait ralentir l'usage dès son arrivée en Languedoc.

Parlant des derniers rebelles qu'on réduisit, Villars laisse échapper un mot qui est bien d'un noble soldat : « Ravanel, dit-il, mourut de ses blessures dans une caverne; La Rose, Salomon, La Valette, Masson, Brue, Joanni, Fidel, de La Salle, *noms dont je ne devrais pas me souvenir*, se soumirent, et je leur fis grâce, quoiqu'il y eût parmi eux des scélérats qui n'en méritaient aucune. » On sent, à ce simple mot de regret d'avoir pu loger de tels noms dans sa mémoire, le guerrier fait pour des luttes plus généreuses et pour la gloire des héros, celui qui a hâte de jouer la partie en face des Marlborough et des Eugène.

Villars allait se retrouver à sa vraie place : toutefois, cette mission des Cévennes et le caractère qu'il y déploya ne le diminuent point à nos yeux. Lui aussi, tout le prouve, il eût pu être à son heure un utile pacificateur dans nos Vendées.

Il insistait auprès de Chamillart et du roi pour être employé d'une manière conforme à ses talents et à son ardeur : « Je vous avoue, écrivait-il au ministre, que l'amour-propre voudrait quelquefois qu'on ne trouvât pas tous les hommes égaux. » Faute de mieux, dans cet intervalle de campagne, il imagina un moyen de signaler son dévouement et sa reconnaissance, sous prétexte qu'il venait d'être nommé chevalier de l'Ordre : « En réfléchissant, dit-il, à ces bontés du roi et à l'état du royaume, calculant aussi mes revenus et comptant avec moi-même, je crus pouvoir faire une proposition dont l'acceptation m'aurait comblé de joie. » En conséquence, il envoie l'état de sa fortune à Chamillart, et le supplie d'obtenir du roi qu'il veuille accepter en don la somme totale de ses revenus personnels et pensions, le tout montant à soixante-et-onze mille livres par an, et cela jusqu'à la paix générale, se devant contenter, pour ses dépenses, de son traitement annuel comme commandant d'armée. Le roi remercia Villars et n'accepta point. Chamillart, à titre de contrôleur général, lui répondit avec esprit :

« Cependant, comme il ne serait pas juste que vous eussiez fait voir de l'argent au contrôleur général des finances sans qu'il vous en coûtât quelque chose, c'est un peu de temps que je vous demande, et de ne me pas tenir rigueur sur la régularité des payements. »

On trouvera, si l'on veut, que c'est de la vanité à Villars d'avoir fait cette proposition extraordinaire. Vanité tant que l'on voudra! mais d'autres n'eussent point mis la leur en tel lieu, et si on l'eût pris au mot, la sienne était utile à l'État. Laissons aux actions humaines, pourvu qu'elles soient bonnes, leurs motifs divers : socialement parlant, n'ôtons point au navire ses plus hautes voiles.

Villars fut chargé, en 1705, du commandement de l'armée de la Moselle et de pourvoir à la sûreté de cette frontière, la plus menacée. Il fit là, de l'aveu de ses ennemis et de Saint-Simon lui-même, une campagne digne des plus grands généraux. L'hiver durait encore, qu'il visita avec grand soin le pays, « sans négliger un ravin, un bouquet de bois, un ruisseau, un monticule, une fondrière. » Les gros approvisionnements que l'ennemi faisait à Trèves l'avertirent que c'était sur lui que porterait l'effort de la campagne. Villars s'occupe aussi, comme il faisait toujours, du moral de son armée et y réforme les abus, y raffermit la discipline. Bien préparé, bien fixé sur le poste à prendre, et s'attendant d'un jour à l'autre à avoir affaire à Marlborough, il tient à savoir les intentions du roi touchant une bataille; ce n'est pas un batailleur à tout prix que *l'audacieux* Villars : « Il y a des occasions, écrit-il à Chamillart, où c'est prudence de la chercher, quand même on la donnerait avec désavantage : il y en a d'autres où, paraissant toujours chercher le combat, il faut cependant manquer plutôt une occasion que de ne se la pas donner la plus favorable qu'il est possible. » Dans le cas présent, si l'ennemi prête flanc par quelque fausse démarche, il en profitera, c'est tout simple; mais à chances égales, là où il n'y aurait ni avantage ni désavantage évident à l'attaque, il tient à savoir l'intention du roi. Or cette intention, c'est avant tout que la frontière soit couverte, que, placé entre **Villeroy** qui commande en Flandre et **Marcin** qui est en Alsace, Villars, qui tient le centre à Metz et à Thionville, veille de tous côtés, fortifie au besoin les autres généraux s'ils sont menacés, soit secouru d'eux s'il leur fait appel, et que ce parfait concert défensif déjoue les manœuvres combinées des adversaires. Villars va s'appliquer à remplir de tout point le programme : confiant avec raison dans la position qu'il s'est choisie à Haute-Sierck, il a l'œil à tout, observe les moindres mouvements des ennemis, et cherche à deviner ce qu'il ne voit pas : « Enfin, Sire, je tâche d'imaginer tout ce que peuvent faire les ennemis, et Votre Majesté doit être persuadée que l'on fera humainement tout ce qui sera possible. » Marlborough s'ébranle avec une armée composée d'Anglais, de Hollandais et d'Allemands, qu'il disait être de cent dix mille hommes, et que Villars estimait de quatre-vingt mille, et publiant bien haut qu'il allait attaquer les Français. Le 3 juin, il était en vue de l'armée du roi. Il fit dire galamment à Villars qu'il espérait voir une belle campagne, puisqu'il avait affaire à lui. « Ils croyaient m'avaler comme un grain de sel, » nous dit Villars. Pour lui, bien inférieur en nombre, il ne se laissa point imposer et ne se piqua point non plus d'honneur hors de propos; il attendit sous les armes, ne devançant rien, acceptant ce qu'il plairait à l'ennemi d'offrir, n'essayant pas de le décourager d'une bataille, et ne faisant élever des retranchements qu'à l'endroit le plus faible de sa ligne. Qu'attendait Marlborough pour agir? Il attendait l'arrivée du prince de Bade et du corps de troupes que ce général avait détaché de l'armée du Rhin. Plusieurs jours se passèrent en reconnaissances et en escarmouches. Marlborough était étonné de la contenance des troupes françaises qu'il ne s'était pas figurées si vite rétablies des dernières campagnes, et qui, par la fierté de leur abord, lui imposaient ce retard :

« Elles n'ont jamais été si belles, écrivait Villars au roi durant ces journées de noble attente (13 juin), ni plus remplies d'ardeur. J'ose dire, Sire, que je sais et pratique ce qui peut inspirer et conserver cette ardeur. On a voulu me presser de faire retrancher ce camp dans de certains endroits dès les premiers jours. Je savais qu'à tout événement j'en aurais le temps, que cela même ne m'était pas absolument nécessaire quand les ennemis n'auraient que douze à quinze mille hommes plus que moi.

« Si le prince de Bade joint Marlborough, comme tous les divers avis le portent, alors je ferai des ouvrages qui me donneront toujours le temps de prendre mon parti, si je ne m'en tiens pas à celui de les attendre où je suis... Mais quand nos troupes apprendront qu'il est arrivé quinze mille hommes de renfort aux ennemis, alors je leur dirai : « Faisons, puisqu'ainsi est, quelques redans de plus. » Si je les avais faits d'avance, et que les quinze mille hommes arrivassent ensuite, des bastions ne les rassureraient pas. »

Villars estimait son armée de cinquante-deux mille hommes bien effectifs et excellents :

« Votre Majesté peut compter sur cela, vos troupes tenant de bons discours, s'estimant fort au-dessus de celles des ennemis. Cet esprit,

Sire, est dans l'armée; peu ou point de désertion, une assez grande dans les ennemis, nos troupes bien payées, le pain, la viande bien fournis, le soldat gai. »

Ces lettres de Villars au roi sont fort belles et à lire d'un bout à l'autre; elles lui font plus d'honneur encore par leur simplicité, par l'application de détail et la vigilance dont elles témoignent, que les passages plus piquants et plus vifs insérés dans ses Mémoires. Villars gagne à être contenu, à ne pas se montrer trop fastueux.

Marlborough, avec ses trente mille hommes de plus que l'armée du roi, restait toujours dans l'inaction. Entre les deux généraux en chef rivaux, les procédés d'ailleurs étaient sur un pied de chevalerie courtoise : « M. de Marlborough, écrivait Villars, m'a envoyé quantité de liqueurs d'Angleterre, de vin de Palme et de cidre; on ne peut recevoir plus d'honnêtetés. J'ai renchéri autant qu'il m'a été possible. Nous verrons comme les affaires sérieuses se passeront. »

Ces choses sérieuses ne vinrent pas. Toute l'Europe avait les yeux tournés sur les affaires de la Moselle, et l'on s'attendait chaque jour à un choc terrible. Villars y était tout disposé, lorsque, dans la nuit du 16 au 17 juin, treize jours après son arrivée, Marlborough leva le camp sans bruit, et, par une retraite précipitée, fit repasser à son armée la Sarre et la Moselle. Ainsi, pour lors, avorta ce grand effort de la ligue européenne. Tout l'honneur de l'avoir conjuré revient à Villars, à sa fermeté, à son choix d'un bon poste, à sa sagesse à s'y maintenir, à l'esprit excellent dont il avait animé ses troupes, et qui fit perdre à l'adversaire l'idée qu'on les pût entamer. « Mes affaires, par le parti que vous avez obligé le duc de Marlborough de prendre, lui écrivait Louis XIV satisfait, sont au meilleur état que je les pouvais désirer; il ne faut songer qu'à les maintenir jusqu'à la fin de la campagne; si elle était heureuse, je pourrais disposer les choses de manière à la finir par quelque entreprise considérable. » Marlborough, en s'éloignant, crut devoir s'excuser auprès de Villars même (une bien haute marque d'estime) de n'avoir pas plus fait; il lui fit dire, par un trompette français qui s'en revenait au camp, qu'il le priait de croire que ce n'était pas sa faute s'il ne l'avait pas attaqué; qu'il se retirait plein de douleur de n'avoir pu se mesurer avec lui, et que c'était le **prince de Bade** qui lui avait manqué de parole.

Villars avait pour maxime que « sitôt qu'on cesse d'être sur la défensive, il faut se mettre sur l'offensive. » Il se remit donc en campagne activement, et, réuni au maréchal de Marcin, il eut à opérer dans les mois suivants sur le Rhin et sur la Lauter, en face du prince Louis de Bade; mais il eut la prudence de ne compromettre en rien le succès glorieux qu'il avait obtenu :

« Leurs généraux, écrivait-il au roi parlant des ennemis, sont persuadés que je ne perdrai pas la première occasion de les combattre : je n'oublierai aucune démonstration pour les confirmer dans cette opinion. Cependant, Sire, en prenant tous les partis apparents de hauteur, je ne m'écarterai pas de ceux de sagesse; il me paraît que c'est l'intention de Votre Majesté... Cependant les troupes de Votre Majesté conserveront tout l'air de supériorité qu'elle peut désirer, et qu'elle est accoutumée de voir dans ses armées. »

Le roi aurait bien voulu terminer cette campagne, il vient de le dire, par quelque entreprise considérable, telle que le siége de Landau par exemple; n'étant pas militaire, Louis XIV demandait quelquefois à ses généraux des choses impossibles. Villars, très-prudent quand il le faut, répond au roi par toutes sortes de raisons bien déduites. C'est tout ce qu'il peut faire de tenir le prince de Bade en échec; car dès qu'il est en force et à la veille de pouvoir tenter quelque chose de hardi, on l'affaiblit en lui retirant de ses troupes pour les envoyer à l'armée de Flandre; on lui en rend dès qu'on le voit trop faible et en danger d'être accablé, mais pour les lui reprendre bientôt encore. Ainsi s'achève cette campagne, en marches et contremarches, et dans une continuelle observation. Il en est un peu triste sur la fin ; il avait du moins pour se consoler l'honneur des journées de Haute-Sierck et du décampement de Marlborough, cet honneur sans hasard et pour le moins égal en mérite à une victoire.

L'année suivante (1706) fut désastreuse pour la France sur toutes les frontières : Villars seul se maintint sur la sienne sans échec, et même avec avantage. Le roi, surtout occupé de l'armée de Flandre, dont il avait confié le commandement à l'Électeur de Bavière et à Villeroy, deux maladroits et malhabiles, ne demandait à Villars affaibli qu'une défensive heureuse. Villars en souffrait; il n'était pas de ces généraux pour qui c'est assez d'être et de subsister. Il rêvait mieux, même dans son état de faiblesse ; il avait conçu cette fois l'idée du siège de Landau, qu'il savait, à un moment, dégarni d'artillerie et qu'il comptait prendre en dix jours, lorsque la nouvelle du désastre de Ramillies vint tout arrêter. Villars, à ce triste événement, eut des accents patriotiques : il hasarda des conseils ; il représenta l'impéritie militaire, à lui bien connue, de l'Électeur. Il en écrivit à Chamillart, à madame de Maintenon ; à celle-ci il disait :

« Je m'offrirais, Madame, et mon zèle me ferait servir sous tout le monde : mais j'aurai l'honneur de vous dire, avec la même liberté, que je ne suis pas un trop bon subalterne. Vous croirez que c'est par indocilité : non, Madame ; mais je ne suis ni mes vues ni mon génie sous d'autres. Ainsi je ne puis me flatter que je fusse d'une grande utilité sous le duc de Bavière et le maréchal de Villeroy. »

C'est alors que, Villeroy lui-même se rendant justice et se retirant, il y eut un mouvement dans le choix des généraux, et Villars fut désigné par Louis XIV pour servir sous le duc d'Orléans en Lombardie : il refusa. Dans sa lettre au roi, il s'excuse en peu de mots et avec respect. Dans sa lettre au ministre, il énumère ses raisons : il rappelle qu'il n'est guère propre à servir sous un autre et sous un prince. En Italie, il lui faudrait tout d'abord entrer dans un système de guerre qu'il n'a pas conçu et qui n'est pas le sien :

« Présentement M. le duc de Vendôme a fait toutes ses dispositions, lesquelles je crois être très-sages ; mais, quelque respect que j'aie pour ses projets, chacun a sa manière de faire la guerre, et j'avoue que la mienne n'a jamais été de vouloir tenir par des lignes vingt lieues de pays...

« Encore une fois, Monsieur, si quelque chose allait mal en Italie, j'y volerais... Il n'y a qu'à conserver ; et si Sa Majesté, qui m'a dit autrefois elle-même et avec bonté les défauts qu'elle me connaissait, a bien voulu les oublier dans cette occasion, il est de ma fidélité de les représenter. Permettez-moi d'achever ma campagne ici. M. le maréchal de Marcin, outre ses grands talents pour la guerre, a tous ceux qui sont nécessaires pour bien ménager l'esprit d'un prince et celui de sa Cour. De ces derniers talents-là, Monsieur, je n'en ai aucun.

« J'espère donc, Monsieur, que, persuadé par mes raisons (j'en ai d'autres encore), vous voudrez bien porter Sa Majesté à honorer un autre plus digne d'un pareil emploi, et m'excuser dans le public sur quelques attaques de la goutte, qui me prit très-violemment il y a un an dans cette même saison, et se fait un peu sentir présentement. »

D'après ce qu'on voit de ces lettres, il n'est donc pas exact de dire avec Saint-Simon « que Villars mit aux gens le marché à la main, et répondit tout net que le roi était le maître de lui ôter le commandement de l'armée du Rhin, le maître de l'employer ou de ne l'employer pas, etc. » Villars répondit avec respect, en homme sensé et ferme, et comme un général qui ne veut pas se placer dans une position fausse dont il prévoit à l'avance les inconvénients.

Le roi mécontent fut près d'insister et d'ordonner ; puis tout à coup il se ravisa. Villars reçut en même temps un ordre réitéré de partir, et une lettre de Chamillart datée de quelques heures après, qui révoquait cet ordre et lui permettait de rester à la tête de l'armée du Rhin.

J'ai hâte d'arriver aux grands faits des dernières guerres de Villars. Je n'ai certes pas la prétention de le suivre dans toutes ses campagnes; mais il importait de relever dans le cours d'une carrière si pleine les traits de caractère qui définissent cette humeur et ce génie. Un principe m'a guidé en l'étudiant : sous peine de rapetisser son objet et de voir d'une vue basse, il faut avant tout chercher dans chaque homme distingué, et à plus forte raison dans un personnage historique, la qualité principale, surtout quand elle a rencontré les circonstances et l'heure propice où elle a eu toute son application et tout son jeu. C'est ce que je tâcherai de faire jusqu'à la fin à l'égard de ce grand militaire, qui était à la fois un homme de beaucoup d'esprit.

Lundi, 1ᵉʳ décembre 1856.

LE MARÉCHAL DE VILLARS

(SUITE)

IV

Contributions en Allemagne. — Villars en Flandre. — Impression de Fénelon. — Journée de Malplaquet. — Langueur et détresse. — Belles paroles de Louis XIV. — Action de Denain. — Retour de fortune.

La campagne de 1707 au delà du Rhin a laissé des souvenirs ; mais bien qu'ils se rattachent à des succès, ils ne sont peut-être pas des plus glorieux pour Villars. Ces succès furent rendus faciles par la mort du prince de Bade. Villars, ayant passé le fleuve vers le Fort-Louis, força les lignes de Bülh, où le margrave de Baireuth ne l'attendit pas, puis poussa l'armée impériale de poste en poste et fit une profonde incursion dans l'Allemagne au pas de course, répandant au loin la terreur et rançonnant les villes et les contrées. Villars s'y abandonna à toute sa hauteur et s'y accorda largement tous ses défauts. Sa maxime était : « Il faut leur donner la loi ; je sais comme l'on mène les Allemands. » Il se faisait livrer les places, sans assaut ni siége et sans en avoir les moyens, en intimidant les garnisons et le peuple. Les baillis arrivaient de toutes parts dans son camp pour traiter de la contribution et commencer les payements. Ce fut une grande campagne financière. On a cité sa réponse aux magistrats d'une ville, qui lui présentaient les clefs d'argent, en lui disant humblement que M. de Turenne, dans une circonstance pareille, les leur avait rendues : « Messieurs, leur répondit gravement le maréchal, M. de Turenne est un homme inimitable; » et il prit les clefs. — Il eût désiré parfois plus de résistance et de rencontrer une sérieuse action de guerre, afin de pouvoir rétablir dans ses troupes un peu de discipline; car lui-même ne parvenait plus à être obéi. Le libertinage des soldats était au comble; ils se répandaient de toutes parts à l'intérieur des pays, qui devenaient déserts à leur approche.

Villars, ici, eût encore voulu prendre l'essor, et, pour peu qu'on s'y fût prêté à Versailles, il s'ouvrait à de vastes projets :

« Je ne sais, dit-il, jusqu'où j'aurais mené les ennemis si un projet qui me roulait dans la tête eût réussi, et si on n'eût pas diminué mon armée, déjà affaiblie par les garnisons que j'étais obligé de laisser dans quelques places derrière moi, pour assurer la communication avec mes ponts du Rhin. Ce projet était de me joindre avec Charles XII, roi de Suède. Après avoir fait élire Stanislas roi de Pologne, il s'arrêta en Saxe, incertain, à ce qu'il paraissait, de quel côté il tournerait ses armes, de l'Empire ou de la Russie. Je lui fis proposer secrètement de nous joindre à Nuremberg, et s'il l'eût fait, jamais prince ne pouvait se flatter plus vraisemblablement d'une grandeur sans bornes. »

Lorsqu'il vit en 1725, au château de Bouron, près de Fontainebleau, le roi Stanislas, père de la jeune reine, Villars reçut de ce prince toutes sortes de témoignages flatteurs; on parla de Charles XII et de l'estime particulière qu'il avait pour le maréchal :

« Je me souviens avec des regrets qui me sont toujours sensibles, dit Stanislas à Villars, de l'année 1707, lorsque vous le pressiez de marcher à Nuremberg avec son armée qui était en Saxe, dans le temps que celle de France n'était qu'à vingt lieues de cette ville. Que ne suivit-il vos conseils! cette marche aurait décidé de l'Empire et de plusieurs couronnes. »

Mais pour exécuter de tels rêves il faut être plus que général d'armée, il faut être soi-même un souverain; et alors le contre-poids manquant, et si l'on s'associe aux Charles XII, gare les aventures!

La campagne de 1707, sans mal finir, eut pourtant une conclusion peu grandiose; Villars fut obligé de raccourir à tire-d'aile vers le Rhin pour s'opposer aux troupes impériales qui, remises de leur première frayeur, avaient marché de ce côté sur ses derrières. On peut dire que cette campagne de 1707, tout utile qu'elle fut à Louis XIV et à ses finances, ne servit point à la bonne réputation de Villars, et, par les scandales qu'elle causa, elle nuisit même d'une manière durable à sa considération : il aura beau faire pour regagner une entière et solide estime, il n'aura dorénavant à espérer que de la gloire.

En 1708, le duc de Bourgogne désira commander l'armée de Flandre, et, par suite de cette disposition, l'Électeur de Bavière dut passer au commandement de celle du Rhin. Villars étant, on l'a vu, incompatible avec ce prince, on le déplaça et on le mit à la tête de l'armée qui défendait la frontière des Alpes du côté du Dauphiné contre le duc de Savoie. Cette destination sur un terrain tout nouveau, et qu'il n'avait jamais étudié, lui agréait peu. Il suffira de dire qu'il s'acquitta de sa mission sans trop d'échecs et avec des succès partagés.

Enfin, après les revers de 1708 et le calamiteux hiver qui suivit, Louis XIV se décida, par raison d'économie, à ne plus mettre de princes du sang à la tête de ses armées, et Villars fut envoyé pour commander en Flandre, à la frontière la plus exposée. C'était le théâtre auquel il aspirait le plus et où son ambition allait trouver tout son emploi ; car c'est là que se portaient les grands coups et que se jouait le sort du royaume. Les affaires d'ailleurs, au moment où il les prit en main, étaient dans la situation la plus déplorable. La perte de Lille, où Bouflers avait rencontré l'occasion de faire éclater sa vertu personnelle, avait été un grand et fatal exemple d'impuissance et de faiblesse de la part de nos généraux : on n'avait rien fait, avec une armée toute voisine, pour secourir une place de cette importance. La désunion entre le duc de Bourgogne et M. de Vendôme était allée jusqu'au scandale. La démoralisation, commencée par la tête du corps, avait gagné tous les membres, et c'est encore dans les derniers rangs, parmi les officiers subalternes, qu'il fallait chercher ce qui restait de ressort et de constance. La misère était extrême : point d'habits, point d'armes, point de pain. Le pain surtout était l'inquiétude principale ; c'est à quoi Villars dut pourvoir tout d'abord et durant toute la campagne. Il n'y avait pas de magasins, et les subsistances n'arrivaient qu'au jour le jour ; on n'en avait pas d'assurées pour deux journées à l'avance ; et ce n'était point la faute des intendants, mais le grain manquait par tout le royaume, et la famine n'était pas seulement dans l'armée :

« Imaginez-vous, écrivait Villars au ministre, l'horreur de voir une armée manquer de pain ! Il n'a été délivré aujourd'hui que le soir, et encore fort tard. Hier, pour donner du pain aux brigades que je faisais marcher, j'ai fait jeûner celles qui restaient. Dans ces occasions, je passe dans les rangs, je caresse le soldat, je lui parle de manière à lui faire prendre patience, et j'ai eu la consolation d'en entendre plusieurs dire : *Monsieur le maréchal a raison, il faut souffrir quelquefois.* »

Et encore :

« Tous les officiers de la garnison de Saint-Venant m'ont demandé en grâce de leur faire donner du pain, et cela avec modestie, disant :

Nous vous demandons du pain parce qu'il en faut pour vivre ; du reste, nous nous passerons d'habits et de chemises. »

Les nouvelles recrues, arrivées du fond des campagnes et des provinces du centre, d'où la misère les chassait, furent une grande ressource, et ces natures patientes, habituées à peiner et à pâtir sans murmure, rendirent du nerf à l'armée.

La gaieté, que Villars « appelait l'âme de la nation, » il ne négligea rien non plus pour la leur rendre, et il en avait lui-même sa bonne dose. Écrivant à M. de Torcy et lui exprimant la situation dans toute sa nudité : « Je parle à un ministre, ajoutait-il, car aux autres *je me fais tout blanc de mon épée et de mes farines.* » Il était bien obligé de répandre des bruits faux et d'imaginer, ne fût-ce qu'à l'usage de l'ennemi, des arrivées de fonds ou de subsistances qui n'existaient pas :

« Je me vis donc réduit à payer de hardiesse, je dirais presque d'effronterie, avec cinquante mille hommes de moins que les ennemis, une petite artillerie de campagne mal traînée, mal approvisionnée, contre deux cents bouches à feu bien servies, et la frayeur perpétuelle de manquer de pain chaque jour. *Panem nostrum quotidianum da nobis hodie*, me disaient quelquefois les soldats quand je parcourais les rangs, après qu'ils n'avaient eu que le quart et que demi-ration. Je les encourageais, je leur faisais des promesses : ils se contentaient de plier les épaules, et me regardaient d'un air de résignation qui m'attendrissait, mais sans plaintes ni murmures. »

Ecrivant à M. Voisin, le successeur de Chamillart, il disait encore :

« Je fais ici la plus surprenante campagne qui ait jamais été : c'est un miracle que nos subsistances, et une merveille que la vertu et la fermeté du soldat à souffrir la faim. On s'accoutume à tout : je crois cependant que l'habitude de ne pas manger n'est pas bien facile à prendre. »

Enfin il avait si bien réussi à redonner du ton et de l'entrain à ses soldats, qu'on les vit un jour de bataille, le matin de Malplaquet, jeter une partie du pain qu'on leur distribuait, n'en ayant eu qu'à peine la veille et l'avant-veille, pour courir plus légèrement à l'ennemi.

De tels résultats ne s'obtenaient pas sans bien des soins, de l'application, et sans une nature particulière de génie. Villars la possédait. Et ici je rencontre un nouvel et tout à fait imprévu adversaire et contradicteur, un juge sévère du glorieux général qui va sauver la France, et, avant d'aller plus loin, je sens le besoin de l'écarter, — je voudrais pouvoir dire, de le concilier : ce n'est rien moins que l'archevêque de Cambrai, Fénelon. Villars, durant ces années de campagne en Flandre, fit vers lui bien des avances; Fénelon, tout en les accueillant d'un air de bonne grâce, réservait son jugement, et dans sa correspondance particulière avec le duc de Chevreuse, dans les mémoires et instructions confidentielles à l'usage du duc de Bourgogne, on voit qu'il n'estimait point Villars à sa valeur. Il appréciait son zèle et son courage, mais il augurait trop peu de son habileté; il le croyait une tête légère, sans modération, toujours prêt à se piquer d'honneur et à tout risquer au moindre mot de défi : « Le papillon, disait-il, se brûle à la chandelle; » il le jugeait trop sur ses paroles et ne lisait pas dans ses pensées. « Je vous assure, Monsieur, écrivait Villars au ministre en lui peignant sa situation, que ces contradictions (que je rencontre) rendent le fardeau que j'ai bien pesant. On ne vous mandera pas que par ma contenance je donne lieu de croire que je le trouve tel; *mais on passe de mauvaises nuits.* » Fénelon n'était pas dans le secret de ces mauvaises nuits, et il en restait sur l'air d'audace et de fête du personnage, sur ses allures de bal et de plaisir aux plus graves moments. Et puis cette nature discrète et décente de Fénelon, qui était le goût suprême, devait être choquée de bien des outrecuidances de Villars. Il lui reconnaît cependant de l'ouverture d'esprit, de la facilité à comprendre, « avec une sorte de talent pour parler noblement, quand sa vivacité ne le mène pas trop loin; » et il ajoute « qu'il fait beaucoup plus de fautes en paroles qu'en actions. » Après cela les réflexions de Fénelon à son sujet sont antérieures à Denain et aux victoires; elles se ressentent trop des mauvais discours des officiers généraux qui servaient sous Villars, et qui, dans leurs allées et venues, fréquentaient les salons de l'archevêché. Ces mauvais discours que Fénelon réprouve, tout en y cédant plus qu'il ne croit, allaient à décrier le général en chef et à lui ôter toute considération dans sa propre armée, à *l'avilir*, comme dit énergiquement Fénelon. C'est une difficulté de plus que Villars eut à combattre, et il n'en est que plus méritoire à lui d'avoir su, au milieu d'un tel dénigrement et de telles cabales d'état-major, ressaisir et retremper à ce point la fibre du soldat.

Fénelon, ne l'oublions pas, inclinait à croire que tout était perdu et sans ressources; il le dit en termes nets, écrivant au duc de Chevreuse au commencement de 1710 : « La discipline, l'ordre, le courage, l'affection, l'espérance, ne sont plus dans le corps militaire : tout est tombé, et *ne se relèvera point dans cette guerre*. Ma conclusion est qu'il faut acheter l'armistice *à quelque prix que ce puisse être*, supposé qu'on ne puisse pas finir les conditions du fond avant le commencement de la campagne. » Or, l'honneur de Villars est précisément, par des moyens qui étaient en lui et qu'il puisait dans sa nature assez peu fénelonienne, d'avoir su remédier à ce découragement universel, et d'avoir tiré des étincelles d'héroïsme là où les plus pénétrants ne voyaient plus qu'une entière prostration.

En 1709, après avoir refait une armée, Villars sut si bien choisir ses postes, et il en occupa d'abord un si bon ou qu'il rendit tel, dans la plaine de La Bassée, que les ennemis, bien que supérieurs de quarante mille hommes, n'osèrent risquer une attaque; après l'avoir tâté, ils renoncèrent pour le moment à une bataille et se rejetèrent sur le siége de Tournai, qu'ils entreprirent. Ce ne fut qu'après la prise de cette ville et de la citadelle, qui, selon Villars, ne fut pas assez opiniâtrément défendue (3 septembre 1709), que le prince Eugène et Marlborough pensèrent à une autre entreprise considérable, et ils se dirigèrent vers Mons. L'heure d'une action générale décisive ne pouvait plus se différer. Villars recevait en même temps la nouvelle que le roi lui envoyait le maréchal de Bouflers pour être à côté de lui en cas d'accident, et pour que l'armée ne restât point sans général en chef. Bouflers, bien que l'ancien de Villars dans le maréchalat, consentait à servir sous lui comme simple volontaire. Villars sentit le prix d'une telle générosité, et entre Bouflers et lui tout se passa dans les termes de la plus cordiale estime. Pour parer aux mouvements de l'ennemi qui décidément en voulait à Mons, Villars, rassemblant son armée, la porta par delà Valenciennes, dans ces plaines boisées que le nom de Malplaquet a rendues tristement célèbres.

Qu'on ne s'y trompe point toutefois, Malplaquet n'est point un de ces noms à jamais néfastes qu'on doive hésiter à prononcer et dont le patriotisme ait à souffrir, *infaustum Allia nomen;* une de ces journées dont le poëte a dit, en les voilant d'une larme :

> Son nom jamais n'attristera mes vers!

Ce fut un combat de lions, et où, après une lutte acharnée de plus de six heures au débouché ou à l'intérieur des bois et dans des trouées retranchées, après avoir épuisé de part et d'autre toutes sortes de chances diverses et d'opiniâtres alternatives, le vaincu ne cédant que pied à pied, l'ennemi ne conquit que le champ de bataille et le droit de coucher au milieu des morts. Aucun des combattants ne se souvenait d'avoir vu une action si meurtrière. Bouflers commandait l'aile droite, Villars s'était réservé la gauche avec la direction de l'ensemble. Depuis sept heures et demie du matin (11 septembre) l'action était engagée, lorsque vers midi, averti par Saint-Hilaire que le centre dégarni était en danger d'être enfoncé, et se disposant à y pourvoir, Villars fut grièvement atteint d'un coup de mousquet au-dessous du genou, et il fallut l'emporter hors du combat.

« Il ne m'appartient pas de raisonner sur la guerre, et je n'ai garde de tomber dans ce ridicule, » dit quelque part, et à propos de Villars même, Fénelon. Ainsi dirai-je à mon tour, et c'est pourquoi je laisserai toutes les discussions des Feuquières et autres connaisseurs sur les fautes qui purent être commises à Malplaquet; si la disposition de la veille était bonne; s'il n'eût pas mieux valu pour Villars prendre les devants et attaquer résolûment le 9 ou le 10, au lieu de recevoir le combat le 11. Remarquez que les Hollandais ont adressé juste le même reproche au prince Eugène. Encore une fois, laissons ces raisonnements à qui de droit. Ce qui paraît certain, c'est que l'ennemi eut vingt-cinq mille hommes tués ou blessés, et nous quatorze mille; que le vainqueur ne fut bien assuré d'avoir gagné la bataille que le lendemain 12 au matin, quand il se vit tout à fait maître du terrain, sur lequel, à la rigueur, nous aurions pu être encore, ou que nous pouvions revenir lui disputer. La retraite des deux ailes, vers deux ou trois heures de l'après-midi, s'était faite régulièrement et sans être inquiétée. « Notre canon, dit l'un des généraux de l'artillerie, tira toujours sur l'ennemi jusqu'au dernier moment de la retraite, et le contint si bien, que les derniers coups qui se tirèrent en cette journée furent des coups de canon. » Le maréchal de Boufiers eut toute raison d'écrire au roi, de son camp de Ruesne, dès le 11 au soir : « Je puis assurer Votre Majesté que jamais malheur n'a été accompagné de plus de gloire. » On lit dans la Relation de la bataille qui fut publiée par les Alliés (c'est-à-dire les ennemis) : « On ne peut refuser au maréchal de Villars la gloire d'avoir fait ses dispositions et ménagé ses avantages avec autant d'habileté qu'un général pût jamais le faire. » L'honneur de nos armes dans ces contrées, qui était resté comme accablé et gisant sous le coup des défaites d'Oudenarde et de Ramillies, se releva; les adversaires, les Anglais surtout, avouaient qu'ils avaient, en ce jour, retrouvé les braves Français, les Français d'autrefois, et qu'on voyait bien qu'ils ne demandaient qu'à être bien menés pour être toujours les mêmes. Villars, qui se flattait que, sans sa blessure, on aurait remporté la victoire, ne se prévalait pas trop du moins lorsqu'il écrivait au roi : « Si Dieu nous fait la grâce de perdre encore une pareille bataille, Votre Majesté peut compter que ses ennemis sont détruits. » Enfin, quoiqu'on n'ait pu empêcher Mons d'être assiégé et pris comme l'avait été Tournai, le royaume ne fut pas entamé, et l'on espéra que la leçon donnée à l'arrogance des Alliés, aux Hollandais particulièrement qui avaient le plus souffert, rendrait la paix moins difficile.

Louis XIV écrivit à Villars (20 septembre) une lettre d'une entière et magnanime satisfaction :

« Mon cousin, vous m'avez rendu de si grands et de si importants services depuis plusieurs années, et j'ai de si grands sujets d'être content de tout ce que vous avez fait dans le cours de la présente campagne, en arrêtant par vos sages dispositions les vastes projets que les ennemis avaient formés, et vous m'avez donné des marques si essentielles de votre zèle et particulièrement dans la bataille du 11 de ce mois, dans laquelle mes troupes, encouragées par votre bon exemple, ont remporté le principal avantage (Louis XIV, on le voit, accepte la version de Villars) sur nos ennemis, que j'ai cru devoir vous témoigner la satisfaction que j'en ai en vous accordant la dignité de pair de France ; vous avez bien mérité cet honneur, et je suis bien aise de vous donner cette distinction comme une marque particulière de l'estime particulière que je fais de vous. »

D'Artagnan, de qui Villars avait rendu bon témoignage, bien que ce ne fût point pour lui un **ami**, fut nommé maréchal de France.

Tel était Villars et tel il nous apparaît les jours où il se voyait malheureux et le plus maltraité par la fortune. Si le sourire était permis en un tel sujet, on sourirait à voir la manière dont il présenta constamment, et de plus en plus, cette affaire, après tout sinistre, de Malplaquet. Il n'y a que lui pour raconter de cet air-là les batailles perdues. Dans son discours de réception à l'Académie, il ne fait allusion qu'à une seule de ses grandes actions de guerre ; vous croyez que c'est de Denain et d'une victoire qu'il veut parler, point du tout ; il y encadre et il y glorifie le souvenir de Malplaquet. De Villars, la défaite elle-même est triomphante.

Traité d'abord au Quesnoy pour sa blessure, Villars put être transporté à Paris au bout de quarante jours : « Mon passage par les villes que je traversai, couché sur un brancard, fut une espèce de triomphe. » Arrivé à Paris, le roi l'envoya visiter, et lui fit dire qu'il le désirait à Versailles et qu'il lui destinait l'appartement du prince de Conti. Lorsqu'il y fut établi, le roi le vint voir, l'entretint pendant deux heures. Madame de Maintenon le visitait presque tous les jours. Elle avait du goût pour Villars, et aujourd'hui que toutes les fantasmagories, les amas de sottises et d'horreurs contre madame de Maintenon sont tombés, c'est assurément une bonne note pour lui que cette amitié constante et cet appui, quelle qu'en soit l'origine première. Elle aimait sans doute en lui le fils d'un des contemporains et des adorateurs de sa jeunesse ; mais si ce fils n'avait pas eu du bon sens et de la solidité sous ses airs légers, s'il n'avait pas eu du fonds, elle ne lui aurait point été une si invariable amie et protectrice. Le jugement de madame de Maintenon sur Villars fait contre-poids à celui de Fénelon. Durant cette campagne de 1709, elle lui écrivait agréablement qu'en lui voyant faire tant de miracles, on le regardait à Saint-Cyr comme un saint : « Je vais demander à Dieu, avec les dames de Saint-Cyr, de vous protéger et de vous rendre tel qu'elles croient que vous êtes. »

Je serai plus bref sur les deux campagnes suivantes (1710-1711). Nous n'avons plus ici, pour nous guider, les *Mémoires militaires de la Guerre de la Succession*, dont les derniers volumes ne sont pas publiés encore, et nous en sommes réduits à des témoignages abrégés ou incomplets. En présence des progrès croissants de l'armée coalisée, Villars était évidemment l'homme de la dernière bataille à livrer; mais on hésitait devant cette grande et suprême action décisive, après laquelle, si l'on était vaincu, il n'y avait plus de ressources. Lui, il avait l'air de la désirer beaucoup et de vouloir qu'on la lui permît, qu'on la lui ordonnât; mais il était lui-même trop homme de sens pour l'engager à la légère. On lui avait un moment donné pour second, dans cette prévision d'une bataille prochaine, le maréchal de Berwick avec qui il vécut en bons termes, bien qu'ils fussent quelquefois d'avis différents : « Je me doutais, dit Villars, qu'il était chargé de tempérer ce qu'on appelait ma trop grande ardeur : c'est pourquoi je n'hésitais pas à proposer les projets les plus hardis, persuadé qu'on en rabattrait toujours assez. » Dans la première partie de cette campagne de 1710 il ne put, malgré sa bonne envie, secourir et sauver Douai; dans la seconde partie il sut manœuvrer et se poster assez bien pour empêcher le siége d'Arras, et l'on en fut quitte pour perdre Béthune,

Saint-Venant et Aire. Ennuyé pourtant de voir prendre tant de places sous ses yeux sans qu'il lui fût permis ou possible d'agir, il revint d'assez bonne heure de l'armée, sous prétexte ou à cause de sa blessure. Il en était encore très-réellement empêché : il restait à cheval cinq et six heures de suite, mais il fallait l'y monter et l'en descendre.

Cependant Villars ne cessait de représenter les inconvénients du misérable système qu'on suivait et le terme fatal où il devait aboutir, du moment que la paix n'était qu'un leurre et qu'elle reculait toujours. On se ruinait en détail ; la frontière s'en allait pièce à pièce ; on périssait également et sans honneur :

« Puisque la guerre est résolue, disait-il, tâchons de la faire sur de meilleurs principes qu'elle n'a été faite depuis longtemps. Faisons quelques projets d'offensive ; car de parer toujours à la muraille, c'est le moyen de ne jamais rien gagner, et de perdre tous les jours peu ou beaucoup... S'il faut désespérer de la paix, espérons tout d'une guerre hardie : aussi bien on périt à la fin par la défensive. »

Il faisait remarquer que ce genre de guerre timide et circonspecte était le moins conforme au génie de notre nation, et que rien n'y compensait la souffrance et le danger :

« Enfin, Monsieur, écrivait-il à M. Voisin, l'armée de Flandre n'est pas désirée par le soldat, et l'on en peut juger par la grande désertion des troupes qui ont eu ordre de s'y rendre. Une cause pour cela c'est qu'on y meurt de faim l'hiver, et qu'on y est tué l'été : l'on peut n'être pas de ce goût-là sans passer pour extraordinaire. »

L'année 1711 fut peut-être la pire de toutes et la plus triste par l'absence de toute action et de toute velléité énergique. Villars avait les bras liés : lui qui passait pour chercher les occasions, il dut les refuser, et même quand elles s'offraient avec l'apparence d'un avantage. La mort de l'empereur Joseph et plus d'un signe avant coureur de la disgrâce de Marlborough, de secrètes avances même, venues de Londres et qui s'étaient confirmées, firent croire à une paix possible; les négociations se ranimèrent, et on ne voulut rien hasarder sur un autre terrain. Les Alliés eux-mêmes semblaient un peu engourdis; ils se contentèrent pour principal exploit de prendre Bouchain.

Il était temps que cette méthode rétrograde, injurieuse au caractère national et abaissante pour la France, eût un terme. Villars, en 1712, n'allait plus avoir affaire du moins qu'au seul prince Eugène, et sa Cour aussi devait lui laisser plus de liberté d'action. Louis XIV, en le recevant à Marly dans le courant de mars, au plus fort de tous ses deuils de famille, lui avait dit ces paroles qu'il faut savoir gré au maréchal de nous avoir textuellement conservées :

« Vous voyez mon état, Monsieur le maréchal. Il y a peu d'exemples de ce qui m'arrive, et que l'on perde dans la même semaine son petit-fils, sa petite-belle-fille et leur fils, tous de très-grande espérance et très-tendrement aimés. Dieu me punit, je l'ai bien mérité : j'en souffrirai moins dans l'autre monde. Mais suspendons mes douleurs sur les malheurs domestiques, et voyons ce qui se peut faire pour prévenir ceux du royaume.

« La confiance que j'ai en vous est bien marquée, puisque je vous remets les forces et le salut de l'État. Je connais votre zèle, et la valeur de mes troupes; mais enfin la fortune peut vous être contraire. S'il arrivait ce malheur à l'armée que vous commandez, quel serait votre sentiment sur le parti que j'aurais à prendre pour ma personne?...

« Je sais les raisonnements des courtisans : presque tous veulent que je me retire à Blois, et que je n'attende pas que l'armée ennemie s'approche de Paris; ce qui lui serait possible si la mienne était battue. Pour moi, je sais que des armées aussi considérables ne sont jamais assez défaites pour que la plus grande partie de la mienne ne pût se retirer sur la Somme. Je connais cette rivière : elle est très-difficile à passer; il y a des places qu'on peut rendre bonnes. Je compterais aller à Péronne ou à Saint-Quentin y ramasser tout ce que j'aurais de troupes, faire un dernier effort avec vous, et périr ensemble ou sauver l'État; car je ne consentirai jamais à laisser approcher l'ennemi de ma capitale. Voilà comme je raisonne : dites-moi présentement votre avis... »

Ces paroles de Louis XIV ont été citées un peu diversement ; il les redit au duc d'Harcourt pendant le siége de Landrecies, et il dut les répéter à peu près dans les mêmes termes : mais c'est à Villars qu'il est naturel qu'il les ait dites d'abord ; et il est mieux qu'on les lise de la sorte dans le langage grave et simple, familier au roi, avec leur tour de longueur, et sans aucune ostentation, sans aucune posture à la Corneille.

Car notez bien une distinction, très-essentielle selon moi : si Louis XIV nous paraît avec raison un peu auguste et solennel, il était naturel aussi, il n'était jamais emphatique, il ne visait pas à l'*effet*. Dans le cas présent, ces paroles du grand roi sont d'autant plus belles qu'elles lui sortaient du cœur et n'étaient pas faites pour être redites. Et on en a la preuve assez particulière : lorsqu'en 1714 Villars fut nommé de l'Académie française et qu'il fit son discours de réception, il eut l'idée de l'orner de ces paroles généreuses de Louis XIV, à lui adressées avant la campagne de Denain, et qui l'y avaient enhardi. Il demanda au roi la permission de les citer et de s'en décorer. Le roi rêva un moment et lui répondit : « On ne croira jamais que, sans m'en avoir demandé permission, vous parliez de ce qui s'est passé entre vous et moi. Vous le permettre et vous l'ordonner serait la même chose, et je ne veux pas que l'on puisse penser ni l'un ni l'autre. »

Ce n'est pas Louis XIV qui manquera jamais à une noble et délicate convenance. Tout s'ajoute donc, et même une sorte de modestie, pour rendre plus respectable et plus digne de mémoire le sentiment qui dicta ces royales et patriotiques paroles.

La première partie de la campagne de 1712 fut cependant marquée encore par des revers : le prince Eugène assiégea et prit le Quesnoy, qui se défendit mal. Mais le duc d'Ormond, qui avait succédé à Marlborough dans le commandement des troupes anglaises, les emmena en se retirant. Eugène seul et Villars restèrent en présence, et, comme l'a dit le vieux Crébillon en des vers dont ce trait rachète l'incorrection, Villars montra qu'avec *un foudre de moins* Eugène pouvait être vaincu.

Eugène, plein de confiance, venait d'investir Landrecies, qui était de ce côté la clef du royaume ; il tirait ses munitions et ses vivres de Marchiennes, un peu éloignée, et croyait sa communication assurée par le camp retranché de Denain. Villars, après avoir étudié le terrain, suivant son principe « que, quand on doit jouer une furieuse partie de paume, il faut au moins connaître le tripot, » vit bien que d'attaquer Eugène dans ses lignes commencées de Landrecies était chose téméraire, et il se décida à porter son effort contre le camp de Denain, qu'il savait plus abordable, et dont le maréchal de Montesquiou (d'Artagnan) lui avait le premier parlé (1). Il fallait seulement masquer ce projet jusqu'au dernier moment, donner le change à Eugène, lui faire croire que c'était à lui et à ses lignes de circonvallation qu'on en voulait : c'est à quoi l'on réussit moyennant un grand secret gardé même avec plusieurs des généraux chargés de l'exécution. Dès le soir et dans la nuit du 23 juillet, Villars donna ses ordres et mit ses troupes en mouvement. A force de célérité, de hardiesse, de précision dans les mesures et de brusquerie dans l'attaque, tout se passa comme il l'avait réglé. On traversa

(1) On a publié, depuis, toutes les pièces qui se rapportent à l'affaire de Denain, et d'où l'on peut déterminer, avec certitude, la part de chacun dans le conseil et dans l'entreprise : la première idée, mais vague, en vint du roi ; l'idée militaire, à proprement parler, fut suggérée par Montesquiou, mais Villars y entra vite et présida à tout de concert avec cet autre maréchal. (Voir l'*Appendice*, page 296-314, du tome XIV du *Journal* de Dangeau, le tome XI des *Mémoires militaires* relatifs à la Succession d'Espagne, et enfin un article de moi-même au tome VI des *Nouveaux Lundis*.)

l'Escaut sur des ponts improvisés ; on arriva à cette double ligne établie pour la sûreté des convois, et que les ennemis avaient appelée *le chemin de Paris;* on assaillit d'emblée le camp surpris, et on défit totalement le corps qui y était retranché. Le prince Eugène, averti au matin du 24 que l'armée française n'était plus devant lui, accourut, mais trop tard, et pour assister à la défaite de sa réserve. Il voulut de colère faire attaquer les ponts de l'Escaut, ce qui ne se pouvait devant nos troupes qui bordaient la rivière (1). Il retourna sur Landrecies, comptant bien encore en pousser le siége ; mais Villars, profitant de son succès, se porta sur Mar-

(1) On lit dans l'ouvrage intitulé : Mes Rêveries, du maréchal de Saxe, le récit suivant qui a tout son prix, étant d'un grand homme de guerre et qui, lui-même, avait dû causer de l'affaire avec Villars et avec le prince Eugène : « A l'affaire de Denain, le maréchal de Villars était perdu, si le prince Eugène eût marché à lui, lorsqu'il passa la rivière en sa présence, en lui prêtant le flanc. Le prince ne put jamais se figurer que le maréchal fît cette manœuvre à sa barbe, et c'est ce qui le trompa. Le maréchal de Villars avait très-adroitement masqué sa marche. Le prince Eugène le regarda et l'examina jusqu'à onze heures, sans y rien comprendre, avec toute son armée sous les armes. S'il avait, dis-je, marché en avant, toute l'armée française était perdue, parce qu'elle prêtait le flanc et qu'une grande partie avait déjà passé l'Escaut. Le prince Eugène dit à onze heures : « Je crois qu'il vaut mieux aller dîner ; » et fit rentrer ses troupes. A peine fut-il à table que milord d'Albemarle lui fit dire que la tête de l'armée française paraissait de l'autre côté de l'Escaut, et faisait mine de vouloir l'attaquer. Il était encore temps de marcher ; et, si on l'eût fait, un grand tiers de l'armée française était perdu. Le prince Eugène donna seulement ordre à quelques brigades de sa droite de se rendre aux retranchements de Denain, à quatre lieues de là : pour lui, il s'y transporta à toutes jambes, ne pouvant encore se persuader que ce fût la tête de l'armée française. Enfin il l'aperçoit, et lui voit faire sa disposition pour l'attaquer ; et dans le moment, il jugea le retranchement perdu et forcé. Il examina l'ennemi pendant un moment, en mordant de dépit dans son gant ; et il n'eut rien de plus pressé que de donner ordre que l'on retirât la cavalerie qui était dans ce poste. — Les effets que produisit cette affaire sont inconcevables : elle fit une différence de plus de cent bataillons sur les deux armées, etc. »

chiennes qu'il prit en quatre jours (30 juillet), et s'y empara de toutes les munitions et des approvisionnements d'Eugène; la chance avait tourné. Tel fut l'effet merveilleux de cette contre-marche habile et soudaine que couronna le succès de Denain. Le mot que Villars avait redit si souvent à sa Cour durant ces dernières campagnes se trouva justifié : « Il ne faut qu'un moment pour changer la face des affaires peut-être du noir au blanc. »

Villars, libre enfin de se livrer à l'activité qui était dans sa nature, assiégea et reprit en moins de quatre mois, sous les yeux d'Eugène réduit à l'inaction, Douai, le Quesnoy, Bouchain, les places que l'ennemi avait conquises sur nous en trois campagnes. Il avait triomphé de l'envie et pleinement mérité la gloire.

Dans le résumé des guerres illustres que Napoléon a tracées en une quarantaine de pages, Villars obtient une ligne, mais cette ligne est celle-ci : « Le maréchal de Villars sauva la France à Denain. » C'est là le mot de l'histoire. La France était-elle alors, et à cette époque avancée des négociations d'Utrecht, sous le coup d'un danger aussi imminent que les années précédentes? De telles questions ne se posent pas. Oui, Villars en sauvant Landrecies sauva la France; il la sauva certainement de l'humiliante nécessité de subir les conditions de vainqueurs hautains, et de clore la plus magnifique des époques sur des désastres sans consolation et sans mesure. Il montra, en la leur disputant et en la leur arrachant à son jour, que cette foudre de combat et de victoire, cette usurpation du tonnerre n'appartient sans réserve à aucun mortel. Les images que la poésie de son temps lui a prodiguées pour sa fière attitude dans cette lutte extrême lui sont bien dues (1).

(1) L'auteur d'un livre couronné par l'Académie française et inti-

L'année suivante, 1713, l'Empereur hésitant encore à signer sa paix particulière, Villars fut envoyé à l'armée d'Allemagne, et, poussant sa veine, il n'y eut que des succès. Les rôles étaient changés : le prince Eugène, sans recrues, sans argent, était le spectateur forcé des pertes de l'Empire. Villars assiégea et prit Landau, Fribourg; enfin il conquit de ce côté la paix, et il mérita d'être envoyé sur cette fin d'année à Rastadt pour en régler les conditions avec le prince Eugène, puis à Bade pour la conclure (1714).

Il était au comble des honneurs et de la popularité. Il aurait bien voulu pour récompense l'épée de Connétable, cette épée de Du Guesclin, trop profanée par de Luynes, enterrée avec Lesdiguières, refusée à Turenne lui-même, et que lui, Villars, poursuivit toujours; il aurait désiré du moins (car il ne faisait pas fi des pis-aller) être nommé chef du Conseil des finances, cette charge étant venue à vaquer en ce temps-là; mais elle fut donnée au maréchal de Villeroy. « Pour moi, Madame, écrivait-il à ce propos à madame de Maintenon, je me trouve toujours trop heureux quand je songe qu'ayant

tulé un peu fastueusement *l'Europe et les Bourbons sous Louis XIV*, M. Marius Topin, neveu de M. Mignet, à qui il a dû l'idée et en partie les éléments de son travail, s'est inscrit en faux contre le mot de Napoléon en l'honneur de Villars, et s'est appliqué à montrer que du moment que la paix se faisait avec l'Angleterre, il n'y avait plus de danger réel pour la France. Or cette paix était, dit-il, fort antérieure à l'affaire de Denain. Il ne s'est pas posé un seul instant cette question bien simple : Où en était la France si le prince Eugène prenait Landrecies? M. Guizot a même fait un mot à ce sujet : « Non, Villars ne sauva point la France à Denain, il sauva seulement l'honneur militaire de la France. » Et l'on sait combien M. Guizot s'entend à ces questions d'honneur national : on l'a vu à l'œuvre. M. Villemain, autre connaisseur, est allé jusqu'à dire (le rhéteur qu'il est) : « La paix était promise et assurée, même avant la victoire de Denain, *qui n'en fut que la parure.* » — Le mieux, je crois, est encore de s'en tenir au mot de Napoléon, convenablement entendu.

le bonheur d'approcher le plus grand et le meilleur maître du monde, je ne lui rappelle pas de fâcheuses idées; qu'il peut penser : *Celui-là m'a plusieurs fois mis en péril, et cet autre m'en a tiré. Que me faut-il de plus?* » Il lui eût fallu pourtant davantage. Les satisfactions de l'orgueil tranquille et désintéressé n'étaient point son fait. Il se plaignit au roi; il lui dit avec sa hardiesse ordinaire à demander, et avec cette aisance à parler pour soi qui serait la chose la plus impossible à des âmes de la race pudique de Catinat :

« Avant mon départ pour Bade, j'ai supplié Votre Majesté de vouloir bien se souvenir de moi lorsque la charge de chef du Conseil des finances viendrait à vaquer. Vous en avez honoré le maréchal de Villeroy. Je ne suis pas étonné, Sire, qu'une amitié de la première jeunesse ait prévalu; mais enfin, Sire, après avoir été honoré des plus importantes marques de votre confiance, il ne me restera donc plus que d'aller chercher une partie de piquet chez Livry (1) avec les autres fainéants de la Cour, si Votre Majesté ne daigne pas me donner entrée dans ses Conseils. »

Louis XIV résista à ses instances, et s'en tira en l'embrassant par deux fois; il chercha par toutes sortes d'égards et de bonnes grâces à dédommager Villars, à l'honorer; on lui fit avoir la Toison d'or. Mais sur cette entrée dans les Conseils, le roi demanda du temps et se rejeta sur des arrangements futurs : apparemment il jugeait que Villars, avec ses éminentes qualités de capitaine et même ses utilités de négociateur, n'était pas précisément un conseiller.

Il n'était pas non plus un caractère. Au lieu de rien demander après de tels services rendus, il n'avait qu'à s'abstenir, à se renfermer dans le sentiment de sa juste gloire; mais alors il eût été un autre; et il était surtout un talent, un beau zèle et une fortune.

(1) Premier maître d'hôtel du roi.

Mardi, 2 décembre 1856.

LE MARÉCHAL DE VILLARS

(SUITE ET FIN)

V

Villars au repos; — à l'Académie. — Une lettre de lui à Voltaire. — Maréchal général, envoyé en Italie. — Sa dernière parole.

On ne s'attend pas que je suive Villars dans les dernières années de sa vie; il avait soixante-deux ans à la mort de Louis XIV, et il en vécut encore près de vingt. Il eut une existence considérable, mais sans influence politique réelle, quoiqu'il se flattât d'en avoir. Il fut président du Conseil de la guerre, membre du Conseil de Régence, puis du Conseil du roi. « C'était, a dit Saint-Simon à qui je n'emprunte que cette peinture physique, un assez grand homme, brun, bien fait, devenu gros en vieillissant sans en être appesanti, avec une physionomie vive, ouverte, sortante, et véritablement un peu folle, à quoi la contenance et les gestes répondaient. » D'humeur gaie, l'air franc, spirituel et commode à vivre, il n'avait pas de près tout ce qui commande le respect ou ce qui concilie un entier attachement. Il abondait trop en lui-même, il débordait. Dans ses discours, avec tous les mots heureux qu'on lui a vus et les saillies qui lui échappaient, il n'avait pas la netteté, et, à un certain moment, il s'embarrassait dans les digressions, ce qui a fait dire à Fénelon « qu'il n'avait que des lueurs d'esprit. » Il paraissait confus quand il n'avait pas l'action en main pour s'éclaircir. Enfin il n'était plus sur son vrai théâtre; et plus d'un pouvait dire, à tort, en l'approchant : « Ce n'est que cela ! »

A l'Académie française, où il allait quelquefois, et le plus souvent qu'il le pouvait, il a laissé d'assez bons souvenirs : « Il paraissait, a dit d'Alembert, s'intéresser à nos exercices, opinait avec autant de goût que de dignité sur les questions qui s'agitaient en sa présence, et finissait toujours par témoigner à la Compagnie les regrets les plus obligeants de ce que la multitude de ses autres devoirs ne lui permettait pas de s'acquitter, comme il l'aurait voulu, de celui d'académicien. » Un jour, dans un de ces moments d'effusion comme il en avait volontiers, il demanda à ses chers *confrères* la permission, ne pouvant être aussi souvent qu'il l'aurait voulu parmi eux, de leur être présent au moins en peinture et de leur envoyer son portrait. Je laisse à juger si la proposition fut reçue avec acclamation et reconnaissance. Toutefois, après réflexion, on ne tarda pas à s'apercevoir qu'il n'y avait alors dans la salle de l'Académie d'autres portraits que ceux des deux ministres (1) et des deux rois protecteurs de l'Académie, et celui de la reine Christine. Le portrait de Villars introduit à côté des leurs allait donner à ce glorieux confrère un certain air de protecteur et de tête couronnée. M. de Valincour, avec son tact fin, fut le premier à le sentir; il démêla à travers l'effusion de Villars une certaine adresse peut-être et une intention de gloire, l'am-

---

(1) Le cardinal de Richelieu et le chancelier Séguier.

bition « d'être le seul académicien que la postérité vît représenter à côté de Richelieu et de Louis XIV. » M. de Valincour se réserva donc, le jour où l'Académie reçut le portrait du maréchal, d'offrir pour sa part à la Compagnie ceux de Despréaux et de Racine, et, sans faire tort au héros, l'égalité académique, la dignité des Lettres fut maintenue (1).

Un des titres littéraires du maréchal de Villars à nos yeux, c'est assurément son amitié déclarée pour Voltaire. On sait qu'à l'une des premières représentations d'*Œdipe*, le poëte parut sur le théâtre portant la queue du grand-prêtre. La maréchale de Villars, qui y assistait, demanda quel était ce jeune homme qui voulait faire tomber la pièce ; on lui dit que c'était l'auteur : elle le voulut connaître ; il lui fut présenté, et il l'aima bientôt d'une passion vive et sérieuse. La maréchale de Villars, qui devait finir dans la vieillesse par une grande dévotion, paraît avoir été spirituelle autant qu'aimable. Lorsque le maréchal quitta en 1708 l'armée d'Allemagne, elle revint à Paris, étant restée jusque-là, pendant les campagnes, à Strasbourg, et il lui échappa de dire « qu'enfin elle quittait le service. » Le maréchal, qu'on nous peint si jaloux, ne paraît pas avoir été du tout inquiet de Voltaire. Pendant ces années 1718-1724, le château de Villars était devenu comme la maison du poëte. On en a la preuve assez piquante dans une lettre

---

(1) On lit dans une lettre de M. de La Rivière à l'abbé Papillon, du 5 avril 1736 : « Feu M. le maréchal de Villars, que j'avais fort connu avant sa grande fortune, qui m'avait conservé de l'amitié, et qui me faisait l'honneur de venir quelquefois me voir, avait toujours *Horace* dans sa poche et s'en servait agréablement : il avait beaucoup de goût et autant d'esprit que de valeur. » (*Lettres choisies* de M. de La Rivière, gendre du comte de Bussi-Rabutin, 1751 ; tome II.) — Cet *Horace* dans la poche de Villars est une particularité curieuse ; mais n'était-il pas homme à le prendre tout exprès et à le laisser voir à propos, quand il allait rendre visite à M. de La Rivière ?

inédite du maréchal (1). Voltaire lui avait adressé une pièce de vers pour s'excuser de ne pouvoir aller à Villars au printemps de 1722; sa mauvaise santé l'avait engagé à se mettre dans les remèdes, entre les mains d'un empirique appelé Vinache :

> « Je me flattais de l'espérance
> D'aller goûter quelque repos
> Dans votre maison de plaisance;
> Mais Vinache a ma confiance,
> Et j'ai donné la préférence
> Sur le plus grand de nos héros
> Au plus grand charlatan de France.
> Ce discours vous déplaira fort,
> Et je confesse que j'ai tort
> De parler du soin de ma vie
> A celui qui n'eut d'autre envie
> Que de chercher partout la mort...

Mais vous et moi, c'est bien différent, continuait agréablement Voltaire : si, en l'une de vos belles journées, un coup de canon vous avait envoyé chez Pluton, vous étiez sûr d'avoir toutes les consolations magnifiques qu'on décerne aux fameux capitaines : service solennel, oraison funèbre, et Saint-Denis peut-être au bout :

> Mais si quelque jour, moi chétif,
> J'allais passer le noir esquif,
> Je n'aurais qu'une vile bière ;
> Deux prêtres s'en iraient gaiement
> Porter ma figure légère
> Et la loger mesquinement
> Dans un recoin du cimetière.
> Mes nièces, au lieu de prière,
> Et mon janséniste de frère,
> Riraient à mon enterrement... »

C'est à cette pièce que Villars répond d'abord dans sa lettre, que je donnerai en entier. Le commencement en est un peu recherché et fleuri ; le maréchal s'est mis en

(1) J'en dois communication à l'obligeance de M. Rathery.

frais de littérature pour le poëte; mais la suite est toute naturelle, gaiement familière et d'une extrême bonhomie :

« A Villars, le 28 mai 1722.

« Personne ne connaît mieux que vous les Champs-Élysées, et personne assurément ne peut s'attendre à y être mieux reçu; ainsi les consolations que vous m'y faites espérer doivent vous flatter plus que moi. Vous trouverez d'abord Homère et Virgile qui viendront vous en faire les honneurs et vous dire avec un souris malicieux que la joie qu'ils ont de vous voir est intéressée, puisque, par quelques années d'une plus longue vie, leur gloire aurait été entièrement effacée. L'envie et les autres passions se conservent en ces pays-là; du moins, il me semble que Didon s'enfuit dès qu'elle aperçoit Énée; quoi qu'il en soit, n'y allons que le plus tard que nous pourrons.

« Si vous m'en croyez, vous ne vous abandonnerez pas à Vinache, quoique ses discours séduisants, l'art de réunir l'influence des sept planètes avec les minéraux et les sept parties nobles du corps, et le besoin de trois ou quatre Javottes, donnent de l'admiration.

« Venez ici manger de bons potages à des heures réglées, ne faites que quatre repas par jour, couchez-vous de bonne heure, ne voyez ni papier ni encre, ni biribi, ni lansquenet, je vous permets le trictrac : deux mois d'un pareil régime valent mieux que Vinache.

« Je vous rends mille grâces de vos nouvelles; le marquis (1) a vu avec douleur le théâtre fermé, et sur cela il prend la résolution d'aller à son régiment; ma chaise de poste, qui le mènera à Paris samedi, vous ramènera ici dimanche.

« Nous avons ouvert un théâtre; la marquise l'a entrepris avec une ardeur digne de ses père et mère (2); elle s'est chargée de mettre du rouge à deux soldats du régiment du roi qui faisaient *Pauline* et *Stratonice*, et bien qu'ils en fussent plus couverts qu'un train de carrosse neuf, elle ne leur en trouvait pas assez. Mademoiselle Ludière, qui est la modestie même, a été assez embarrassée à mettre des paniers sur les hanches nues des deux grenadiers, parce que... (Ici je saute une gaillardise.)

« Nos nouvelles ne sont pas si intéressantes que les vôtres : une pauvre servante s'est prise de passion pour un jardinier. Sa mère, plus dragonne que madame Dumay, et qui s'est mariée en secondes noces à Maincy, s'est opposée au mariage. Madame la maréchale s'en est mêlée; mais elle a mieux aimé gronder la mère que faciliter les

---

(1) Le fils du maréchal.
(2) La marquise de Villars était née Noailles; mais par *ses père et mère*, le maréchal entend ici lui-même et la maréchale.

noces par payer la dot, ce qui n'est pas de sa magnificence ordinaire.

« Benoît a eu la tête cassée par le cocher du marquis en se disputant la conduite d'un panier de bouteilles de cidre ; Baget a raisonné scientifiquement sur la blessure. Le curé de Maincy est interdit, parce qu'il ne parle pas bien de la Trinité.

« Voilà, mon grand poëte, tout ce que je puis vous dire en mauvaise prose pour vous remercier de vos vers. Je vous charge de mille compliments pour M. le duc et madame la duchesse de Sully, auxquels je souhaite une bonne santé et qui leur permette de venir faire un tour ici. Il y a présentement bonne et nombreuse compagnie, puisque nous sommes vingt-deux à table ; mais une grande partie s'en va demain.

« VILLARS. »

Il ressort assez clairement de cette épître qu'on n'engendrait pas d'ennui au château de Villars ; le régime y était un peu celui de l'abbaye de Thélème.

Il y a une autre circonstance, plus importante, où l'on retrouve le témoignage du maréchal sur Voltaire ; c'est à l'occasion de sa fâcheuse affaire avec le chevalier de Rohan. Villars en a consigné le récit dans son Journal, et comme cette version est la plus circonstanciée et la plus exacte qu'on ait de l'aventure, je la mets ici, d'autant plus que je ne vois pas qu'aucun biographe soit allé la chercher dans Villars :

« Dans le même temps (avril 1726), Voltaire fut mis à la Bastille, séjour qui ne lui était pas inconnu. C'était un jeune homme qui, dès l'âge de dix-huit ans, se trouva le plus grand poëte de son temps, distingué par son poëme de Henri IV, qu'il avait composé dans ses premiers voyages à la Bastille, et par plusieurs pièces de théâtre fort applaudies. Comme ce grand feu d'esprit n'est pas toujours, dans la jeunesse, accompagné de prudence, celui-ci était un grand poëte et fort étourdi.

« Il s'était pris de querelle chez la Lecouvreur, très-bonne comédienne, avec le chevalier de Rohan. Sur des propos très-offensants, celui-ci lui montra sa canne. Voltaire voulut mettre l'épée à la main. Le chevalier était fort incommodé d'une chute qui ne lui permettait pas d'être spadassin : il prit le parti de faire donner, en plein jour, des coups de bâton à Voltaire, lequel, au lieu de prendre la voie de la justice, estima la vengeance plus noble par les armes. On prétend qu'il la chercha avec soin, trop indiscrètement. Le cardinal de Rohan demanda à M. le Duc de le faire mettre à la Bastille. L'ordre en fut donné, exécuté, et le malheureux poëte, après avoir été battu, fut encore emprisonné. Le public, disposé à tout blâmer, trouva, pour cette fois avec raison, que tout le monde avait tort : Voltaire, d'avoir offensé le chevalier de Rohan; celui-ci, d'avoir osé commettre un crime digne de mort, en faisant battre un citoyen ; le Gouvernement, de n'avoir pas puni la notoriété d'une mauvaise action, et d'avoir fait mettre le battu à la Bastille pour tranquilliser le batteur. »

Quant à Voltaire, il a toujours convenablement parlé de Villars. Il l'a montré sous son beau jour dans le *Siècle de Louis XIV*. Chacun sait les vers de *la Henriade* qu'il a mis dans la bouche de saint Louis sur le vainqueur de Denain. Il est vrai qu'il en a donné une légère parodie dans cet autre poëme qu'on ne nomme pas, en disant :

L'heureux Villars, fanfaron plein de cœur...

Nous avons fini. Villars, âgé de plus de quatre-vingts ans, fut chargé d'aller commander en Italie contre l'Empereur les armées combinées de France, d'Espagne et de Sardaigne; les reines de ces trois pays lui donnèrent chacune une cocarde qu'il mit chevaleresquement à son chapeau. Cela ne l'empêcha pas de demander en partant d'autres grâces :

« On me presse de partir, écrit-il à la dernière page de son Journal (octobre 1733), et j'ai donné au garde des sceaux un mémoire, par lequel je demande, avant que de partir, des grâces distinguées qu'il est aisé de deviner : et le 19, M. d'Angervilliers, ministre de la guerre, m'a été envoyé par le roi, pour me dire que, ne pouvant faire de connétable, il me donne la charge de *maréchal général de France*, qui me donne le commandement sur tous les maréchaux de France, quand il y en aurait de plus anciens que moi, avec plusieurs autres prérogatives et dix mille écus d'appointements. Je me suis rendu, d'autant plus que le commandement qu'on m'offre est si important, que je ne crois pas pouvoir refuser à mon roi et au roi d'Espagne, tant qu'il me reste une goutte de sang dans les veines, les services qu'ils me demandent. »

Il s'empara d'abord et sans difficulté du Milanais. Le 24 février (1734), il ouvrait le bal avec la reine de Sardaigne à Turin. Puis il repartit pour le Milanais et commença une nouvelle campagne (1). Mais un désaccord s'étant prononcé entre le roi de Sardaigne et lui, et la fatigue de l'âge se faisant sentir, il dut retourner à Turin, où la maladie le prit et où il mourut le 17 juin. Le prêtre qui l'exhortait au moment de la mort lui disait que Dieu, en lui laissant le temps de se reconnaître, lui faisait plus de grâce qu'au maréchal de Berwick, qui venait d'être emporté devant Philipsbourg d'un coup de canon. « Il a été tué! J'avais toujours bien dit, s'écria Villars mourant, que cet homme-là était plus heureux que moi. » — Berwick étant mort seulement le 12, et si loin de là, Villars a eu tout juste le temps d'apprendre la nouvelle et de dire ce mot. Mais le mot est si bien dans sa nature, que, s'il ne l'a pas dit, il a dû le dire.

Un dernier bonheur de Villars, c'est d'avoir inspiré une des dernières bonnes oraisons funèbres : celle que prononça l'abbé Seguy, à Saint-Sulpice, sans échapper aux inconvénients du genre, est remarquable du moins par un bel exorde d'un nombre et d'une pompe bien appropriés au héros. L'éclat du catafalque ne lui a pas manqué; un écho de l'éloquence du grand siècle l'a accompagné jusque dans la tombe.

Bien que Villars semblât suffisamment connu, j'ai pensé qu'il y avait lieu de se servir, en sa faveur, des pièces positives et authentiques imprimées depuis quelques années, pour rétablir et maintenir les grandes lignes de son mérite réel, dans lequel laissaient comme

---

(1) Il a été critiqué par Napoléon pour sa conduite dans ces campagnes (*Mémoires* de Napoléon, tome I, page 195), et pour avoir méconnu le vrai *point stratégique*. Que voulez-vous? quand on a quatre-vingts ans...

une brèche ouverte les jugements de Saint-Simon et de Fénelon (1).

(1) Je ne voudrais pas omettre d'indiquer une précise et fort bonne Étude sur Villars homme de guerre, qu'on peut lire au tome second des *Portraits militaires* de M. le capitaine de La Barre Du Parc. — Enfin il y aurait désormais à contrôler et à compléter une histoire de Villars à l'aide de celle du prince Eugène, publiée à Vienne par M. Alfred Arneth, et en consultant les documents militaires, les lettres et dépêches du grand capitaine.

Lundi, 15 décembre 1856.

HISTOIRE
DE LA QUERELLE DES ANCIENS ET DES MODERNES

PAR

M. HIPPOLYTE RIGAULT [1]

M. Rigault, dont chacun peut lire dans *les Débats* de spirituels articles littéraires, et qui est un des plus brillants professeurs de l'Université, a soutenu, il y a quelques jours, ses thèses pour le Doctorat devant la Faculté des Lettres en Sorbonne. Cette épreuve a eu presque le caractère d'une solennité, et l'éclat en a retenti au dehors. La Faculté, présidée par son savant doyen, M. J.-V. Le Clerc, était au complet, et chacun des maîtres a tour à tour adressé au candidat, déjà maître lui-même, des objections ou remarques qui le plus souvent n'étaient pour lui que l'occasion de réponses développées et accueillies avec éloge. Cette argumentation, si l'on peut appeler ainsi une haute conversation littéraire, n'a pas duré moins de six heures, à peine interrompues par un léger repos, et le jour seul, en tombant, a mis fin, non au combat, mais au très-agréable conflit. Le candidat a eu à traiter, suivant l'usage, un double sujet en latin et en français. Pour la thèse latine il avait choisi *Lucien*,

---

[1] Chez Hachette, rue Pierre-Sarrazin, n° 14.

qu'il a considéré à un point de vue assez particulier, non plus comme moraliste ou satirique, mais comme critique littéraire. Dans la thèse française, qui est devenue la principale et pour laquelle il avait réservé ses plus grandes forces, M. Rigault s'est donné un plus ample sujet, *la Querelle des Anciens et des Modernes*, qui occupa tant les esprits dans la seconde moitié du dix-septième siècle et au commencement du dix-huitième, et qui sous des formes diverses s'est renouvelée depuis ; querelle aussi vieille que le monde, depuis que le monde n'est plus un enfant, et qui durera aussi longtemps que lui, tant qu'il ne se croira pas tout à fait un vieillard. Lequel vaut mieux du passé ou du présent, — du passé ou de l'avenir? Lesquels valent mieux de nos pères ou de nous? Moralement on est tenté de dire de soi et de son temps bien du mal, mais pour l'esprit on ne prétend pas céder, et on a toutes sortes de bonnes raisons pour se prouver à soi-même qu'on en a un peu plus que ses devanciers. « Je suis fier pour *mon temps*, je suis fier pour *mon siècle, mon pays...* » Combien de fois n'avons-nous pas entendu ce langage, essentiellement moderne, dans la bouche de ceux même qui savaient et prisaient le mieux l'Antiquité! L'orgueil de la vie enivre aisément les vivants, surtout s'ils se comparent à ceux qui ne sont plus : c'est déjà une telle supériorité que celle de vivre! Chaque génération à son tour est au haut de l'arbre, voit tout le pays au-dessous, et n'a que le ciel au-dessus d'elle. Elle se croit la première, et elle l'est à son heure un moment. — Le sujet de thèse traité par M. Rigault, même en le renfermant dans les termes de la seule littérature, est un des plus heureux et des plus féconds que l'on pût choisir, et son travail est devenu un livre qui offre le tableau complet d'un des épisodes les plus curieux de l'histoire de l'esprit. Ce livre, dans sa forme actuelle où il n'y a plus marque de doctorat que par la science, est dédié à M. de Sacy, de même que la thèse latine l'était à M. Saint-Marc Girardin : on voit que l'œuvre et l'auteur tiennent par tous les liens à la famille de l'Université comme à la famille du *Journal des Débats :* ils en portent le cachet, et ils font honneur à l'une et à l'autre.

Pour nous, qui n'avons pas l'avantage d'appartenir à cette double famille, mais qui savons en apprécier bien des qualités et des mérites, nous demandons à dire quelques mots de l'intéressant ouvrage que nous annonçons, à le louer comme il convient, et en même temps à soumettre à l'auteur quelques critiques ou observations, soit sur des points particuliers, soit sur l'ensemble. Enfin, quoique n'ayant pas grade pour siéger en Sorbonne ni pour être juge dans le tournoi, nous ferons à notre manière notre argumentation, et nous pousserons une ou deux pointes, dont l'auteur en définitive, tout à la riposte et armé d'esprit comme il est, n'aura pas à s'effrayer ni à se plaindre.

Ce sujet même de la querelle des Anciens et des Modernes, dès le premier moment où il s'est produit à l'état de question et où il est devenu un fait d'histoire littéraire, veut être exactement circonscrit. C'est au dix-septième siècle en France qu'il prend sa forme complète et qu'il se définit tout à fait, qu'il se limite en se développant, et va prêter désormais à des guerres régulières, à des batailles rangées. Et en effet, qu'on y songe un peu : pour que le combat entre l'Antiquité et les temps modernes se pût engager dans toute son étendue et sur toute la ligne, il fallait deux conditions essentielles, l'une qu'il y eût une Antiquité bien connue, bien en vue, bien distincte et comme échelonnée sur les hauteurs du passé, l'autre qu'il y eût une époque moderne, bien émancipée, bien brillante et florissante, un grand siècle déjà et qui parût tel aux contemporains.

Au moyen-âge (et je parle des rares époques et des heures riantes, s'il y a eu des heures riantes au moyen-âge), on ne connaissait pas assez l'Antiquité pour pouvoir se comparer sérieusement à elle et se préférer en s'y opposant. Aux quinzième et seizième siècles, on retrouvait d'hier cette Antiquité; on s'y mêlait, on ne s'en dégageait pas : on ne la jugeait pas d'une seule vue et avec netteté. C'est par les sciences que l'esprit moderne est arrivé à se distinguer nettement de l'Antiquité. Tant qu'il ne s'occupait que des lettres, il ne pouvait se séparer d'elle et la regarder assez à distance pour se dire : « *Et moi aussi je vaux autant que toi, ou mieux que toi.* » On restait dans la religion du passé. Mais des génies originaux, de puissants observateurs se sont mis à interroger et à sonder la nature; ils ont laissé de côté les vieux livres et les explications creuses, ont considéré les faits en eux-mêmes et ont constaté les lois. On a mieux connu notre globe, sa vraie figure, sa place dans l'univers, son mouvement dans l'espace : il en est résulté des vues certaines que les plus éclairés des Anciens n'avaient que par divination et par lueurs. Un grand génie, Descartes, est venu proclamer hardiment qu'il y avait des matières où l'érudition n'était qu'un embarras, et que l'esprit humain, pour procéder avec sûreté, n'avait qu'à s'armer de méthodes propres à lui, exactes et nouvelles. Dès lors cet esprit moderne s'est senti émancipé; il a jeté son bagage, il a marché à la légère. Il s'est flatté même en tous les points de surpasser les Anciens; il a voulu par le raisonnement réformer l'imagination, la poésie, comme le reste; et ce qui était une révolution très-légitime dans l'ordre de la pensée et de la science est devenu une insurrection contestée dans le domaine de la littérature. C'est l'histoire de cette insurrection qui constitue proprement l'épisode de la querelle des Anciens et des Modernes.

De même qu'au seizième siècle les guerres de religion eurent plus d'une période et d'un accès, de même, au dix-septième, ces guerres littéraires. La querelle des Anciens et des Modernes est, à sa manière, non pas une guerre de trente ans, mais une guerre de quarante-huit ans ou de cinquante. Il y a eu des intervalles de sommeil et des reprises d'hostilités. Il y a eu la phase française, la phase italienne, la phase anglaise. En France, où s'est passé le fort du débat, on commence à le dater de Des Marets de Saint-Sorlin, vers 1670 ; les manifestes de cet esprit un peu extravagant, et qui mêlait quelques bonnes idées à beaucoup de chimères, devancier de Chateaubriand en théorie et qui faisait mieux que pressentir la veine de poésie propre au Christianisme, se prolongèrent jusqu'en 1675. Ce n'était qu'un prologue ou un premier acte.. Le second s'ouvre avec Perrault, qui rallume la guerre en lisant à l'Académie française son poëme du *Siècle de Louis-le-Grand*, composé tout à la glorification de l'âge présent et au détriment de l'Antiquité (1687). Le *Parallèle des Anciens et des Modernes* suivit de près; Boileau intervient comme contradicteur et principal adversaire. Cette seconde guerre classique dure jusqu'en 1694 et finit par une paix plâtrée, par la réconciliation, du moins extérieure, des deux contendants, grâce à l'entremise du grand Arnauld. Vingt ans après, La Motte réveille les hostilités en publiant son imitation en vers de l'*Iliade*, accompagnée d'un *Discours* irrévérent *sur Homère* (1714) ; madame Dacier prend feu, les érudits se fâchent ; on en vient aux gros mots. Il s'ensuivit pendant deux années une mêlée des plus vives et des plus générales, qui se termina par un souper de réconciliation entre La Motte et madame Dacier, sous les auspices de M. de Valincour (1716). Les troupes légères une fois lancées cependant, et qui n'étaient pas de ce souper, continuèrent d'escarmoucher encore jusqu'en 1718 et au delà. Marivaux est un de ces derniers tirailleurs. Ces ricochets ne sont pas désagréables à suivre. — Tel est le canevas que M. Rigault avait à remplir, et sur lequel il a semé avec infiniment d'esprit toutes les variétés d'une érudition curieuse et piquante.

Mais il ne s'est pas contenté de ce cadre, il l'a étendu; il a voulu l'embrasser dans toute sa généralité. Le côté littéraire de la question de prééminence entre les Anciens et les Modernes n'est en effet qu'un cas particulier d'un problème plus élevé : Le genre humain va-t-il en se perfectionnant? et s'il se perfectionne pour l'ensemble, gagne-t-il également sur tous les points? et ne perd-il pas, chemin faisant, à droite ou à gauche, tout en avançant dans le milieu? M. Rigault annonce le dessein de traiter ce sujet de la théorie du progrès, l'histoire de la doctrine de la perfectibilité, dans un ouvrage ultérieur dont celui-ci ne serait que l'introduction.

Je dirai qu'on s'en aperçoit trop en quelques endroits, et, au point de vue de la composition, j'aurais préféré que cet esprit si littéraire de M. Rigault, laissant tous ces gros et peut-être insolubles problèmes à ses collègues de la philosophie, se bornant à les bien comprendre, ne les eût envisagés que par les ouvertures fréquentes que lui procurait son joli sujet, déjà bien assez spacieux. Il y a un peu de luxe dans les préliminaires, comme de la surabondance aussi dans les conclusions. Il veut peut-être concilier et assembler trop de choses, tenir trop d'éléments en présence et en équilibre, religion et philosophie, régularité et liberté, impartialité et émotion, stabilité et progrès, culte du passé et aspiration vers l'avenir... C'est après tout une noble ambition, l'ambition des esprits jeunes, même quand ils sont le plus modérés.

Y eut-il dès autrefois, dans ce qu'on appelle du nom

sommaire et trop uniforme d'Antiquité, y eut-il chez les Grecs et chez les Latins une querelle des Anciens et des Modernes? Là commence proprement le sujet de M. Rigault, et nous ne nous plaindrons pas qu'il le fasse remonter jusqu'à ses précédents naturels et qu'il le rattache à ses véritables origines. Oui, il y eut et il dut y avoir de ces commencements de querelle, — et chez les Grecs au moment de leur maturité déjà déclinante et la plus fleurie, au lendemain d'Alexandre, lorsque, regardant en arrière, ils se jugeaient à la fois riches par héritage et pouvant encore ajouter à la gloire des ancêtres; — et chez les Romains surtout, à cette époque dominante de l'Empire, au sein de cette unité puissante qui avait engendré des esprits universels comme elle-même, au temps des Sénèque, des Pline, et je dirais des Tacite si ce dernier n'était si pessimiste et morose : mais les plus belles paroles qui aient été prononcées sur cette question des Anciens et des Modernes, c'est peut-être encore ce grand et si ingénieux écrivain Sénèque qui les a dites, et on ne peut rien faire de mieux aujourd'hui que de les répéter :

« J'honore donc, disait-il à son jeune ami Lucilius, j'honore les découvertes de la sagesse et leurs auteurs; j'aime à y entrer comme dans un héritage laissé à tous. C'est pour moi qu'ils ont acquis tout cela, pour moi qu'ils ont travaillé. Mais soyons comme un bon père de famille, accroissons à notre tour ce que nous avons reçu. Que ce patrimoine par moi agrandi se transmette à mes descendants. Il y a encore beaucoup à faire, et il y aura toujours beaucoup; et *à celui-là même qui naîtra après mille siècles, l'occasion ne manquera jamais d'ajouter encore quelque chose de nouveau.* Mais quand même tout aurait été trouvé par les Anciens, il y aura toujours cette nouveauté, à savoir, l'application, l'usage habile et la combinaison de ce que les autres ont trouvé... Ceux qui nous ont précédés ont beaucoup fait, mais ils n'ont pu rien parfaire : *Multum egerunt qui ante nos fuerunt, sed non peregerunt.* »

Et encore, au milieu de sa libre marche, il se fait cette objection : « *Est-ce que je ne suis point les Anciens?*

— Je les suis, se répond-il, mais je m'accorde à moi-même de trouver à mon tour du nouveau, et de changer et de laisser ce qui n'est point à ma guise. Même en les suivant, je ne leur obéis point, j'opine comme eux. »

Il y avait, à côté de ces libres esprits, ouverts dès lors à toutes les perspectives, d'humbles adorateurs et des sectateurs exemplaires du passé. Sénèque parle quelque part, dans ces mêmes lettres à Lucilius où on lit ces beaux passages, d'un jeune homme qui était si modeste et si classique en son temps, que s'il avait cru en composant écrire quelque chose qui surpassât les Anciens ou les devanciers, il se serait retenu, de peur de commettre une sorte de sacrilége. Le *Dialogue des Orateurs* a mis en présence et nous montre aux prises les champions des deux doctrines, les classiques et les novateurs de l'Antiquité. M. Rigault a tiré bon parti de ces exactes ressemblances et de cette espèce de miroir où son sujet se dessine à l'avance et se réfléchit. Aussi il me semble, pour dire toute ma pensée, que si, après ces frappants exemples de Sénèque, de Pline, du *Dialogue des Orateurs*, il était arrivé plus vite à Bacon, à Descartes, à Pascal, à ces grands textes modernes qui dominent la question et qui sont comme le péristyle de son sujet, la façade se serait dégagée aux yeux avec plus d'avantage, tandis que chez lui on a un peu l'inconvénient du portail de Saint-Gervais avant qu'on y eût abattu les maisons et élargi la place. En un mot, il y a un peu trop de choses, trop de noms (bien que le mien n'ait pas à s'en plaindre) dans ces chapitres que je considère comme préliminaires. Que voulez-vous? c'est la richesse d'un vif et fertile esprit dans un premier ouvrage où l'on ne veut rien sacrifier.

Ma critique générale se réduit à peu près à ceci, que M. Rigault a conçu son travail à un point de vue plus étendu que je ne l'aurais fait moi-même : j'en aurais voulu faire, ce me semble, et si l'on me permet cette imagination bien facile après coup, un épisode distinct et tranché de l'histoire littéraire française, une pure et vraie querelle, une Fronde en trois actes, avec une sorte d'intérêt et de gradation, avec début, milieu et fin, les complications étrangères y tenant moins de place, et les grands philosophes énigmatiques comme Vico ne faisant tout au plus que s'apercevoir à l'horizon ; car, dès qu'ils interviennent, ils écrasent un peu trop les nôtres. M. Rigault, qui n'a jamais perdu de vue l'idée générale et la doctrine du progrès, a tenu, au contraire, à être le plus complet possible, à tout décrire successivement avec une curiosité égale, à suivre le fleuve, comme il l'appelle quelque part, dans toutes ses sinuosités, dans ses tours et retours, jusqu'à ce qu'il se perde dans l'idée générale et théorique qui est son Océan. Son livre est plus complet de la sorte et très-riche de faits, de textes, de quantité de remarques ingénieuses ; mais peut-être a-t-il des lenteurs et de la plénitude, une densité trop continue, et en tout cas il se dessine moins nettement dans l'esprit après qu'on en a terminé la lecture. Classique à tant d'égards et si au courant de l'art des Anciens, l'auteur n'a pas assez profité de l'avantage inappréciable d'avoir un sujet limité.

Cela dit sur la composition, et en entrant dans le détail, on n'a qu'à louer et à approuver ; c'est à peine si ceux qui ont déjà étudié quelque point de la question trouveraient à ajouter de temps en temps une remarque ou un fait à tous ceux que l'auteur assemble et combine. M. Rigault n'oublie rien, et il découvre chemin faisant beaucoup de choses ; il dessine au passage quantité de figures devant lesquelles on n'est guère accoutumé à s'arrêter, et on emporte l'idée de physionomies nouvelles et distinctes. Sur les grands acteurs du débat, Des Marets, Perrault, Fontenelle, La Motte, madame Dacier,

Terrasson, il est impossible d'être plus attentif et équitable, plus agréablement instructif, et il ne néglige pas non plus les moindres, les seconds et troisièmes rôles, les Bouhours, les de Callières, etc. Seulement, vers la fin, il a commis une légère injustice, et je viens en appeler à lui-même. Il y a un tout petit personnage secondaire qu'il n'a pas apprécié à sa valeur, ni étudié avec le soin qu'il a donné à tous les autres. Voici en quels termes il en parle et sur quel ton :

« Parmi les adversaires déclarés de madame Dacier et des Anciens, il faut distinguer les élèves de La Motte, contempteurs de l'Antiquité qu'ils ne comprenaient pas, et les esprits philosophiques qui la combattaient par système, avec une foi réfléchie au progrès. Un des personnages qui, au dix-huitième siècle, représente assez bien la première de ces deux classes, c'est-à-dire le public des salons et des cafés, c'est le spirituel et sémillant abbé de Pons, surnommé de son temps *le bossu de M. de La Motte*. De Pons est le type du disciple et du caudataire. Il admirait La Motte, il vantait La Motte, il exagérait pieusement les idées de La Motte, il suivait La Motte comme son ombre. Chaque matin il l'accompagnait au café Procope (*ce n'était pas au café Procope*), où ils discutaient avec des amis communs devant une galerie attirée par le nom et l'esprit des causeurs. Le café Procope a entendu lancer bien des brocards contre Homère. Quand le petit abbé de Pons élevait sa voix pointue, et dardait contre les adhérents de madame Dacier son mot favori, *le parti des Érudits*, il avait l'air de monter au Capitole...

« Ce qui achève de peindre l'abbé de Pons et le public demi-lettré qu'il représente, c'est qu'il se donnait un air de philosophe et faisait sonner bien haut les grands mots d'indépendance et d'émancipation de l'esprit humain. A l'entendre, Homère n'est qu'une vieille idole, que La Motte a jetée bas de son piédestal, comme Descartes a renversé l'autel d'Aristote ; les *Homéristes* sont taillés en pièces, comme autrefois les Péripatéticiens de collége, et le genre humain est sauvé. Ainsi dogmatisait le triomphant bossu de M. de La Motte ; ainsi chantait en chœur avec lui ce public léger qui effleurait tout, jugeait tout, défaisait la gloire d'Homère en feuilletant une gazette, et tranchait sur *l'Iliade* aussi lestement que sur un opéra. »

Je demande à plaider à mon tour ; je demande à présenter sous un jour un peu plus favorable ce petit personnage, très-spirituel en effet, mais qui n'était pas si ridicule de vouloir paraître philosophe, car il avait l'esprit naturellement philosophique ; et s'il s'est trompé sur la question d'Homère et des Anciens, il s'est trompé en homme de pensée et avec beaucoup de distinction. On en jugera.

Ce n'est pas d'une statue qu'il s'agit ici, c'est d'une statuette, mais elle en vaut la peine. M. Rigault n'y a vu qu'un grotesque : pourquoi l'esprit serait-il si rigoureux contre l'esprit ?

I

L'abbé de Pons; — au café Gradot ; — chez madame de Lambert. — Bon journaliste.

L'abbé de Pons, né en 1683, avait pour père le sieur de Pons d'Annonville, d'une noble famille de Champagne et chevalier d'honneur du présidial de Chaumont (sur Marne); il naquit à Marly, chez son oncle qui en était alors seigneur, et de qui le roi ne tarda pas à l'acquérir. Il fit ses premières études au collége des Jésuites à Chaumont, puis vint à Paris et entra au séminaire de Saint-Magloire, d'où il suivit l'école de Sorbonne : « Il était bon humaniste, nous dit-on ; il possédait les principes de la théologie ; mais surtout il était grand métaphysicien, dans le sens le plus étendu qu'on donne à présent (1738) à ce terme. Il ne faisait peut-être pas assez de cas des autres sciences. » Le biographe qui a dit cela de l'abbé de Pons, son ami, était un homme distingué lui-même et fort apprécié des économistes, Melon, auteur d'un ingénieux *Essai politique sur le Commerce*. — Vers l'âge de quinze ans, l'abbé de Pons s'aperçut que sa taille se déformait ; il se mit entre les mains d'un chirurgien malhabile qui le tortura ; la difformité ne fit qu'augmenter et fut irréparable. Il n'était pas laid d'ailleurs ; « il avait un beau visage et une physionomie extrêmement prévenante, qui portait l'image de la candeur de son caractère. »

Cette difformité de sa taille lui fut bien souvent reprochée. Elle le lui fut dans une première circonstance assez singulière : élu chanoine de Chaumont à vingt-trois ans, en 1706, il eut un compétiteur, le sieur Denys, qui le voulut évincer, même après l'élection, soutenant que la ville avait fait choix en lui d'un sujet *indigne* et *incapable*. La prétendue incapacité était fondée sur le défaut corporel : « Le sieur de Pons a un corps bossu et contrefait ; il est moins homme que nain ; la singularité de son extérieur frappe de surprise et peut scandaliser les faibles. » —

« Je ne sais, répliquait l'abbé de Pons dans un factum plein de convenance, si l'amour-propre m'a fasciné les yeux, mais il me paraît que mon peintre n'a pas flatté son modèle, et que je puis à présent me montrer avec confiance. Je déclare donc ici à M. de Blaru (l'avocat de la partie adverse) que, loin d'être offensé de son ridicule portrait, je lui sais au contraire fort bon gré de son travail. Un honnête homme ne doit jamais s'offenser des reproches qui n'ont pour objet que des défauts ou des infirmités corporelles : *Neque enim tu es, quem forma ista declarat ; sed mens cujusque, is est quisque, non ea figura quæ digito demonstrari potest* (car tu n'es pas ce que cette forme semble indiquer ; mais l'âme de l'homme, voilà l'homme, et non cette figure extérieure qui se peut montrer du doigt) (1).

« Je ne rougis donc point en avouant les défauts corporels que m'a donnés un accident involontaire et imprévu ; ces défauts ne souillent point l'âme, et l'Église les méconnaît dans ses ministres, pourvu qu'ils ne soient pas d'une espèce à les rendre inhabiles aux fonctions du ministère, ou que leur aspect ne soit pas affreux au point qu'ils puissent être occasion de scandale aux fidèles.

« Il n'a pas semblé à l'Église que j'eusse aucun défaut ou aucune infirmité de cette dernière espèce, puisqu'elle m'a honoré du sous-diaconat, qui est un ordre majeur.

(1) Ce sont les paroles de Scipion l'Africain à son petit-fils adoptif dans cet admirable *Songe* raconté par Cicéron. Mais comme de belles paroles d'un Ancien viennent éclairer à propos les bonnes raisons d'un Moderne ! L'abbé de Pons, au moment où il s'en prévalait et s'en décorait, ne l'a-t-il pas senti ?

L'abbé de Pons gagna son procès, mais résigna presque aussitôt son canonicat ; il s'était accoutumé, dans l'intervalle, à la vie de Paris et à la fréquentation des gens de lettres.

C'était l'époque des cafés et de leur première vogue ; ils étaient hantés par ce qu'il y avait de mieux parmi les gens d'esprit. Il y avait alors deux cafés qui étaient leur lieu de rendez-vous : celui de *Procope*, en face de la Comédie, et celui de *Gradot*, sur le quai de l'École. Je laisse parler Duclos, le meilleur témoin de ce temps :

> « La Motte, dit-il, Saurin, Maupertuis, étaient les plus distingué de chez Gradot. Boindin, l'abbé Terrasson, Fréret et quelques artistes s'étaient adonnés au café Procope, et s'y rendaient assidûment, indépendamment de ceux qui y venaient de temps en temps, tels que Piron, l'abbé Des Fontaines, Le Sage et autres. Je ne crois pas, ajoute Duclos, que ces cafés soient aujourd'hui sur le même pied... Parmi ceux qui venaient chez Procope, il y en avait qui allaient aussi au café de Gradot, tels que La Faye. »

Mais La Motte, que Duclos appelle le plus aimable des gens de lettres, ne s'éloignait guère, et pour cause, du café Gradot :

> « Après avoir vécu dans les meilleures sociétés de Paris et de la Cour, devenu aveugle et perclus des jambes, il était réduit à se faire porter en chaise au café de Gradot, pour se distraire de ses maux dans la conversation de plusieurs savants ou gens de lettres qui s'y rendaient à certaines heures. J'y trouvai (c'est Duclos qui parle) Maupertuis, Saurin, Nicole, tous trois de l'Académie des sciences, Melon, auteur du premier Traité *sur le Commerce*, et beaucoup d'autres qui cultivaient ou aimaient les Lettres. La Motte était le point de réunion de l'assemblée, et personne n'y était plus propre que lui, par le ton de politesse qu'il mettait dans la discussion. Les sciences, dont il ne s'était pas occupé, ne lui étaient pas étrangères ; il en saisissait la métaphysique. Ses idées étaient nettes, précises, et rendues avec ordre et clarté. Ses ouvrages, et surtout ses qualités personnelles, lui avaient fait des enthousiastes ; aussi était-il l'objet de l'envie de ceux qui n'étaient pas en état de l'estimer. »

L'abbé de Pons était un des habitués de ce café Gradot, où l'on ne criait pas, et où La Motte donnait le ton de la politesse. Je note ce point, et je ne l'invente ni ne le suppose. L'abbé Prévost y insiste et le discute, au sujet même de l'abbé de Pons :

« Je ne sais, dit-il (1), par quel préjugé on s'est persuadé depuis quelque temps que les cafés sont une mauvaise école pour l'esprit et pour le goût. Il est clair qu'on n'en a pas toujours eu cette opinion, puisque des gens du mérite de M. de La Motte et de M. de Pons n'ont pas cru s'avilir en les fréquentant. Mais avaient-ils raison? et l'idée qu'on paraît s'en former aujourd'hui est-elle plus juste? Je réponds, dans les termes d'un bon juge, que toute assemblée publique où les bienséances sont observées est une école utile... »

Il continue dans ce sens cette apologie des cafés. Et prenez garde que ce n'est plus l'abbé Prévost, un peu suspect de laisser-aller et de facilité sur le chapitre des mœurs et manières, qui parle en ce moment; il ne fait qu'emprunter les raisons du sage et poli Addison. J'en conclurai seulement qu'en France, à la date de l'abbé de Pons, ce n'était pas une mauvaise note de fréquenter le café dont La Motte avait fait son salon du matin.

Et puisque nous en sommes à ces petites scènes et à ces historiettes vivantes du passé, représentons-nous bien les lieux et les gens comme ils étaient. La Motte qui demeurait rue Guénégaud, près du quai Conti, très-froid, comme on sait, et exposé au nord, sentait le besoin de chaleur et de soleil en même temps que de conversation; le quai d'en face les lui offrait; il avait à lui sa chaise, c'était alors le luxe des demi-fortunes : « Il se faisait porter, nous dit Voltaire, autre bon témoin, depuis dix heures du matin jusqu'à midi, sur le pavé qui borde la galerie du Louvre, et là il était doucement cuit à un feu de réverbère. » Louvre et café Gradot, cela se touchait. La Motte, vieillard précoce, et frileux comme les vieillards (*aprici senes*), était de l'avis du grand Frédéric, qui disait : « J'ai manqué ma vocation,

---

(1) Dans *le Pour et Contre*, nombre CCVI.

j'aurais dû naître espalier. » Ses infirmités, qui augmentèrent dans les dernières années, étaient déjà bien sensibles quand l'abbé de Pons le connut. Le petit abbé au corps infirme s'était attaché de bonne heure à l'ingénieux aveugle, et sans doute par une secrète sympathie, le voyant également et diversement affligé. Il fut donc enthousiaste de La Motte, et crut réellement que cet esprit très-éclairé était un talent supérieur et un génie. Ce qui manquait à La Motte pour s'élever jusque-là, manquait à plus forte raison à l'abbé de Pons lui-même ; mais l'abbé avait aussi en lui beaucoup des qualités et des distinctions de La Motte.

Le marquis d'Argenson, lisant plus tard le volume des Œuvres de l'abbé de Pons, se souvenait d'avoir connu autrefois l'auteur, et en parlait en ces termes, n'écrivant que pour lui seul (1) :

« Je crois que c'est chez madame la marquise de Lambert que je l'ai vu. C'était un petit bossu, grand ami de La Motte, *homme d'une éloquence charmante quand il s'animait en parlant*. On a recueilli ce qu'on a pu de ses écrits depuis sa mort pour composer ce Recueil, et véritablement on y lit avec plaisir l'homme de goût, l'homme de belles-lettres, le philosophe. Il était cependant par trop admirateur de La Motte-Houdar ; il en fait un homme trop élevé, trop sublime. Ce qu'il dit contre les stupides admirateurs des Anciens à propos de *l'Iliade française* me semble d'une grande justesse ; mais son La Motte n'est pas si grand poëte qu'il dit, quoique homme de beaucoup d'esprit et de goût. »

Et M. d'Argenson, qui est sans gêne dans son tête-à-tête et dont tous les jugements d'ailleurs ne sont pas articles de foi, note dans ce volume de l'abbé de Pons qu'il vient de lire « un petit Traité de l'Origine des âmes qui est, dit-il, une miniature de métaphysique. »

L'abbé Trublet, autorité peu considérable en matière

---

(1) Dans les *Remarques en lisant* (manuscrits de la Bibliothèque du Louvre).

le goût, mais témoin exact des faits, nous dit de son côté :

« Je n'ai connu personne qui écrivît plus facilement que l'abbé de Pons, quoique d'un style très-singulier et en apparence très-recherché. Ce qui étonnait davantage, c'est qu'il parlait comme il écrivait, et avec la plus grande rapidité. Il était d'un tempérament vif et très-faible, ce qui l'épuisa bientôt. A un très-bel esprit il joignait un cœur excellent. Mais il nuisait à M. de La Motte par l'excès de son zèle. »

Trublet, voué à La Motte presque autant qu'à Fontenelle lui-même, estime que l'abbé de Pons lui nuisait par trop de zèle, et d'Argenson estime au contraire que le trop d'admiration pour La Motte a nui à l'abbé de Pons. La vérité est qu'ils se convenaient l'un et l'autre de tout point, qu'il y avait harmonie préétablie entre leurs esprits, et qu'à la première rencontre leurs atomes crochus s'attirèrent (1).

Comme ceux qui sentent en eux un aiguillon secret de douleur et qui ont la vie rapide, l'abbé de Pons se prenait plus activement qu'un autre aux choses du jour, à la circonstance qui passe, et s'y jetait avec une vivacité et un feu qui faisaient de lui un excellent journaliste : ce n'est pas une raison pour nous de le mépriser. Nous le voyons en 1711 publier une *Lettre critique* sur la tragédie de Crébillon, *Rhadamiste et Zénobie*, qui était alors dans tout son succès. En juin 1715 il écrit une autre Lettre critique, qui fut insérée dans *le Mercure* et qu'il adressait à Du Fresny sur sa comédie nouvelle, *le Lot supposé, ou la Coquette de village*. Ce sont des feuilletons, et des feuilletons consciencieux ; ils durent être fort lus et discutés. Dans son jugement de *Rhadamiste*, qui parut

(1) J'ai cherché si La Motte n'avait nulle part fait mention de l'ami si dévoué qui s'était donné à lui ; j'ai rencontré au tome IV (page 196) des *Pièces intéressantes et peu connues*, publiées par De La Place, six vers *impromptu* de La Motte sur lui, mais qui ne méritent pas d'être rapportés.

en brochure, le critique, après avoir reconnu qu'il y a dans la pièce des traits hardis, heureux, et des situations intéressantes, se met à la suivre scène par scène et à démontrer les invraisemblances, les incohérences du sujet, l'action peu liée, les caractères peu soutenus ; il n'en laisse à peu près rien subsister :

« Enfin, dit-il, je n'ai pas d'idée d'avoir jamais lu une tragédie plus embarrassée, plus fausse, et moins intelligible ; j'ai l'avantage de pouvoir dire ici tout ce que je pense, sans crainte de faire tort à l'auteur ; car, ou je m'égare dans le jugement que j'expose, et en ce cas le public le vengera de moi, ou le public déférera à mes remarques, et en ce cas même il en rejaillira beaucoup de gloire à M. de Crébillon : on estimera à la vérité un peu moins sa pièce, mais il paraîtra d'autant plus grand, qu'il aura mieux trouvé l'art de fasciner les esprits, en leur cachant les défauts de sa tragédie à force de splendeur et de magnificence. »

Crébillon, s'il était conséquent avec lui-même, dut remercier l'abbé de Pons. C'était un poëte d'humeur bizarre que Crébillon : il avait promis à Du Fresny, pour son *Mercure*, une critique, faite par lui, de sa propre tragédie, et il l'avait en effet commencée de bonne foi sans se ménager. Il y convenait de tous les défauts qu'on trouvait à sa pièce. C'était une vanité de plus, car le succès, enlevé d'emblée, allait son train et ne dépendait plus des critiques : il s'était fait deux éditions de la tragédie en huit jours, et les représentations, commencées longtemps avant le carnaval, devaient franchir *avec vigueur* le Carême tout entier, ce qui était alors la plus glorieuse épreuve.

On aurait tort, sur ce début, de juger l'abbé de Pons un de ces guerroyeurs qui n'ont de plaisir qu'à frapper, qui n'entrent en lice que pour jeter les gens par terre, et à qui l'on peut opposer ce beau mot de Montesquieu, devise et louange de la vraie critique : « Ceux qui nous avertissent sont les compagnons de nos travaux. » Le gentil abbé se dessine mieux et avec son vrai caractère dans sa Lettre à Du Fresny. Celui-ci lui ayant lu sa pièce du *Lot supposé* avant la représentation, il l'avait approuvée, et il se croyait comptable devant l'auteur et devant tous de son premier jugement :

« Il me semble, disait-il, que lorsqu'un ouvrage livré à notre censure nous a semblé bon, nous devons à l'auteur l'hommage public du jugement avantageux que nous en avons porté... Quand il me serait arrivé de trouver bon un ouvrage que le public aurait ensuite jugé mauvais, il n'y aurait pas grand mal à cela, et j'ose assurer que je serais en ce cas moins mécontent de moi, que si, dissimulant lâchement mon estime, je m'étais épargné cette espèce d'humiliation. »

L'abbé de Pons est donc un critique brave, et qui, au besoin, ose approuver tout haut et le premier ; il a, comme nous dirions aujourd'hui, le courage de son opinion et de ses admirations. Il ne croit point aux ouvrages parfaits, surtout au théâtre ; il lui suffit que les beautés rachètent libéralement les défauts :

« C'est, dit-il, l'équitable appréciation de ces beautés et de ces défauts qui est l'objet de la bonne critique. La plupart des gens croient avoir donné une haute idée de leur goût lorsqu'ils ont reproché durement à un auteur quelques fautes sensibles de son ouvrage. Voilà les bornes de leur examen. Ils ne sortiront point de là. Vous ne les verrez jamais citer un endroit heureux, ils ne relèveront jamais une grâce délicate. »

Tel il fut avec Du Fresny, tel nous allons le voir à côté de La Motte dans la querelle commune qu'il épousa, franc, net et vif ; critique fin, paradoxal, mais sincère ; raisonnant son admiration comme toutes choses, et tellement fidèle au tour de son esprit, même en se donnant à La Motte et en se faisant son lieutenant, qu'il n'est pas juste d'estimer l'un et de mépriser l'autre.

Lundi, 22 décembre 1856.

HISTOIRE
DE LA QUERELLE DES ANCIENS ET DES MODERNES

PAR

M. HIPPOLYTE RIGAULT

(Suite et fin.)

II

L'abbé de Pons à l'avant-garde. — Guerre aux érudits. — Erreur et vérité. — Affaire avec Gâcon. — Réfutation de madame Dacier. — Discussion avec Du Cerceau. — Système des langues. — Premiers symptômes d'idéologie.

L'abbé de Pons se lança dans la bataille homérique dès le premier jour.

On parlait depuis longtemps d'Homère, et peu de gens le lisaient. Sa réputation était une sorte de mystère. On se rappelle ce grand seigneur qui un jour, dans la galerie de Versailles, devant Boileau, Racine et Valincour, fit taire de jeunes étourdis qui riaient aux éclats de ce qu'Homère avait parlé des Myrmidons ; mais ensuite, prenant à part les trois amis dans l'embrasure d'une fenêtre, le même seigneur leur demanda sérieusement :

« Maintenant que nous sommes entre nous, dites-moi s'il est bien vrai, Messieurs, qu'Homère ait parlé des Myrmidons? »

Madame Dacier, par sa traduction de l'*Iliade*, ayant fourni le moyen de la lire à ceux qui n'entendaient pas le grec (et c'était alors l'immense majorité, même des gens réputés instruits), La Motte s'en était servi à loisir pour mettre en ordre ses arguments et tirer ses conclusions. Il venait de publier son Imitation d'Homère en vers français, c'est-à-dire un Homère abrégé, corrigé et perfectionné à la mode des Parisiens raisonneurs de l'an 1714, Homère tel qu'il aurait dû être s'il avait eu l'honneur de vivre aux dernières années du règne de Louis-le-Grand. L'ouvrage, bien entendu, était dédié au roi, qui gratifia aussitôt l'auteur d'une pension. Une Préface spirituelle et polie, dans laquelle il était dit des choses très-vraisemblables et très-contraires aux opinions reçues, étonnait et flattait à la fois les gens du monde, et portait la stupéfaction parmi les doctes, que de telles impertinences, si doucement débitées, irritaient doublement et suffoquaient de colère.

Il y eut un moment d'hésitation et d'attente durant lequel grossissait et s'amoncelait, avant d'éclater, cette indignation des savants. L'abbé de Pons fut le premier à rompre la glace et à entraîner les mondains timides qui n'étaient pas encore sûrs d'avoir un avis. Il publia, dans les premiers mois de 1714, une *Lettre à M.*** sur l'Iliade de M. de La Motte*. Il n'y mit pas son nom, mais il fut vite soupçonné d'en être l'auteur, et il se déclara aussitôt. Sous forme d'apologie, c'était un pamphlet très-vif, un manifeste de guerre :

« Vous exigez de moi, Monsieur, disait-il, un compte exact des divers jugements que les gens de lettres ont portés de la nouvelle *Iliade;* je vais tâcher de vous satisfaire. Mais pourquoi me faites-vous mystère du jugement que vous en portez vous-même? n'osez-vous hasarder votre suffrage sur la foi de vos propres lumières ? Que je plains les auteurs, et quel péril ne court pas aujourd'hui le meilleur livre! Je connais bien des gens qui allient comme vous, Monsieur, à un goût sûr une raison libre de tout esprit de parti. Qui ne sent que de tels lecteurs devraient seuls faire autorité dans la littérature? Il y en a peu néanmoins qui aient le courage de lutter contre la multitude : ils attendent à juger d'un ouvrage que le public ait prononcé; ils recueillent les voix, et se rangent du parti dominant. »

L'abbé de Pons exhorte l'ami anonyme auquel il écrit à ne pas imiter ceux qui, charmés pour leur compte de la lecture d'un livre nouveau, changent d'avis le lendemain et se retournent en apprenant que des personnes célèbres et d'autorité sont d'un avis contraire :

« Non, Monsieur, non, ne soyez pas infidèle à vos lumières; osez penser par vous-même, et ne prenez point l'ordre de ces *stupides érudits* qui ont prêté serment de fidélité à Homère; de ces gens sans talents et sans goût, qui ne savent pas suivre le progrès des arts et des talents dans la succession des siècles; de ces scholiastes fanatiques qui entrent dans une espèce d'extase à la lecture de *l'Iliade* originale, où l'art naissant n'a pu donner qu'un essai informe, et qui n'aperçoivent pas dans les travaux de notre âge le merveilleux accroissement de ce même art.

« Vous voyez dans ce prélude que cette espèce de savants a pris parti contre M. de La Motte. Cela fait un grand peuple; *le Créateur en a béni l'engeance;* mais que fait ici le nombre? »

Nous le voyons nous-mêmes, le zèle d'avant-garde, l'ardeur de l'escarmouche a emporté l'abbé de Pons, et lui, d'ordinaire poli, il a de gros mots. On lui attribue l'honneur d'avoir mis en circulation ce nom et ce terme d'*érudits*, qui ne se prend plus maintenant en mauvaise part, mais qui, à l'origine, avait une teinte marquée et désagréable. Le *peuple des érudits* est assez bien trouvé, mais *stupide* n'est pas honnête. Les adversaires s'emparèrent de ce mot échappé à sa plume, pour mettre l'abbé dans son tort; on supposa malignement qu'en écrivant cela il songeait à madame Dacier. L'abbé de Pons, qui avait fait paraître sa *Lettre* très-peu de semaines après la publication de *l'Iliade française* de La Motte et avant que les érudits eussent encore eu le temps d'y répondre, protesta contre cette interprétation. Il n'avait pensé à personne en particulier, disait-il, à madame Dacier moins qu'à aucun autre, et pas même à M. Fourmont.

La querelle ainsi engagée promettait beaucoup. L'abbé de Pons en sentait très-bien d'ailleurs la portée, et la liaison avec le grand changement qui s'était fait dans la manière générale de penser : mais il y introduisit quelque confusion. Il prétendait que, dans ces matières de poésie et de belles-lettres, le monde fût affranchi des jugements d'autorité et même de tradition, exactement comme il l'était en matière de philosophie depuis Descartes. Le règne incontesté d'Homère lui semblait comparable à la longue souveraineté d'Aristote :

« Ne voyez-vous pas, Monsieur, dans l'histoire du règne d'Aristote l'image de celui d'Homère ? La chute de celui-là ne vous fait-elle pas pressentir la chute prochaine de celui-ci ? La cause de M. de La Motte n'est assurément pas moins victorieuse que celle de Descartes ; le préjugé ne parle pas plus haut en faveur de l'un qu'il ne parla autrefois en faveur de l'autre. M. de La Motte en sera quitte, après tout, pour quelques bons mots pédantesques qu'il lui faudra essuyer de la part de nos scholiastes. C'est avec ces armes victorieuses qu'ils ont coutume de combattre les rivaux d'Homère, de Théocrite et de Pindare. Tout moderne qui a l'insolente témérité d'entrer en lice avec ces vieux athlètes est digne, selon ces messieurs, d'un souverain mépris. Les premiers hommes du siècle sont ceux qui savent le grec. Tel se croit un Homère, parce qu'il entend Homère dans la langue originale. Le divin poëte, impénétrable aux autres hommes, revit en lui ; il est juste qu'on le respecte en lui...

« Voilà la folle illusion qui allume le zèle des *Homéristes* ; mais le plaisant est que le public ait si longtemps servi cette même illusion... Combien peu de gens savent la langue grecque ! La divine *Iliade* n'était entendue que des érudits, on leur enviait avec respect ce dépôt sacré ; ils insultaient impunément à nos meilleurs écrivains, l'injustice leur tournait même à honneur, parce qu'on se persuadait que les beautés modernes, comparées par eux aux merveilles antiques, leur devaient faire une impression moins vive.

« Notre erreur durerait encore, ils seraient encore les objets de notre respectueuse jalousie, si madame Dacier ne nous eût dessillé les yeux en nous donnant une traduction fidèle du mystérieux poëme. »

L'abbé de Pons comme La Motte, en tenant la traduction de madame Dacier, se disait : « Osons juger à présent *l'Iliade.* » On avait beau leur représenter, à ces juges si empressés, et madame Dacier toute la première : « Mais prenez garde ! Homère est bien autre chose. L'original est plus vif, plus animé; expressif, magnifique, harmonieux. La langue française est impuissante à rendre toutes les beautés de la langue grecque. » Ils répondaient : « Peu nous importe, » et ajoutaient comme l'abbé de Pons, d'un air de compliment pour madame Dacier : « Elle a entendu Homère autant qu'on le peut entendre aujourd'hui; elle sait beaucoup mieux encore la langue française; elle a rendu le plus élégamment qu'elle a pu, dans notre langue, ce qu'elle a vu, pensé et senti en lisant le grec : cela me suffit, j'ai *l'Iliade* en substance. »

L'erreur, c'était de croire qu'un poëte dont l'expression est un tableau, une peinture naïve continuelle, fût fidèlement rendu par une traduction tout occupée d'être suffisamment polie et élégante; l'erreur, c'était de s'imaginer qu'il n'y avait là qu'une question de plus ou moins d'*élégance* et de *précision*, et qu'en supposant l'original doué de ces deux qualités à un plus haut degré que la traduction, on lui rendait toute la justice qu'il pouvait réclamer. Il s'agissait bien de cela ! de ces mérites des langues vieilles et rationnellement perfectionnées ! il s'agissait avec Homère des qualités vives, brillantes, harmonieuses et musicales des langues adolescentes. Souffle, véhémence, torrent, abondance, grandeur, feu et richesse, voilà les caractères continus de *l'Iliade*, que Pons ni La Motte ne soupçonnaient pas :

« On ne saurait dire, prétendait l'abbé de Pons, qu'une langue soit moins propre qu'une autre à la vraie peinture des pensées et des sentiments. Les mots ne signifient rien par eux-mêmes, c'est le caprice arbitraire des nations qui des sons articulés a fait des signes fixes... Chaque nation a ses signes fixes pour représenter tous les objets que son intelligence embrasse. Qu'on ne dise donc plus que les beautés qu'on a senties en lisant Homère ne peuvent être parfaitement rendues en français. Ce qu'on a senti ou pensé, on peut l'exprimer avec une élégance égale dans toutes les langues; et chaque langue vous fournira les expressions uniques pour caractériser quelque pensée, quelque sentiment que ce soit, et pour en fixer le degré de vivacité ou de noblesse. »

L'abbé de Pons avait sur les langues une théorie qu'il développera ailleurs; il aimait à les concevoir philosophiquement, dans leur annotation finale, abstraite, exacte, dans leur tendance rationnelle à devenir une algèbre; il oubliait qu'elles avaient été primordialement une musique et une peinture. Ce qu'il appelle un caprice arbitraire des nations n'était pas si arbitraire. Les langues sont nées de la race, et de tout ce qui affectait les sens à l'entour, du sol, du ciel, du paysage; toutes ces circonstances se sont réfléchies indirectement dans les mots, dans les sons qui les composent. « Est-il bien vrai, se demandait-il, que notre langue soit inférieure à la langue grecque? Est-il bien vrai que la langue française ne suffise pas à rendre parfaitement les grandes idées, les hauts sentiments, les passions héroïques, les vivacités galantes, les saillies satiriques, les naïvetés fines? A-t-elle mal servi, à ces différents égards, Corneille, Racine, Molière, Despréaux, La Fontaine? » Il avait raison en un sens, il choisissait bien ses exemples; mais il avait tort en ce qu'il confondait tous les âges et qu'il ne se figurait pas qu'il avait pu y avoir une belle jeunesse première, une saison d'efflorescence vigoureuse dans la mieux douée des races, se servant de la plus variée et de la plus euphonique des langues, et que sous des conditions uniques il en était sorti toute une poésie et un art primitif, plus voisin de la nature, et qui ne s'est vu qu'une fois :

> « Homère, disait-il avec une sorte de naïveté contente de soi et de son temps et très-commune alors, Homère aurait peut-être atteint à la perfection, s'il fût né dans le siècle d'Auguste ou dans le nôtre ; mais né dans des temps où l'art ne s'était point encore montré, n'étant guidé par aucunes règles, éclairé par aucun exemple, on lui doit tenir grand compte de son poëme, *tout monstrueux qu'il est.* »

L'ignorance, c'était de ne pas se douter que l'art prosodique, le talent et la science du chant pussent être des plus développés dans Homère et d'une maturité merveilleuse, même aux origines d'une civilisation.

Ce qui manque à l'abbé de Pons comme à La Motte, dans l'émancipation littéraire qu'ils tentent, c'est une connaissance, une comparaison directe et plus variée des littératures et des poésies, l'habitude de se placer à des points de vue historiques différents, la faculté de s'éloigner tant soit peu de leur quai et de leur Louvre, en un mot ce qui fait et achève l'éducation du goût. Lui, le petit abbé en particulier, il avait, nous le verrons, l'instinct du métaphysicien, de l'idéologue ; il tirait tout de la réflexion, de l'analyse ; l'intellectuel et l'abstrait étaient son plaisir et sa préférence. Il opposait l'impression fâcheuse qu'il avait reçue de la traduction de *l'Iliade* à celle que lui avait faite en sens contraire une traduction en prose de la tragédie de *Caton*, d'Addison :

> « Cette traduction, disait-il, quoique inélégante, m'a donné une très-haute idée de l'original. Je vois dans le poëte anglais la grande partie qui caractérise notre Corneille. Je n'ai rien vu de plus grand au théâtre que le caractère de Caton. Il est vrai que l'auteur ne conduit pas son action avec finesse ; il l'interrompt même par des amours épisodiques d'assez mauvais goût ; mais, à travers ces défauts, je vois le *grand poëte*, je vois un homme illustre, digne d'être envié à sa nation. »

Ce sont des esprits nés avancés et qui ont toujours eu

l'âge de raison, que ces petits abbés de Pons. Ils n'admirent bien que les beautés des troisièmes siècles littéraires. Ils sont mûrs dès l'enfance pour le *Caton* d'Addison, et *l'Iliade* les ennuie comme ferait *le Petit Poucet*.

J'ai marqué les erreurs de l'abbé et de son ami : ce qu'il faut dire maintenant à leur avantage, c'est qu'ils pensaient par eux-mêmes, qu'ils voyaient clair là où leur vue portait ; qu'ils avaient raison contre ceux qui prétendaient trouver dans les poëmes d'Homère un dessein moral réfléchi, et de plus une règle et un patron de composition savante pour tous les poëmes épiques à venir ; c'est enfin qu'en forçant les adversaires à déduire leurs raisons et à débrouiller leur enthousiasme, ils hâtaient le moment où l'on saurait faire les deux parts, et où l'admiration pour Homère ne serait plus qu'une libre, une vive et directe intelligence de ses beautés sans aucune servitude.

Je n'ai à suivre cette querelle des Anciens et des Modernes qu'en tant que l'abbé de Pons y intervient et y figure. — Il eut affaire avec Gâcon. Gâcon, un chétif et déshonorant défenseur des Anciens, s'était mis en effet du jeu : sous le titre d'*Homère vengé*, il publia en 1715 le livre le plus incohérent et le moins solide, mi-partie de vers et de prose, folâtre de ton, tout bariolé de fables et de rondeaux, le tout à l'honneur du père de la poésie et contre son moderne détracteur. Je n'y trouve qu'un fait assez curieux : c'est que Boileau, que La Motte visitait quelquefois, avait été un jour averti par Gâcon que le traître à mine si douce était un ennemi irréconciliable des Anciens et leur préparait une rude attaque. Si Gâcon dit vrai, Despréaux en aurait témoigné à La Motte une si vive colère que celui-ci n'osa se déclarer du vivant du maître, et qu'il attendit que le vieux lion fût mort pour montrer les dents. Dans ce pot-pourri d'HOMÈRE VENGÉ, il y avait des allusions grossières aux infirmités physiques de La Motte et de l'abbé de Pons, « de l'aveugle *M. Patelineur* et du bossu *M. Rabougri*. » On y lisait une fable injurieuse, qui commençait par ces mots :

> Un Aveugle, ami d'un Bossu,
> Lui dit un jour : Cher camarade,
> Je me suis toujours aperçu
> Que l'homme a l'œil faible et malade...

La clef n'était pas difficile à trouver. Gâcon, qui se présentait en homme *droit* et *éclairé*, remettait le *couple imparfait* à la raison :

> Messieurs, que l'ignorant vulgaire
> Met plus haut qu'Ésope et qu'Homère,
> Vous n'approchez de ces héros
> Que par les yeux et par le dos.

L'abbé de Pons fut indigné, bien moins pour lui que pour celui en qui il voyait à la fois, dans son illusion d'amitié, un Descartes et un Homère, et qu'il se proposait plus justement à lui-même pour type de l'homme de lettres *comme il faut*. S'il était besoin d'expliquer d'ailleurs cette indignation d'un homme d'esprit et philosophe envers un si misérable adversaire, et la forme sous laquelle elle se produisit, il faut se rappeler que le livre de Gâcon avait paru avec l'approbation d'un censeur, l'abbé Couture, approbation donnée dans les termes ordinaires : « *J'ai lu par ordre de Monseigneur le Chancelier, etc.* » C'est ce qui motiva la lettre de l'abbé de Pons, qui courut Paris sous ce titre : « *Dénonciation faite à Monseigneur le Chancelier d'un libelle injurieux qui, revêtu de l'autorité du sceau, paraît dans le monde sous le titre d'*HOMÈRE VENGÉ. » Elle fut publiée dans le *Mercure galant* de mai 1715. Rendant hommage au mérite de M. de La Motte, qu'il ne craint pas d'appeler, « de l'aveu de tout le monde littéraire, un des premiers hommes de son siècle, » l'abbé de Pons s'exprimait en paroles bien senties et moins contestables sur son caractère moral et ses vertus de société :

« Cette supériorité (1), disait-il, est d'ordinaire compagne de l'orgueil immodéré; mais le souverain éloge de M. de La Motte, c'est d'avoir su allier aux talents les plus éminents la plus modeste opinion de lui-même; c'est de n'avoir jamais cherché dans les ouvrages de ses rivaux que le beau pour le protéger, et de s'être imposé un silence religieux sur les fautes dont il aurait pu triompher. En vain ces mêmes rivaux s'obstinent à l'assiéger avec des épigrammes injurieuses, des satires infâmes, des critiques insolentes, on ne peut réussir à lui faire démentir ce caractère de douceur, de modestie et de charité, vertus qui lui sont plus précieuses que la réputation de ses ouvrages. Ses amis ressentent une douleur profonde de le voir à la veille d'être entièrement aveugle; sa vue, qui s'éteint par degrés insensibles, le rappelle sans cesse à sa prochaine infortune et le sollicite au découragement; tandis que nous travaillons à le consoler et à le distraire de ce triste objet, il s'imprime dans Paris des livres cruels où l'on insulte lâchement à son malheur. Les uns ont la bassesse, etc. »

En ce qui le concernait lui-même, et sur les aménités personnelles dont l'avait gratifié Gâcon, il se contentait de dire :

« Il y a des gens à qui le reproche des défauts naturels est très-douloureux. J'ai connu un bossu, homme d'ailleurs de beaucoup d'esprit, qui n'avait jamais pu se familiariser avec son ombre; je lui devins à charge, et il m'évita enfin, ne pouvant soutenir la petite guerre que je lui faisais pour lui ôter ce faible : pour moi, j'ose dire que je soutiens galamment ma disgrâce; j'en atteste mes amis, qui, pour faire honneur à mon courage, ne me font plus apercevoir dans notre commerce cette retenue excessive, cette circonspection humiliante qui n'est due qu'aux faibles.

« Je déclare donc ici que tout homme qui voudra m'offenser n'y réussira pas en attaquant ma figure; il y a longtemps que je l'ai abandonnée à son mauvais sort; il y a longtemps que ses querelles ne sont plus les miennes : mais comme je ne connais point M. l'abbé

(1) *Supériorité*, pris dans le sens absolu; c'est déjà la langue du dix-huitième siècle et du nôtre; ce n'est plus celle du dix-septième.

Couture, que je n'ai pu par conséquent lui faire cette déclaration, il n'a pas dû croire qu'il fût de mon goût que cette liberté devînt le droit de Gâcon même. »

Évidemment l'abbé Couture avait donné son approbation à la légère. Quant à Gâcon, il n'avait fait que son métier. L'abbé de Pons, qui n'avait eu que le tort de toucher à ce nom de Gâcon, disait vrai en parlant de la manière galante dont lui-même supportait sa disgrâce. On cite de lui ce joli mot à quelqu'un qui l'abordait en croyant le reconnaître, et qui le prenait pour un autre : « Monsieur, je ne suis pas le bossu que vous croyez. » Et toutefois, dans la querelle présente, il ne devait pas tout à fait oublier qu'il lui était échappé, à lui tout le premier, d'appeler les érudits *stupides;* et il avait beau dire qu'il ne l'avait fait qu'en général et sans application à personne, le pavé était gros, le compliment peu mince. — Convenons aussi que, sans être Gâcon, il fallait se tenir à quatre dans ce débat pour ne pas dire de La Motte (ce qui était vrai au pied de la lettre) qu'il jugeait d'Homère comme un aveugle des couleurs. La nuance est qu'on pouvait le dire, mais qu'on ne devait pas l'imprimer.

Dans la suite de la querelle, l'abbé de Pons sut maintenir sa position avancée en observant toutes les convenances. Après *l'Iliade*, madame Dacier donna *l'Odyssée* traduite, avec une préface didactique (1716). Dès le mois de janvier 1717, *le Nouveau Mercure* publiait de l'abbé de Pons une *Dissertation sur le Poëme épique, contre la doctrine de madame Dacier*. Nous savons que ce morceau, par son air d'évidence et par un grain d'enjouement qui en corrigeait la métaphysique, réussit beaucoup auprès des dames, « à qui ces matières avaient été jusqu'alors interdites; » elles le lurent avec plaisir, et se flattèrent désormais de comprendre la question épique; elles avaient déjà, par Fontenelle, été mises au fait de la question physique : elles en ont depuis compris bien d'autres. On voit l'abbé de Pons, en ces années, devenir un des rédacteurs actifs et des soutiens de ce *Nouveau Mercure* qui cherchait à se régénérer. C'est là que parurent successivement sa *Dissertation sur les Langues en général, et sur la Langue française en particulier*, en tête du numéro de mars 1717; ses *Réflexions sur l'Éloquence*, en tête du numéro de mai 1718; son *Nouveau Système d'éducation*, en tête du numéro de juillet, même année : notre auteur, toutes les fois qu'il y écrit, a de droit la place d'honneur dans *le Mercure*. Ce sont, à vrai dire, des articles de revue, pas si gros qu'aujourd'hui, point massifs, mais assez solides, très-fins, et où il y a toujours de la pensée. L'abbé de Pons est un des premiers écrivains qui s'annoncent comme pouvant être plus sérieux et de plus longue haleine que l'écrivain de gazette et de journal, n'allant pas tout à fait jusqu'au livre, mais très-propre à cette littérature d'entre-deux et de recueil périodique. Il y met du solide, il y garde de la vivacité.

Je reprends les diverses pièces que je viens d'énumérer. — Dans sa *Dissertation sur le Poëme épique, contre la doctrine de madame Dacier* (1717), l'abbé de Pons a raison sur presque tous les points, excepté un seul que nous dirons à la fin. Madame Dacier, d'après Aristote fortifié et corroboré par le Père Le Bossu, définissait le poëme épique : « *un discours en vers, inventé pour former les mœurs par des instructions déguisées sous l'allégorie d'une action générale et des plus grands personnages.* » L'abbé ne se paye pas de ces mots d'école et de ce galimatias ; le poëme épique, selon lui, sans tant de façons, c'est tout uniment celui dans lequel le poëte *raconte* l'action, de même que tout poëme dans lequel les personnages parlent et agissent est plus ou moins du genre dramatique. Prenant le sujet de *Titus et Bérénice* dont

Racine a fait une tragédie, il montre comment, en le traitant narrativement, on pourrait en faire aussi bien un poëme épique. Il rabat de cette pompeuse définition de madame Dacier, et se borne à définir la *fable* du poëme, « *le tissu ingénieux des événements et des motifs, qui conduisent à l'action que le poëte s'est proposé de célébrer.* » Mœurs, caractères, il traite tout cela avec le même esprit de simplification. « Le mot de *mœurs*, appliqué singulièrement aux personnages du poëme, n'est autre chose que les penchants habituels et les sentiments qui constituent le caractère du personnage. » Le but moral comme l'entend madame Dacier, le but d'*instruction* expresse, le dessein prémédité de former les mœurs, il ne le voit pas. — Pas plus dans Homère que dans Racine :

« Racine, dit-il, n'a pas blessé la morale dans ses tragédies; je vois bien des gens qui les envisagent comme des poëmes favorables aux mœurs, mais ils ne font pas pour cela honneur à Racine de ne s'être proposé aucune autre fin que l'instruction. La fin générale que s'est proposée Racine dans ses tragédies, c'est le plaisir de ses auditeurs : il a donc voulu plaire, en excitant dans les âmes ces émotions vives qui naissent de l'admiration, de la compassion, de la terreur. »

De même en son temps Homère. Les érudits, à force de subtilités, érigeraient volontiers *l'Iliade* en *catéchisme moral :* « Nous n'y cherchons pas de finesses, nous autres bonnes gens; nous pensons que l'auteur a voulu seulement amuser les Grecs par le récit des exploits guerriers de leurs aïeux. » Et, en général, l'abbé de Pons estime que « dans tous poëmes, soit épiques, soit dramatiques, indistinctement, les poëtes se proposent pour fin générale le dessein de tirer l'homme de l'*ennui* qui le consume lorsqu'il est inoccupé. » Ici il analyse finement l'*ennui*, dans un esprit de psychologie délicate et restée chrétienne :

« L'homme inoccupé, c'est-à-dire l'homme livré à la seule considération de son être personnel, éprouve deux sentiments habituels, également tristes : l'un est le sentiment de son *infortune*, il a le désir d'un bonheur vague qui le suit ; l'autre est le sentiment de sa *bassesse*, il voudrait être grand et important, il se trouve petit et méprisable. De ces deux sentiments naissent la langueur et le découragement de son esprit ; c'est ce que nous appelons *ennui*. »

Comment un poëme, qui représente une action grande, et qui excite en nous des sentiments tristes ou des affections douloureuses, parvient-il à distraire l'homme, à le *désennuyer*, et à l'occuper agréablement en lui faisant illusion à la fois sur son *malheur* et sur sa *petitesse*? c'est ce que l'abbé de Pons démêle et explique d'une manière imprévue et fort ingénieuse. Il cherche à analyser le plaisir littéraire, à en décomposer les ressorts. Si c'est incomplet, c'est délicat ; on y reconnaît bien l'homme qui vit dans une société spirituelle et subtile, l'ami de La Motte et de madame de Lambert.

Certainement il réussit à défaire pièce à pièce, et en badinant, tout cet échafaudage didactique qu'on avait construit d'après les poëmes d'Homère, et qu'on prétendait avoir été et devoir être préexistant à la conception de toute épopée.

Sur un point j'ai dit qu'il avait moins raison au fond : c'est qu'avec sa théorie du plaisir, et qui ne va qu'à désennuyer l'homme, à l'amuser, il n'entre pas dans le sentiment élevé, largement conçu, patriotique et social, qui transporte, qui enivre les générations et les peuples de l'idée de gloire, sentiment qui respire comme une flamme dans l'âme d'Achille, dans celle de son chantre, qui de là passe un jour dans celle d'Alexandre, et qui va encore après trois mille ans faire battre d'émulation un cœur généreux. Madame Dacier, tout confusément et à travers ses théories morales gratuites et surfaites, madame Dacier, dans son emphase du moins sincère, sentait encore mieux cette élévation et cette noble chaleur, inhérentes au poëme épique, que l'abbé de Pons avec ses explications nettes et fines. Pons, remarquons-le, nous mène à Condillac. C'est à bien des égards un premier essai et un diminutif de parfait Condillacien. La Nature s'essaie ainsi quelquefois avant de donner ses hommes.

Dans cette même *Dissertation*, l'abbé de Pons soulevait vers la fin une autre matière à procès : il plaidait pour la prose contre les vers, il niait les vers et leur charme : « Les vers ne plaisent point par eux-mêmes ; il nous a fallu un long commerce avec eux pour n'être guère choqués de leur démarche affectée, de leur air contraint. » Il n'y voyait donc que de la singularité et de la gêne imposées par une convention arbitraire, et nuisibles à l'excellence de la diction, à son naturel, à sa vérité. Ami de la propriété des termes, de l'ordre logique et direct dans le langage, il se disait que l'esprit n'a ses coudées franches et son juste instrument que dans la prose; « qu'elle seule a droit sur tous genres d'ouvrages indistinctement; qu'elle a seule l'usage libre de toutes les richesses de l'esprit; que, n'étant asservie à aucun joug, elle ne trouve jamais d'obstacles à exprimer ce que le génie lui présente; qu'elle n'est jamais forcée de rejeter les expressions propres et les tours uniques que demandent les idées successives et les sentiments variés que ses sujets embrassent. » Mais, avec les vers, il faut toujours faire quelque concession, quelque sacrifice, tantôt pour la clarté, tantôt pour l'élégance, ces deux qualités *dont la prose est toujours comptable :* « Quand une pensée se trouve, à quelque chose près, aussi bien exprimée en vers qu'elle pourrait l'être en prose, on applaudit au succès du poëte, on lui voue son indulgence, on lui permet de grimacer de temps à autre; les expressions impropres sont chez lui de légères fautes; les constructions inusitées deviennent ses priviléges. » Et il en citait des exemples jusque dans Boileau. Enfin, l'abbé de Pons ne voyait à l'art du danseur qui bat des entrechats, comme à celui du poëte qui accouple des rimes, qu'un même genre de plaisir étroit, celui de la difficulté vaincue.

Il oubliait que le nombre et la mesure plaisent naturellement aux hommes, que la cadence est aussi un rhythme intérieur de la pensée; que le chant, dans quelques organisations prédestinées, est un don facile, involontaire, une source qui jaillit d'elle-même et se renouvelle sans cesse :

> Je chantais, mes amis, comme l'homme respire,
> Comme l'oiseau gémit, comme le vent soupire,
>   Comme l'eau murmure en coulant.

Ce petit homme-là n'avait jamais eu quinze ans, n'avait jamais été amoureux comme les bergers, et n'avait jamais appris à jouer de la flûte auprès du divin Daphnis :

> Il façonnait ma lèvre inhabile et peu sûre
> A souffler une haleine harmonieuse et pure ;
> Et ses savantes mains, prenant mes jeunes doigts,
> Les levaient, les baissaient, recommençaient vingt fois,
> Leur enseignant ainsi, quoique faibles encore,
> A fermer tour à tour les trous du buis sonore.

Voilà la seule réponse à faire à ce négateur du nombre poétique, — un air de flûte pastorale, de la bouche d'André Chénier.

Les mêmes paradoxes, sous la plume de La Motte, provoquèrent M. de La Faye à lui adresser cette ode à la louange des vers, ode bien prosaïque qu'on a trop louée de confiance et dont une seule strophe (trop longue encore) est restée. La *Dissertation* de l'abbé de Pons amena l'aimable jésuite Du Cerceau à le réfuter dans *le Mercure* du mois suivant, et à venir plaider la cause de la poésie et de la versification dans un article fort poli, assez juste, et où il s'applique à disculper les vers de ce reproche d'air gêné et d'affectation :

« Pour moi, observait-il assez finement, si j'ose dire ce que je pense, je m'en aperçois bien davantage (de cet air contraint) dans des ouvrages de prose, pleins d'esprit d'ailleurs, mais dont le style me paraît bien plus gêné et plus affecté que celui de la poésie. Tel est celui de Saint-Évremond en plusieurs de ses ouvrages. Les mots y sont presque toujours dans une attitude contrainte et forcée; il faut souvent aider à la lettre pour les entendre, et je suis persuadé que s'ils avaient la liberté de se plaindre, ils avoueraient qu'ils se trouvent bien plus en presse et plus mal à leur aise dans sa prose et dans d'autres ouvrages pareils, qu'ils ne le sont dans les bons vers. »

Le fait est, pour choisir un exemple qui parle à tous, que souvent les mots sont ou ont l'air plus à l'aise chez Racine que chez Montesquieu.

L'abbé de Pons riposta, non sans se féliciter d'avoir rencontré un si galant adversaire, et il reprit la question, ou plutôt il l'étendit en la changeant de terrain, dans sa *Dissertation sur les Langues en général, et sur la nôtre en particulier*. Il s'appliqua à montrer l'excellence et la supériorité de la marche et du procédé logique, même pour l'expression. Je résumerai rapidement ses idées, qu'il développera encore dans ses *Réflexions sur l'Eloquence;* car dans la tête de l'abbé de Pons tout s'enchaîne, et s'il est exclusif, il reste du moins parfaitement conséquent.

Il est, par principe, un grand admirateur de notre langue, de sa perfection au point de vue de la clarté et de la précision; il tient pour l'ordre direct et régulier grammatical, qui n'est pas l'ordre sensible et passionné. Fénelon s'est raillé de l'uniformité de la construction française : « On voit toujours venir d'abord un *nominatif substantif* qui mène son *adjectif* comme par la main. Son *verbe* ne manque pas de marcher derrière, suivi d'un *adverbe*, etc. » L'abbé de Pons rend la pareille de cette moquerie au latin et aux phrases à la Cicéron, « à ces périodes immenses dont le sens vaste, mais confus, ne commence à se développer que lorsqu'il plaît au *verbe dominant* de se montrer, verbe que l'Orateur romain s'obstine à faire marcher à la suite de toutes les idées qu'il aurait dû précéder selon l'ordre de nos conceptions. » Voilà la contradiction nettement posée. Rivarol se chargera de confirmer et de mettre en relief la pensée de l'abbé de Pons quand il dira dans son Discours sur l'*Universalité de la Langue française :*

« Le français, par un privilége unique, est seul resté fidèle à l'ordre direct, comme s'il était tout raison ; et on a beau, par les mouvements les plus variés et toutes les ressources du style, déguiser cet ordre, il faut toujours qu'il existe ; et c'est en vain que les passions nous bouleversent et nous sollicitent de suivre l'ordre des sensations, la syntaxe française est incorruptible. C'est de là que résulte cette admirable clarté, base éternelle de notre langue. *Ce qui n'est pas clair, n'est pas français*; ce qui n'est pas clair est encore anglais, italien, (allemand), grec ou latin. »

L'abbé de Pons n'admet point que les langues soient autre chose que des systèmes de signes arbitraires établis pour le commerce mutuel des pensées. Pour mieux raisonner, il se plaît à supposer (anticipant sur l'invention de la Statue de Condillac) que les hommes sont nés sourds, créés sans l'organe de l'ouïe : « Comment auraient-ils fait? se demande-t-il. — Ils auraient imaginé des figures variées : voilà nos lettres ; ils auraient différemment combiné ces figures entre elles : voilà nos mots. » Il continue de raisonner ainsi, dans l'hypothèse que nous sommes nés sourds, que nous ne notons la pensée que pour les yeux. Il croit par là simplifier la question ; il ne fait que mutiler l'homme. Il n'y a, selon lui, aucun rapport entre les mots des langues et les pensées dont ces mots sont les signes. Un mot n'est pas plus beau par lui-même qu'un autre mot; une expression n'est ni plus noble ni plus brillante qu'aucune autre. C'est par préjugé et par confusion que nous nous accoutumons « à déférer à de certains signes les honneurs dus aux choses signifiées. » Il s'ensuit, d'après lui, que, pour être éloquent, il ne s'agit que de bien penser, de penser fortement, et que la seule exactitude de l'expression amène et nécessite l'éloquence. L'abbé de Pons s'explique les langues comme s'il les composait dans son cabinet; il transporte aux idiomes naissants et dans leur origine l'explication qui conviendrait à une langue finale, créée de toutes pièces par un Sicard ou par un Volney. C'est en ce sens qu'on a le droit de l'appeler un *idéologue*. Tout cela est ingénieux, neuf à sa date, mais incomplet et faux par un côté. Ces riches rameaux des langues, venus et mûris sous tant de soleils, ont eu naturellement des fruits différents, et quelques-uns ont porté des fruits d'or. Il y a des mots pleins de lumière et de splendeur; il y en a qui ont la suavité du miel. André Chénier a eu raison de célébrer

> Ce langage sonore aux douceurs souveraines,
> Le plus beau qui soit né sur les lèvres humaines.

Lorsque Homère nous montre les vieillards causeurs assis sur les murailles de Troie, au haut des portes Scées, au moment où ils vont louer la beauté d'Hélène, il les compare à des cigales harmonieuses qui chantent posées sur un arbre dans un bois, et exhalent leur *voix de lis*. Qu'est-ce qu'une *voix* comparée à un *lis*, un son à une fleur? dira un grammairien philosophe des époques tardives. Une voix qui rappelle la *blancheur du lis*, c'est une voix qui a clarté et douceur, et je ne sais quoi encore qui se marie bien avec des cheveux blancs. Il y a des analogies qui défient l'analyse, des harmonies qui devancent la réflexion. Un sourd et muet, à qui l'on demandait comment il se figurait le *son de la trompette*, répondait sans hésiter en indiquant la couleur de l'*écarlate*. La voix des vieillards est tout l'opposé de ce ton-là.

En France nul n'a mieux conçu et pratiqué cette magie des syllabes, cet assemblage et cet accord des mots heureux et beaux par eux-mêmes, que M. de Chateaubriand; et quoiqu'il l'ait fait avec préméditation, avec artifice, il y a tout lieu de l'en remercier comme du plus grand service rendu au goût, après l'excès de métaphysique et la débauche d'abstraction qui avait précédé. Il ne fallait rien moins que cette démonstration sensible en réponse à ceux qui raisonnaient des langues comme si les hommes étaient nés sourds. Qu'on relise seulement à haute voix ce passage connu des *Martyrs*, dans la visite que Cymodocée et son père sont allés faire à la famille d'Eudore en Arcadie :

> « Comme Lasthénès achevait de prononcer ces paroles, le soleil descendit sur les sommets du Pholoë, vers l'horizon éclatant d'Olympie; l'astre agrandi parut un moment immobile, suspendu au-dessus de la montagne comme un large bouclier d'or. Les bois de l'Alphée et du Ladon, les neiges lointaines du Telphusse et du Lycée se couvrirent de roses; les vents tombèrent, et les vallées de l'Arcadie demeurèrent dans un repos universel... »

D'où vient que l'enchantement produit par des sons amène une larme? — Et que les partisans de la prose ne disent pas, en s'emparant de l'exemple, que c'est là de la prose et non des vers. Une telle prose savante s'impose autant d'entraves et de lois secrètes que la poésie.

Je n'ai que le temps de noter de l'abbé de Pons son *Nouveau Système d'Education*, sa nouvelle méthode pour former la jeunesse française. Elle est toute moderne, très-sensée à bien des égards, très-propre en effet à former un galant homme. Un Vauvenargues sortirait très-bien de cette école particulière. Mais les langues, toujours par l'effet d'un système, n'y tiennent pas assez de place.

L'abbé de Pons concède le latin, « il n'approuverait pas qu'on le laissât ignorer à un galant homme; mais les premières années de la vie lui paraissent trop précieuses pour devoir être sacrifiées à cet objet. » Ce n'est donc que quand le cours complet d'études tire sur sa fin, et que l'élève a appris ou passé en revue l'histoire, le théâtre et la littérature nationale, certains arts mécaniques, la logique, la physique, même la métaphysique, que le précepteur se dit :

> « Mon disciple parle excellemment sa langue naturelle; sa mémoire est ornée de tous nos meilleurs ouvrages, soit de prose, soit de poésie : cela est bon, mais cela ne lui suffit pas, nous allons apprendre la langue latine. J'ose assurer que nous ferons plus de progrès dans une année, que l'on n'en fait pour l'ordinaire dans tout le long cours des humanités. »

L'abbé de Pons ne songe même pas aux langues étrangères vivantes, et il en laisse passer le vrai moment : il n'a jamais observé l'enfant à cet âge où il aime à répéter tous les sons, et où tous les ramages ne demandent qu'à se poser sur ses lèvres et à entrer sans effort dans sa jeune mémoire.

Si incomplètes que j'aie montré en bien des points les vues de l'abbé de Pons, du moins ce sont des vues, ce sont des idées; on sent toujours avec lui l'homme qui pense et qui fait penser. On a même très-bien l'aperçu de ce que pouvait être sa conversation. En un endroit, à propos d'un passage d'Horace (*pallida Mors æquo pulsat pede...*), il raille le plus joliment du monde les traducteurs de son temps, les oppose les uns aux autres, leur soutient qu'ils ne sont jamais bien sûrs de saisir la nuance exacte et vraie de ce qu'ils admirent si fort chez les Anciens, et conclut qu'ils ne font le plus souvent que la soupçonner et la deviner. D'avance il dit presque les mêmes choses que M. Rigault a eu raison de louer (page 470) en les entendant redites de nos jours et retrouvées avec grâce par un homme de beaucoup d'esprit qu'il compare à M. de Tréville.

La santé affaiblie de l'abbé de Pons et ses infirmités croissantes, qui ne lui permettaient plus les relations de société, lui firent prendre le parti de se retirer en 1727 à Chaumont, dans le sein de sa famille. Il y mourut avec courage et en chrétien en 1732, à l'âge de quarante-neuf ans, moins d'un an après La Motte.

J'ai fini de plaider, et plus longuement, je m'en aperçois assez tard, qu'il ne convenait peut-être à la taille de mon sujet. Mais l'abbé de Pons, perdu dans son lointain et tombé à l'écart, était si peu connu! Je m'en remets avec confiance, pour un adoucissement de jugement, à l'équité de M. Rigault lorsque son livre, qui comble une lacune dans l'histoire de notre littérature et qui a sa place assurée à côté des meilleurs, aura atteint une seconde édition.

Lundi, 19 janvier 1857.

TALLEMANT ET BUSSY

ou

LE MÉDISANT BOURGEOIS et LE MÉDISANT DE QUALITÉ

Le dix-septième siècle est à la mode plus que jamais. On publie en ce moment deux éditions nouvelles des chroniques les plus particulières de ce temps-là. L'*Histoire amoureuse des Gaules* de Bussy-Rabutin vient de paraître, annotée avec le plus grand soin et la plus vive curiosité par M. Paul Boiteau; c'est l'un des plus jolis volumes de la Collection Elzevirienne. Les *Historiettes* de Tallemant des Réaux, qui sont en voie de publication et dont on a déjà plusieurs volumes, reçoivent de l'érudition de M. Paulin Paris, aidé en cela des secours de M. Monmerqué, toutes les additions, les explications, les assaisonnements enfin qu'on peut désirer, sans compter que le texte y est donné avec la vraie orthographe de l'auteur, dans toute sa pureté et son exactitude. On est amené, même sans viser au parallèle, à rapprocher ces deux ouvrages, ces deux noms d'écrivains, et à dire quelque chose de ce genre de mémoires tout anecdotiques qui, sous des formes différentes, réussissent à se faire lire et à plaire après tant d'années.

Les *Histoires amoureuses* de Bussy et les *Historiettes*

de Tallemant, bien qu'appartenant les unes et les autres à la chronique plus ou moins scandaleuse, ne doivent pas être rangées pourtant sur la même ligne ni se rapporter au même esprit. Bussy est un satirique, Tallemant n'est qu'un conteur ou *raconteur*. Il y a dans Bussy plusieurs personnages qui se compliquent et qui se nuisent l'un à l'autre, en même temps qu'ils doivent nuire à la parfaite naïveté de sa parole. Il y a l'amant et l'homme à bonnes fortunes, il y a le bel-esprit et l'académicien, il y a l'ambitieux militaire et celui qui manquera le bâton de maréchal : toutes ces concurrences intimes peuvent altérer quelque peu sa sincérité, même de médisant, et faire tourner sa fine plume dans un sens ou dans un autre; il est susceptible d'envie ou d'aigreur, il a son levain secret, il se pique, il se venge. Tallemant n'a rien en lui de pareil; il n'obéit qu'à un seul goût, à une seule humeur. Homme d'esprit à la mode de nos pères, curieux comme on ne l'est pas, à l'affût de tout ce qui se dit et se fait à l'entour, informé dans le dernier détail de tous les incidents et de tous les commérages de société, il en tient registre, non pas tant registre de noirceurs que de drôleries et de gaietés; il écrit ce qu'il sait par plaisir de l'écrire, avec le sel de sa langue qui est une bonne langue, et en y joignant son jugement, qui est naturel et fin. Tel quel et ainsi fait, il est en son genre impayable et incomparable. Qui eût dit à Bussy, à ce bel-esprit et cette belle plume de l'armée et de la Cour, qu'il avait en son temps un rival et un maître de narration aiguisée et naïve dans ce bourgeois gausseur qu'on rencontrait partout et qui n'était déplacé nulle part, celui-là l'eût certainement fort étonné, et il ne l'aurait pas cru.

On peut lire toutes choses, surtout les choses déjà anciennes, et en tirer quelques remarques sérieuses, quelques notions au moins sur les mœurs et sur les temps qui ne sont plus. J'ouvre l'*Histoire amoureuse des Gaules*, et d'abord je suis frappé de ce qui a donné idée d'écrire un tel livre. Bussy âgé de quarante-deux ans, lieutenant général et mestre de camp général de cavalerie légère, ayant vingt-six ans de bons et beaux services, aspirant au cordon bleu et à devenir maréchal de France, est amoureux de madame de Montglat, et, pendant un mois d'absence, il se met, pour la divertir, à coucher par écrit les histoires de mesdames telles et telles, qu'elle lui avait demandées. Madame de Montglat, beauté brillante et gracieuse, aimait la musique et les vers; elle en faisait même d'assez jolis et chantait mieux que femme de France de sa qualité; elle parlait et écrivait avec une facilité surprenante et le plus naturellement du monde. Elle tenait à l'esprit; on y tenait beaucoup alors, pour peu qu'on en eût, car la société était en train de se dégager d'une brutalité et d'une grossièreté de manières encore toute voisine, et avec laquelle la comparaison se faisait aisément. Madame de Montglat avait en Bussy un homme d'esprit à elle, et elle voulait l'occuper à son usage.

Pour nous, à parler franc, les premières pages de cette chronique de Bussy répondent bien peu à l'attente que donne sa réputation tant vantée. Il n'y a aucun art de composition dans le roman; rien ne se tient, tout est successif et à l'aventure. On rencontre un nom de femme ou d'homme, vite un portrait. Le portrait commence par une description qui rappelle celle de nos passe-ports : visage *rond*, nez *bien fait*, etc. Patience! les traits fins arriveront : ils arrivent en effet, mais tout cela sent un art bien neuf et bien élémentaire. Il en est un peu de cet art d'esprit comme de la toilette des personnages, desquels Bussy remarque volontiers qu'ils ont bien de la *propreté* ou qu'ils sont *malpropres*, ce qui ne veut pas toujours dire qu'ils se mettent bien ou mal; cela veut dire qu'ils se soignent ou ne se soignent pas, et suppose qu'il y avait une certaine moyenne de propreté qui n'était pas alors en usage et de rigueur. Il n'y avait guère de milieu de la recherche à l'abandon. Ainsi pour l'esprit; les uns l'avaient tout raffiné, d'autres à deux pas étaient encore grossiers ou barbares. A cette origine du règne de Louis XIV, et avant que la fusion de manières et de ton se fût opérée, on est très-frappé de ces contrastes et de cette crudité à côté du raffinement. On voit des restes de barbarie encore subsistante par la plus belle matinée déjà commencée de civilisation; on se croirait pour de certains détails dans des temps sauvages, et l'on trouve tout aussitôt des choses exquises. Le livre de Bussy donne bien cette impression mélangée.

Comment vivait en ce temps-là un gentilhomme qui était au service? Le roi passait les étés à la frontière, où l'on se battait rudement; il revenait ensuite d'ordinaire passer les hivers à Paris, et tous les divertissements étaient alors de saison, jeu, billard, paume, chasse, comédie, mascarade, loterie, tout ce qu'engendre une entière oisiveté, mais surtout l'amour. On dira que c'est plus ou moins l'histoire de tous les temps; mais l'amour alors avait son cachet particulier. Parlant tout d'abord de M. de Candale, l'un des beaux les plus à la mode en son moment, Bussy le définissait de la sorte : « Le génie en était médiocre; mais, dans ses premiers amours, il était tombé entre les mains d'une dame qui avait *infiniment de l'esprit*, et comme ils s'étaient fort aimés, elle avait pris tant de soin de le dresser, et lui de plaire à cette belle, que l'art avait passé la nature, et qu'il était *bien plus honnête homme* que mille gens qui avaient bien plus d'esprit que lui. » — Madame de Châtillon, accueillant avec une faveur marquée la déclaration de

M. de Nemours et lui laissant voir qu'elle a bonne opinion de son mérite, s'attire cette réponse : « Ah! Madame, il ne tient qu'à vous que je ne passe pour être *le plus honnête homme de France.* » — Le marquis de Sévigné de même, qui laissait sa charmante femme pour Ninon, était persuadé « qu'*on ne peut être honnête homme sans être toujours amoureux.* » Ce qu'on voyait pendant les hivers, ce n'étaient donc pas seulement les distractions bruyantes et faciles de toute jeunesse guerrière, c'était une rare émulation chez quelques-uns qui se piquaient d'*honnêteté*, et des gageures de cette sorte : « Le duc de Candale, qui était l'homme de la Cour le mieux fait, crut qu'il ne manquait rien à sa réputation que d'être aimé de la plus belle femme du royaume; il résolut donc à l'armée, trois mois après la campagne, d'être amoureux d'elle (madame d'Olonne) sitôt qu'il la verrait, et fit voir, par une grande passion qu'il eut ensuite pour elle, qu'elles ne sont pas toujours des coups du ciel et de la fortune. » On s'embarquait de parti pris avec quelqu'un, avec *quelqu'une*, pour se faire honneur dans le monde, pour faire parler de soi, et « parce que les femmes donnaient de l'estime aussi bien que les armes. » On se devait à soi-même d'aimer en un lieu de renom. *La vanité dans l'amour*, et comme principe de l'amour, c'était bien la marque du moment, et qui est celle en général de la galanterie française, où la passion, à l'origine, entre pour peu. *S'embarquer* était le terme habituellement employé et consacré. Ainsi le chevalier de Grammont s'avise de s'attacher à madame d'Olonne « dans le temps que Marsillac *s'embarqua auprès d'elle.* » Beuvron, dès auparavant amoureux, en avait été quelque temps détourné, parce que « la légèreté qu'elle témoignait en toutes choses lui faisait appréhender de *s'embarquer avec elle.* » L'abbé Fouquet, le frère du surintendant, intrigant au premier chef, homme de sac et de corde, et qui avait la conduite la plus éloignée de sa profession, « *s'était embarqué* d'abord *à aimer* plus par gloire que par amour;» mais le goût lui en était venu par degrés; et il n'est bientôt plus question que de ses *embarquements*. Dans le temps qu'il tyrannise madame de Châtillon, un des amis de celle-ci, Vineuil, écrit à la dame pour lui faire honte : « Vous êtes devenue le sujet continuel de toutes les conversations. On dépeint *votre embarquement le plus bas et le plus abject où se soit jamais mise une personne de votre qualité*, et on dit que votre ami exerce sur vous un empire tyrannique, et sur tout ce que vous approchez, etc. » On s'embarque donc, et même on se *rembarque* quelquefois auprès de la même personne pour réparer, s'il se peut, les torts de réputation qu'on a reçus d'un premier échec. Dans cette quantité d'embarquements, la plupart se font par point d'honneur ou par *raison* plutôt que par inclination, et de tête bien plus que de cœur. Celui-ci cependant finissait quelquefois par se mettre de la partie. On en chercherait vainement le charme dans les narrations de Bussy; il n'y a ni douceur ni ardeur; mais il a le tour fin, délicat, et le piquant de la malice.

C'est ici un point sur lequel je ne puis partager l'impression du très-spirituel annotateur, M. Paul Boiteau, qui a prononcé à ce propos, dans quelques vers qu'il a mis en tête du volume, les beaux noms de Grèce et d'Ionie, et qui a l'air de saluer en son auteur un des zélateurs sincères et des fidèles du culte de la beauté. Bussy donne sans doute l'idée d'une certaine naïveté dans l'expression; mais c'est le naturel dans le raffiné. Le raffinement se devine à l'entour à bien des signes. On apprend, en le lisant, de quoi était doublé cet hôtel Rambouillet tout voisin de là, et dont on a tant reparlé de nos jours; on a l'envers de cette préciosité, et souvent quel envers! Mais aussi la préciosité se sent à deux pas jusque dans les déréglements. On est, en lisant Bussy, à cent lieues de la Grèce et de ces mollesses, de ces flammes toutes naturelles, et où l'art ne faisait qu'encadrer et couronner la passion. Dans les préceptes et *maximes* qu'il donne de l'art d'aimer, il n'a rien non plus de cette agréable facilité d'Ovide, et rappelle plutôt, par le subtil des cas et des questions, un reste des Cours d'amour; c'est un voisin de Benserade.

Il y a deux endroits par où se trahissent chez Bussy le mauvais goût et l'inexpérience. Il cite assez volontiers et insère des lettres dans son récit. Ces lettres lui semblaient apparemment piquantes. Pour comprendre qu'elles le parussent de son temps à d'autres que lui, on a besoin de se rappeler que ce temps était celui où l'art, le génie épistolaire, qui allait briller et éblouir dans la correspondance de la charmante cousine de Bussy, était encore à s'essayer et à se former. Les billets qu'il cite, et que sans doute il fabrique, ne valent pas les frais de l'invention; ils sont d'un maître à écrire. — Bussy aime encore, à la rencontre, à citer des vers, des couplets ou madrigaux de sa façon, et quels vers! C'est là chez bien des écrivains de son siècle et du suivant, très-distingués par l'esprit et très agréables en prose, une sorte d'infirmité que de croire qu'ils ajoutent quelque chose à l'agrément d'une pensée en faisant et en mettant, à l'endroit où l'on s'y attend le moins, de méchants vers. Ils parlaient bien, ils raillaient avec grâce, avec tour, ils jouaient d'un trait bien appuyé, bien acéré, et tout d'un coup, sans qu'on sache pourquoi, un petit délire soi-disant poétique les prend, ils s'arment d'un violon de village et font, pendant une minute ou deux, un *crin-crin* qui écorche les oreilles. Faux goût de pointe, d'épigramme, de galanterie froide, venu des derniers troubadours, et le plus contraire à l'imagination vraie et au génie de la poésie. Combien les Anciens étaient loin de faire ainsi ! Chez ce Pétrone qu'il imite et qu'il traduit par places (et pourquoi le commentateur qui n'oublie rien a-t-il oublié de nous le dire?), chez ce premier modèle du genre trop affectionné par Bussy, il y a des vers aussi, mêlés à cette prose et qui en font une composition farcie ; mais ces vers sont d'un poëte, ils étincellent, ils ont la blancheur du Paros, ou la verte fraîcheur des bocages Idaliens :

> Emicuere rosæ violæque et molle cyperon,
> Albaque de viridi riserunt lilia prato ;
> . . . .
> Candidiorque dies secreto favit amori.

Ces Anciens étaient privilégiés pour la poésie et pour la peinture des objets naturels. Même à l'époque de la corruption commencée, ils avaient la mesure des grandes choses et la vue nette des plus belles ; ils avaient Virgile sous les yeux, et Homère à l'horizon. Quant à Bussy, il se croit poëte quand il a fait un méchant couplet de sarabande :

> De tout côté
> On vous désire ;
> Mais quand vos yeux ôtent la liberté,
> On veut aussi que votre âme soupire, etc.

On ne sait si tout est de Bussy dans cette peinture satirique, qu'il a en partie désavouée. Si la conversation de madame Cornuel et de madame Olonne est de lui, il n'a pas échappé à l'un des inconvénients et des défauts de son moment, au pédantisme et au dogmatique dans la galanterie. Ce n'était pas la peine d'introduire madame Cornuel, cette personne de tant de sel et de mordant, pour lui faire professer un code d'amour honnête et débiter une sorte de sermon en trois points. Ce passage est peu digne de madame Cornuel, et irait mieux à la plume du chevalier de Méré qu'à celle de Bussy.

Maintenant, tout cela dit, et les torts de trahison et d'indiscrétion étant dès longtemps épuisés, on sait gré involontairement à Bussy (à cette distance) de nous montrer en action tout ce beau monde, nobles gentilshommes et grandes dames, de nous les produire dans un naturel et une originalité de désordre qui fait réfléchir sur le degré de civilisation et d'*honnêteté* aux différents âges, et qui peut servir à remettre à la raison l'enthousiasme des historiens à tête montée et des faiseurs d'oraisons funèbres. Sa politesse de diction, sa simplicité de tour fait mieux ressortir de certains fonds. Il y a d'ailleurs de jolis traits, et délicats, dans ses récits ; son portrait de madame de Sévigné est des plus vivants et des mieux caressés dans sa méchanceté ; il s'y est surpassé vraiment, et s'est armé de toutes ses perfidies contre un tel modèle. Il fait songer d'avance par ce malin portrait à ceux d'Hamilton, bien qu'il n'ait pas le léger d'Hamilton ni cette fine ironie presque insensible. En un mot, Bussy a donné dans l'*Histoire amoureuse des Gaules* une sorte de plat de son métier, une *rabutinade* qui a un ragoût particulier pour les palais qui n'en sont pas restés aux mets de l'âge d'or.

M. Paul Boiteau a été pour lui un annotateur comme il s'en voit peu, d'un éveil, d'un entrain, d'une verve mêlée à l'esprit, et jusqu'à mettre de la poésie même, dans un genre qui n'en demande pas. Il a donné des notes à la fois sémillantes et précises. J'y aurais voulu quelquefois un peu moins de trait et de geste. A un certain endroit, j'en voudrais effacer les mots de *synthèse* et d'*entités* (p. 78), qui jurent avec le ton général de la langue. Mais la plupart des notes principales sur Condé, madame de Montbazon, madame de Châtillon, madame de Fiesque, madame de Longueville, etc., sont excellentes et résument vivement ce qu'ont dit les contemporains. On a au bas des pages un portrait composite par dix auteurs. C'est un répertoire à renseignements qu'on peut consulter et avoir sous la main, même quand il n'est plus question de Bussy.

Je reviens au caractère de ce dernier. Saint-Évremond l'a très-bien jugé quand il a dit :

« Que peut-on penser sur le chapitre de M. de Bussy, que ce que tout le monde a déjà pensé? Il est homme de qualité, il a toujours eu beaucoup d'esprit, et je l'ai vu autrefois en état de pouvoir espérer une haute fortune, à laquelle sont parvenus beaucoup de gens qui lui étaient inférieurs.

« Il a préféré à son avancement le plaisir de faire un livre, et de donner à rire au public; il a voulu se faire un mérite de sa liberté; il a affecté de parler franchement et à découvert, et il n'a pas soutenu jusqu'au bout ce caractère.

« Après plus de vingt ans d'exil, il est revenu dans un état humilié, sans charge, sans emploi, sans considération parmi les courtisans, et sans aucun sujet raisonnable de rien espérer.

« Quand on a renoncé à sa fortune par sa faute, et quand on a bien voulu faire tout ce que M. de Bussy a fait de propos délibéré, on doit passer le reste de ses jours dans la retraite, et soutenir avec quelque sorte de dignité un rôle fâcheux dont on s'est chargé mal à propos... »

Il faudrait citer tout ce qui suit. Saint-Évremond, en parlant ainsi d'un homme qui avait plus d'un rapport avec lui par les talents comme par la disgrâce, nous laisse cependant bien apercevoir les différences. Tous deux se perdirent par une indiscrétion et pour avoir eu l'esprit plus satirique qu'il ne convenait; leur fortune militaire fut brisée, et ils en furent l'un et l'autre pour un long exil, auquel Bussy ne put jamais se faire, tandis que Saint-Évremond porta jusqu'au bout le sien avec constance, dédaignant même à la fin d'en revenir quand il ne tenait qu'à lui. Saint-Évremond au fond est un épicurien, et il est cela avant tout; les circonstances tournant autrement, il aurait pu paraître un tout autre personnage sans doute, mais il avait en lui essentiellement l'étoffe d'un philosophe d'indifférence et de plaisir, d'un observateur souriant et ferme qui compare, qui apprécie la valeur des choses et s'en détache autant qu'il lui sied. Pourvu qu'il passât ses après-midi et ses soirs à entretenir madame de Mazarin, il n'avait pas perdu sa journée et il était content. Bussy, au contraire, était un ambitieux et un courtisan qui avait imprudemment barré sa fortune, et qui le sentait et qui en souffrait; c'était une âme inquiète et vaine, qui ne trouvait pas en elle les ressources pour se consoler. Imaginez un militaire de courage et de talent qui a peut-être en lui de quoi gagner dix batailles, de quoi s'illustrer s'il arrive au premier poste, et qui, pour un travers incurable, se crée toutes sortes d'entraves et des impossibilités. Homme de guerre, lieutenant de Turenne, mais compliqué d'un Maurepas, il trouve moyen d'effaroucher son général et de se l'aliéner par la peur qu'on a de ses chansons. Courtisan tout prêt, s'il le faut, à ramper devant Louis XIV pourvu qu'on l'emploie, il trouve moyen, au début du glorieux règne, et par une scandaleuse sottise, de se faire traiter comme un libelliste dont on brise la plume, lui dont l'épée est avide de l'action et impatiente du fourreau. Pour s'être donné le malin plaisir de faire un livre de Régence et de Directoire, qui est bien de la date où le surintendant Fouquet faisait collection de ses billets doux, et dressait une liste de ses bonnes fortunes, il manque le grand siècle, les guerres de Flandre, celle de Franche-Comté qui vient passer presque sous ses fenêtres; tous ses compagnons d'armes y seront : « Il vient de passer dix mille hommes à ma porte (à la porte de son château de Bussy) : il n'y a pas eu un officier tant soit peu hors du commun qui ne me soit venu voir; bien des gens de la Cour ont couché céans. » Vite il écrit au roi pour demander à servir cette campagne, et le roi impassible répond : « Qu'il prenne patience! pas encore pour cette fois. » Et cette autre fois n'arrive jamais. Il y avait là, convenons-en, de quoi faire enrager un gentilhomme de bonne race et lui faire manger son cœur; et c'est en effet à quoi Bussy passa le reste de sa vie.

Avec Tallemant on est avec une tout autre nature d'homme, d'une autre condition et d'un autre tempérament. Il se trouve bien comme il est, il atteint d'abord à son niveau, il n'en veut à personne. S'il se permet le grain de malice, il n'y met du moins ni rancune ni arrière-pensée. Du même âge que Bussy (Tallemant est né vers 1619 et Bussy en 1618), fils d'un riche financier, nourri dans l'opulence et la jovialité bourgeoises, il nous a tenus au courant de ses belles passions de jeunesse, il a fait aussi son histoire amoureuse, mais que le ton est différent! Encore écolier, il avait lu *Amadis*, il en raffolait. Quand de la place Maubert à la rue Montorgueil, où elle logeait, il allait voir certaine veuve qui avait pour lui des bontés, et que pour arriver moins crotté devant elle (les chaises et les galoches, qui furent une ressource quelques années plus tard, n'étaient pas encore inventées), il prenait un cheval de louage, on lui disait en le rencontrant : « Où vas-tu, chevalier? » Mais quel étrange chevalier cela faisait! il avait du Sancho dans sa chevalerie. Un jour il est près d'entrer, pour une de ses cousines, dans de grands sentiments et dans le langoureux : « Un sot camarade que j'avais eu au collége, dit-il, et qui était un peu *roman*, acheva de me gâter; nous prenions tous deux la générosité de travers. » Ce travers ne dura pas. Même quand il était mélancolique, c'était « d'une mélancolie douce, et qui ne l'empêchait jamais d'être gai quand il le fallait. » Il se remettait, au moindre propos, à sauter, à badiner, à gaudir et rire. A dix-huit ans on l'envoie avec deux de ses frères et avec l'abbé de Gondi (le futur cardinal de Retz) faire un voyage en Italie; il s'éprend, en passant à Lyon, de la fille d'un ami chez qui il loge, et emporte avec lui promesses et bracelets de la belle, une intention de tristesse; il se croit un des amoureux de l'*Amadis*. Mais foin des héros de roman! il ne peut faire longtemps ce rôle : « Tout cela ne m'empêcha pas de me bien divertir en Italie, tant c'est belle chose que jeunesse. »

Le père de Tallemant aurait voulu faire de lui un conseiller au Parlement de Paris; le jeune homme ne se sentait pas de vocation à devenir un magistrat. Pour se mettre en pleine liberté, il se maria avec une cousine germaine, une Rambouillet : la mère de Tallemant était elle-même une Rambouillet, de la famille de finance qui n'avait rien de commun avec les nobles Rambouillet d'Angennes, mais qui, avec des écus, avait aussi de l'esprit en patrimoine. On sait peu de chose de la vie de Tallemant; il paraît avoir exercé une charge de finance (contrôleur provincial ancien des régiments au département de la basse Bretagne, c'est ainsi que cela s'appelait). Il acheta la terre du Plessis-Rideau en Touraine vers 1650, et obtint d'en changer le nom en celui de *des Réaux*, qui devint désormais le sien. Il se distinguait bien nettement par là de son frère cadet, l'abbé Tallemant l'académicien, de même que Boileau *des Préaux* se distinguait de son aîné Gilles Boileau. Cet abbé Tallemant, qui est resté pour nous le *sec traducteur du français d'Amyot*, n'aimait pas notre Tallemant et lui portait envie. Il y avait peut-être entre eux des zizanies de famille, et sans doute aussi des antipathies de goût; Tallemant devait narguer les puristes. Il faisait des vers dignes d'ailleurs de ceux de son frère; ceux qu'on a de lui sont assez fades ou très-plats. On a de sa façon une Épître au Père Rapin, qui était de ses amis; il n'y a pas le plus petit mot pour rire :

> Pour moi, rien ne m'est cher comme les bons amis;
> C'est ce qu'en mon estime au plus haut rang j'ai mis.
> Au prix de tels trésors, nuls trésors ne me tentent.
> Après les bons amis, les bons livres m'enchantent.
> A toute heure, en tout temps, je tiens entre les mains
> Les ouvrages fameux des Grecs et des Romains.
> O le grand don de Dieu que d'aimer la lecture!

A la date où il rimait cette Épître, si la prose de Tallemant en était au même point que ses vers, il avait bien baissé. — Né et nourri dans la religion réformée, il se convertit en vieillissant; on ne dit pas si c'est à l'époque de la révocation de l'Édit de Nantes. Il atteignit et passa peut-être l'âge de soixante-douze ans; on n'a pas exactement la date de sa mort. Je ne sais si M. Paulin Paris trouvera de nouveaux renseignements à ajouter à ceux qu'on a déjà donnés; la Notice qu'il prépare ne viendra que dans le dernier volume, qui n'a point encore paru (1).

Mais qu'a-t-on besoin de particularités insignifiantes qui ne révéleront rien de plus caractéristique sur cet homme facile et heureux? lui-même il s'est assez montré à nous dans ses *Historiettes;* il y est à nu et dans son beau. Il acheva de les écrire vers 1657, dans les années mêmes où la plume de Bussy prenait ses licences. Il prit également les siennes, sans y tant regarder. Allant partout, frayant avec les plus qualifiés et lié avec les plus gens d'esprit, aimant à tout écouter, à tout recueillir et à en faire de bons contes, né *anecdotier* comme La Fontaine était *fablier* (le mot est de M. Paris), ses amis ne cessaient de lui dire : « Écrivez donc cela. » Il le fit et nous en profitons. Sans Tallemant et ses indiscrétions, beaucoup d'études particulières sur le dix-

(1) Cette notice de M. P. Paris contient en effet des dates précises. On y apprend que Tallemant des Réaux naquit à la Rochelle, le jeudi 7 novembre 1619; qu'il mourut à Paris dans sa maison, rue Neuve-Saint-Augustin, près la porte de Richelieu, le 10 novembre 1692, et qu'il avait fait abjuration entre les mains du Père Rapin, le 17 juillet 1685.

septième siècle seraient aujourd'hui à peu près impossibles. Par lui on est de toutes les coteries, de tous les quartiers; on connaît tous les masques, et jusque dans le déshabillé. Faut-il ajouter foi à tout ce que dit Tallemant? Pas le moins du monde. Il redit ce qu'on disait, il enregistre les propos courants; il ne ment pas, mais il médit avec délices et s'en donne à cœur joie. Cependant ce qu'il raconte est toujours fort à prendre en considération, parce qu'il est naturel et judicieux, véridique et fin, sans aucune fatuité, sans aucune prétention. Sur Henri IV, Sully, Richelieu, sur les plus anciens que lui et qui le dépassent par tant de côtés, il n'a ramassé que des miettes (et encore sont-elles tombées de bonne table); il n'est à écouter que comme un écho et un assembleur de bruits : mais sur les gens qu'il a vus et qu'il a fréquentés, dont il a mesuré et pressé la taille, il y a mieux de sa part, il compte autant que personne; il a lu dans les physionomies, et il nous les rend. Il a le crayon rouge, heurté, brusque et expressif de nos vieux dessinateurs qui logeaient près des Halles. Il a le croquis parlant. Je suis tout à fait de l'avis de M. Paulin Paris, qu'il ne faut pas traiter Tallemant à la légère ni le contredire sans preuves. Creusez sur bien des points, et vous trouverez la confirmation de ce qu'il a dit en courant. Et ce n'est pas seulement dans le genre bourgeois qu'il excelle, ce n'est pas seulement quand il nous exhibe et nous étale madame de Cavoye ou madame Pilou, ou madame Cornuel, dans toute l'originalité et le copieux de leurs saillies; Tallemant est encore le meilleur témoin de l'hôtel Rambouillet et de ce monde raffiné; il le juge avec l'esprit français du bon temps, comme il sied à un ami de Patru, à quelqu'un qui a en lui du La Fontaine en prose et du Maucroix, en gaulois attique qui a passé par la place Maubert. On a bien parlé de M. de Montausier; mais le portrait dès longtemps n'est plus à faire. Que dire de mieux que cette page de Tallemant :

« M. de Montausier est un homme tout d'une pièce; madame de Rambouillet dit qu'il est fou à force d'être sage. Jamais il n'y en eut un qui eût plus besoin de sacrifier aux Grâces. Il crie, il est rude, il rompt en visière, et s'il gronde quelqu'un, il lui remet devant les yeux toutes ses iniquités passées. Jamais homme n'a tant servi à me guérir de l'humeur de disputer. Il voulait qu'on fît deux citadelles à Paris, une au haut et une au bas de la rivière, et dit qu'un roi, pourvu qu'il en use bien, ne saurait être trop absolu, comme si ce *pourvu* était une chose infaillible. A moins qu'il ne soit persuadé qu'il y va de la vie des gens, il ne leur gardera pas le secret. Sa femme lui sert furieusement dans la province; sans elle la noblesse ne le visiterait guère : il se lève là à onze heures comme ici, et s'enferme quelquefois pour lire, n'aime point la chasse et n'a rien de populaire. Elle est tout au rebours de lui. Il fait trop le métier de bel-esprit pour un homme de qualité, ou du moins il le fait trop sérieusement. Il va au *samedi* fort souvent (1). Il a fait des traductions; regardez le bel auteur qu'il a choisi : il a mis Perse en vers français. Il ne parle quasi que de livres, et voit plus régulièrement M. Chapelain et M. Conrart que personne. Il s'entête, et d'assez méchant goût; il aime mieux Claudien que Virgile. Il lui faut du poivre et de l'épice. Cependant, comme nous dirons ailleurs, il goûte un poëme qui n'a ni sel ni sauge : c'est *la Pucelle*, par cela seulement qu'elle est de Chapelain. Il a une belle bibliothèque à Angoulême. »

Si ce n'est pas là un chef-d'œuvre de vérité et de ressemblance, où le chercher? On n'a que le choix de telles pages dans Tallemant : ouvrez-le à maint endroit, c'est gai, net, clair, riant, bien troussé, non entortillé. J'aime bien mieux le bon Tallemant que le Bussy. Quand Bussy a dit une jolie chose, il a toujours peur de la perdre. Des deux, c'est encore le gentilhomme dont on voit le plus l'écritoire.

Tallemant continue sans effort la race des conteurs et des auteurs de fabliaux; il a sa veine de Rabelais. Il parle une langue excellente, d'une grande propriété d'acceptions, pleine d'idiotismes, familière, parisienne, et qui sent son fruit. Sa manière s'appliquerait très-mal

(1) Les *samedis* de mademoiselle de Scudéry.

au vrai règne de Louis XIV ; on ne se figure pas Tallemant à Versailles ; le médisant de ces futures années en aura l'ampleur et la grandeur : ce médisant de génie sera Saint-Simon. Le monde que nous fait voir Tallemant, c'est la Ville proprement dite, la Ville à l'époque de Mazarin, avant ou après la Fronde et sous la minorité de Louis XIV, ce qui répond assez dans notre idée à ces premières satires de Boileau des *Embarras de Paris* et du *Repas ridicule*, le Paris où remuait en tous sens une bourgeoisie riche, hardie et libre, dont les types sont dans Molière, dont Gui Patin est le médecin comme attitré, et dont sera un jour Regnard. Voilà le cadre de Tallemant et où il a tout son jeu. Il y nage dans son élément.

Après cela il ne faut pas s'étonner si on profite des pages de Tallemant sans le citer, lui, avec honneur, si on le dépouille souvent sans trop s'en vanter et en se donnant l'air d'en faire fi. Un Tallemant n'est pas un Tacite. Il écrit dans un genre après tout peu élevé, qui semble facile, et qui est médiocrement honorable. Mais chacun donne ce qu'il peut.

Lundi, 2 février 1857.

ESSAIS, LETTRES ET PENSÉES

DE

MADAME DE TRACY [1]

Il a été tout récemment question, dans la presse quotidienne, de ce Recueil qui n'était destiné d'abord qu'à un cercle d'amitié et de famille. J'avais dû à un heureux hasard, ou mieux, à une indication délicate, de le lire il y a déjà quelque temps, et j'en avais extrait pour moi quelques belles et douces pensées. Aujourd'hui que je vois, par l'exemple de mon honorable confrère, M. Cuvillier-Fleury, qu'il n'est pas interdit aux amis d'en dire quelque chose, je désirerais à mon tour que la même liberté fût laissée, non pas aux indifférents (ceux qui ont lu ce Recueil ne sauraient plus l'être pour madame de Tracy), mais aux étrangers et aux curieux pleins de respect qui n'ont pas eu l'honneur directement de la connaître : comme esprit et comme cœur, elle s'est peinte suffisamment à eux dans ces pages.

Madame de Tracy, il faut l'expliquer pour tous en peu de mots, était Anglaise de naissance, née à Stockport en 1789; elle s'appelait Sarah Newton, et appartenait à

[1] Trois volumes, typographie de Plon, 1852; — non en vente.

la famille de cet homme de génie, le plus grand qu'ait produit la science. Elle avait sept mois quand elle vint en France, et ne la quitta plus. « Je ne sais rien, disait-elle, de mon pays paternel; je suis Anglaise, *God bless the King!* voilà tout. » On verra qu'il lui en resta beaucoup plus qu'elle ne croyait. Elle avait proprement le *fancy*, ce mélange d'imagination et de fantaisie imprévue; et, avec la facilité de se retremper aux lectures anglaises comme à la source natale, elle garda de tout temps un cachet d'originalité et d'indépendance. Elle était d'ailleurs catholique de cœur et d'inclination; elle aimait les cérémonies, les signes extérieurs et la décoration du culte : « J'aime les curés, les croix, les cloches, les moines, les images, les chapelles et tous les saints. Quand j'avais cinq ans, je faisais des autels entourés de poupées qui étaient à la messe, et on m'appelait *petite païenne*. » A ces instincts premiers elle joignit, en avançant dans la vie, l'étude des doctrines. Elle avait été très-jolie dans sa jeunesse, et d'une grâce légère et piquante. Madame de Coigny lui donnait pour emblème une *hermine* avec ces mots : *Douce, blanche et fine*. Elle avait le pied mignon et dansait à ravir; elle avait une merveilleuse adresse des mains pour le dessin et pour tous les jolis ouvrages, des doigts de fée. Elle parle au reste librement d'elle-même et de ce qu'elle avait été :

« J'ai retrouvé, écrivait-elle après des années, madame de Castellane; elle est toujours la même, et elle s'est montrée plus charmante pour moi que jamais. Je l'avais connue très-intimement. Dans notre jeunesse, elle, sa cousine mademoiselle Scherer, et moi, nous étions, sans contredit, les trois plus jolies filles de France. Nous avions les mêmes cheveux plus ou moins blonds, les mêmes tailles fines et les mêmes petits pieds. Nous allions toutes les trois nous promener dans les jardins des maraîchers de la rue Saint-Sébastien pour y herboriser au milieu des choux et chercher des papillons. Madame de Castellane n'a rien oublié de tout cela; elle se rappelle parfaitement ma mère et sa belle figure pâle, notre salon vert, et mille détails qui m'ont confondue de la part d'une personne qui a tant vécu dans le grand monde et tant vu de choses. Cette mémoire lui gagne mon cœur, et je veux cultiver et raviver cette amitié qui n'était qu'assoupie. »

Mademoiselle Newton épousa à vingt ans le colonel Le Tort des dragons de la garde, depuis général et aide de camp de l'Empereur, et qui fut tué d'une balle à Gilly, trois jours avant Waterloo (1). Peu d'années après, elle épousa en secondes noces M. Victor de Tracy, fils de l'illustre philosophe, et lui-même si distingué par un ensemble de qualités et de vertus qu'il a portées dans la carrière publique et qu'il aime à pratiquer dans la vie privée. M. de Tracy perdit madame de Tracy le 27 octobre 1850, et, dans son culte pieux pour sa mémoire, il a cru devoir recueillir, selon qu'elle l'avait désiré, quelques-uns des écrits où elle mettait de sa pensée et de son âme : c'est un portrait de plus, et le plus vivant, qu'il a voulu que les siens eussent toujours présent devant les yeux. L'un des amis de madame de Tracy, M. Teulet, a soigné l'édition toute domestique de ces volumes, qui offrent des parties d'étude sérieuse. Depuis le mariage de ses filles, Madame de Tracy, soit à

---

(1) Le 15 juin (1815) jour de l'entrée en Belgique, à cinq heures du soir, sur l'ordre de l'Empereur, s'engagea le combat dit de Gilly. Depuis le matin, le général prussien Ziethen cherchait à retarder, sans se compromettre, la marche de l'armée française. Il disputait le terrain et chicanait habilement. Dès qu'il vit approcher nos colonnes d'attaque, il ordonna la retraite. Napoléon, voyant se replier ses tirailleurs et irrité que les Prussiens fussent près de lui échapper, fit précipiter le mouvement sur toute la ligne et lança même à la charge ses quatre escadrons d'escorte sous les ordres du général Le Tort, un de ses aides-de-camp. Le choc entama ou brisa ceux des bataillons ennemis qui ne purent l'éviter. Le général Le Tort, qui avait intrépidement mené la charge, fut mortellement blessé. « C'était un des officiers de cavalerie les plus distingués. On n'était pas plus brave, » a dit de lui Napoléon. (*Histoire de la campagne de 1815*, par le lieutenant-colonel Charras, Leipsig, 1857.)

Paris, soit à sa campagne de Paray en Bourbonnais, donnait au moins six heures par jour à la lecture et au travail de l'esprit.

Le premier Essai est un récit fort agréable, une espèce de Journal d'un *Voyage à Plombières*, que fit mademoiselle Newton, âgée alors de dix-huit ans, en compagnie de madame de Coigny, celle dont le général Sébastiani avait épousé la fille (1). On était en 1808. Madame de Coigny, un peu à cause de son gendre et aussi par tout ce qu'elle avait vu dans la Révolution, par reconnaissance pour celui qui nous en avait tirés, était grande admiratrice, et plus qu'on ne l'était d'ordinaire dans son monde, de l'Empereur et de son génie. Elle rompait là-dessus des lances avec ses parents et amis d'autrefois : et cependant, quand l'Empereur rencontrait madame de Coigny aux Tuileries, la sachant femme avant tout, prompte aux bons mots et aux reparties, il lui arrivait le plus souvent de lui demander : « Comment va la langue? » Elle n'en était pas moins enthousiaste pour cela. « Voltaire et l'Empereur se disputaient le cœur de madame de Coigny. » Ajoutez qu'elle était devenue dévote, et combinez le tout comme vous le pourrez : il en résultait, quoi qu'il en soit, un très-agréable com-

---

(1) Je m'étais trompé en cet endroit, lorsque l'article, pour la première fois, parut dans le *Moniteur* ; j'avais voulu rattacher à madame de Coigny et à sa fille le souvenir de *la Jeune Captive*. *La Jeune Captive* célébrée par André Chénier n'était ni la marquise de Coigny, née de Conflans, ni sa fille la comtesse Sébastiani, mais bien mademoiselle Aimée de Coigny, qui fut duchesse de Fleury et qui épousa depuis M. de Montrond ; elle avait repris son nom de famille, et elle n'en portait pas d'autre quand elle mourut le 17 janvier 1820. C'est à la comtesse Aimée de Coigny seule, à sa gracieuse figure, à son caractère facile et insouciant, que peuvent s'appliquer les traits particuliers sous lesquels André Chénier nous a peint si délicatement sa riante compagne d'infortune. Il y a bien des années déjà que M. Charles Labitte avait donné sur ce point tous les éclaircissements désirables (*Études littéraires*, tome II, page 184).

posé, une vieille de grand air, vive, spirituelle, pas du tout ennuyée ni ennuyeuse. On assiste par le récit de madame de Tracy à ces conversations d'intérieur pendant les longues journées de Plombières. La jeune fille est plus occupée des fleurs, des rochers, des oiseaux et de toutes les beautés du paysage, que des choses publiques. Dans les lectures d'histoire qu'on lui fait faire, il lui semble qu'il n'y a pas de roi préférable à Louis XII; l'écho des victoires l'atteint peu; et cependant elle a aussi la marque de son temps, et lorsqu'il vient là pendant quelques jours un beau monsieur de Paris, très-riche, très-gai, très-galant pour elle, et qui cause politique avec madame de Coigny, qui apporte les dernières nouvelles et les commente avec cet esprit de dénigrement propre aux salons, elle n'est pas séduite, elle aperçoit d'abord ce qui manque à l'élégant monsieur en fait de chevaleresque, et celle dont le cœur est destiné à des cœurs braves, finit par ce trait en le dépeignant : « Et puis il n'a été à aucune bataille, *et c'est vraiment ridicule* (1). »

Madame de Coigny aime les longues lectures régulières et qui se continuent, qui occupent et reposent : on lit donc Rulhière, *Histoire de l'Anarchie de Pologne*, toutes les *Révolutions* de Vertot, la *Guerre de Trente Ans* de Schiller, le *Siècle de Louis XIV*; toutes ces lectures ne sont pas également intéressantes. On en a un reflet très-vif dans le Journal de la jeune fille. Je n'ai jamais vu mieux rendre l'impression que m'a faite à moi-même Rulhière et son procédé d'histoire classique appliqué à des temps modernes, ce genre honorable, mais froid, mais artificiel, et qui a l'inconvénient de ne laisser au-

---

(1) Ce beau monsieur, homme d'esprit, qui est si peu militaire et qui fait de l'ironie en 1808, n'était autre que M. Greffulhe, le frère de madame de Castellane, le grand ami d'Augustine Brohan, et celui que nous avons vu mourir le plus riche portefeuille de France.

cune trace profonde : « Le bruit des violons (d'un bal voisin) a été couvert par notre lecture de l'*Histoire de Pologne* par Rulhière. Cela ne m'amuse guère... Madame de Coigny tâche de m'inspirer son goût pour Mockranowski, son admiration pour Radzivill, sa passion pour Braniki et tant de *ki*, toujours vaincus, toujours si malheureux, désolés, perdus, ruinés... » Elle ne peut s'empêcher (c'est bien l'image de la jeunesse) de se consoler de sa lecture en dansant toute seule sur les airs du bal d'en face qu'elle entend. Quelques jours après, on a la suite des impressions : « A propos de cela, nous avançons dans l'*Histoire de Pologne;* madame de Coigny se passionne à présent pour Caetan Soltick, et aussi pour Poniatowski, qui ressemble à d'Alvimar. M. Rulhière fait trop de portraits; c'est du remplissage. Madame de Coigny dit que j'ai tort de trouver cette Histoire trop longue, et que c'est là une nécessité de ce genre de littérature. *Amen!* » Et plus loin : « Nous avons passé le reste de la soirée en Pologne avec M. Rulhière, qui n'en finit pas. Madame de Coigny est folle des princes Pulawski; je les aime aussi, mais je trouve toujours que les personnages n'ont pas l'air vrais, et ne sont pas touchants comme le Falkland des *Rébellions* de Clarendon. » Et enfin, après quelques jours encore : « Ce matin, nous avons fini l'*Histoire de Pologne*. Ouf! madame de Coigny dit que c'est fort bon de lire de temps en temps des ouvrages ennuyeux. J'ai été à la cuisine manger du miel en gâteaux. la cire est aussi bonne que le miel... »

Elle a ainsi de ces sauts de jeunesse d'une idée à l'autre, de ce qu'on peut appeler des transitions à la Sylphide. — Un autre jour on lit *Mademoiselle de Clermont*, la jolie nouvelle de madame de Genlis, à la bonne heure! « Le soir, nous avons achevé *Mademoiselle de Clermont;* j'ai pleuré une heure durant, et madame de

Coigny me disait : « Mais tout cela n'est pas vrai. » — « *Qu'est-ce que cela fait*, lui ai-je répondu, *si cela en a l'air ?* »

Le matin, au balcon, mademoiselle Newton lisait de l'anglais, *le Lay du dernier Ménestrel* de Walter Scott, alors sous sa première forme de poëte et avant le roman ; *le Voyage du Pèlerin* de Bunyan, « ce livre que ma mère m'a donné, et qu'elle aimait tant, qui présente une ingénieuse allégorie des progrès que peut faire un pèlerin chrétien à travers les misères humaines ; et plus on le relit, mieux on le comprend. » Elle lisait et relisait Shakspeare, c'était son livre de chaise de poste : « Bientôt je le saurai tout entier par cœur. Madame de Coigny n'aime pas assez Shakspeare ; l'original lui donne trop de peine, et elle déteste les traductions impossibles... Je raconte à madame de Coigny mes lectures anglaises, et elle dit que ces lectures (aidées de Dieu) m'ont donné un esprit original et sain. »

Madame de Coigny avait raison ; ces lectures croisées sont un excellent régime et fortifient une jeune nature. Elles font un solide *estomac* à l'esprit ; elles enhardissent le goût, et on emprunte de leurs qualités à deux races. Madame de Coigny s'occupait avec intérêt de la jeune fille douce, vive et voltigeante qui s'épanouissait sous ses yeux : « Madame de Coigny me donne des leçons de prononciation, de ponctuation, et me recommande de faire des notes sur tout ce que je lis, et d'écrire tous les jours ce que je pense : c'est une façon de savoir si on est bête. »

Mais ce conseil que donnait madame de Coigny à mademoiselle Newton ne fut complet et ne put être suivi dans sa perfection que lorsque M. Boissonade, cet autre guide inattendu et dont l'autorité avait aussi de la grâce, y eut ajouté le sien :

« Un jour M. Boissonade me dit : « Vous ne savez pas

lire. *Vous lisez comme si vous mangiez des cerises.* Une fois la lecture faite, vous ne pensez plus à ce que vous avez lu, et il ne vous en reste rien. Il ne faut pas lire toutes sortes de choses au hasard ; il faut mettre de l'ordre dans ses lectures, y réfléchir, et s'en rendre compte. »

« Peu lire et *penser beaucoup nos lectures,* » a dit Rousseau. C'est bien, mais avec la grâce de moins. Rousseau a gardé ses cerises pour un autre jour.

Madame de Coigny est vieille, et d'une vieillesse qui ne paraît pas trop chagrine ; elle s'est rajeunie par ses filles, par son gendre ; elle a au cœur un enthousiasme ; elle ne croit pas qu'on soit à la fin du monde. L'humanité ne lui paraît pas meilleure de son temps qu'autrefois, mais elle ne lui paraît pas pire. Elle ne s'ennuie jamais ; elle dit que « s'ennuyer est quelque chose de méprisable. » Elle est d'avis que tous les âges ont leur joie, et, tout en sentant ce qu'elle a perdu, elle n'est pas envieuse contre la jeunesse : « J'aide à madame de Coigny à finir ses petites bandes de tapisserie ; elle dit qu'il n'y a plus à présent d'autres fleurs pour elle dans le monde que celles qu'elle fait à l'aiguille, mais que le monde est tout plein devant moi de véritables fleurs. »

Cependant la différence des sensations est continuelle, et l'on a sur chaque point comme une double note comparable entre les réflexions sensées de ce tiède hiver et les joies folâtres de ce jeune printemps :

« Avant dîner, nous avons été nous promener à la pluie, armées de parasols. Le soir nous avons lu du Schiller, et hier nous avons fait exactement la même chose. Madame de Coigny m'a dit que le temps paraissait passer plus vite quand on l'employait d'une manière uniforme. Je croyais le contraire. J'apprends tous les jours quelque chose. »

Et encore :

« Hier, nous avons été au Désert, et de là madame de Coigny a voulu monter sur la montagne malgré le vent, les pierres, les ronces et mille difficultés. Nous espérions, arrivées au sommet, voir le soleil éclairer tout cela; mais il n'a pas paru. Alors madame de Coigny a dit : « Eh bien ! ce que nous venons de faire là est l'image de la vie, et c'est assez triste, n'est-ce pas? » C'était au contraire très-amusant; car le brouillard, la pluie et le vent ont aussi leur charme, et le mieux à faire est d'avoir le soleil en soi-même. »

Cette différence naturelle entre les impressions de madame de Coigny et celles de la jeune fille qui a en elle une étincelle de Mab et d'Oberon est piquante et n'a rien qui choque; c'est plutôt une opposition qu'un désaccord. Là où je verrais une contradiction et une séparation tranchée, ce serait si l'on comparait cette vie nouvelle qui s'essaie en tous sens à ce qu'étaient les vieilles femmes spirituelles du dernier grand monde avant l'ouverture du siècle et avant la renaissance de 1800, madame Du Deffand, madame de Créqui par exemple; il y avait là goût parfait, jugement net, mais sécheresse; rien au delà. L'arbre encore altier semblait mort, la séve n'y montait plus. Ici tout ressent la vie, tout recommence, le printemps éclate, la jeunesse refait du bruit aux jeunes cœurs, et ils se rouvrent avec délices au sentiment de la nature :

« Je suis accoutumée déjà (dès le lendemain de l'arrivée) au séjour de Plombières comme si j'y avais demeuré six mois; il me semble que j'avais rêvé ces montagnes, ces cascades, et *tous ces jolis sentiers qui ne mènent nulle part et qui vont toujours...* Je m'endors chaque soir au son d'une musique quelconque, le bal qui danse en face de nous, un voisin qui joue du violon à ravir, et un grillon qui crie dans ma cheminée. »

Madame de Coigny elle-même se prête à ces longues promenades *romantiques*, qui font l'étonnement des baigneurs, « ces promenades à travers tout pour n'arriver à rien. »

« Nous avons été nous promener après la pluie sur la montagne couverte de grès qui forment un escalier. Il y avait des buveurs d'eau dans les prés au-dessous, qui nous regardaient comme si nous étions des chèvres. Chemin faisant, j'ai brouté des mûres et cueilli du chèvre-feuille et *a sweet briar* (de l'églantier odorant). En descendant, madame de Coigny est tombée plusieurs fois, mais maintenant elle y est accoutumée. »

La jeune fille aime passionnément la nature ; elle la sent dans toutes ses créations, dans les fleurs, dans les arbres, dans les oiseaux. Pour ceux-ci elle a de bonne heure une prédilection, un art de les apprivoiser et de les élever, qui, avec les années, deviendra une science et ira jusqu'à une légère singularité ; madame de Tracy n'en mangeait jamais. Elle n'en voulait qu'aux oiseaux de proie. Je laisse ce qui n'est que singulier, et je m'en tiens au talent. Est-il rien de plus riant, de plus frais, comme page et *vignette* d'histoire naturelle, que ce joli *Nid de mésange :*

« Ce matin, en faisant une promenade sur les bords de l'étang (il s'agit de l'étang de Paray, et ceci n'est plus du voyage de Plombières), j'ai joui d'un spectacle qui m'a confondue d'admiration, et que je vais tâcher de raconter. — Je m'étais appuyée contre un saule pour me reposer un instant, lorsque tout à coup un charmant petit oiseau sembla jaillir de l'écorce même de l'arbre ; je voulus me rendre compte de ce phénomène, et voici ce que je vis en y regardant de très-près. A environ quatre pieds de terre, j'aperçus collé contre le tronc du saule une sorte de gros cocon à base élargie, et affectant la forme d'une petite bouteille ou plutôt d'une pomme de pin. Les parois extérieures de ce cocon étaient entièrement garnies d'un lichen argenté et moussu, recueilli sur l'arbre même et ajusté avec un art si merveilleux, qu'on aurait pu passer vingt fois devant l'arbre sans croire à autre chose qu'à une rugosité de l'écorce. Je m'approchai avec précaution, et par une petite ouverture ménagée dans l'édifice, à environ un pouce du sommet, j'aperçus, ô merveille ! ô prodige ! ô spectacle incomparable ! j'aperçus vingt petites têtes et vingt petits corps rangés avec la plus parfaite symétrie dans ce petit réduit qui n'était guère plus grand que le creux de la main. C'était un nid de mésange que j'avais sous les yeux, un nid de cette mésange si jolie, si gracieuse, qui est, je crois, la plus petite de son espèce, et qui certainement n'est pas plus grosse qu'un roitelet. Quand on songe à toute la peine que ce pauvre petit oiseau a dû prendre pour construire un pareil édifice sans autre instrument que son bec et ses deux petites pattes, quand on pense à l'activité incessante qu'il est obligé de déployer pour nourrir une si nombreuse famille, on est partagé entre l'admiration et l'attendrissement. Et dire qu'il y a des gens assez stupides pour oser porter la main sur un pareil chef-d'œuvre, assez cruels pour porter la désolation dans une si charmante famille! Je m'empressai de m'éloigner, et, m'arrêtant à quelque distance, j'eus l'indicible bonheur de voir la mère regagner courageusement son nid et distribuer à sa jeune famille deux belles chenilles vertes. »

Il n'y a rien de mieux dans les *Études de la nature*, c'est de l'observation vivante et peinte, comme chez Bernardin de Saint-Pierre et Audubon.

Revenons à Plombières; les arbres ont part, comme les oiseaux, à l'affection et à la sympathie de la jeune voyageuse :

« Nous avons été dans un bois par le chemin d'Épinal, et là nous avons vu des arbres extrêmement curieux. Un paysan qui se trouvait là nous en a montré un qui passe pour avoir trois cents ans : il surpasse en hauteur et en grosseur tous les autres, et il est bien conservé pour son âge. Il y en a d'autres qui ressemblent à des crocodiles, et qui offrent des bancs naturels où l'on est assis comme dans des fauteuils. Toutes ces formes bizarres viennent de ce que ces pauvres arbres sont torturés dans leur jeunesse pour servir de clôture, et alors ils poussent comme ils peuvent et se tortillent dans tous les sens. Je suis sûre que cela leur fait mal et qu'ils respirent difficilement. Madame de Coigny m'a dit que c'était peut-être vrai, et que ces arbres avaient l'air d'être les arbres généalogiques des anciens souverains de ces contrées. Cela nous a fait de la peine, et nous regardions avec plaisir le vieux chêne échappé à cette cruelle éducation. »

L'impression encore ici est double entre la jeune fille et la marquise : celle-ci, qui songe d'abord au blason, voit une image des arbres généalogiques là où l'autre, sensible comme une Dryade, a vu surtout une fatigue de respiration et une souffrance.

Parmi les paysages *à l'aquarelle* qu'a tracés cette plume qui ne songe qu'à courir, j'en veux citer un encore, un dernier, qui est tout matinal et transparent, et comme traversé d'une brise rieuse :

« Ce matin, nous avons été nous promener sur le chemin de Remiremont ; nous sommes descendues vers un moulin dont j'aimerais à être la meunière ; l'eau est si claire qu'elle a l'air d'être doublée de satin vert, tant elle réfléchit avec netteté les arbres qui entourent le moulin. Tout auprès il y a une pierre énorme toute couverte de mousse, et qui a l'air d'être le tombeau d'un géant. Au bord de l'eau croissaient des champignons rouges que madame de Coigny prenait pour des homards ; puis nous avons réfléchi que les homards ne sont rouges que lorsqu'ils sont bouillis. Nous avons ri comme des folles de cette idée de homards et de champignons, d'histoire naturelle et de botanique. Le meunier, couvert de farine, est venu voir pourquoi nous faisions ce bruit. Il n'a rien compris à ce que madame de Coigny lui a dit ; moi, je n'ai pu que lui rire au nez encore plus fort. Nous sommes rentrées enchantées, et apportant un énorme fagot de fleurs, de quoi nourrir trois vaches si j'en avais. — En aurai-je jamais des vaches à moi ? Pourquoi pas, si j'ai des prés ? Madame de Coigny dit que j'aurai ce que je voudrai, parce que je n'ai envie de rien. »

Tout cela est gai, et jeune, et vivant ; ce sont des tableaux faits sans qu'on y pense. On a blâmé, je le sais (et un savant juge), cette eau du moulin *si claire qu'elle a l'air d'être doublée de satin vert*. Et pourquoi ne le dirait-elle pas ? c'est sa sensation exacte ; elle a osé la rendre. Madame de Sévigné a bien parlé de ces belles *matinées de cristal* de l'automne. Les Anglais osent de ces choses dans leur poésie, dans leur peinture, et c'est pourquoi leurs poëtes peintres ont souvent plus de relief et de vérité que les nôtres.

La jeunesse allait si bien à mademoiselle Newton ! sera-t-elle de celles qui sauront s'en passer un jour, qui sauront bien prendre la perte de ces grâces fugitives, et qui, ainsi qu'elle le disait dès lors, auront en elles le soleil au dedans ?

Elle fut de celles-là, et à ce titre elle mérite d'être citée en exemple aux femmes auxquelles leur situation donne des loisirs et peut engendrer par là même plus de regrets :

« L'âge, disait-elle, — et sans transition on la retrouve ici à plus de trente ans de distance ; elle avait vécu, souffert, aimé dans l'intervalle ; elle avait élevé sa famille et marié ses enfants ; — l'âge, disait-elle donc, ne nous enlève que des choses qui nous deviennent successivement inutiles, et qui sont remplacées par d'autres qui valent souvent beaucoup mieux. Il ne s'agit que de savoir les apprécier. *Si l'on perd la danse à trente ans, on acquiert la liberté.* L'âge nous donne l'expérience et des sentiments meilleurs, que je préfère aux folles illusions de la jeunesse. Quant à moi, lors même que j'en aurais le pouvoir, j'aimerais mieux continuer de marcher vers la fin que de revenir en arrière.

« Heureux, ajoutait-elle d'une manière charmante, ceux qui font durer pendant quarante ans ce crépuscule qui sépare la dernière jeunesse de la première vieillesse ! car c'est *l'âge d'argent*, pendant lequel on fait tout ce qu'on veut, et l'on dit ce qu'on pense. »

Elle écrivait cela dans sa retraite de Paray-le-Frésil, dans ce manoir paisible du Bourbonnais dont M. de Tracy fécondait le sol et défrichait utilement les bruyères, manoir qu'elle nous a complaisamment décrit et que nous croyons avoir vu. Oh! ce n'est plus ici la joie de Plombières, ce n'est plus le mouvement, la danse, cette légèreté d'écureuil, ces gaietés de chèvre par les hauts sentiers. Dans la nature d'alentour comme en elle, tout s'est rassis peu à peu et comme tranquillisé :

« (25 juillet 1843.) — Paray est vert comme au printemps : les arbres y sont couverts de feuilles et d'oiseaux. Il règne partout une fraîcheur, un calme, un silence qui font de ce lieu un véritable séjour de paix et de repos, *locus pacis et refrigerii*. Voici une image fidèle de notre manoir :

> An ancient lonely place : the path o'ergrown
> With strawberries and sweet blue violets;
> Across the green, a quiet silver pond
> Hidden and silent, as if fear'd to wake
> The deep tranquillity that dwelt and slept
> Around the manor shadowed by trees.

(Un ancien lieu solitaire ; le sentier se perdant sous les fraises et les douces violettes sombres ; à travers le tapis de verdure, un paisible étang d'argent caché et silencieux, comme s'il craignait d'éveiller la profonde tranquillité qui habite et dort autour du manoir ombragé d'arbres.) »

Mais elle a mieux fait que de traduire ces vers comme

je viens de l'essayer; elle a rencontré la **même impression** que le poëte, et l'a vraiment égalé dans cette note si fidèle et si harmonieuse, trouvée à quelques jours de là :

> « Il fait aujourd'hui un de ces jours grisâtres où la nature est silencieuse, le paysage terne, les nuages presque immobiles; en un mot, un de ces temps modestes où l'on craint de faire du bruit, de peur de réveiller le vent ou d'amener le soleil. Je suis allé rôder avec les enfants. Nous ne pouvions pas nous rassasier d'une si tranquille journée. »

Quand elle arrive à Paray, c'est le repos qu'on lui ordonne; en quittant Paris, il ne lui reste que le souffle. « Le repos ou la mort, m'a dit le docteur en partant. — J'aime mieux le repos. » Sa santé est intérieurement épuisée; elle a des défaillances, des impuissances de vivre, qu'elle ne répare qu'avec des journées de silence et de la moindre action possible. Elle prend, comme elle dit, *de la paresse à haute dose.* Mais bientôt les esprits renaissent, le foyer intérieur se ranime, elle se remet à vivre, à penser, à écrire à ses amis ou à les appeler près d'elle, amis de choix et d'un commerce sérieux, parmi lesquels il est juste de nommer MM. Desages, Hippolyte Passy, Victor Jacquemont, de Corcelles, Rossi et quelques autres. Seule, elle s'occupe de sa musique, de ses oiseaux, de ses fleurs; il lui est impossible de ne pas mettre de la passion à tout ce qu'elle fait. Mais il faut bien parler des études principales que madame de Tracy s'était réservées pour ses dernières années, et qui semblent au premier abord en contradiction avec la vocation de la femme; elle nous dira elle-même pourquoi elle les avait entreprises :

> » Il y a des jours où l'on éprouve un désir passionné de revoir ceux que l'on a perdus. J'ai retrouvé dans une boîte un morceau de papier resté là depuis bien des années et sur lequel ma mère avait écrit : *These pins for my lambs and for their mamma* (Épingles pour mes chères petites et pour leur maman). La vue de ces mots tracés il

y a plus de vingt ans, le souvenir de ces épingles choisies par Nancy (sa sœur), tout cela m'a bouleversée. J'ai pleuré toute la matinée, et ensuite je me suis sentie consolée par la certitude de retrouver un jour ceux qui ne sont plus. Ma première pensée en me livrant à l'étude des Pères de l'Église après le mariage de mes filles, a été la curiosité de savoir ce qu'ils avaient dit de l'âme, eux qui ne cherchaient point avec les mains cette âme dont l'existence immortelle rend l'homme excusable de croire que le monde tout entier a été créé exprès pour lui. »

Elle s'est donc mise à l'étude des Pères. Or il y avait en ces années trois personnes, trois femmes distinguées qui, dans la rue d'Anjou, s'occupaient à la fois de littérature sacrée et des Pères (1). On put en sourire; pour moi, et sans me permettre ici d'opinion sur les deux autres femmes d'esprit, je ne vois rien que de simple aux raisons que se donnait madame de Tracy pour un tel choix de sérieuses occupations et qui devaient être plus longues que la vie :

« J'ai organisé mon travail, et je suis décidée à traduire tout de bon le livre des *Offices* de saint Ambroise, dont je n'avais fait que de courts extraits. Quel bonheur d'avoir de la volonté et de l'aptitude pour une occupation quelconque! que de charme à voir là, devant moi, cette multitude de gros volumes que je n'aurai jamais le temps de lire jusqu'au bout ! »

Malgré le *charme,* elle éprouvait des difficultés réelles, comme l'on peut croire. Elle était peu satisfaite, et avec raison, de la collection fragmentaire et monotone de l'abbé Guillon. Comprendre chaque Père de l'Église, le rendre avec la physionomie qui lui est propre, lui faire parler sa langue, le faire agir sur la scène où il a vécu, c'était son ambition première, et elle excédait ses forces : de plus savants qu'elle sont restés en chemin. A Paray, où elle poursuivait de préférence son travail, elle ne trouvait aucun secours; le curé du village n'était

(1) C'étaient la princesse de Belgiojoso, madame de Ludre et madame de Tracy.

pas capable de la diriger, ni même de l'entendre : « Je lui demandais un jour ce qu'il pensait des Pères apostoliques; il n'en pensait absolument rien, ne sachant pas même leurs noms. En réalité, se hâtait-elle d'ajouter avec bon sens, la science n'est pas chose indispensable pour faire son salut, ni même pour travailler à celui des autres. Notre curé, sans être un érudit, n'en est pas moins un bon prêtre, et il me fait plaisir lorsqu'il vient manger des raisins avec moi. Je n'ai donc personne qui puisse me seconder dans mon travail; il me faut tout lire, tout chercher, tout écrire et tout recopier. » M. Rossi, à qui elle en parla, et qui certainement appréciait tout bas l'impossibilité, lui conseilla de ne recourir à personne, de se charger seule du fardeau, et de démêler ses idées à sa guise, sauf à les rectifier après. C'était considérer ce travail sous son vrai jour, c'est-à-dire comme un exercice individuel qu'elle se proposait et comme un passe-temps fructueux. Elle-même avait fini par l'envisager volontiers de cette manière, la seule raisonnable :

« Les difficultés m'effraient, et si je ne puis pas les surmonter, il faudra bien que je me contente à mon tour de biographies et d'extraits. Mais qu'importe! en tout cas, je retire chaque jour de mes études un fruit inappréciable. Je goûte le bonheur d'avoir devant moi une occupation plus longue que la vie. Ne pas savoir se créer une occupation sérieuse lorsque la vieillesse commence, c'est vouloir mourir d'une mort anticipée. Que font de leur vie les femmes oisives, quand elles ne peuvent plus la dépenser dans le monde? elles la passent dans leur lit. La vieillesse est pour elles comme l'Enfer du Dante, à la porte duquel on laisse toutes les espérances. »

Les Pères de l'Église lui furent donc les meilleurs maîtres pour apprendre à vieillir sans cesser d'espérer.

Savoir vieillir! Madame de Tracy eut cet art, et la lecture attentive de ces volumes pourrait en donner une leçon. Que l'on ne dise pas que les hommes en ont moins besoin que les femmes. Le jour où elle avait quarante ans, la duchesse de B... (1), belle et vertueuse, dans un bal auquel elle assistait, exprimait à une amie sa joie d'être délivrée enfin de cette jeunesse qui oblige à tant de mesures voisines des écueils, et d'avoir hautement acquis les droits de l'âge de raison. Le jour même où il avait quarante ans, M. de Chateaubriand passait toute une journée solitaire et mélancolique sous les ombrages de Champlâtreux, et, à M. Molé qui lui demandait la cause de sa tristesse, il livrait cet aveu pénible : « J'ai quarante ans. » M. de Chateaubriand était de l'avis de ce vieil élégiaque d'Ionie, de Mimnerne, celui qu'on a pu appeler le huitième sage de la Grèce ou le *sage du plaisir*, et qui mettait tout le prix de la vie dans les jouissances de la jeunesse. Mimnerne demandait, pour extrême limite, à mourir à soixante ans. Mais Solon, cet autre sage, le réfutait et lui disait également en vers de se rétracter et de dire avec lui, en corrigeant légèrement son vœu : « C'est à quatre-vingts ans que je veux mourir. » Horace Walpole, qui avait bien cinquante ans, écrivait à madame Du Deffand, qui en avait bien près de soixante-dix : « Ah! *ma petite*, passé vingt-cinq ans, que vaut tout le reste? » Et le religieux Channing, au contraire, dans le dernier été qu'il passa sur la terre, entendant agiter en sa présence la question de savoir quel était l'âge le plus heureux de la vie, disait en souriant que c'était *à environ soixante ans;* il avait alors cet âge. Juste pensée du chrétien, pour qui le vieillard, quand il est saint, n'est qu'un épi plus mûr! Et Sénèque lui-même n'a-t-il pas dit à son jeune ami Lucilius, dans un admirable langage : « *Viget animus, et gaudet non multum sibi esse cum corpore; magnam partem oneris sui posuit; exsultat, et mihi facit controversiam de senectute : hunc ait esse florem suum...* — Mon esprit

---

(1) La duchesse de Broglie.

est plein de vigueur, et il se réjouit de n'avoir plus beaucoup à faire avec le corps; il a déposé le plus lourd de son fardeau; il bondit de joie, et me tient toutes sortes de discours sur la vieillesse : il dit que *c'est à présent sa fleur.* » Je trouve dans un livre d'hier, et sur ce même sujet de l'âge, cette autre pensée juste et ferme, et si poétiquement exprimée :

« Me promenant, par une belle journée d'octobre, dans les jardins de la villa Pamphili, je fus frappé de la beauté merveilleuse d'un grand nombre d'arbres verts que je n'avais point aperçus durant l'été, cachés qu'ils étaient par l'épais feuillage des massifs, alors dans tout l'éclat de la végétation, maintenant dépouillés. Humble et patiente amitié, pensai-je, c'est ainsi qu'on t'oublie aux heures splendides de la jeunesse et de l'amour; c'est ainsi que tu apparais, douce et consolatrice, vers le soir de la vie, quand la passion est morte et l'existence dénudée (1). »

Évidemment, tout l'art de vieillir est de quitter, quand l'heure est venue, les désirs et les passions qui nous quittent; de ne pas se faire une passion unique et fixe de celle qui n'a qu'un temps et ne doit avoir qu'une ou deux saisons; de ne point opiniâtrer son imagination en arrière; d'adoucir par degrés quelques-unes de nos passions, et de les terminer en goûts; de saisir à propos, d'avancer, s'il se peut, quelques-uns de nos goûts derniers et durables et d'en faire presque des passions. A chaque âge, à chaque étape de la vie, une hôtesse nouvelle, une joie proportionnée à la saison, et possible encore, nous accueille et nous reçoit. Sachons passer de l'un à l'autre, et ne garder de ce qui précède que ce qui est salutaire et bon. L'étude et l'amitié sont les consolatrices qui nous accompagnent le plus loin, et quelquefois jusqu'au bout. Mais tous ces conseils naturels, et qui reviennent à dire qu'il faut avoir l'esprit de son âge, ne sont rien encore et ne servent tout au plus qu'à

---

(1) *Pensées, Réflexions et Maximes,* par Daniel Stern (la comtesse d'Agoult), 1856.

adoucir les regrets, si une pensée plus haute n'intervient et n'y préside, si la Religion n'élève l'homme et ne lui enseigne l'art véritable d'espérer. Madame de Tracy nous en est un exemple, et elle nous montre combien les pensées d'au delà sont une ressource pour alimenter la vie du cœur. Dans un de ses derniers hivers, elle écrivait :

« Tout est couvert de neige, et me voici enfin dans une position selon mon cœur, c'est-à-dire renfermée derrière un triple rempart de glaçons, de sapins verdoyants et de solitude absolue. Victor écrit d'excellentes choses sur l'agriculture. J'achève les *Offices* de saint Ambroise. Nous avons de bonnes nouvelles de nos enfants. *All is well!* — Où peut-on être mieux qu'à Paray-le-Frésil? »

Dans ce manoir sans vue, dans ce pays fermé et sans horizon, elle a l'horizon moral, et le rayon lui arrive de là. Elle en était venue à dire, elle que nous avons vue si légère et toute propre au cortége de la reine des fées dans ce voyage de Plombières :

« Il n'y a point d'autre jeunesse que la parfaite santé et la vigueur d'esprit : quand on possède ces avantages, on est toujours jeune, lors même qu'on aurait cent ans. »

Elle disait enfin :

« Ma santé se rétablit à vue d'œil... Je sors, je rentre, je marche. Je me sens libre comme l'air et sauvage comme le vent. Tout m'amuse et tout me plaît. Je trouve qu'à chaque jour suffit sa joie, et je suis plus que jamais convaincue que notre bonheur réside en nous-mêmes. L'on discutait l'autre jour devant moi la question de savoir quels sont les sites qui offrent le plus de charme à la campagne : sont-ce les montagnes, les bois, les rivières ou les prairies? — La vraie philosophie, c'est de préférer ce qu'on a et de voir toutes choses du bon côté. De même, le vrai Christianisme consiste à faire à tous les êtres animés, bêtes et gens, le plus de bien possible, et à attendre la mort sans crainte comme sans impatience. »

Madame de Tracy a écrit une Notice pleine d'intérêt sur son illustre beau-père, le rigoureux idéologue. Elle a su rendre agréable et faire aimer une nature qui lui était si dissemblable, mais qu'elle embrasse par des côtés imprévus. Elle nous a exprimé en quelques traits heureux la physionomie même du savant et de l'homme :

« M. de Tracy était humilié de *croire*, il voulait *savoir* (1). »
« Il y a deux choses qui surprennent dans sa vie intime (de M. de Tracy) : c'est d'avoir inventé une contredanse à laquelle il donna son nom lorsqu'il était un beau danseur aux bals de la reine et l'élégant colonel du régiment de Penthièvre, et d'avoir bien longtemps après bâti une église avec les débris d'une grosse tour qu'il fit abattre. »
« M. de Tracy (vieux, et après la perte d'une affection qui lui était tout) se livrait solitairement au sentiment du plus triste abandon... Il craignait de déranger les autres, il ne les recherchait plus ; il se plaisait à faire des observations sur son déclin général : « *Je souffre, donc je suis,* » disait-il. — On le voyait à sa fenêtre en contemplation devant les nuages qui passaient et se succédaient. A quoi pensait-il donc en examinant ainsi le ciel ? Nul ne l'a su. »

Je n'ai point à conclure ni à porter de jugement ; je n'ai voulu qu'offrir à nos lecteurs un choix dans ces pages qu'il a été donné à peu de personnes de parcourir. On aura pourtant deviné les mérites et le caractère de celle qui les a écrites. Dans la société, dans la haute société surtout, qui a ses habitudes impérieuses et ses exigences, beaucoup de choses se sont envolées des âmes, la sincérité, la candeur, la joie, l'imagination, le sentiment vif de la vérité : madame de Tracy avait gardé en elle quelque chose de ces trésors. Penser par soi-même est fort rare en France dans le monde, et chez une femme c'est assez mal vu d'ordinaire ; on s'en indigne ou l'on en sourit. Il y a deux manières de ne point penser par soi-même : c'est de répéter ce que

---

(1) Un de nos amis et confrères, qui en ceci est bien de la religion de M. de Tracy, M. Mérimée a pour devise et pour marque aux livres de sa bibliothèque : Μέμνησο ἀπιστεῖν. *Souviens-toi de ne pas croire.* — Le mot est emprunté du plus ancien des poëtes comiques, Épicharme, mais un peu détourné de son sens. Épicharme, cité par Polybe, se borne à donner un conseil pratique et familier : « Sois sobre et souviens-toi de te méfier : ce sont les articulations du bon sens. »

disent les autres, ou bien aussi c'est de vouloir se faire un genre à part en disant tout le contraire des autres. Après le calque il n'y a rien de plus aisé que le contrepied. Penser pour soi et pour ses amis, sans prétention à s'afficher; vouloir se former des opinions justes sur les choses essentielles, sans aspirer à les produire; étudier, vivre, regarder, oser sentir et dire, est une marque de distinction dans une nature. Madame de Tracy eut cette marque de franchise; elle était restée très-vraie, *très elle-même*, et, avec un certain air de caprice, travaillant à s'améliorer toujours.

Je parle au point de vue du public, et je ne doute pas que de ces trois volumes qui sont presque inédits on n'en pût tirer un qui plairait à tout le monde, et qui placerait à un bon rang dans notre littérature morale le nom de madame de Tracy. On y mettrait le *Voyage de Plombières*, et tout aussitôt les *Pensées*, datées de Paray trente ans après : la jeunesse, et l'*âge d'argent :* le mot mérite de rester (1).

(1) Quelqu'un qui a bien connu madame de Tracy, et qui ne faisait point grâce à ses singularités, m'écrit d'elle ce mot juste et fin : « C'était une personne naturellement affectée; mais les sentiments qu'elle cultivait de façon à en faire des fleurs doubles avaient des racines franches et profondes. Elle aimait sincèrement son mari, et d'autres encore; mais je crois qu'elle n'estima jamais personne davantage. » — Elle regretta si vivement son premier mari, le général Le Tort, qu'elle s'obstina à garder, assure-t-on, le cercueil du mort dans sa chambre à coucher, jusque dans les premiers temps de son second mariage. Française de cœur, elle avait dans l'esprit et dans le caractère de ces traits passionnément ou agréablement bizarres qui distinguent les filles d'Albion.

Lundi, 16 février 1857.

HISTOIRE DU RÈGNE DE HENRI IV

PAR

M. POIRSON [1]

M. Poirson, l'un de nos anciens maîtres, l'un des premiers et des plus utiles fondateurs de l'enseignement de l'histoire dans nos colléges, qui a dirigé pendant nombre d'années le lycée Charlemagne et l'a maintenu avec éclat à la tête des concours universitaires, M. Poirson, du sein de sa retraite où il ne peut s'empêcher d'être laborieux comme toujours, vient de publier un ouvrage qu'il préparait depuis longtemps, une *Histoire du règne de Henri IV,* dans laquelle il a rassemblé tout ce qu'une application persévérante et vigoureuse lui a permis d'apporter de documents, de réflexions et de faits de toute sorte. Ne demandez point à cette histoire les formes, les allures nouvelles, ces surprises de vues et de couleurs, ce paradoxe des conclusions, ni tout cet imprévu auquel maintenant l'on est fait et auquel on s'attend. M. Poirson n'a point été entamé par les innovations de plus d'un genre qui se sont succédé sous nos yeux ; tant de brillants météores qui ont traversé l'horizon historique ne l'ont pas ébloui ; il est resté fidèle à

[1] Trois vol., 1856. Louis Colas, rue Dauphine, nº 26.

la méthode essentiellement raisonnable, philosophique, à celle de Robertson. Il ne présente point un Henri IV retourné à neuf ni tout l'opposé de la tradition. Il n'a point cherché de ces effets qui renversent d'abord ; les choses neuves qu'il a à nous apprendre sur le règne de Henri IV, il ne les a demandées qu'à des séries de faits soigneusement assemblés et rapprochés avec méthode, avec force. Son Henri IV est très-original, très-instructif, et cependant il ressemble fidèlement à l'ancien, tel que se le figuraient nos pères, tel que Voltaire l'a célébré ; il sort du même fonds. M. Poirson l'a tiré en entier de l'observation directe des circonstances et des actes de son règne. Il a creusé en tout sens le sillon et l'a considérablement fécondé.

Une idée domine l'ouvrage de M. Poirson. L'Espagne était depuis un siècle dans un accroissement de puissance et d'ascendant qui troublait les conditions d'existence et les rapports naturels des pays voisins, et menaçait tout l'Occident de l'Europe ; et en même temps elle apportait dans ses conquêtes politiques un système d'oppression absolue et de machiavélisme pratique qui tendait à pervertir la morale, à nouer tout développement de l'esprit et à déformer l'humanité. D'autre part, en France, sous les derniers Valois, la décadence était complète ; les vices avaient gangrené le chef, et tous les membres de l'État se ressentaient d'une corruption si honteuse et si profonde. L'habitude des guerres civiles avait ensauvagé les mœurs, et le désordre envahissait toutes les branches de l'administration. Ce grand seizième siècle, si fécond en idées et en hommes, était menacé à son issue d'être comme étranglé, de perdre tout honneur et toute grandeur, et de passer sous les fourches caudines de Philippe II. Il y eut surtout un intervalle, depuis 1585 jusqu'au triomphe de Henri IV (1594), où le danger pour la France et pour la civilisation fut imminent. La France se vit à deux doigts d'être absorbée par l'Espagne et démembrée : ce n'est pas là une manière de dire. Ainsi en jugeait le duc de Rohan quand il écrivait : « Philippe II poussa ses affaires si avant, que le royaume de France n'est échappé de ses mains que par miracle. » De loin, quand les événements ont tourné d'une certaine façon, on ne se représente pas aisément à combien peu il a tenu qu'ils ne tournassent dans un sens tout autre ; on voit des nécessités et des dénoûments tout simples là où il y a eu des bonheurs et de merveilleux secours. On ne se figure pas qu'il s'est rencontré des instants uniques, où toute une nation avec son avenir était comme sur le tranchant du rasoir, et où un rien pouvait la précipiter presque indifféremment à droite ou à gauche. Les hommes qui ont été des instruments de salut en ces périodes critiques sont à bon droit proclamés providentiels ; et cette haute idée que l'on en conçoit est une couronne de leurs éminents services, en même temps qu'elle est faite pour rassurer les nations qui y voient le gage d'une protection divine au milieu des tempêtes. De près, quand on repasse, en étudiant l'histoire, par les mêmes traces exactement que les contemporains, quand on le fait avec un esprit de suite et de patiente impartialité, on est saisi d'effroi et de tremblement, on éprouve quelque chose de leurs anxiétés et de leurs angoisses ; on voit l'abîme et on le côtoie avec eux ; on est oppressé, on est soulagé à l'heure de la délivrance, on est reconnaissant. L'état extrême où Henri a trouvé et pris en main la France à la mort de son prédecesseur, la situation désespérée d'où il l'a tirée en luttant, et la situation florissante et forte où il l'a replacée, où il l'a élevée en elle-même et dans ses relations avec l'Europe, telle est l'idée du livre de M. Poirson. Henri IV, sauveur du pays et restaurateur de la race et de la morale française, qu'il remet dans son ordre et qu'il fait rentrer dans ses voies, voilà la conclusion et le résultat dans son expression la plus nette.

La démonstration est complète et appuyée de toutes les preuves. Le Henri IV personnel et anecdotique qu'on s'est attaché à dessiner dans ces derniers temps, le Henri IV tel qu'on s'est plu à le déduire des récits de d'Aubigné, non pas de d'Aubigné dans sa grande Histoire, mais dans ses Mémoires particuliers, tel aussi que Tallemant le faisait entrevoir dans ses commérages irrévérents ; ce Henri IV que M. Bazin, avec le tour d'ironie piquante et épigrammatique qui lui était trop habituel, aimait constamment à opposer au héros un peu convenu de *la Henriade ;* ce Henri paradoxal et vivant, mais accidentel, et qui n'est que la moindre partie de tout l'homme, on ne doit pas le chercher dans les pages sérieuses de cette Histoire. Le Henri IV roi, grand guerrier, grand politique, non plus celui des petits défauts et des peccadilles, mais l'homme des hautes et mémorables qualités, monarque réparateur et chéri, actif bienfaiteur de son peuple et instaurateur d'une diplomatie généreuse, toute d'avenir, c'est celui-là seulement dont on rencontrera l'image.

En lisant (soit chez M. Poirson, soit dans les auteurs originaux qu'il indique) le récit des années qui précédèrent l'entrée de Henri IV dans Paris, on a bien le sentiment des différents temps de la crise et du degré de danger pour la conjuration duquel il fallut un prince aussi vaillant, aussi habile et aussi heureux. Évidemment Mayenne manqua les moments décisifs. Henri III, lui-même, n'avait pas profité de la première impression de terreur qui suivit la nouvelle des événements de Blois pour monter à cheval et se montrer par tout le royaume en disant : *Je suis roi*, et en le prouvant par ses actes. La réaction dès lors, après les premiers jours de stupeur et de silence, fut effroyable et prodigieuse.

Mayenne y pouvait tout. Pendant les six semaines qui suivirent ces meurtres de Blois, et dans la fureur universelle de l'opinion contre le monarque assassin, dans la faveur et l'enthousiasme qui allaient grossissant de toutes parts autour de lui, le frère et le vengeur des victimes, il n'y avait rien qu'il ne pût oser. Il était porté par le soulèvement du flot populaire aussi haut que possible ; il n'avait qu'un effort à faire pour sauter ouvertement au gouvernail du royaume et pour se saisir hardiment de la couronne. Il marchanda ; *le front lui blêmit,* a dit un contemporain, et, quand il voulut ensuite y revenir sous main et par voies obliques, *l'échelle n'y était plus.*

Un des insignes bonheurs de Henri IV fut (et je parle toujours d'après des contemporains) que Henri III, un peu avant de mourir et depuis son attentat de Blois, dans l'extrémité où il se vit réduit par la révolte des principales villes, eut besoin de lui, fut contraint, au vu et su de toute la France, de capituler avec lui, de le rappeler à son service, d'en faire son bras droit et son chef d'avant-garde. Il l'accepta et le présenta de sa main à sa Noblesse catholique comme son héritier, et il le désigna en expirant comme son successeur et vengeur. Si, au moment de l'assassinat de Henri III à Saint-Cloud, Henri IV n'eût pas été là, tout porté et autorisé, assisté des premiers magistrats du royaume, accompagné d'une vaillante armée de Suisses, arrivée seulement deux jours auparavant, « avec quelles mains eût-il pu *empoigner* ce pesant sceptre? quels bras eût-il eus pour lever de terre cette couronne tombée et la placer sur sa tête? » C'est en ces termes que ses fidèles serviteurs eux-mêmes, et les plus clairvoyants, se posaient la question. Que serait-il arrivé si, dans ces premiers instants, Henri IV avait été relégué au bout du royaume, cantonné en sa Rochelle, au cœur de son refuge de Calvinisme? Comment aurait-il pu de si loin se faire reconnaître des seigneurs catholiques, lui qui eut tant de peine de près à les enlever, et qui éprouva aussitôt de leur part tant de défections ? Mais, même en ne réussissant dès le premier jour qu'à demi, il montra déjà qu'il avait pour lui la fortune de la France et qu'il était le roi de l'à-propos.

Dès l'instant où il hérita du sceptre, de ce sceptre de saint Louis, et où il reçut les serments de la Noblesse près du lit ensanglanté de Henri III, Henri IV avait dû, par une déclaration expresse (3 août 1589), donner à la Religion catholique toutes les promesses rassurantes pour le maintien de sa prédominance à titre de religion du royaume, en même temps qu'il garantissait aux Calvinistes une pleine liberté de conscience, et l'exercice public de leur culte dans de justes limites : il ne pouvait faire moins. Toutefois, en pourvoyant ainsi au plus pressé, il demeurait dans une position fausse et féconde en périls : il ne pouvait abjurer immédiatement sans s'avilir aux yeux de ses nouveaux sujets, sans se perdre aux yeux de son ancien parti ; et retarder cette conversion comme il le devait faire, c'était tenir incertaine et pendante la chance des événements et laisser la carrière ouverte à toutes les ambitions. Mais la condition de Henri IV était de conquérir pied à pied son héritage et de le mériter : et c'est à ce prix, on peut le dire, qu'il se forma peu à peu à son grand caractère et qu'il devint tout à fait lui-même.

Il lui fallut tout d'abord jouer et gagner sa couronne contre Mayenne en Normandie dans le combat d'Arques, ou, comme M. Poirson veut qu'on dise, dans *les combats d'Arques*; car ce ne fut pas une seule journée ni une bataille, mais une suite d'actions et d'assauts « dirigés au moins sur six points différents depuis le 15 jusqu'au 27 septembre (1589), pendant douze jours (1). »

(1) Les attaques de Mayenne se prolongèrent même après le

Henri, avec une armée trois fois moins nombreuse que celle de Mayenne, dut éviter une affaire générale, et réduisit habilement l'adversaire à une guerre de postes. L'impression des contemporains est que, si Mayenne avait gagné la partie en ces journées et avait vaincu l'armée royale, le mouvement populaire aidant et l'avénement de Henri IV ayant réveillé toutes les colères de la Ligue, il n'avait qu'à se saisir de la couronne, il était roi ; il l'était en vertu d'un mouvement français égaré, et sans avoir eu trop besoin de Philippe II.

Les succès de Henri IV dans cette première campagne, en prouvant aux princes lorrains leur impuissance quand ils étaient seuls, les poussèrent bon gré mal gré entre les bras de l'Espagne. La Ligue *française*, que M. Poirson distingue de la ligue espagnole, et dont Villeroy était le principal représentant et l'homme d'État, se montrait assez disposée à s'accommoder de Henri IV s'il abjurait. Mayenne, sentant sa faiblesse, entra donc en arrangement avec l'Espagne, d'abord à demi ; mais la journée d'Ivry (14 mars 1590), où ses forces jointes aux auxiliaires espagnols furent défaites, acheva de le convaincre qu'il lui fallait pour se maintenir un plus vigoureux appui d'au delà des monts. Lui et les chefs rebelles n'hésitèrent plus dès lors à faire appel ouvertement à l'étranger. Des armées de Lorraine, de Savoie, d'Espagne, entrèrent à la fois sur bien des points. Le royaume de tous côtés fut en proie, et le cœur de la patrie entamé. Un parti puissant dans Paris était vendu et à la solde de Philippe II, à l'aumône du vieillard de l'Escurial qui disait déjà : « J'ai commandé au duc de Parme de venir secourir *ma ville de Paris.* »

Ce fut le moment du grand péril pour Henri IV (1591)

---

27 septembre et jusque dans les premiers jours d'octobre : mais il y eut le 21 septembre une bataille ou action principale bien réelle, qui est ce qu'on nomme proprement le combat d'Arques.

et pour la cause française, dont il était le bras et l'âme. Il dut recourir alors, contre des troupes disciplinées et aguerries, à des troupes aussi plus régulières. Il demanda à ses alliés protestants, Suisses, Allemands, Anglais, Hollandais, des auxiliaires en nombre. Mais il était souvent mal servi par les siens propres; il ne s'en aperçut que trop au siége de Paris, au siége de Rouen. Plus d'un auprès de lui, tel que le vieux Biron, ne voulait pas trop vaincre, de peur de devenir moins nécessaire et d'en être réduit ensuite à retourner planter des choux en son manoir. C'était à qui se ferait valoir le plus. La menue Noblesse, quand elle était mandée, venait bien en armes et avec grand état pour une quinzaine de jours; mais, le terme passé, rien ne les pouvait retenir, pas même les brevets de pension qu'exigeait en partant un chacun pour son salaire. Cependant la haute Noblesse, et dans le camp de Mayenne et dans le camp de Henri IV, élevait des prétentions exorbitantes et mettait tout accommodement à un prix impossible. Pour peu que Henri y eût cédé, on revenait à la féodalité par morcellement; il n'y avait plus de royaume ni de France. « Il n'y aurait rien eu en France moins roi que le roi même. » M. Poirson a dressé (page 134 de son premier volume) une sorte de tableau synoptique de toutes ces prétentions et demandes de gouvernements et de provinces, dont quelques-unes en toute souveraineté. C'était bien le cas à un contemporain, témoin de ces hontes, de s'écrier avec douleur :

« Malheureux serez-vous, Noblesse, Église, Peuples, Villes, qui vous trouverez parmi ces *démembreurs*, si leurs desseins succèdent; vous ne serez plus de la France : qui sera Espagnol, qui tiendra de Lorraine, qui reconnaîtra la Savoie, qui sera du gouvernement du duc de Joyeuse, érigé en comté de Toulouse, qui de la république d'Orléans, qui du duché de Berry, qui des cantons de Picardie. Somme, il vous fera beau voir. Je ne sais si, après la tempête, vos enfants pourront faire des *bachots* des pièces de ce grand navire, mais je vous assure bien que vous qui vous trouverez dedans quand il se brisera, courrez grand'fortune! »

Il fallut tout le génie de Henri IV, sa constance, son habileté militaire et autre, son charme personnel, son bon sens armé de gentillesse, d'esprit et d'adresse, pour triompher de tant de difficultés, de tant de cupidités misérables, pour les briser ou les adoucir, en avoir raison, les faire tourner à bonne fin, sachant, à travers cela, conduire sa conversion à maturité, sans soupçon de lâcheté et sans bassesse. On a un Portrait de lui tracé en ces années mêmes par une plume loyale et hardie que M. Poirson prise fort et à laquelle j'ai emprunté beaucoup, celle de Hurault Du Fay, un petit-fils de L'Hôpital, qui fit deux *libres et excellents Discours* sur les affaires du temps, dont le second se rapporte à l'année 1591. Du Fay mourut à la fin de 1592, à Quillebeuf, dont il était gouverneur. Il ne vit donc point le Henri IV du triomphe et des années de paix; il ne put rien ajouter ni changer aux traits sous lesquels il nous l'a peint dans l'action, au plus fort des dangers et des épines. Voici les principaux endroits de ces pages énergiques peu connues, digne prélude de celles de *la Ménippée;* je n'ai fait qu'y couper des longueurs et en resserrer quelques phrases :

« Il y aurait lieu de décrire tout au long quel est le roi qui nous commande. En une grande tempête, l'une des plus assurées confiances que l'on peut avoir, c'est quand on sait que le pilote entend bien son état...

« Pour te le peindre d'un seul trait de pinceau, je te dis que c'est un *grand roi de guerre*, et je conseille à quiconque de ses voisins qui se voudra jouer à lui de n'oublier hardiment rien à la maison. Quant aux particularités de son naturel, il l'a extrêmement vif et si actif, que, à quoi qu'il s'adonne, il s'y met tout entier, ne faisant jamais guère qu'une seule chose à la fois. Aussi certes, aux actions présentes, c'est le prince du monde qui a fait le moins de fautes, que je pense. De joindre une longue délibération avec un fait pressé, cela lui est malaisé, et c'est pourquoi, au contraire, aux effets de la guerre il est admirable, parce que le faire et le délibérer se rencontrent en un même temps, et qu'à l'un et à l'autre il apporte toute la présence de son jugement; mais aux conseils qui ont trait de temps, à la vérité il a besoin d'être soulagé...

« Il a cela néanmoins qui doit fort contenter ses conseillers : c'est qu'encore qu'il n'ait nullement pensé ni été disposé à une affaire, si ses serviteurs, après l'avoir bien ruminée et bien digérée, la lui viennent représenter, il est si prompt à toucher au point et à y remarquer ce qu'on peut y avoir ou trop ou trop peu mis, qu'on jugerait qu'il y était déjà tout préparé. J'ai vu tel lui venir communiquer d'un fait d'importance, duquel il n'avait en sa vie ouï parler, qui s'en retournait avec une opinion que quelque autre déjà en avait fait ouverture. Mais cela vient de la promptitude admirable de son esprit. »

On voit ici bien naturellement cette première forme du roi capitaine et guerrier dans Henri IV, tout prêt néanmoins à entendre toutes choses et à devenir un grand roi politique et civil dès qu'il en aura le besoin et l'instant. Il devine du premier coup d'œil, il devance et redresse ceux même qui ont le plus médité. Il est bien en cela de la famille des grands hommes fondateurs ou restaurateurs d'une société, et qui ne doivent leur éducation qu'à eux-mêmes.

« C'est le prince du monde, continue Du Fay, qui a le plus de créance et de fiance en ceux qui le servent, et qui les traverse le moins en leurs charges, lui semblant que depuis qu'il a une fois fait élection de quelqu'un en quelque chose, il lui doit laisser faire son devoir sans l'en empêcher... Et n'y a rien en quoi il fasse gloire de s'en faire croire seul qu'aux principaux coups de la guerre, lorsqu'il se trouve à cheval. Car là, encore qu'il tâte tous ses capitaines l'un après l'autre, il est bien aise néanmoins que l'on pense que son opinion est des bonnes. Mais en toutes les autres choses, aux affaires de la justice, aux affaires des finances, aux négociations étrangères, aux dépêches, à la police de l'État, reconnaissant bien que ce n'est pas là où en ce temps il s'applique tout, il croit entièrement ceux des siens qu'il voit s'y être occupés et y avoir bien pensé... »

Henri IV ne sera pas toujours ainsi ; mais à cette heure il laisse encore beaucoup faire et s'en remet de bien des choses d'État à ses serviteurs, notamment à Du Plessis ;

il est capitaine avant tout et ne se pique d'honneur que dans cette partie.

« S'il faut, outre cela, dire quelque chose de ses mœurs, le lieu d'où il est né, sa physionomie, ses paroles, ses gestes plus militaires qu'autrement, le font soupçonner d'être léger : et néanmoins, soit par artifice qui a corrigé la nature, soit par vraie et naturelle inclination, il n'y a rien au monde si constant que lui, si attaché à une chose de laquelle il ne déprend jamais, quand il s'y est mis, qu'elle ne soit achevée, voire jusques au blâme véritable d'opiniâtreté. Un grand prince de France lui reprochait un jour qu'il était léger : il fit venir, pour s'en défendre, tous ses officiers domestiques, ceux de cuisine, ceux de panneterie, de la sommellerie, ceux des écuries, et quasi tout son train ; il ne s'en trouva pas un qui n'eût servi ou qui ne fût sorti de personnes qui avaient servi son père et son aïeul, et lui-même dès le berceau : l'autre se trouva bien empêché à la réplique, étant accoutumé, de trois en trois mois, de faire maison neuve...

« On l'a estimé aussi être avare, et à la vérité il était malaisé autrement, succédant à un prince qui était par delà le libéral... L'un pourvoyait à ses libéralités plutôt qu'à ses nécessités : celui-ci ne le fera pas. L'autre donnait à la fois beaucoup à peu, celui-ci donne peu à beaucoup. »

Sur cet article, Du Fay défend un peu faiblement Henri IV, et il ne repousse le reproche qu'à moitié.

« Or, je veuille dire aussi le bon qui est en lui, puisque j'ai touché ses fautes. Il a une pièce que peu de princes ont eue, et jamais nul ne l'eut qu'il ne fût grand prince : il sait souffrir qu'on lui dise vérité. Je dis là un grand mot, et qui sera cru de peu de gens ; il est ainsi néanmoins. Jamais homme qui lui ait dit une parole vraie ne s'en repentit, quoiqu'elle fût hardie, principalement s'il reconnaît qu'elle parte d'amour et d'affection. Il se fâchera, il rabrouera, il dira un mot piquant, mais c'est tout aussi. Le mal ne va jamais plus outre, on n'en est point pis pour cela ; je parle de ceux qui ont cet honneur de pouvoir et devoir parler à lui... Quoi que ce soit, il sera loisible aux gens de bien, sous ce roi-ci, de penser librement ce qu'ils voudront, et de dire librement ce qu'ils auront pensé. »

Du Fay en vient à toucher et définir la qualité qui est peut-être la plus singulière chez Henri IV, la plus royale qualité et la plus éloignée de tyrannie, mais qu'il pousse jusqu'à l'excès et au défaut :

« C'est qu'il est le plus doux, *le plus pardonnant* et le plus oublieux d'injure qui fut onques... Je l'appelle douceur, mais je te jure que si je pouvais et osais, je lui donnerais un autre nom, car elle passe par-dessus la raison. J'ai vu, un quart d'heure après les batailles gagnées, les ennemis tellement parmi nous qu'on ne les pouvait plus reconnaître. Ils étaient au coucher, au lever du prince, à son dîner, à sa chambre, à son cabinet et à toutes ses heures privées : je ne dis pas seulement des principaux à qui le respect que les capitaines rendent aux capitaines eût pu permettre cette bonne chère ; cela eût été bienséant si le duc de Mayenne ou celui de Parme eussent été prisonniers. Ces caresses se faisaient souvent à de petits mestres de camp de guerres civiles, qui n'eussent jamais en leur vie osé parler au roi s'ils n'eussent été ses ennemis, et en cette qualité-là ils en recevaient un bon visage. »

Dans ce joli pêle-mêle qui nous est si bien montré, dans cette confusion familière d'amis et d'ennemis autour de Henri IV un soir de bataille, la bonté se voit d'elle-même ; la politique aussi y trouvait son compte. Avec un vainqueur si peu farouche, les prisonniers étaient deux fois pris.

Pour dernier coup de crayon à ce vivant et naturel portrait tracé d'une main si ferme au milieu du tumulte et en plein orage, Du Fay insiste sur un point qui n'est pas indifférent en un chef de peuple : c'est que Henri IV est *heureux*, heureux à la guerre, heureux en toute chose. Combien de fois de soudaines résolutions prises par lui, et que condamnaient ses plus sages conseillers, ne lui ont-elles pas réussi, « tellement qu'à la fin, tout accoutumés à cela, eux-mêmes étaient contraints de le laisser faire après, assurés qu'il avait un bon guide ! » Henri IV a plus que le bon sens qui plante ses jalons sur la route ; il a l'éclair et l'illumination dans les périls, le rayon qui semble venir d'en haut :

« Les ignorants, conclut Du Fay, appelaient cela bonheur et félicité ; mais nous qui savons la vérité le devons nommer grâce et faveur de Dieu le grand monarque, le Dieu des batailles, et en tirer de là une conclusion nécessaire, que ce grand Ouvrier ne fait rien à demi, et que, puisqu'il a si heureusement commencé son ouvrage en ce petit berger, il l'achèvera entièrement à sa gloire. »

C'est l'achèvement de cette mission glorieuse, le développement de l'œuvre de Henri IV, qu'on trouvera rendu dans l'Histoire de M. Poirson avec un ensemble et une *intensité*, si je puis dire, que je n'ai vue jusqu'ici nulle part ailleurs dans les autres Histoires de ce règne. Lorsqu'il en vient aux années de paix, à celles qui suivent la conclusion du traité de Vervins, il y concentre tous les travaux et les services civils; il consacre une suite de chapitres nourris et solides à l'étude de la monarchie administrative de Henri IV et de son économie intérieure. Tout s'y vient ranger successivement dans les cadres et sous les titres de *Justice, Ordre public, Finances, Agriculture, Manufactures, Routes et canaux, Colonies, Littérature, Beaux-Arts*, etc., etc. Cette partie de l'ouvrage de M. Poirson, dans laquelle il a fait passer la substance des édits et règlements soigneusement dépouillés, est très-neuve et du plus sérieux intérêt. Si sur quelques points l'auteur est enclin et entraîné à trop accorder à Henri IV, à le faire plus libéral dans le sens moderne qu'il ne l'était, à donner une trop grande consistance à ce qui n'a été que fort court, à croire qu'il aurait tout fait s'il avait plus vécu, il y a un train général de bien-être et de félicité bien ordonnée pendant ce règne, sur quoi il est pleinement dans le vrai et ne se méprend pas; et il nous apporte toutes les pièces à l'appui, les démonstrations victorieuses. Je ne crains pas d'opposer ces pages à ce qu'ont écrit de partial et de singulièrement injuste les estimables auteurs de *la France protestante*, MM. Haag, qui dans une Notice savante, mais composée et construite sous l'empire d'un ressentiment vivace contre celui qui a quitté leur communion, ont cru devoir assombrir ou, comme ils disent, *ombrer* le tableau des dernières années de ce beau règne.

Échos de la Ligue, échos de La Rochelle, il nous en vient encore après plus de deux siècles. Laissons-les se répondre les uns aux autres, et tenons le droit chemin. Non, la conscience publique ne s'est point trompée, la reconnaissance nationale et populaire n'a point salué à faux le roi longtemps guerrier qui devint celui des laboureurs et des gens du *plat pays*, qui les releva de la ruine, réprima les brigandages, permit à tout gentilhomme ou paysan « de demeurer en sûreté publique sous son figuier, cultivant sa terre. » Mécène n'a pas plus directement conseillé à Virgile d'entreprendre ses *Géorgiques* après les guerres civiles que Henri IV n'a inspiré Olivier de Serres, et ne l'a incité à donner son excellent et plantureux ouvrage, le *Théâtre de l'Agriculture et Ménage des champs*. Lui, le prince le plus impatient et le moins capable de lecture suivie, il se faisait apporter après dîner le volume dans sa nouveauté et s'en faisait lire une demi-heure, dit-on, et cela deux ou trois mois durant. Ce livre d'Olivier de Serres, publié en mars 1600, et qui eut cinq éditions en dix ans, a été le livre opportun et de circonstance pour les dix dernières années de Henri IV ; il a eu le même à-propos pour ces saisons de fructueux labeur que *la Satyre Ménippée* sur la fin des guerres civiles et au début du règne. Celle-ci avait dissipé les derniers fuyards de la Ligue et contribué à remettre le bon ordre dans les esprits et dans les cités ; l'autre allait former à la vie rurale le père de famille gentilhomme, de retour au manoir des ancêtres, et quand il avait pendu au clou son armure. Henri IV, une fois la guerre faite, aimait que ses gentilshommes demeurassent au logis plutôt qu'à la Cour. Olivier de Serres leur apprenait le bon usage du chez-soi. Son livre donna comme le signal d'inauguration pour la période de paix ; c'était le meilleur guide pour en appliquer et en recueillir les bienfaits.

Ce que fut, après de telles fatigues et de si longues guerres, après des guerres intestines où l'on s'était vu sur un *qui-vive* perpétuel et où l'on était presque partout à l'état de frontière, — ce que fut enfin le soulagement et la libre respiration des peuples quand on se sentit tout de bon en paix, en sécurité, sans plus avoir à s'occuper même de Picardie surprise et de siége d'Amiens, il faudrait l'avoir éprouvé pour le dire; c'est du témoignage des contemporains qu'il le faut entendre. Il y eut là, vers l'année 1600, dans la nature aussi bien que dans les âmes, comme un immense et vigoureux printemps; on avait un puissant besoin de réparation et de saine jouissance; c'était le cri universel. Plus d'un laboureur dut se dire comme le vieillard de la comédie grecque, chez cet antique Philémon dont on n'a que des fragments :

« Les philosophes cherchent, à ce qu'on m'a dit, et ils perdent à cela beaucoup de temps, quel est le souverain bien, et pas un n'a encore trouvé ce que c'est. Ils disent que c'est la vertu, — que c'est la prudence, — et ils embrouillent toutes choses plutôt que de dire au juste ce que c'est que le bien. *En demeurant dans mon champ et en bêchant la terre, moi maintenant je l'ai trouvé : c'est la Paix*. O Jupiter chéri, la mille fois aimable et humaine déesse! Noces, fêtes, famille, enfants, amis, richesse, santé, pain, vin, plaisir, c'est elle qui nous les donne. Que tout cela disparaisse, c'en est fait de tout le prix de la vie pour les vivants. »

Plus d'un homme des champs qui savait ses Anciens put se dire alors, en parodiant légèrement Ménandre : « La paix nourrit bien le laboureur, même *en Sologne*; et la guerre le nourrit mal, même *en Beauce*. » L'heureux mot de Sully, et qui est resté, « que le *labourage* et le *pâturage* étaient deux mamelles dont était alimentée la France, » exprime ce même sentiment.

Je veux ici (et quoique ce ne soit plus de l'histoire) introduire un témoignage assez inattendu, celui d'un traducteur dès longtemps décrié, mais homme instruit, curieux, et galant homme de son vivant, le bon abbé de Marolles, qui, né en 1600, était âgé de dix ans à l'époque de la mort de Henri IV, et qui conserva toujours un très-vif souvenir de ses années d'enfance passées en Touraine. On croirait lire une idylle ; il en faut rabattre sans doute ce qui est de l'exagération propre à chacun quand on se met à revoir flotter à l'horizon du passé cet âge d'or des jeunes saisons : il en restera toujours un sentiment bien vrai et d'une couleur non feinte. C'est une jolie estampe à sujet bucolique à mettre entre deux pages de Sully :

« L'idée qui me reste encore de ces choses-là, nous dit le naïf abbé au commencement de ses Mémoires, me donne de la joie : je avois en esprit, avec un plaisir non pareil, la beauté des campagnes d'elors ; il me semble qu'elles étaient plus fertiles qu'elles n'ont été depuis ; que les prairies étaient plus verdoyantes qu'elles ne sont à présent, et que nos arbres avaient plus de fruits. Il n'y avait rien de si doux que d'entendre le ramage des oiseaux, le mugissement des bœufs et les chansons des bergers. Le bétail était mené sûrement aux champs, et les laboureurs versaient les guérets pour y jeter les blés que les leveurs de taille et les gens de guerre n'avaient pas ravagés. Ils avaient leurs meubles et leurs provisions nécessaires, et couchaient dans leurs lits. Quand la saison de la récolte était venue, il y avait plaisir de voir les troupes de moissonneurs, courbés les uns près des autres, dépouiller les sillons, et ramasser au retour les javelles que les plus robustes liaient ensuite, tandis que les autres chargeaient les gerbes dans les charrettes, et que les enfants, gardant de loin les troupeaux, glanaient les épis qu'une oubliance affectée avait laissés pour les réjouir. Les robustes filles de village sciaient les blés, comme les garçons ; et le travail des uns et des autres était entrecoupé de temps en temps par un repas rustique, qui se prenait à l'ombre d'un cormier ou d'un poirier, qui abattait ses branches chargées de fruits jusqu'à la portée de leurs bras.

« Quand le soleil, sur les six heures du soir, commençait à perdre la force de ses rayons, on nous menait promener vers le champ des moissonneurs, et ma mère y venait aussi bien souvent elle-même, ayant toujours mes sœurs et quelques-unes de mes tantes avec elle... Elles s'allaient toutes reposer en quelque bel endroit d'où elles prenaient plaisir de regarder la récolte, tandis que nous autres enfants, sans avoir besoin de ce repos, nous allions nous mêler parmi les moissonneurs, et, prenant même leurs faucilles, nous essayions de couper les blés comme eux...

« Après la moisson, les paysans choisissaient un jour de fête pour s'assembler et faire un petit festin qu'ils appelaient l'*oison de métive* (c'est le mot de la province); à quoi ils conviaient non-seulement leurs amis, mais encore leurs maîtres, qui les comblaient de joie s'ils se donnaient la peine d'y aller.

« Quand les bonnes gens faisaient les noces de leurs enfants, c'était un plaisir d'en voir l'appareil; car, outre les beaux habits de l'épousée, qui n'étaient pas moins que d'une robe rouge et d'une coiffure en broderie de faux clinquant et de perles de verre, les parents étaient vêtus de leurs robes bleues bien plissées, qu'ils tiraient de leurs coffres parfumés de lavande, de roses sèches et de romarin; je dis les hommes aussi bien que les femmes, car c'est ainsi qu'ils appelaient le manteau froncé qu'ils mettaient sur leurs épaules, ayant un collet haut et droit comme celui du manteau de quelques religieux; et les paysannes, proprement coiffées, y paraissaient avec leurs corps-de-cotte de deux couleurs. Les livrées des épousailles n'y étaient point oubliées; chacune les portait à sa ceinture ou sur le haut-de-manche. Il y avait un concert de musettes, de flûtes et de hautbois, et, après un banquet somptueux, la danse rustique durait jusqu'au soir. On ne se plaignait point des impositions excessives; chacun payait sa taxe avec gaieté, et je n'ai point de mémoire d'avoir ouï dire qu'alors un passage de gens de guerre eût pillé une paroisse, bien loin d'avoir désolé des provinces entières, comme il ne s'est vu que trop souvent depuis, par la violence des ennemis.

« Telle était la fin du règne du bon Henri IV, qui fut la fin de beaucoup de biens et le commencement d'une infinité de maux, quand une Furie enragée ôta la vie à ce grand prince. »

Il y a, dans les derniers chapitres de *la Mare-au-Diable*, une noce de Berry qui ne fait pas trop pâlir cette vieille noce de Touraine. Paix et réparation aux mânes de l'abbé de Marolles pour avoir, une fois, si bien rencontré !

Un historien qui n'est pas exempt de faux goût, mais qui a des portions de vie et de vérité, Pierre Matthieu, a exprimé d'une manière mémorable le deuil des villes et des campagnes à cette soudaine et fatale nouvelle que Henri IV n'était plus :

« Dire maintenant quel a été le deuil de Paris, c'est entreprendre de persuader une chose incroyable à qui ne l'a vu. Partout on voyait saillir des sources de pleurs; partout on entendait les cris et les gémissements du peuple : il semblait qu'on l'eût assommé, tant la violence de la douleur l'avait étourdi et éperdu. Si on demande d'où venait cet extrême regret, la réponse est prompte : De l'amour...

« Ces torrents de larmes inondèrent toute la campagne. C'était pitié de voir par toutes les provinces de France les pauvres gens de village s'amasser en troupes sur les grands chemins, étonnés, hagards, les bras croisés, pour apprendre des passants cette désastreuse nouvelle; et, quand ils en étaient assurés, on les voyait se débander comme brebis sans pasteur, ne pleurant pas simplement, mais criant et bramant comme forcenés à travers les champs. Ce regret venait du soin que ce prince avait eu de les faire vivre en paix (1). »

On raconte que plusieurs personnes moururent de douleur à la nouvelle de cette mort, et l'on cite des noms.

Que serait-il arrivé si Henri IV avait vécu davantage? quels étaient au juste les longs desseins qu'il avait formés sur l'Europe, et de quelle manière cette grande guerre renaissante, et supposée heureuse, les aurait-elle fait tourner? Autant qu'on le peut conjecturer, il semble qu'on aurait eu un peu plus tôt ce qu'on obtint plus tard dans la politique extérieure par l'abaissement de la Maison d'Autriche, et que les résultats de la Paix de Westphalie eussent été avancés. Au dedans, si Henri IV avait vécu et si quinze années de règne lui avaient été accordées encore, on peut croire que la France se serait de plus en plus assise, aurait mûri (ce qui lui est chose rare) par voie de continuité. La société française aurait eu chance de se fixer, de se consolider sur des fondements assez différents de ceux qu'elle essaya ensuite, et qui toujours lui manquèrent. Sous Henri IV, l'élément prédominant ou qui tendait à le devenir était le gentilhomme de campagne, bon économe,

---

(1) Il se retrouve comme un écho de ce *gémissement universel* qui s'éleva à la mort de Henri IV, dans une fort belle lettre de Bossuet à Louis XIV, du 10 juillet 1675.

bon ménager de son bien ; Henri IV l'aimait et le favorisait de cette sorte, se piquant de n'être lui-même que le premier gentilhomme de son royaume; bien différent en cela de Louis XIV, qui attirait tout à sa Cour et n'aimait les grands et les nobles qu'à l'état de courtisans. Le coup de poignard de Ravaillac ne laissa pas le temps à cette monarchie ainsi faite, s'appuyant d'un nombreux corps de Noblesse sédentaire (sauf les cas de guerre), brave et intéressée, adonnée à sa maison des champs et assez protectrice d'ailleurs du Tiers-État, à cette monarchie tempérée par des Parlements, des Notables, et surtout par la bonne humeur et une sorte de familiarité du prince, de se dessiner et de former institution. L'inconvénient fut que, les troubles et les désordres renaissant, les remèdes s'en ressentirent. Richelieu reprit à certains égards l'œuvre de Henri IV, mais en mêlant à son procédé quelque chose de tyrannique, car il n'était point roi, et, bien que tout-puissant de fait, il était à bon droit soupçonneux, comme toujours menacé. Le remède eut donc de la violence du mal. Louis XIV, après la Fronde, revint de même à corriger les excès; il semble avoir voulu en abolir jusqu'à la pensée et en couvrir la mémoire en poussant plus qu'on ne l'avait jamais fait le ressort monarchique à l'extrême. On quitta ainsi la voie de continuité progressive pour celle de l'intermittence; on eut des accès de fièvre d'anarchie coupés par des applications de pouvoir royal énergique.

Il serait facile de rêver après coup un système de monarchie selon les données fournies par l'histoire de Henri IV, et de déclarer ce système préférable à celui qui a prévalu sous Louis XIV. Ce serait faire, comme on dit, une *réaction* en faveur de Henri IV. J'aime peu ces réactions en sens divers; car on laisse toujours tomber en chemin quelque vérité. Voyons les choses de l'histoire telles qu'elles se sont passées, et tirons-en les conséquences les meilleures. Si la France s'était assise et établie sous Henri IV et sur les bases de la société d'alors, si elle y avait acquis son ciment qui l'eût fixée sous la forme qu'elle semblait affectionner de 1600 à 1610, l'élément prédominant, je l'ai dit, eût été le gentilhomme rural, disséminé dans le pays, le cultivant, mais aussi le possédant; prenant volontiers la charrue après l'épée, mais ayant aussi seul le droit de porter l'épée, ayant le droit de justice sur le paysan, etc. En manquant cet établissement honnête et fait pour contenter un bon sens secondaire, la France de l'ancien régime a perdu peut-être en bonheur, mais non en gloire. La France, en ne s'asseyant pas, et, à travers tout, en ne se sentant point satisfaite à demi, y a gagné d'être en étude, en expérience, en éducation perpétuelle, d'être comblée, puis épuisée, mais non pas rassasiée sous Louis XIV, de grandir par la pensée, même sous Louis XV, — surtout sous Louis XV, — d'en venir à la nécessité d'un 89 et d'un 1800, c'est-à-dire à un état social plus complétement débarrassé des liens du passé, à une plus grande perfection civile. Elle y a gagné de conserver une vive et féconde initiative, d'être toujours prête et alerte pour quelque grande action civilisatrice, d'être l'organe expérimentateur des nations de l'Occident. Moins de bonheur et plus d'honneur. Loin de moi de dire un mot désobligeant pour cette ancienne Noblesse dont Henri IV est la personnification la plus attrayante ! Noblesse généreuse et brave, bien française, et qui a su accepter depuis et pratiquer l'égalité sur tous les champs de bataille; mais si quelques descendants de cet Ordre, qui était le préféré du prince dans l'État, pouvaient, dans des considérations rétrospectives, regretter la forme intérieure de monarchie qui parut possible un moment sous Henri IV, ils ne feraient qu'obéir à des instincts ou à des intérêts particuliers de race : les fils du peuple, les enfants du Tiers-État, arrivés à la vraie égalité, et qui n'ont pas perdu pour attendre, n'ont rien à y voir ; ce sont vœux et utopies en arrière (1).

(1) Il m'est impossible, en réimprimant cet article, de ne pas avoir présente une séance intérieure de l'Académie française (14 mai 1857) dans laquelle, à propos du Prix Gobert qu'on avait à décerner, des jugements et opinions détaillés ont été donnés par chaque membre sur les deux ouvrages qui étaient en concurrence, l'*Histoire de France* de M. Henri Martin et cette *Histoire du Règne de Henri IV* de M. Poirson. Sur celle-ci en particulier, tout a été dit de ce qui pouvait l'être ; les défauts et les mérites du livre ont été mis en lumière avec une mesure parfaite, dans une suite d'opinions qu'il eût suffi de sténographier pour avoir un excellent modèle de discussion littéraire et historique : que d'instruction j'y ai recueillie moi-même sur un sujet que j'avais précédemment étudié! Le procès-verbal de cette séance de l'Académie, sous la plume de son secrétaire perpétuel, sera une page à consulter un jour. Nous autres critiques de profession, nous apprenons, dans ces discussions si nourries, à apprécier tant d'esprits solides, ingénieux et mûrs qui, pour s'être occupés pendant leur vie d'autre chose encore que des Lettres, n'y reviennent jamais qu'avec plus de rectitude et de haut bon sens.

Lundi, 23 février 1857.

GUILLAUME FAVRE

DE GENÈVE

OU

L'ÉTUDE POUR L'ÉTUDE [1]

Mettons d'abord le lecteur au fait de tout ceci, car le nom et l'idée que j'y applique lui sont probablement choses nouvelles. Guillaume Favre, appelé dans sa jeunesse Favre-Cayla, et aussi depuis son mariage Favre-Bertrand, mort le 14 février 1851 à quatre-vingts ans passés, était un de ces Genevois de la belle époque, qui avaient trente ans en 1800; qui, après les années de la domination française, assistèrent à la restauration cantonale en 1814; qui, dès ce moment surtout, vécurent au bord de leur lac à côté d'Étienne Dumont, l'ami de Mirabeau, du libre publiciste D'Ivernois, du spirituel observateur Châteauvieux, de l'illustre naturaliste de Candolle, du Bernois le plus naturellement français et voltairien Bonstetten, de l'historien Sismondi, et de

(1) *Mélanges d'Histoire littéraire*, par Guillaume Favre, avec des lettres inédites d'Auguste-Guillaume de Schlegel et d'Angelo Maï, recueillis par sa famille et publiés par M. J. Adert. Deux volumes in-8°, 1856.

Rossi plus tard, des Pictet, des de La Rive, des Diodati. Pendant plusieurs années, il y eut là à deux pas de Genève madame de Staël, à Coppet, avec son monde, avec Benjamin Constant et Auguste-Guillaume de Schlegel entre autres, et qui par le mouvement de son voisinage communiquait à la cité savante une activité inaccoutumée. Sa fille et son gendre lui succédèrent, et entretinrent cette action d'influence heureuse et de bonne harmonie. A Genève même, des femmes distinguées, telles que madame Necker de Saussure, madame Rilliet-Huber, maintenaient dans leurs salons une grâce piquante et sérieuse. Nulle part peut-être, excepté à Édimbourg et en remontant à quelques années en arrière, on n'aurait trouvé réunis sur un aussi petit espace et dans des conditions de société plus favorables une aussi grande variété d'esprits, de talents et d'idées, une culture aussi diverse, aussi complète, et aussi honorablement désintéressée, de toutes les branches de l'intelligence, un ensemble aussi supérieur, aussi éclairé, aussi paisiblement animé, aussi honnête. Guillaume Favre eut son rôle particulier au milieu de tous ces hommes d'élite et dans ce beau quart de siècle de Genève : il fut proprement l'érudit, l'homme des recherches curieuses dans le champ de l'Antiquité, sur les points les plus obscurs de l'histoire des âges barbares, ou sur des recoins oubliés de l'époque de la Renaissance ; également et indifféremment propre à disserter sur un vers de Catulle, sur l'ancienne littérature des Goths, ou sur un ouvrage manuscrit de quelque savant du quinzième siècle. Le caractère de son esprit et de sa vocation, c'est d'avoir aimé l'étude pour l'étude, la recherche pour la recherche, sans aucune préoccupation de la publicité. Satisfait de savoir et de bien savoir, sans prétendre en informer l'univers, prêt toutefois à faire part à quiconque le consultait du vaste et tranquille trésor de ses connaissances, il était tout l'opposé du *metteur en œuvre*, qui tire aussitôt parti de ce qu'il sait et se hâte d'en faire montre, de celui dont le poëte satirique a dit :

Scire tuum nihil est, nisi te scire hoc sciat alter.

Ses écrits aimaient l'ombre et le tiroir, comme les écrits des autres aiment la vitre et le soleil. M. Adert, un des anciens élèves de notre École normale et depuis plus de dix ans établi en Suisse, en publiant aujourd'hui, d'après le vœu de la famille, les principaux essais et mémoires qu'avait préparés plutôt qu'achevés Guillaume Favre, mais qu'il avait préparés toute sa vie, a très-bien marqué et défini en sa personne ce caractère original du savant pur, du savant qui étudie toujours, qui prend note sur note et amasse les éruditions autour des pages, qui ne vise qu'au complet et à l'exactitude du fond, qui est le contraire de celui qui dit : *Mon siége est fait;* qui, vécût-il quatre-vingts ans, n'a de plaisir qu'à aller toujours ailleurs en avant, et, de chasse en chasse, d'enquête en enquête, scrupuleux et amusé qu'il est, n'en finit pas.

Heureux homme que ce Guillaume Favre, et que rien ne commandait dans la libre et capricieuse application de ses goûts! Sa destinée est à faire envie à ceux (et ils sont nombreux) qu'un aiguillon incessant presse et déchire, qu'un fardeau inégal courbe et accable, pour qui l'antique corvée n'est point tout à fait abolie, et à qui il est dit, même dans ce champ libéral des études : « Tu produiras toujours, tu produiras à heure fixe, et, que tes goûts t'appellent ici ou là, tu iras où est la borne, et tu laboureras cet espace entre l'aurore et le couchant. » Heureux homme, a-t-on droit de s'écrier! Et toutefois, après qu'on a bien envié ce bonheur d'une étude libre, ornée, active et oisive, ayant à elle une belle galerie bâtie tout exprès, remplie de livres, décorée de tableaux, de statues, et en vue d'un lac magnifique, on reconnaît tout bas, à la manière même dont il a usé de ses dons et de ses avantages, qu'il y a autre chose à faire encore qu'à jouir ainsi; que, si noble et utile qu'ait été son exemple parmi ses compatriotes et pour ceux qui le consultaient de près, il n'a pas donné tout ce qu'il aurait pu, et qu'un peu de contrainte, un peu de nécessité ne nuit pas; que c'est sous ces rudes conditions seulement que l'homme, moitié de bon gré, moitié à son corps défendant, tire de lui-même, de son foyer et de ses couches intérieures, tout l'art, toute l'industrie dont il est capable, et le peu d'or qu'il doit à tous.

Guillaume Favre était né à Marseille le 1er juin 1770. Sa famille, originaire du pays de Vaud, était fixée depuis le seizième siècle, à Genève; mais son père avait fondé à Marseille une grande maison de commerce. Les premières études de choix du jeune Favre, aussitôt ses classes terminées, furent dirigées du côté des sciences exactes et de la navigation, du côté aussi des sciences naturelles. Il était sous l'influence des grandes découvertes scientifiques de cette fin du siècle, il était disciple des méthodes et de la philosophie naturelle de Lavoisier. Il s'adonna dans un temps à la minéralogie, à la cristallographie; il fit des collections et chercha la classification la meilleure. Ces tentatives ingénieuses l'avaient mis en communication avec l'abbé Haüy, le législateur et le maître en cette branche. La Révolution détermina le père de Favre à liquider sa maison de commerce et à quitter Marseille. Il revint à Genève avec son fils en 1792 : il y retrouva cette Révolution qui s'y propageait et y engendrait plus que des parodies. Le père et le fils furent incarcérés pendant cette imitation trop réelle de la Terreur. Au sortir de l'odieuse crise où il y eut du sang versé, le jeune Favre reprit ses études; mais cette fois il les dirigea entièrement dans la voie historique et littéraire. Il lisait tout, le crayon ou la plume à la main; il approfondissait les auteurs anciens et les examinait de près dans leur texte, dans les usages et les mœurs particulières qu'ils supposent, dans les questions de tout genre qu'ils suggèrent. A voir, sous le Consulat et au commencement de l'Empire, ce jeune homme d'une physionomie et d'une vivacité plus méridionale encore que genevoise, gai, riche, élégant, beau danseur, fort recherché dans le monde, même dans celui de Paris, « faisant de Genève à Paris dix-sept voyages en neuf ans, » on n'aurait jamais supposé, remarque M. Adert, qu'il y avait sous cette enveloppe légère un littérateur voué aux recherches les plus ardues : et cependant Guillaume Favre était dès lors dans ce train d'application et d'études.

En 1808, on le voit pour la première fois donner dans *le Magasin encyclopédique*, dirigé par Millin (t. II, p. 119), une lettre ou dissertation sur un vers de Catulle dans la pièce de *la Chevelure de Bérénice*, laquelle Chevelure, coupée des mains de la belle reine en manière d'*ex-voto* pour son époux, était censée avoir été enlevée au ciel pour y devenir une constellation. Il s'agissait de comprendre un des termes mythologiques obscurs de cette pièce alexandrine, pour nous fort peu agréable, fort peu catullienne, et qui sent plutôt son Lycophron. La Chevelure est portée au ciel par *le cheval ailé d'Arsinoé*, ou, ce qui revient au même, *de Vénus*, Arsinoé depuis sa déification étant devenue la même chose que Vénus. Or, quel est ce cheval ailé? L'illustre poëte Monti avait déjà expliqué cette partie essentielle du vers : ce cheval ailé d'Arsinoé n'était autre, selon lui, que l'autruche. On représentait quelquefois des Amours *à cheval sur des moineaux;* la mère des Amours pouvait bien avoir pour monture ce plus gros des moineaux, ce moineau-monstre, l'autruche. Mais il restait une difficulté :

Arsinoé avait une épithète ou un nom qui la qualifiait :

> Obtulit Arsinoës *Chloridos* ales equus.

Était-ce *Chloridos* qu'il fallait lire, ou *Locridos* comme le voulait le savant Bentley? Favre s'attacha à prouver par toutes sortes de raisons qu'il faut lire *Chloridos*, et que ce nom de *Chloris* ou de *Flora* (car c'est encore la même chose) s'adapte tout naturellement à la Vénus Arsinoé. C'est à ces questions qu'il songeait par goût et se délectait depuis des années, dans l'intervalle de ses passe-temps mondains. Ce jeune homme se trompait de siècle ; il était né pour être un commentateur-amateur comme Girac ou Méziriac, ce Méziriac qui avait relevé plus de deux mille contre-sens ou méprises chez Amyot, qui a tout dit sur les *Héroïdes* d'Ovide, et de qui l'on a écrit : « Il n'y avait point de science à laquelle il ne se fût attaché durant quelque temps, point de bel art qu'il ne connût. On le voyait faire toute sorte d'exercices suivant la saison ou suivant la compagnie, danser au milieu d'une société de femmes, et souvent faire porter après lui un portefeuille pour écrire quand il lui en prenait envie. *Il connut tous les plus petits sentiers des Fables.* »

Favre savait dès lors bien des sentiers, quantité de choses sur toutes sortes de points d'érudition et de belles-lettres. Madame de Staël ne l'appelait que *mon érudit*. Un jour Schlegel et Benjamin Constant, qui s'aimaient peu, discutaient ensemble assez vivement sur l'ordre de succession des princes de Salerne. Favre, à ce moment, entra dans le salon, et madame de Staël le lança *dare-dare*, comme arbitre, au milieu de la querelle. Il n'eut pas su plus tôt de quoi il s'agissait, qu'il leur prouva qu'ils se trompaient tous les deux. Il n'y en avait peut-être pas alors un autre que lui pour être si ferré à l'improviste sur la succession des princes de Salerne.

La Bibliothèque publique de Genève possède, entre autres manuscrits précieux, celui d'un poëme latin de Jean-Marius Philelphe, savant du quinzième siècle. Cette circonstance détermina le choix de Favre; vers 1810 il rédigea une *Vie* de cet érudit, qui est fort instructive à lire et pour laquelle il a rassemblé les notes les plus fines et les plus rares : avec lui on va hors des sentiers battus, et l'inaperçu est ce qui le tente. Le père de ce Marius, le célèbre François Philelphe, l'un des grands promoteurs et acteurs de la Renaissance des Lettres en Italie, et qui, pour mieux posséder le grec, alla étudier à Constantinople sous Jean Chrysoloras dont il épousa la fille, eût été un bien plus beau sujet; mais il avait déjà été traité par Lancelot, de l'Académie des Inscriptions. Favre se rabattit donc à Marius, l'un des fils de François, et qui était né lui-même à Constantinople. Il nous donne dans un récit très-complet la suite des dits et gestes, des pérégrinations, des inconstances et des querelles (les érudits d'alors en avaient beaucoup) de ce Marius, assez peu digne d'ailleurs de son père, dont, avec quelques qualités, il outrait les défauts. On le voit tour à tour à Marseille, à Ferrare, à Milan, à Turin, à Venise, à Bologne, à Vérone, à Bergame, à Ancône, etc., etc., espèce de poëte-orateur-philosophe-philologue ambulant, de professeur errant, partout dès l'abord s'annonçant avec éclat, mais se relâchant vite et soutenant mal son premier feu. Il avait reçu de bonne heure les titres de *chevalier*, de *comte* et de *lauréat*, et en avait les brevets de par le duc de Savoie. La science conférait alors de ces dignités; ajoutons qu'elles étaient assez creuses et purement sonores. A Venise, où il arrive très-recommandé, Marius éblouit le premier jour ses illustres protecteurs : « Il parut devant le Doge et devant le Sénat, et dicta sans aucune préparation, à *trente-deux* secrétaires, des compositions sur autant de sujets différents qui lui avaient été proposés sur-le-champ. L'improvisation était le véritable talent de Marius. » Il se vante, dans une élégie, d'avoir, avant l'âge de quarante-cinq ans, plus écrit que Virgile et qu'Ovide : *Me brevior Naso, meque Maro brevior*. Tout ce qu'on trouve de faits singuliers dans cette Vie de Philelphe par Favre est inimaginable : à chaque cité nouvelle que visite ce *condottiere* des Lettres, ce héros de l'érudition errante, Favre nous donne l'histoire politique de la ville et l'état détaillé des études. Il y a les éléments d'un tableau complet des Lettres en Italie et de la condition des savants dans ce siècle. Malheureusement tout cela n'est pas condensé, n'est pas composé ; l'auteur, trop patient à la recherche, ne s'inquiète de rien au delà. « J'ignore, dit-il en un endroit, quels furent les lieux habités par Marius Philelphe pendant la plus grande partie de l'année 1453 ; il revint peut-être dans la rivière de Gênes. » Mais qu'est-ce que cela nous fait que Marius ait fait un pas de plus ou de moins, qu'il ait perdu quelques mois de plus ici ou là ? Le biographe peut prendre de ces soucis pour son propre compte, mais il est mieux qu'il les garde pour soi, et qu'il dirige son lecteur vers quelque but, dans quelque sens déterminé. Ici c'est le souffle, c'est le courant qui manque. On ne s'intéresse pas à ce Marius qui n'est nullement un personnage intéressant, et que son biographe est trop exact pour nous montrer tel ; et l'auteur n'a pas su introduire quelque idée supérieure à la fois et juste, qui rattache cette vie à toute son époque, et qui fasse qu'on se rattrape par ce côté. En un mot, il ne se met jamais à la place du lecteur. On marche, on s'arrête à tout moment ; on n'est porté par rien, on ne va nulle part. Favre n'a préparé qu'un exact et savant mémoire, comme eût fait un Bénédictin.

Je dirai la même chose du travail, très-riche en matériaux, qui traite de la *Légende d'Alexandre-le-Grand*, de la transformation de cette grande figure historique en fable chez la plupart des peuples. C'est une loi en effet : chez les nations qui n'avaient pas l'imprimerie, sous les gouvernements qui n'avaient pas leur *Moniteur*, il arrivait très-vite que les personnages glorieux qui avaient frappé l'imagination des peuples et remué le monde, livrés au courant de la tradition et au hasard des récits sans fin, se dénaturaient et devenaient des types purement poétiques. Même dans nos conditions toutes modernes, on peut observer à l'égard du dernier grand homme de cet ordre, la facilité et la propension naturelle à ce qu'il en soit ainsi : la transfiguration populaire s'opère malgré tout et à la face de l'histoire. Favre s'est attaché à suivre cette métamorphose de l'idée d'Alexandre chez les différents peuples bien avant ce qu'on appelle le moyen-âge et dès les derniers siècles de l'antiquité. Il est piquant de voir comme chacun tirait à soi, par amour-propre, le héros demi-dieu : les Persans, pour se consoler d'avoir été vaincus, faisàient Alexandre fils du premier Darius (de telle sorte qu'en détrônant le second Darius, il n'avait fait que chasser son frère cadet); et les Égyptiens, en vertu d'un même point d'honneur, le faisaient fils de leur dernier roi national, Nectanèbe. Favre énumère successivement ce que disaient de la sorte, de plus ou moins absurde et de controuvé, les Persans, les Turcs, les Grecs Alexandrins, les Byzantins, les Moldaves, les Arabes, etc. La collection est complète ; cette fois encore, il n'y manque que la construction. J'aurais voulu que l'auteur, à de certains moments, nous eût montré la notion d'Alexandre telle qu'elle était chez les diverses nations contemporaines, plus exacte ici, moins exacte là, déjà fabuleuse ailleurs; j'aurais voulu pouvoir considérer d'un coup d'œil et à chaque siècle les différentes nuances et les teintes de cette erreur en voie de progrès, de cette illusion naissante ou déjà régnante. J'aurais aimé à ce qu'il établît quelques-unes des conditions essentielles qui s'appliquent à tout fait, à tout phénomène historique du même genre. — Mon Dieu! je m'aperçois que je demande en ce moment à Guillaume Favre de faire ce qu'eût fait en sa place, sur un tel sujet, Ernest Renan, c'est-à-dire un savant doublé d'un artiste-écrivain. — Mais il aurait fallu pour cela dominer ses matériaux, les soumettre : Favre se borne à rassembler de merveilleux documents; la maîtresse main s'y fait désirer.

Dans ce qu'il a écrit sur la *Littérature des Goths* et sur la partie profane de cette littérature, sur les traditions héroïques dont l'origine remonte au temps d'Attila, et qui ont été la source des grands poëmes germaniques du moyen-âge, Favre a été plus achevé, ou du moins un peu plus pressé d'arriver; sa forme y a gagné, sinon pour la rapidité, du moins pour la cohésion et pour la suite : c'est qu'il a publié ce morceau dans la *Bibliothèque universelle de Genève* en 1837, et que la publicité oblige.

On se prend à regretter, malgré l'utilité des articles et des notes assez nombreuses qu'il a donnés à cet estimable Recueil, qu'il n'ait pas vécu dans le voisinage d'une *Revue* un peu plus vive, qui l'eût stimulé et l'eût forcé d'*accoucher* plus souvent. Il est bon quelquefois aux hommes de science de se sentir en présence d'un public moins sérieux, moins solide, et qui, par sa plus grande indifférence du fond, oblige les écrivains à s'évertuer.

Voyez parmi nous Fauriel, qui, par la nature des études et le tour d'esprit, se rapproche de Guillaume Favre. Il était bien plus original que Favre; il avait l'esprit de découverte, d'initiative, et l'instinct d'investigation dans des veines prolongées et fécondes; mais, comme écrivains, ils sont de la même famille; ils aiment à s'occuper de questions analogues, à s'y enfoncer, à les approfondir : la plume, pour eux, est l'auxiliaire de leur recherche bien plus que l'instrument de leur production. Fauriel, si on l'eût abandonné à lui-même et à ses goûts, eût été trop tenté de faire comme Guillaume Favre; il aurait travaillé, creusé à l'infini ; il aurait eu peine à se contenter jamais, à se résoudre à rien donner comme achevé. Ses amis, devenus ministres après 1830, le nommèrent professeur; on put d'abord regretter que ces fonctions nouvelles le détournassent des grands travaux historiques qu'il poursuivait depuis des années : en y songeant mieux pourtant, je ne sais s'ils ne lui rendirent pas service, à lui et à nous, dans tous les sens. Si on ne l'avait pas mis en demeure une bonne fois de *débiter* sa science, et si on ne l'avait constitué à l'état de fontaine publique chargée d'en distribuer les eaux courantes à des générations qui en étaient avides, il n'aurait peut-être accumulé que des notes immenses et des réservoirs cachés. La plupart des excellents écrits que ses fidèles amis (M. et madame Mohl) ont donnés depuis, datent de là, et n'ont pris forme qu'à cette époque et par la nécessité des leçons à rédiger. Le voisinage d'une *Revue* qui le sollicita sans cesse, et qui le forçait à faire des coupes bien nettes dans ses vastes matériaux, a été aussi pour quelque chose dans cette détermination dernière, dans cette *mise en dehors* qui a été si profitable au public, et d'un résultat inappréciable pour nos générations.

Auguste-Guillaume de Schlegel est encore un homme qui, par la profondeur et l'étendue de la science, est de la famille des précédents; mais celui-ci avait en lui de l'artiste, et, s'il embrassait beaucoup et préparait longuement, il tirait enfin la statue du bloc, il terminait quelquefois. Il fut dans d'étroits rapports d'intelligence et d'amitié avec Guillaume Favre; une section très-précieuse des deux volumes que nous annonçons comprend une correspondance française de Schlegel (1807-1819), en tout trente-cinq lettres ou billets. Dans la composition de son *Cours de Littérature dramatique*, Schlegel, alors à Coppet, mit sans cesse à contribution la science, la sagacité et la bibliothèque de Favre. Lorsqu'il eut quitté la Suisse, il le tenait au courant de ses études qu'il allait diversifiant sans cesse ; il était d'un certain âge déjà lorsqu'il s'appliqua au sanscrit ; il s'occupait à la fois de la langue et des poésies provençales, mais le sanscrit au premier abord éclipsa tout : « Voilà, écrivait-il de Paris à Favre en 1815 en lui parlant de livres indiens très-rares qu'il avait fait acheter à Londres, voilà mes confessions en fait de folies érudites. *Madame de Staël dit que c'est par paresse que j'étudie tout cela ; elle voudrait me voir travailler pour produire un effet instantané, et c'est la chose pour laquelle j'ai le moins de goût.* Les journaux de Paris vous auront quelquefois rappelé mon nom, en m'érigeant bien gratuitement en hérésiarque littéraire. On a voulu m'engager à répondre, mais je n'ai jamais fait attention à ces glapissements de la meute journaliste... » On sent à ces derniers mots la hauteur de dédain propre à Schlegel. Il était moins indifférent qu'il ne le dit ; il était passionné pour ou contre certaines doctrines. Il n'était pas fâché, tout en rendant une éclatante justice à l'Antiquité et aux nations étrangères, de faire une sorte de réaction contre la gloire littéraire de la France. « Ce ne sera pas un désavantage à nos yeux, écrivait son traducteur anglais, qu'il ait été impitoyable dans ses hostilités contre la littérature de nos ennemis (1). » Il y eut là un coin de

(1) Voir sur Schlegel les pages 119, 151, d'un agréable volume de miscellanées littéraires qui vient de paraître et qui a pour titre : *Jugements, Maximes et Réminiscences*, par M. Mézières, ancien recteur de l'Académie de Metz.

faiblesse et, on peut dire, d'infirmité chez un si grand esprit. Il ne nous aimait pas. On a publié depuis sa mort des poésies françaises de sa façon, presque toutes dirigées contre nous; elles ne tournent que contre lui, tant elles décèlent une absence complète de goût et de sentiment français! Qui a fait de ces vers-là n'a jamais dû rien entendre à ceux de Molière ni de Racine. Notez que ce même volume où l'on a recueilli ces misérables vers, ces lourdes et plates épigrammes, contient de lui d'admirables pensées en prose française sur les plus sérieux problèmes de l'histoire et de la philosophie (1). Soyons plus justes envers Schlegel qu'il ne l'a été envers nous, et ne cessons point pour cela de l'honorer, à côté de Lessing et de Goethe, comme un des plus fermes et des plus doctes esprits critiques de la grande époque.

Guillaume Favre n'avait point de ces passions déterminantes et *directrices* pour son érudition; il n'avait point de *motif*. Cette érudition était étendue et profonde, comme son beau lac, mais un peu stagnante; il y manquait au milieu le Rhône. Il ne s'y élevait jamais de tempêtes.

Il n'avait point comme Letronne, autre savant avec qui il eut quelques points de contact et dont il a mérité l'éloge, le besoin de contredire, de détruire. Une assertion inexacte ou mensongère ne l'irritait pas. Son érudition n'avait rien d'agressif ni de militant. Il n'était point tourmenté d'un reste de levain philosophique, venu du siècle dernier. Un Genevois qui porte un nom célèbre, M. De Luc ayant, en 1837, préparé un ouvrage

(1) Les *Œuvres* de Schlegel *écrites en français* ont été publiées en trois volumes, par M. Édouard Boecking, à Leipsig, 1846. C'est dans le premier volume que se trouvent les vues et aperçus élevés dont je parle : je recommande particulièrement une lettre sur la religion adressée à la duchesse de Broglie, qui l'avait plus d'une fois pressé sur ce point.

où il discutait les questions historiques qui se rattachent aux Évangiles, Guillaume Favre le détourna de le publier, et, dans une belle lettre adressée à l'auteur, il exposa ses motifs, qui sont ceux d'un vrai sage en même temps que d'un chrétien éclairé.

Il nous faut donc accepter Guillaume Favre pour ce qu'il était, et ne pas lui demander d'être autre. Citoyen de Genève, membre des assemblées et des conseils de son pays, il en sut remplir les devoirs avec chaleur, il paya largement sa dette politique dans la cité; il en administra et dota les établissements publics; il prit une part active et généreuse en 1823, avec Capo d'Istria et M. Eynard, au réveil patriotique de la Grèce : mais dans l'ordre des études il n'eut la passion que de *l'étude en elle-même;* il n'y apporte qu'un zèle pur, impartial, innocent, indifférent presque sur l'objet auquel il s'applique, et ne s'y appliquant pas moins en toute exactitude et en toute dilection. Et c'est là une originalité aussi, une note honorable et singulière.

Au retour d'un voyage d'Italie en 1823, il avait cinquante-trois ans, il avait fait bâtir pour ses livres dont le nombre augmentait chaque jour, pour ses quinze mille volumes, une élégante galerie dans sa villa de La Grange aux Eaux-Vives, sur la rive du lac; il y avait fait transporter le beau groupe de Canova, *Vénus et Adonis,* qu'il venait d'acquérir à Naples. A Genève, où il passait les hivers et où il n'allait d'ailleurs que le plus tard possible, il avait dans son hôtel vingt et une toiles ni plus ni moins, des toiles accomplies des plus grands peintres hollandais. Il entra donc en possession, pour n'en plus sortir, de toute sa sérénité définitive et de tout son bonheur. C'était un Bénédictin pour l'étude, mais qui n'avait rien de mortifié ni d'austère. De Brosses, visitant, de compagnie avec son ami Sainte-Palaye, la Bibliothèque de Modène sur la fin de l'hiver de 1740, y avait rencontré le docte Muratori : « Nous trouvâmes ce bon vieillard, dit-il, avec ses quatre cheveux blancs et sa tête chauve, travaillant, malgré le froid extrême, sans feu et nu-tête dans cette galerie glaciale, au milieu d'un tas d'antiquités ou plutôt de vieilleries italiennes; car, en vérité, je ne puis me résoudre à donner le nom d'antiquité à tout ce qui concerne ces vilains siècles d'ignorance. Je n'imagine pas que, hormis la théologie polémique, il y ait rien d'aussi rebutant que cette étude; il est heureux que quelques gens veuillent s'y adonner, et je loue fort les Du Cange et Muratori qui, se dévouant comme Curtius, se sont précipités dans ce gouffre, mais je serais peu curieux de les imiter. Sainte-Palaye, au contraire, s'extasiait de voir ensemble tant de paperasses du dixième sièle. » De Brosses eût été moins effrayé en entrant dans la galerie de La Grange et chez un hôte qui lui eût rappelé les goûts et les entretiens mitigés de son ami le président Bouhier. C'était une maison de campagne de Pline le Jeune, et où le maître aurait pu aussi s'écrier : « *O rectam sinceramque vitam! o dulce otium honestumque!...* O la pure et l'innocente vie! oh! que ce loisir est aimable, qu'il est honnête, qu'il est plus noble en quelque sorte que tous les plus beaux emplois! O *lac*, ô rivage, véritable et secret cabinet des Muses! que de choses vous trouvez, que de choses vous me dictez! »

Mais Pline était un *metteur en œuvre;* il ne se bornait pas à l'étude, il voulait de belles pensées et se donner le plaisir de les exprimer en termes brillants et qui se vissent de loin. Elles lui venaient le long de ce beau rivage; il les saluait avec la joie d'un poëte qui a *trouvé*. Ici nous avons le cadre, nous avons l'érudit, mais l'étude rit peu; elle est froide. Entre ce procédé de moderne Bénédictin et celui de Pline, ou, si l'on veut, de l'ancien Balzac qui ne lisait que pour trouver de belles sentences et de belles expressions à recueillir et à enchâsser, il y a, ce semble, un milieu qui est le bon, qui est celui de Montaigne, qui est l'union de la pensée et de la forme, la lecture vivifiée par l'esprit, le suc et la fleur. On voudrait que, dans tout résultat d'étude littéraire, l'idée morale dominât ou, du moins, entrât pour quelque chose, que l'intérêt humain y eût sa part, et que l'âme de celui qui cherche s'adressât de temps en temps par quelque reflet à l'âme de celui qui ne demande pas mieux que de le suivre.

Guillaume Favre ne paraît pas s'être posé ces questions, ni s'être jamais pris à partie lui-même sur son mode de développement toujours servi par les circonstances; il apportait dans les Lettres un esprit et une méthode d'observation positive; il ne songeait qu'à la vérité du fait qu'il poursuivait et à sa propre satisfaction individuelle. C'était un *dilettante* de l'érudition. A l'âge où le bonheur s'enfuit pour plusieurs, il trouva le sien et le prolongea pendant près de trente années encore. Un des poëtes qui ont visité ce beau lac du Léman et qui, sur les traces de Jean-Jacques, y ont promené de jeunes rêves, s'est écrié : « Que vient-on me dire de ces beaux lieux que j'ai visités autrefois, de ces villas délicieuses au bord des lacs, en vue des sommets sublimes? A quoi bon ces Paradis terrestres quand on n'a plus à y placer le bonheur? » Pour Guillaume Favre le bonheur n'était point si court qu'un brûlant été, ni si passager qu'un jour d'orage; il sut le fixer autant qu'on le peut ici-bas, et il se serait plu sans nul doute à répéter et à s'appliquer à lui-même, s'il l'avait connue, cette page riante et modérée que je lisais dernièrement dans le Journal familier d'un homme de son âge, et qui y est inscrite sous ce titre assez naïf, *le Paradis sur terre* (1) :

(1) *Notice et Souvenirs biographiques*, du comte Van der Duyn (ancien ambassadeur et administrateur hollandais), recueillis et pu-

« En faisant ce matin, de bonne heure, une promenade agréable et par le temps le plus délicieux, respirant l'air le plus pur et admirant la tranquille et paisible gaieté du paysage, je me disais : Un homme de moyen âge, jouissant d'une bonne santé et d'une fortune un peu au-dessus de ses besoins stricts, et par là dans une situation sociale indépendante, pouvant se donner le séjour de la campagne en été, celui d'une grande ville en hiver, ayant quelque goût pour la littérature et les beaux-arts, usant de tous ces avantages qui peuvent cependant se trouver réunis assez facilement, et les appréciant avec un peu de philosophie, ne pourrait-il pas dire qu'il serait ingrat de penser avec le sage Salomon : *Vanité des vanités, tout n'est que vanité?* Il est vrai que le sage Salomon était roi et ambitieux, et par conséquent insatiable. Moi, j'ose penser qu'un tel homme, doué de cette réunion d'avantages, serait tellement heureux que l'on ne peut se faire l'idée d'une situation plus agréable, même en Paradis; il n'y manquerait que la durée pour avoir ainsi le ciel sur la terre. »

Ce que l'homme d'État hollandais rendu à la retraite se plaisait à se dire dans une promenade aux environs de Leyde ou de La Haye, Guillaume Favre le sentait à plus forte raison, lui possesseur et connaisseur plus fin, en vue de son Léman et dans l'exercice délicieux de sa faculté curieuse à travers les domaines de l'histoire. Vivre par la pensée dans d'autres temps et s'y oublier à volonté, tandis que l'on continue dans l'heure présente de jouir insensiblement et par tous les sens de l'air, de la lumière, de la pureté du ciel, de la limpidité des eaux, de la majesté des horizons, de tous les bienfaits naturels qui sont encore la plus vraie jouissance pour des êtres vivants, que faut-il de plus à l'homme qui est sorti de l'âge des passions et en qui elles n'ont point laissé la lie de leur philtre empoisonneur? C'est assez pour qui vieillit, et, comme l'a dit le poëte, *c'est assez pour qui doit mourir.*

Les compatriotes de Favre l'ont célébré et pleuré pour les services généreux qu'il n'a cessé de rendre

bliés par le baron de Grovestins; — imprimés à Saint-Germain-en-Laye (1852), p. 379.

jusqu'à sa dernière heure et pour ses vertus : sa famille, en recueillant ses principaux écrits et en lui élevant, par les soins d'un digne éditeur, ce monument littéraire, a pourvu à la durée de son nom. Ces volumes s'adressent à un petit nombre de lecteurs sans doute, mais ce petit nombre est de ceux qui n'oublient pas. Toutes les fois qu'on voudra citer les hommes qui ont eu le goût passionné de la lecture, de l'étude, de la critique historique désintéressée, de l'érudition en elle-même, à la suite de ces noms fameux et toujours répétés des Huet, des Gabriel Naudé, des président Bouhier et de tant d'autres, lorsqu'on arrivera à notre siècle si rare en esprits de ce genre, en esprits aussi avides de savoir que peu empressés de le dire, on ne pourra s'empêcher de nommer Guillaume Favre.

Lundi, 9 mars 1857.

DIVERS ÉCRITS
DE M. H. TAINE

Essai sur les Fables de La Fontaine. — *Voyage aux Eaux des Pyrénées.* — *Essai sur Tite-Live.* — *Les Philosophes français du XIX*e *siècle* (1).

M. Taine est un des jeunes critiques dont le début a le plus marqué dans ces derniers temps, ou, pour parler sans à-peu-près, son début a été le plus ferme et le moins tâtonné qui se soit vu depuis des années en littérature. Chez lui rien d'essayé, rien de livré au hasard de la jeunesse : il est entré tout armé; il a pris place avec une netteté, une vigueur d'expression, une concentration et un absolu de pensée qu'il a appliqués tour à tour aux sujets les plus divers, et dans tous il s'est retrouvé un et lui-même. Il a voulu, et il a fait. Il a du talent, et il a un système. J'aimerai à rendre justice à tout le talent, et à discuter quelques-unes des idées. Les devanciers déjà vieux doivent ce premier témoignage d'estime aux hommes nouveaux qui comptent, de les regarder et de les bien connaître. Cela renouvelle d'ailleurs, de s'occuper de ceux qui arrivent, même quand

(1) Librairies de Hachette, rue Pierre-Sarrazin, et de madame Joubert, rue des Grès.

ces jeunes gens n'ont de la jeunesse que la force et se produisent déjà très-faits et très-mûrs. On est obligé de se soigner deux fois et de resserrer sa ceinture en les approchant.

N'ayant pas encore le plaisir de connaître personnellement M. Taine, je le devinerai ou le conclurai d'une manière générale d'après ses écrits. Ce qu'on ne saurait oublier en le lisant, c'est qu'il a été élève de l'École normale, qu'il s'y est formé dans le recueillement et la méditation, que sa première jeunesse, dont il est à peine sorti, a été forte, laborieuse, austère. Il est de ceux (et ils sont rares) qui ont porté sans fléchir ces énormes programmes qu'on impose aujourd'hui, et, en définitive, il les a trouvés légers. Il sait à fond les langues anciennes, les langues modernes, les philosophies et les littératures; il a la clef de tous les styles. Les choses difficiles le tentent, et les plus âpres méthodes, il les a dévorées. Il a écrit quelque part dans un de ses derniers articles, ces paroles qui, bien qu'ayant un sens plus général là où il les dit, expriment évidemment l'impression qu'ont dû lui laisser les années pénibles de l'apprentissage : « Aujourd'hui la lutte est partout, et
« aussi le sérieux triste. Chacun a sa position à faire...
« La vie n'est plus une fête dont on jouit, mais un con-
« cours où l'on rivalise. Joignez à cela que nous sommes
« obligés de nous faire nos opinions. En religion, en
« philosophie, en politique, dans l'art, dans la morale,
« chacun de nous doit s'inventer ou se choisir un
« système : invention laborieuse, choix douloureux...
« La vie n'est plus un salon où l'on cause, mais un
« laboratoire où l'on pense. Croyez-vous qu'un labo-
« ratoire ou un concours soient des endroits gais? Les
« traits y sont contractés, les yeux fatigués, le front
« soucieux, les joues pâles. »

Qu'on veuille bien se représenter ce que doivent produire de pensée intense et active, de pensée accumulée, trois ou quatre années de séminaire philosophique intellectuel chez de jeunes esprits ardents et fermes, lisant tout, jugeant tout. Je suppose encore une fois que ces esprits, ces cerveaux, ne sont pas de ceux que tant d'étude surcharge et accable, mais de ceux qu'elle excite et qu'elle nourrit. Dans ces heures de solitude et de silence, sous la lampe nocturne, quel effet leur font les œuvres, souvent si incomplètes et si légères, qui occupent le monde et passionnent pour un temps la curiosité de la foule! Combien de fois, eux qui ont accès aux sources antiques, qui ont présents et familiers les différents termes de comparaison, et qui tiennent en main les mesures, doivent-ils se dire devant ces chefs-d'œuvre d'un jour : *J'en ferais bien autant!* ou peut-être : *Je n'en voudrais pas faire autant!* Combien de fois ont-ils dû prendre en dédain les discussions écourtées et superficielles, les bévues tranchantes des prétendus Aristarques en crédit! Pourtant, on a beau être savant et d'une pénétrante intelligence, comme on est jeune, comme on a soi-même ses excès intérieurs de force et de désirs, comme on a ses convoitises et ses faiblesses cachées, il y a des illusions aussi que peuvent faire ces œuvres toutes modernes du dehors et qui s'adressent à la curiosité la plus récente; on les voit comme les premières jeunes femmes brillantes qu'on rencontre, et à qui l'on croit plus de beauté qu'elles n'en ont; on leur suppose parfois un sens, une profondeur qu'elles n'ont pas, on leur applique des procédés de jugement disproportionnés, et on les agrandit en les transformant. On leur prête en un mot de ce sérieux qu'on a en soi, et on en fait autre chose que ce qu'elles sont en réalité. Quoi qu'il en soit de ces légères erreurs et de ces séductions dont les plus méfiants ne savent pas toujours se garantir, quiconque a la noble ambition de se distinguer et de percer à son tour trouve là, durant ces années recluses, tout le loisir de méditer sa propre force, ses éléments d'invention ou d'arrangement, ses formes de jugement et de compréhension, de combiner fortement son entrée en campagne et sa conquête. Que si l'on veut rompre avec l'École en en sortant, si l'on se sent épris des fantaisies, des descriptions mondaines, piqué du démon de raillerie et curieux du manége des passions, on s'y jouera dès l'abord avec un art d'expression plus savant, plus consommé, et une ivresse plus habile que celle de personne : il n'y a plus de noviciat à faire en public; il s'est fait dès auparavant et à huis clos. Si l'on est critique, si l'on veut rester dans les voies de la science et de l'histoire littéraire, on paraîtra complet dès le début; on ne sera pas de ceux qui se jettent dans la mêlée à l'improviste et ont dû achever de s'armer vaille que vaille tout en combattant; on aura sa méthode, son ordre de bataille, son art de phalange macédonienne à travers les idées et les hommes. Si épaisse que soit la foule, c'est une manière sûre de faire sa trouée et que bientôt chacun dise en vous montrant du doigt : « En voilà un de vraiment nouveau. »

Le premier ouvrage de M. Taine, et où il condensait déjà les principales idées qu'il a développées depuis, a été son *Essai sur les Fables de La Fontaine* (1853). Cet Essai est, à première vue, la chose la plus étrange et la plus inattendue, eu égard au sujet. C'est, il est vrai, une thèse de doctorat en Sorbonne; M. Taine a choisi le fabuliste pour sujet de sa thèse française; mais, depuis quelques années, les brillants candidats au grade de docteur nous ont habitués, le lendemain matin de leur réception, à lire des livres plutôt que des thèses proprement dites : il a suffi pour cela que le brocheur enlevât la page finale où se lisait le *visa* de M. le doyen. Hier encore, M. Rigault nous donnait un ouvrage de littérature sur les Anciens et les Modernes, où l'origine du travail est entièrement dissimulée; il est besoin de savoir qu'il y a eu là-dessus débat, conflit, *soutenance* en Sorbonne, comme disent les gens du métier; à simple lecture on ne s'en douterait pas. M. Taine n'a pas voulu faire ainsi; il n'a rien dissimulé; il a voulu réellement faire une thèse, et il l'a faite *le plus thèse* qu'il est possible : ç'a été son art ce jour-là. « Le lecteur dira (c'est « lui qui parle dans l'Avertissement) : *Ceci n'est pas un* « *Essai sur les Fables de La Fontaine.* En effet, c'est une « Étude sur le Beau, et, bien pis, une thèse de *Sor-* « *bonne.* De là les raisonnements, les abstractions, le « système; la poésie est en fort mauvaise compagnie. « Si parmi les syllogismes croissent quelques pauvres « fleurs, c'est la faute ou le mérite de La Fontaine : où « n'en ferait-il pas naître? » M. Taine, qui pense que chaque chose peut être bonne en son lieu, que chaque organisation se justifie elle-même dans son cadre naturel, a estimé qu'une thèse proprement dite n'était nullement déplacée en Sorbonne, même au dix-neuvième siècle; il a trouvé piquant d'appliquer cette forme dans ce qu'elle a de rigoureux au plus libre et au plus irrégulier, au plus doucement enthousiaste des génies, à La Fontaine; car si cette forme est, en quelque sorte, impertinente par rapport à La Fontaine, elle est très-convenable, très-bienséante et légitime en Sorbonne, dans ce vieil empire d'Aristote. De cette contradiction aussi bien que de cet accord il résulte un double effet singulier et comme un double jeu, où tout est calculé, où la pensée se déjoue et se rajuste, où l'on est contrarié par la forme, satisfait par le raisonnement, impatienté et vaincu, et qui a bien de l'originalité dans son artifice.

Je viens de parler d'Aristote : M. Taine, dans sa théorie de la Fable et dans la théorie du Beau qu'il y adapte, montre combien il l'a lu et le possède, combien il applique et imite son procédé d'abstraction quand il le veut. Avoir lu Aristote et Kant, et le prouver à chaque ligne en parlant de La Fontaine, là est le tour singulier et comme la gageure. La méthode de M. Taine est tout le contraire de la manière discursive, de ces promenades dans le goût de Montaigne, où l'on a l'air d'aller tout droit devant soi à l'aventure et au petit bonheur de la rencontre. Ici tout prend la régularité d'une science positive, d'une analyse exacte et rigoureuse, dominée et couronnée par une logique inexorable; si l'on observe et si l'on recueille les détails, ce n'est que pour y démêler des lois.

D'abord il donne le procédé et la recette de la fable qu'il appelle *philosophique*, de l'apologue dans toute sa simplicité. C'est un court récit, une vive morale en action, où figurent en général des animaux, des plantes, des êtres plus ou moins voisins de l'homme, et qui représentent ses vices ou ses vertus, ses défauts ou ses qualités. Dès que le récit est terminé, la moralité sort et on la déduit; elle se grave dans l'esprit par l'exemple : car ce que l'homme aperçoit moins quand il s'agit d'hommes ses semblables, et ce qui glisse sur lui, le frappe davantage quand cela se transpose et se réfléchit par allégorie chez des êtres d'une espèce différente. Ainsi ont fait dans leurs fables Ésope, Lessing, et chez nous La Motte, que M. Taine ne nomme pas, et qui est un des plus ingénieux fabricateurs de fables faites exprès et purement en vue de la leçon.

La fable *poétique*, que M. Taine oppose à la fable *philosophique*, sera celle où le poëte ne courra pas tout droit à son but moral, où il s'oubliera et se complaira à animer ses personnages, à les faire parler, à les rendre vraisemblables et vivants. La morale ne viendra pas au bout toute sèche et toute directe :

Une morale nue apporte de l'ennui.

Le poëte aura l'air, par moments, de n'y plus songer; elle lui échappera même quelquefois en mouvement touchant, en effusion de tendresse, comme dans une idylle, comme dans une élégie; *les Deux Pigeons*, critiqués par La Motte, sont le chef-d'œuvre de ce genre libre et de cette espèce d'épopée en petit : La Fontaine en est l'Homère.

Mais il y a autre chose que la fable *poétique* ainsi considérée dans sa richesse dernière, et que la fable *philosophique* ou *didactique* dans sa stricte justesse : il y a la fable *enfantine*, toute primitive, qui n'est pas exacte et sèche dans son ingénieux comme l'une, et qui n'est pas vivante et amusante comme l'autre : c'est la fable naïve, spirituelle encore, mais prolixe, mais languissante et souvent balbutiante, du moyen-âge, le genre avant l'art et avant le goût. M. Taine a montré le même sujet de fable traité dans les trois manières, *le Renard et la Panthère* — par Ésope (genre didactique), — puis par un des Ysopets du moyen-âge (genre enfantin), — et enfin *le Singe et le Léopard* de La Fontaine (genre de génie, et qui est la perfection) : « Ce même sujet, dit-il, trois fois
« raconté, distingue les trois sortes de fables. Les unes,
« lourdes, doctes, sentencieuses, vont, lentement et
« d'un pas régulier, se ranger au bout de la morale
« d'Aristote, pour y reposer sous la garde d'Ésope. —
« Les autres, enfantines, naïves et traînantes, bégayent
« et babillent d'un ton monotone dans les conteurs
« inconnus du moyen-âge. — Les autres enfin, légères,
« ailées, poétiques, s'envolent, comme cet essaim d'a-
« beilles qui s'arrêta sur la bouche de Platon endormi,
« et qu'un Grec aurait vu se poser sur les lèvres souriantes
« de La Fontaine. »

M. Taine examine successivement, dans le grand fabuliste, les *caractères*, l'*action* et l'*expression*. Les *caractères*, suivant lui, les personnages des fables de La Fontaine, quels qu'ils soient, animaux, hommes ou dieux, ce sont toujours des hommes et des contemporains du poëte; et il s'applique à le démontrer, en parcourant les principales catégories sociales, roi, courtisans, noblesse, clergé, bourgeoisie, peuple, et en les retrouvant en mille traits dans sire Lion, dans maître Renard, maître Bertrand, ours, loups, chats et rats, mulets et baudets, etc., etc. M. Taine se garde bien de prétendre que le fabuliste, en faisant agir et parler son sire Lion, ait songé expressément à Louis XIV. « Certes, dit-il, on « ferait tort à La Fontaine si l'on trouvait dans son lion « le Louis XIV des bêtes. Il est moraliste, et non pam- « phlétaire ; il a représenté les rois, et non le roi. Mais « il avait des yeux et des oreilles, et faut-il croire qu'il « ne s'en soit jamais servi ? On copie ses contemporains « en dépit de soi-même, et les Romains ou les Grecs « de Racine sont bien souvent des marquis beaux di- « seurs et d'agréables comtesses. Avec un peu de com- « plaisance, on découvrirait dans La Fontaine *des sou- « venirs qu'il avait et des intentions qu'il n'avait pas.* » Ce sont ces souvenirs reconnus involontaires, ces reflets d'alentour que M. Taine prend plaisir à rassembler dans les analyses qui suivent, y passant en revue les différentes classes de la société du dix-septième siècle telles qu'elles nous reviennent par le miroir du fabuliste. M. Taine excelle à situer les auteurs qu'il étudie, dans leur époque et dans leur moment social, à les y encadrer, à les y enfermer, à les en déduire : ce n'est pas seulement chez lui une inclination et une pente, c'est un résultat de méthode et une conséquence qui a force de loi. C'est ainsi qu'il cerne, en quelque sorte, La Fontaine dans les mille circonstances du monde d'alors, dans les anecdotes les plus caractéristiques que nous en savons, et qu'il essaye de montrer le contre-coup, la réverbération, — comment dirai-je ? — les ricochets de cet état de choses dans ses fables. Il le confronte sans cesse avec Saint-Simon, avec La Bruyère. C'est extrêmement ingénieux, d'une sagacité perçante, mais fatigant à suivre et d'une lecture peu courante. Le tout va au plus grand honneur de La Fontaine, et l'impression reçue est antipathique à celle que produit La Fontaine. Le bonhomme est opprimé. On a beau dire, il y a là un désaccord trop criant entre le procédé critique et l'idée aimable que suggère le poëte. Qui serait le premier étonné de s'entendre expliquer et commenter de la sorte? ce serait La Fontaine. — Un jour que, devant une toile de Raphaël, un de nos peintres modernes, grand esthéticien encore plus que peintre, homme à vastes idées et à plans grandioses, avait développé devant quelques élèves une de ces théories sur l'art chrétien et sur l'art de la Renaissance, où le nom de Raphaël sans cesse invoqué sert de prétexte, il se retourna tout d'un coup en s'éloignant, et, en homme d'esprit qu'il est, il s'écria : « Et dire que s'il nous avait entendus, il n'y aurait rien compris! » Je ne voudrais jamais que telle chose se pût dire de l'auteur, de l'artiste que l'on explique, même après des siècles, et que l'on commente.

Je sais que les points de vue changent et se déplacent; qu'en avançant dans la marche, et d'étape en étape, de nouvelles perspectives s'ouvrent vers le passé et y jettent des lumières parfois imprévues; que si, dans les œuvres déjà anciennes, de certains aspects s'obscurcissent et disparaissent, d'autres se détachent mieux et s'éclairent; que des rapports plus généraux s'établissent, et que, dans la série des monuments de l'art, il y a un juste lointain qui non-seulement n'est pas défavorable, mais qui sert à mieux donner les proportions et la mesure. On peut donc, jusqu'à un certain point, voir dans une œuvre autre chose encore que ce qu'y a vu l'auteur, y démêler ce qu'il y a mis à son insu et ce à quoi il n'avait point songé expressément. De même qu'il aurait certainement beaucoup à nous apprendre s'il nous était donné de le revoir, et que nous serions ramenés au vrai sur bien des questions où nous allons au delà, on pourrait, je le crois, lui apprendre sur lui, à lui-même, quelque chose de nouveau. Là (si on y réussissait) serait la gloire suprême du critique; là, sa part légitime d'invention. Aussi aimerais-je que, lorsqu'on écrit sur un auteur (et j'entends surtout parler d'un poëte ou d'un artiste, d'un auteur de sentiment ou d'imagination), on se le figurât présent et écoutant ce que nous en disons. Cette supposition, au premier abord, pourrait intimider; mais un peu de timidité ne messied pas en abordant les maîtres qu'on admire. Cette première impression de pudeur serait bientôt dissipée, et l'on se mettrait à parler, à disserter du grand écrivain, avec liberté, avec hardiesse, en se figurant quelquefois qu'on le surprend bien un peu et qu'on l'étonne, mais en s'efforçant tout aussitôt de le convaincre et de le gagner à son sentiment. On serait animé par une idée bien flatteuse et par un puissant mobile, par la pensée qu'on l'instruit, lui aussi, qu'on lui fait faire un pas de plus dans la connaissance de lui-même et de la place qu'il tient dans la renommée; on jouirait de sentir qu'on lui développe un côté de sa gloire, qu'on lui lève un voile qui lui en cachait quelque portion, qu'on lui explique mieux qu'il ne le savait son action sur les hommes, en quoi elle a été utile et salutaire, et croissante; on oserait ajouter en quoi aussi elle a été moins heureuse et parfois funeste. Les soins qu'on mettrait à toucher ces endroits défectueux pour la morale ou pour l'art, et les précautions qu'on apporterait à l'en convaincre (lui toujours supposé invisible et présent), seraient un hommage de plus au génie et à la renommée, et ne feraient que communiquer à la critique je ne sais quelle émotion contenue et quelle réserve sentie, qui aurait sa délicatesse, et qui, venue de l'âme, irait à l'âme. On serait sympathique, en un mot. On ne parlerait pas de Racine, de La Fontaine, d'Horace (Horace, La Fontaine et Racine toujours censés présents), comme de Bossuet et de Corneille. On se mettrait d'abord, autant que faire se pourrait, à une sorte d'unisson : car il importerait surtout que le grand écrivain trouvât que nous entrons dans son sens assez directement pour consentir ensuite à entrer un peu dans le nôtre. On arriverait par degrés à l'endroit où l'accord cesse (s'il doit cesser), à la limite. On marquerait à l'un ce qu'il a dit sans le savoir, à l'autre ce qu'il a fait sans le vouloir. Le grand homme, jusque-là si bien mené par son guide, serait comme forcé d'avancer avec le lecteur : ce ne serait qu'un lecteur de plus, et le plus intéressé de tous. On amènerait Racine jusqu'à comprendre l'éloge de Shakspeare, et on expliquerait devant Bossuet la tolérance. Le ton propre à chaque sujet s'observerait jusque dans ces parties extrêmes, où, de l'admiration au point de départ, on serait allé graduellement jusqu'à une demi-contradiction. Et c'est de la sorte que, par le seul mouvement de la critique, on maintiendrait la tradition, qu'on la conserverait sensible et vivante, en même temps qu'on la continuerait avec progrès.

Voilà des rêves. Il faut avant tout respecter les formes de l'esprit chez les critiques comme chez les poëtes. M. Taine a sa forme à lui, bien arrêtée, bien résolue. Loin de moi de lui demander de la changer ! et je n'ai été amené à dessiner ce jeu de contre-partie que par l'excès d'application qu'il a fait de sa méthode à La Fontaine. Il aurait droit de dire que je n'ai pas donné de cette méthode une idée suffisante, que je l'ai affaiblie et énervée. Il termine son ingénieux Essai par une conclusion expresse : il a voulu prouver que l'ouvrage de La

Fontaine n'était, dans le détail, que la pratique de certaines règles, de deux règles principales; il énumère et résume ce qu'il a démontré successivement pour toutes les parties, et il conclut par *donc*, comme dans un syllogisme. Il avait dit ailleurs, en parlant de l'*action* dans les fables du poëte, de cette action qui semble si éparse et qui se rattache toute à une idée, à un but : « *Poésie* et *système* sont des mots qui semblent s'exclure, et qui ont le même sens. » — Oui assurément, si l'on entend par *système* un tout vivant, animé, coloré; oui, si ce mot de *système* a le même sens que *cosmos* et que *monde;* mais chez nous (et cela tient peut-être à notre peu de goût pour la chose), le mot de *système* se prend dans une acception moins entière et moins belle; il implique la dissection, l'abstraction. Aristote n'est pas le même qu'Homère; une salle du Muséum d'histoire naturelle n'est pas une matinée de printemps.

J'ai hâte d'arriver au second ouvrage de M. Taine, dans lequel, tout en gardant ses qualités nerveuses, il montre avec plus d'étendue et avec largeur la portée de son talent. Son *Voyage aux Eaux des Pyrénées* (1855), illustré de soixante-cinq vignettes sur bois par Doré, et qui s'accommode très-bien de ce dangereux vis-à-vis, rappelle à quelques égards les charmants Voyages de Topffer, et l'on y trouve des pages descriptives qui peuvent se mettre à côté des paysages de montagne tracés par Ramond et par Sénancour. L'auteur ici, pas plus qu'ailleurs, ne procède au hasard, et ne se laisse aller à son impression sans la juger et la commander. Il est *naturiste* au fond, *naturiste* par principes, et accorde tout à cette grande puissance universelle qui renferme en elle une infinie variété d'êtres et d'accidents. Il a sa théorie du climat, du sol, de la race. Il ne se borne pas à reconnaître des rapports et des harmonies, il voit des causes directes et des effets. Parlant d'un coin particu-

lier du Béarn, il dira : « Ici les hommes sont maigres et
« pâles; leurs os sont saillants et leurs grands traits
« tourmentés comme ceux de leurs montagnes. Une
« lutte éternelle contre le sol a rabougri les femmes
« comme les plantes; elle leur a laissé dans le regard
« une vague expression de mélancolie et de réflexion.
« Ainsi les impressions incessantes du corps et de l'âme
« finissent par modeler le corps et l'âme; la race façonne
« l'individu, le pays façonne la race. Un degré de cha-
« leur dans l'air et d'inclinaison dans le sol est la cause
« première de nos facultés et de nos passions. » Et ailleurs : « Le climat façonne et produit les bêtes aussi
« bien que les plantes. Le sol, la lumière, la végétation,
« les animaux, l'homme, sont autant de livres où la
« nature écrit en caractères différents la même pensée. »
De même, en étudiant l'histoire, il est porté à voir dans
les individus, et sans excepter les plus éminents, une
production directe, un résultat à peu près fatal du siècle
particulier où il sont venus. Il accorde peu à la force
individuelle. Il le dira énergiquement dans son *Essai
sur Tite-Live*. « Si inventeur que soit un esprit, il n'in-
« vente guère; ses idées sont celles de son temps, et ce
« que son génie original y change ou ajoute est peu de
« chose. La réflexion solitaire, si forte qu'on la suppose,
« est faible contre cette multitude d'idées qui de tous
« côtés, à toute heure, par les lectures, les conversa-
« tions, viennent l'assiéger... Tels que des flots dans un
« grand fleuve, nous avons chacun un petit mouvement,
« et nous faisons un peu de bruit dans le large courant
« qui nous emporte; mais nous allons avec les autres,
« et nous n'avançons que poussés par eux. » Chacun
des remarquables articles de M. Taine aux *Débats* est
signé par une profession toujours nouvelle et une va-
riante de cette théorie. Ce qu'il faut lui répondre quand
il s'exprime avec une affirmation si absolue, c'est que,

entre un fait si général et aussi commun à tous que le sol et le climat, et un résultat aussi compliqué et aussi divers que la variété des espèces et des individus qui y vivent, il y a place pour quantité de causes et de forces plus particulières, plus immédiates, et tant qu'on ne les a pas saisies, on n'a rien expliqué. Il en est de même pour les hommes et pour les esprits qui vivent dans le même siècle, c'est-à-dire sous un même climat moral : on peut bien, lorsqu'on les étudie un à un, montrer tous les rapports qu'ils ont avec ce temps où ils sont nés et où ils ont vécu ; mais jamais, si l'on ne connaissait que l'époque seule, et même la connût-on à fond dans ses principaux caractères, on n'en pourrait conclure à l'avance qu'elle a dû donner naissance à telle ou telle nature d'individus, à telles ou telles formes de talents. Pourquoi Pascal plutôt que La Fontaine? pourquoi Chaulieu plutôt que Saint-Simon? On ignore donc le point essentiel de la difficulté ; le *comment* de la création ou de la formation, le mystère échappe. Ce qu'on peut faire de plus sage, c'est de bien voir et d'observer, et ce qu'il y a de plus beau quand on le peut, c'est de peindre. Les formules générales n'attestent qu'une vue et un vœu de certains esprits ; il est mieux d'en être sobre et de ne les faire intervenir qu'à la dernière extrémité, car, trop fréquentes et présentées à tout moment, elles offusquent et elles écrasent.

Dans ce *Voyage aux Pyrénées*, M. Taine y a mis d'ailleurs de l'habileté et de l'art. Par exemple, ses théories pour ou contre les points de vue de montagnes, il les a distribuées en dialogues ; il a un voisin de table, un raisonneur obstiné « qui met ses impressions en formules, et qui professe les mathématiques du paysage ; » il le fait causer, il lui donne la réplique et l'occasion de le contredire. Il y mêle de l'ironie ; il a l'air de le railler, et c'est son meilleur ami, c'est lui-même qui se dédouble. Toutes ces parties de son livre sont supérieures de vues, et, qui plus est, pittoresques à ravir. Le raisonneur prétend assigner des règles à la beauté du paysage : « pour qu'un paysage soit beau, il faut que toutes ses parties impriment une idée commune et concourent à produire une même sensation. » Il y a des paysages où, avec de grandes parties, l'impression totale est manquée ; il y en a où, avec les circonstances les plus vulgaires, les plus triviales, l'effet est produit. Les montagnes elles-mêmes peuvent avoir une autre beauté que le grandiose :

« Voyez cette petite chaîne isolée, contre laquelle s'appuient les Thermes (aux environs des Eaux-Bonnes) : personne n'y monte ; elle n'a ni grands arbres, ni roches nues, ni points de vue. Eh bien, hier j'ai ressenti un vrai plaisir ; on suit l'âpre échine de la montagne sous la maigre couche de terre qu'elle bossèle de ses vertèbres ; le gazon pauvre et dru, battu du vent, brûlé du soleil, forme un tapis serré de fils tenaces ; les mousses demi-séchées, les bruyères noueuses enfoncent leurs tiges résistantes entre les fentes du roc ; les sapins rabougris rampent en tordant leurs tiges horizontales. De toutes ces plantes montagnardes sort une odeur aromatique et pénétrante, concentrée et exprimée par la chaleur. On sent qu'elles luttent éternellement contre un sol stérile, contre un vent sec, contre une pluie de rayons de feu, ramassées sur elles-mêmes, endurcies aux intempéries, obstinées à vivre. Cette expression est l'âme du paysage ; or, autant d'expressions diverses, autant de beautés différentes, autant de passions remuées. Le plaisir consiste à voir cette âme. Si vous ne la démêlez pas ou qu'elle manque, une montagne vous fera justement l'effet d'un gros tas de cailloux. »

Il excelle à rendre ces paysages compliqués et laborieux, à leur arracher leur secret, à traduire idéalement leur sens confus comme celui d'une âme obscure. Ainsi, dans une vallée sauvage après Gèdres :

« A l'occident, un môle perpendiculaire, fendillé comme une vieille ruine, se dresse à pic vers le ciel. Une lèpre de mousses jaunâtres s'est incrustée dans ses pores et l'a vêtu tout entier d'une livrée sinistre. Cette robe livide sur cette pierre brûlée est d'un effet splendide. Rien n'est laid comme les cailloux crayeux qu'on tire d'une carrière; ces déterrés semblent froids et humides dans leur linceul blanchâtre; ils ne sont point habitués au soleil; ils font contraste avec le reste. Mais le roc qui vit à l'air depuis dix mille ans, où la lumière a tous les jours déposé et fondu ses teintes métalliques, est l'ami du soleil; il en porte le manteau sur les épaules; il n'a pas besoin d'un vêtement de verdure; s'il souffre des végétations parasites, il les colle à ses flancs et les empreint de ses couleurs. Les tons menaçants dont il s'habille conviennent au ciel libre, au paysage nu, à la chaleur puissante qui l'environne; il est vivant comme une plante; seulement il est d'un autre âge plus sévère et plus fort que celui où nous végétons. »

Il ne réussit pas seulement à ces âpres lambeaux de paysage, il a toutes les fraîcheurs et les légèretés pour décrire la vapeur matinale qui revêt les montagnes, « cet air bleuâtre enfermé dans les gorges et qui redevient visible le soir » (pages 39 et 127). Il sait, pour l'avoir souvent éprouvé dans cette continuité d'émotions excessives, « que le grandiose lasse vite; qu'il n'y a rien de plus beau que la beauté riante, qu'elle seule met l'âme dans son assiette naturelle. » Toutefois, il ne peut se dérober là à la condition de son sujet et aussi au tour naturel de son esprit; et ce sont encore les aspects sévères, les sublimités gigantesques qui l'attirent le plus et l'inspirent le plus puissamment. Il est peu de pages plus belles que celles qu'il a consacrées à décrire ce qu'on voit du haut du Bergonz, montagne située derrière Luz, et qui est fort bien placée pour servir de belvédère sur l'ensemble des Pyrénées; c'est le point central du livre et du tableau :

« Quelle vue ! tout ce qui est humain disparaît; villages, enclos, cultures, on dirait des ouvrages de fourmis. J'ai deux vallées sous les yeux, qui semblent deux petites bandes de terre perdues dans un entonnoir bleu. Les seuls êtres ici sont les montagnes. Nos routes et nos travaux y ont égratigné un point imperceptible; nous sommes des mites, qui gîtons, entre deux réveils, sous un des poils d'un éléphant. Notre civilisation est un joli jouet en miniature, dont la nature un instant s'amuse, et que tout à l'heure elle va briser. On n'aperçoit qu'un peuple de montagnes assises sous la coupole embrasée du ciel : elles sont rangées en amphithéâtre, comme un conseil d'êtres immobiles et éternels. Toutes les réflexions tombent sous la sensation de l'immense, croupes monstrueuses qui s'étalent, gigantesques échines osseuses, flancs labourés qui descendent à pic jusqu'en des fonds qu'on ne voit pas. On est là comme dans une barque au milieu de la mer. Les chaînes se heurtent comme des vagues. Les arêtes sont tranchantes et dentelées comme les crêtes des flots soulevés ; ils arrivent de tous côtés, ils se croisent, ils s'entassent, hérissés, innombrables, et la houle de granit monte haut dans le ciel aux quatre coins de l'horizon. Au nord, les vallées de Luz et d'Argelès s'ouvrent dans la plaine par une percée bleuâtre, brillantes d'un éclat terne et semblables à deux aiguières d'étain bruni. A l'ouest, la chaîne de Barège s'allonge en scie jusqu'au pic du Midi, énorme hache ébréchée, tachée de plaques de neige ; à l'est, des files de sapins penchées montent à l'assaut des cimes. Au midi, une armée de pics crénelés, d'arêtes tranchées au vif, de tours carrées, d'aiguilles, d'escarpements perpendiculaires, se dresse sous un manteau de neige ; les glaciers étincellent entre les rocs sombres ; les noires saillies se détachent avec un relief extraordinaire sur l'azur profond. Ces formes rudes blessent l'œil ; on sent avec accablement la rigidité des masses de granit qui ont crevé la croûte de la planète, et l'invincible âpreté du roc soulevé au-dessus des nuages. Ce chaos de lignes violemment brisées annonce l'effort de puissances dont nous n'avons plus l'idée. Depuis, la nature s'est adoucie ; elle arrondit et amollit les formes qu'elle façonne ; elle brode dans les vallées sa robe végétale, et découpe, en artiste industrieux, les feuillages délicats de ses plantes. Ici, dans sa barbarie primitive, elle n'a su que fendre des blocs et entasser les masses brutes de ses constructions cyclopéennes. Mais son monument est sublime, digne du ciel qu'il a pour voûte, et du soleil qu'il a pour flambeau. »

Je n'ai donné que la partie purement pittoresque : les pages qui suivent et où l'auteur s'emparant des notions géologiques, expose et ressuscite les révolutions de ces contrées durant les âges antérieurs à l'homme, sont d'une extrême élévation et d'une vraie beauté ; la conclusion est d'une humilité mélancolique, mêlée d'un sourire, pour la race humaine éphémère. Je signalerai encore dans ce volume les chapitres où sont décrites les trois régions de hauteurs par les végétaux qui y règnent, les *hêtres*, les *pins*, les *mousses*, et l'on a ensuite, en passant aux animaux et d'une manière plus ou moins correspondante, le gracieux, l'incomparable défilé des chèvres (objet d'une lutte restée indécise entre Doré et M. Taine), la compagnie grognonne des cochons, et les mille gentillesses des jolis lézards.

C'est assez montrer que si, dans l'*Essai sur les Fables de La Fontaine*, l'auteur avait fait excès de raisonnement, et comme orgie d'austérité, c'est parce qu'il l'avait voulu, et qu'il n'avait qu'à vouloir dans un autre sens pour se détendre. S'il y avait *de l'École* au point de départ, il l'a usée en partie, il achèvera de l'user encore. Nous aurons à le suivre dans son *Essai sur Tite-Live* et dans son livre sur les *Philosophes* modernes. Son Étude de Tite-Live surtout nous montrera dans un beau jour ses qualités littéraires supérieures, mais encore adhérentes à un système. Novateur, M. Taine ne craint pas de forcer ses idées en les promulguant : « Selon la cou-« tume des novateurs, a-t-il dit de l'historien philoso-« phe Niebuhr, il pousse la vérité jusqu'à l'erreur : « exagérer est la loi et le malheur de l'esprit de l'homme : « *il faut dépasser le but pour l'atteindre.* » Pourquoi, comme innovation la plus rare, n'essayerait-on pas une fois de commencer, s'il se peut, par une entière justesse ? M. Taine a le bonheur d'être savant, et ce qui est mieux, d'avoir l'instrument, l'esprit scientifique joint au talent littéraire ; tout s'enchaîne dans son esprit, dans ses idées ; ses opinions se tiennent étroitement et se lient : on ne lui demande pas de supprimer la chaîne, mais de l'accuser moins, de n'en pas montrer trop à nu les anneaux, de ne pas trop les rapprocher, et, là où dans l'état actuel de l'étude il y a lacune, de ne pas les forger prématurément. Il procède trop par voie logique et non à la façon des sciences naturelles. Si l'on peut espérer d'en venir un jour à classer les talents par familles et sous de certains noms génériques qui répondent à des qualités principales, combien, pour cela, ne faut-il pas auparavant en observer avec patience et sans esprit de système, en reconnaître au complet, un à un, exemplaire par exemplaire, en recueillir d'analogues et en décrire !

Lundi, 16 mars 1857.

DIVERS ÉCRITS

DE M. H. TAINE

Essai sur les Fables de La Fontaine. — *Voyage aux Eaux des Pyrénées.* — *Essai sur Tite-Live.* — *Les Philosophes français du XIXe siècle.*

(SUITE ET FIN)

L'Académie française avait proposé pour sujet d'un prix à décerner en 1855 « une Étude critique et oratoire sur le génie de Tite-Live, » ajoutant à cet énoncé un programme développé où se posaient les diverses questions relatives à l'auteur et aux circonstances de sa vie, aux sources et à l'autorité de son Histoire, au caractère et à la beauté de son monument. M. Taine, dont l'ouvrage a obtenu le prix, a traité ce sujet avec un talent qui en est digne, et avec plus d'originalité même qu'on n'en demandait.

Cette originalité s'accuse dans la courte Préface qu'il a ajoutée à son ouvrage en le publiant, et qui met en saillie l'idée principale qui l'a dirigé dans son Étude.

Tite-Live est un historien qui a un *génie d'orateur*, et de cette seule qualité ou faculté prédominante M. Taine déduit tout l'homme et toute son œuvre. Il suppose en principe « que les facultés d'un homme, comme les organes d'une plante, dépendent les unes des autres ; qu'elles sont mesurées et produites par une loi unique; qu'il y a en nous une faculté-maîtresse dont l'action uniforme se communique différemment à nos différents rouages, et imprime à notre machine un système nécessaire de mouvements prévus. » — « Une fois qu'on a saisi la faculté-maîtresse, dit-il ailleurs en parlant de Shakspeare, on voit l'homme se développer comme une fleur. »

Il y a ici l'annonce et comme l'inauguration d'une nouvelle méthode en critique. Tite-Live n'est pas le seul écrivain auquel M. Taine l'ait appliquée avec la vigueur qui est en lui : son Shakspeare, son Saint-Simon ont vivement frappé l'attention de tous ceux qui lisent. Du premier jour, et à chaque coup, il a enfoncé son clou d'airain dans les esprits. Déjà un jeune ami de M. Taine et un admirateur de ses talents, M. Guillaume Guizot, a exposé et combattu en forme cette méthode dans deux articles très-remarquables ; je ne m'engagerai pas ici dans la discussion générale de la doctrine, ce qui exigerait des développements hors de mesure : je me bornerai, dans le cas particulier de Tite-Live, à faire voir ce qu'elle a, selon moi, d'excessif, d'artificiel et de conjectural ; le genre et le degré d'objection que j'y fais se comprendront mieux.

Que sait-on de Tite-Live, de sa personne et de sa vie? Il était né à Padoue, grande ville municipale, et qui avait chez elle un abrégé et une image des institutions politiques de la mère cité. Il y fut élevé, et, si Pollion a dit vrai, il garda toujours quelque chose de sa province, même dans son élégante élocution. Dans cette Cisalpine si ravagée, il assista de près aux luttes sanglantes de la guerre civile et aux circonstances qui amenèrent le second Triumvirat ; il eut dès l'enfance les impressions vives de la cité, comme Virgile avait eu celles des champs. Tite-Live avait douze ans de moins que Virgile. On ne sait précisément à quelle époque il vint à Rome ; il est probable qu'il y vint après la victoire d'Actium, âgé d'environ trente ans ; il commença son Histoire dans ces belles années d'Auguste, et quand le temple de Janus était fermé pour la troisième fois depuis la fondation de la ville. C'était le moment où Virgile, de son côté, travaillait à l'*Énéide*. Peu après son arrivée à Rome, on croit qu'il écrivit des Dialogues sur des questions philosophiques et politiques, qui le firent connaître d'Auguste. Ce prince le favorisa, lui procura toutes les facilités et des documents pour son Histoire ; il lui aurait même donné, dit-on, un logement dans ses palais. Tite-Live usa de cette faveur avec mesure, avec décence ; il garda une honnête liberté de jugement dans les parties les plus récentes et presque contemporaines de son Histoire. Auguste l'appelait en riant le *Pompéien*, et Tite-Live osa écrire du grand César « qu'il n'était pas bien certain si la chose publique avait plus gagné à ce qu'il naquît qu'elle n'aurait gagné à ce qu'il ne fût pas né. » Après la mort d'Auguste, il retourna à Padoue et y mourut vers l'âge de soixante-seize ans. On croit savoir de plus que Tite-Live se maria deux fois, et qu'il eut deux fils et quatre filles. C'est à cela que se réduit le peu qui nous a été laissé sur lui.

Son Histoire, il est vrai, ne nous exprime pas seulement son talent, elle nous déclare son âme. Mais cette Histoire, qui se composait de 140 ou 142 livres, et qui embrassait sans interruption la chaîne des temps depuis la fondation de Rome jusqu'au règne d'Auguste (ce règne y compris jusqu'en 744), a péri dans sa plus grande partie, et assurément dans la plus intéressante. On n'a que 35 livres sur 142, le quart de l'œuvre. On a les dix premiers livres, dans lesquels Tite-Live a dû accepter (et il en demande presque grâce) les fables et les *on-dit* de la légende, et couvrir de son talent les premiers âges si secs de l'histoire. On a ensuite, il est vrai, l'admirable seconde guerre Punique, les guerres de Macédoine et la première guerre d'Asie ; mais tout ce qui suit et ce qui eût été d'un si haut intérêt, manque, les luttes de Marius et de Sylla, la rivalité de Pompée et de César, la vraie histoire politique réelle, ces époques récentes que Tite-Live savait dans leur esprit et dans leur détail par les mémoires du temps, par les récits d'une tradition prochaine, par cette transmission animée et vivante qui est comme un souffle fécondant. S'il avait entrepris une si grande œuvre, c'était sans doute l'impression qu'il avait reçue de ces spectacles de son enfance et de ces récits émouvants des anciens, qui l'y avait le plus excité et déterminé. Eh bien, toute cette considérable moitié, et plus que moitié, de son tableau, nous a été enviée, elle est détruite ; et nous allons le juger comme si nous possédions le tout et comme si nous considérions l'ensemble ! Qu'on me permette un exemple bien disproportionné quant à la splendeur, mais non pas quant aux circonstances essentielles : supposez que de la grande Histoire de Mézeray on n'ait conservé que les premiers âges à demi fabuleux des Mérovingiens, et puis les règnes de Jean, de Charles V, de Charles VI, et, si l'on veut même, de Charles VII, les guerres des Anglais, et qu'on ait perdu tout le seizième siècle, où Mézeray abonde et excelle, ces tableaux des guerres civiles religieuses, où il est le compilateur le plus nourri, le plus naïvement gaulois et le plus indépendant à la française, où il se montre le mieux informé et le plus sensé des narrateurs ; aura-t-on, je le demande, du talent de Mézeray et de sa nature d'esprit une idée entière, et surtout pourra-t-on pousser cette idée et la définition de cet esprit jusqu'à la rigueur d'une formule, jusqu'à en extraire le dernier mot?

Le dernier mot d'un esprit, d'une nature vivante! certes il existe, mais dans quelle langue le proférer? Au second chapitre de la *Genèse*, il est dit d'Adam « que le Seigneur Dieu ayant formé de la terre tous les animaux terrestres et tous les oiseaux du ciel, il les amena devant Adam, afin de voir comment il les appellerait : et le nom qu'Adam donna à chacun des animaux est son nom *véritable*. » Mais cette langue primitive d'Adam est perdue; et puis il s'agit ici de nommer les pareils d'Adam, ou, pour ne pas sortir de notre ton et de notre sujet, il s'agit de trouver une juste nomenclature à des esprits et des talents humains, matière essentiellement ondoyante et flottante, diversité et complication infinie.

J'admets volontiers (et, dans les nombreuses études critiques et biographiques auxquelles je me suis livré, j'ai eu plus d'une fois l'occasion de le pressentir et de le reconnaître) que chaque génie, chaque talent distingué a une forme, un procédé général intérieur qu'il applique ensuite à tout. Les matières, les opinions changent, le procédé reste le même. Arriver ainsi à la formule générale d'un esprit est le but idéal de l'étude du moraliste et du peintre de caractères. C'est beaucoup d'en approcher, et, comme on est ici dans l'ordre moral, c'est quelque chose déjà d'avoir le sentiment de cette formule. Cela anime et dirige dans l'examen des parties et dans le détail de l'analyse. Efforçons-nous de deviner ce nom intérieur de chacun, et qu'il porte gravé au dedans du cœur. Mais, avant de l'articuler, que de précautions! que de scrupules! Pour moi, ce dernier mot d'un esprit, même quand je serais parvenu à réunir et à épuiser sur son compte toutes les informations biographiques de race et de famille, d'éducation et de développement, à saisir l'individu dans ses moments décisifs et ses crises de formation intellectuelle, à le suivre dans toutes ses variations jusqu'au bout de sa carrière, à posséder et à lire tous ses ouvrages, — ce dernier mot, je le chercherais encore, je le laisserais à deviner plutôt que de me décider à l'écrire; je ne le risquerais qu'à la dernière extrémité. C'est presque s'attribuer la sagacité souveraine et usurper sur la puissance universelle que de dire d'un être semblable à nous : « Il est cela, et, tel point de départ étant donné, telles circonstances s'y joignant, il *devait* être cela, *ni plus ni moins*, il ne pouvait être autre chose. »

Notez que je ne parle ainsi que parce que j'ai devant moi une ambition scientifique impérieuse et précise; car, *littérairement*, et sans y attacher tant de rigueur, on peut se permettre de ces résumés vifs, de ces termes brefs qui peignent et qui fixent un personnage, de ces aperçus qui animent une analyse et qui ne tirent pas à conséquence.

J'en reviens à Tite-Live, *l'historien orateur*. Au sens littéraire, il n'y aurait rien à objecter à cette définition, et elle serait heureuse. Cicéron avait dit, — s'était fait dire par Atticus dans son dialogue *des Lois*, — que l'Histoire était un genre d'écrit éminemment oratoire (*opus hoc oratorium maxime*); Atticus lui conseille de s'y appliquer : « Depuis longtemps, dit-il à son éloquent ami, on vous demande une Histoire, on la sollicite de vous; car on est persuadé que, si vous traitiez ce genre, là aussi nous ne le céderions en rien à la Grèce. » Il est bien entendu qu'il ne s'agit pas, pour Cicéron, de remonter jusqu'aux origines, aux contes de vieille sur Rémus et Romulus, mais bien de retracer les grandes choses de l'histoire contemporaine et les spectacles dont on a été témoin en ce siècle d'orages, y compris cette mémorable année de son consulat. Cicéron convient qu'un tel travail est ce qu'on lui demande et ce que tout le monde attend de lui ; mais il faudrait pour cela un complet loisir et une liberté d'esprit qui lui est refusée. Au second livre *de l'Orateur*, cette même question des rapports de l'Histoire avec le talent de la parole (*quantum munus sit oratoris historia*) est pareillement mise sur le tapis et discutée entre les interlocuteurs supposés, l'orateur Antoine et Catulus ; Antoine y indique très-nettement les différences qui distinguent en propre le genre historique, — l'horreur du mensonge, la vérité des faits pour base, la description fidèle des événements, des lieux, l'exposé intelligent des entreprises, et un courant de récit plus égal, plus doux, épandu, naturel, exempt des violences et des secousses de l'action oratoire. Cet historien, non pas précisément orateur, mais cet historien éloquent, que Cicéron désirait chez les Romains, et que ses contemporains auraient voulu obtenir en lui, ce fut Tite-Live qui le devint trente ou quarante ans plus tard. On sait combien Tite-Live admirait le talent de Cicéron : il conseillait à son fils de lire avant tout Démosthène et Cicéron, et ensuite les autres auteurs « à proportion qu'ils ressemblaient le plus à l'un et à l'autre. » Ce n'était que justice que Tite-Live eût un goût particulier pour le grand écrivain dont il réalisait l'idée et le vœu dans l'Histoire.

Est-ce à dire, parce que Tite-Live est éloquent par nature et cherche des sujets riches et féconds, des sujets propices au développement des talents qu'il a en lui, qu'il soit orateur en tout et *partout* dans son Histoire, orateur au pied de la lettre, et orateur en quelque sorte dépaysé quand il fait autre chose que des discours, tellement que lorsqu'il peint, par exemple, des caractères, Annibal, Fabius, Scipion, Caton, Paul-Émile, s'il les conçoit d'une façon un peu plus noble et un peu plus adoucie qu'un autre ne les eût présentés, tout ce qu'on peut louer ou blâmer dans cette manière de traiter les portraits soit *l'effet de l'esprit oratoire*, un effet rigoureux, nécessaire, découlant de là directement comme un corollaire d'un principe? Je crois qu'ici M. Taine a dépensé une grande finesse et subtilité d'analyse à soutenir un système trop particulier. Pour éclaircir ma pensée, je prendrai un exemple chez un de nos premiers historiens contemporains. M. Thiers, dans son *Histoire du Consulat et de l'Empire*, rencontre un grand nombre de figures de généraux, de ministres, de diplomates : il les dessine avec justesse, mais en quelques traits sobres, peu marqués en général, et en évitant les saillies et ce qui ferait disparate; en définitive, il les adoucit et les ennoblit, non pas avec la teinte d'éclat et ce lustre qu'y met Tite-Live, mais dans la même intention. C'est qu'un historien n'est pas un biographe : il n'est pas tenu à creuser d'égale sorte un caractère, à en détacher tous les contours; mais, même quand il le pourrait faire avec avantage et rehaussement pour son œuvre (ce que je n'examine pas ici), le point qui importe dans l'exemple cité, c'est que, si M. Thiers opère sur les portraits de ses personnages cette réduction et cet adoucissement, ce n'est point qu'il obéisse du tout à l'*esprit oratoire;* il obéit en cela à une pensée de goût simple qui lui est propre, et à une idée d'harmonie dans l'ensemble. Tite-Live, de même, en évitant ces reliefs en tous sens qu'un Plutarque peut indiquer dans le détail et qu'on recherche si fort aujourd'hui, obéit à une pensée de peintre plus que d'orateur, à un sentiment d'accord, de composition et de nuance, qui lui fait assortir ses principales figures avec le noble monument qu'il élève. Un Caton trop rude et trop hérissé, un Paul-Émile patricien trop dur, ne lui allaient pas; il avait à les présenter surtout par leurs aspects publics, patriotiques, à jamais mémorables; le côté anecdotique est resté dans l'ombre. Tite-Live, ne l'oublions jamais, avait conçu son Histoire et commença de l'exécuter sous le plus beau rayon du règne et de l'*heure* d'Auguste. M. Taine n'a pas rendu toute justice à cette *heure* unique d'Auguste (voir sa page 25).

Et à cette distance, Plutarque même en main et avec quelques fragments des écrits de Caton, avons-nous bien mission et qualité pour venir contredire et redresser Tite-Live sur ses portraits? Il est si aisé de confondre les nuances, de forcer les couleurs! — Il est arrivé assez souvent à M. Taine de citer M. Michelet et de lui donner presque avantage sur Tite-Live, soit à propos de l'antique Étrurie, ou même au sujet d'Annibal. J'honore M. Michelet, sa vie de travail, son effort constant, ses fouilles érudites et ses ingénieuses mises en scène, cette faculté de couleur voulue et acquise où il a l'air de se jouer désormais en maître, mais quand je considère de quelle manière il a jugé et dépeint des événements et des personnages historiques à notre portée, et dont nous possédons tous autant que lui les éléments; quand je le vois toujours ambitieux de pousser à l'effet, à l'étonnement, j'avoue que je serais bien étonné moi-même qu'il eût deviné et jugé les choses et les hommes de l'Histoire romaine plus sûrement que Tite-Live.

En m'aidant de ces exemples modernes, je ne m'écarte pas du principal objet de la discussion. Une fois, à propos de Tite-Live, M. Taine nomme Stendhal; il le citera surtout dans son livre des *Philosophes*, et le qualifiera dans les termes du plus magnifique éloge (*grand romancier, le plus grand psychologue du siècle*). Dussé-je perdre moi-même à invoquer de la part de M. Taine plus de sévérité dans les jugements contemporains, je dirai qu'ayant connu Stendhal, l'ayant goûté, ayant relu encore assez récemment ou essayé de relire ses romans tant préconisés (romans toujours manqués, malgré de jolies parties, et, somme toute, détestables), il n'est impossible d'en passer par l'admiration qu'on professe aujourd'hui pour cet homme d'esprit, sagace, fin, perçant et excitant, mais décousu, mais affecté, mais dénué d'invention. J'en conclus que, s'il est si difficile, même de près, de saisir la qualité dominante chez un de nos contemporains, il est bien plus difficile, ou, pour mieux dire, tout à fait impossible de prétendre la retrouver et surtout la contrôler, la rectifier avec certitude, à une telle distance, chez les personnages de l'Histoire de Tite-Live ou chez l'historien lui-même.

Tite-Live, pour l'Histoire, a fait comme les Romains dans tous les genres littéraires : il a eu les Grecs sous les yeux; il s'est dit qu'il les fallait imiter, et, s'il se peut, égaler. Il s'est proposé pour objet d'émulation Thucydide, comme Virgile Homère. Il a imité les harangues de l'Athénien, mais il les a imitées en les transformant. Il a répandu sur celles qu'il prodigue dans son Histoire sa propre couleur de génie, sa clarté, son émotion, son pathétique, de même qu'il a versé dans le cours continu de sa narration son *abondance lactée*, sa *candeur éblouissante*, et qu'il a su être merveilleux d'agrément et d'aménité comme un Hérodote poli. Les autres qualités, les mérites plus politiques qui auraient pu se révéler à mesure qu'il aurait avancé dans son Histoire (car il avait en lui, selon la remarque de Quintilien, bien des perfections diverses), ces mérites de spectateur et de peintre, capable pourtant de saisir les effets et les causes de grandeur ou de décadence, ne les lui supposons pas sans preuve, mais ne les lui dénions pas. Il est orateur sans doute, mais il est peintre aussi, il est dramatique, il est moraliste; ce n'est pas à dire qu'avec tout cela il n'aurait point paru plus politique quand il l'aurait fallu. Telle qu'elle est dans son magnifique débris, et plus mutilée qu'un temple de Pœstum, son Histoire nous apparaît encore la plus digne qui se puisse concevoir du peuple-roi, et quand Scipion l'Africain, s'adressant à son petit-fils dans ce beau *Songe,* lui dit que « de tout ce qui se fait sur la terre, rien n'est plus agréable à ce Dieu suprême qui régit tout cet univers que les réunions de mortels associés par les lois et que l'on nomme cités, » il lui désigne en effet l'Empire romain, la merveille de cette République et de cet Empire tel que Virgile l'a rassemblé en idée sur le bouclier divin de son héros, et tel que le seul Tite-Live le décrira.

Je me repens, dans tout ce qui précède, d'avoir l'air de critiquer seulement un ouvrage plein de mérite, d'intérêt, où, sauf la veine trop prononcée qui le traverse, tout est instructif, agréable même, d'une science exacte, d'une forte pensée, d'une expression frappante et qui se grave. Les chapitres sur Machiavel, sur Montesquieu, sont très-beaux, très-vrais. Si ce n'était faire tort à un écrit si solide que d'en présenter des extraits de pages, je détacherais celle qui marque le caractère de Montesquieu dans son livre de la *Grandeur* et de la *Décadence des Romains...* Je la donnerai pourtant, parce que nous sommes Français et que nous aimons les *morceaux,* mais je n'en donnerai que le commencement ; tout lecteur sérieux voudra lire la suite :

« Dans ce livre, il (Montesquieu) oublie presque les finesses de style, le soin de se faire valoir, la prétention de mettre en mots spirituels des idées profondes, de cacher des vérités claires sous des paradoxes apparents, d'être aussi bel-esprit que grand homme. Il ne garde de ses défauts que les qualités. Il parle de Rome avec plus d'apprêt que Tite-Live, mais avec la même majesté poétique. Ses jugements tombent comme des sentences d'oracle, détachés, un par un, avec une concision et une vigueur incomparables, et le discours marche d'un pas superbe et lent, laissant aux lecteurs le soin de relier ses parties, dédaignant de leur indiquer lui-même sa suite et son but. Si l'on ôte quelques passages où la simplicité est affectée et la sagacité raffinée, on croit entendre un des anciens jurisconsultes ; Montesquieu a leur calme solennel et leur brièveté grandiose ; et du même ton dont ils donnaient des lois aux peuples, il donne des lois aux événements... »

Suivant moi, pour que le livre sur Tite-Live fût entièrement vrai (car il l'est sur presque tous les points, et pleine justice est rendue d'ailleurs à l'historien), il eût suffi de laisser au sens du *génie oratoire,* du *génie de l'éloquence* déclaré dominant chez lui, la valeur d'un aperçu littéraire, sans lui attribuer la valeur d'une formule scientifique; il eût suffi enfin de ne pas inscrire à la première ligne de cette Étude, de n'y pas faire peser le nom et la méthode de Spinosa, de ne pas rapprocher des termes aussi étonnés d'être ensemble que Spinosa et Tite-Live. Comment le goût seul n'a-t-il pas donné l'éveil? Rarement ce qui crie d'abord se trouve être juste ensuite.

L'ouvrage sur *les Philosophes français du dix-neuvième siècle* (1857) n'a été couronné par aucune Académie; l'auteur l'a essayé en articles successifs dans la *Revue de l'Instruction publique,* mais c'est d'aujourd'hui seulement qu'on en peut bien juger d'après l'ensemble. C'est un tour de force, et un tour de force sérieux. M. Taine a su rendre amusant, et même gai, un livre où sont traités des personnages en général fort graves, et où leur méthode pourtant est discutée, prise à partie et très-gravement attaquée. Il fallait, avant tout, se faire lire, et je puis assurer qu'il sera lu. Quelques personnes auraient désiré un autre ton, une autre manière de procéder. M. Taine peut répondre que, quand on déclare la guerre à une école puissante, on la fait comme on l'entend, et que, quel que soit le tour de sa forme, il n'a rien sacrifié du fond des questions. Ceux qui ont connu La Romiguière, M. Royer-Collard, M. Jouffroy, pourront désirer quelque chose pour la parfaite ressemblance et nuance des physionomies: évidemment, l'auteur, jeune et solitaire, a causé avec quelques amis qui les avaient connus, mais surtout il a lu leurs écrits, il s'est enfermé avec eux comme avec des morts d'autrefois, dans le tête-à-tête de la pensée, et il a rendu avec une vivacité sans mélange l'impression pure qu'il en recevait. Il s'est représenté leur image intellectuelle, il se l'est peinte et nous l'a renvoyée à bout portant, sans aucune précaution, avec crudité et raideur. Il a tout osé vis-à-vis de lui-même et vis-à-vis d'eux. Il a été piquant sans remords, il a eu par instants une sorte de raillerie amère, celle des esprits vigoureux et sévères : *vigueur et amertume,* les Anciens ont toujours aimé à rapprocher ces deux qualités parentes. Il a écrit quelque part, à propos de Saint-Simon et de ses excès de passion, de fureur pittoresque et d'explosion parfois risible ou terrible dans l'intimité : « C'est à ce prix qu'est le génie ; uniquement et totalement englouti dans l'idée qui l'absorbe, il perd de vue la mesure, la décence et le respect. Il y gagne la force ; car il prend le droit d'aller jusqu'au bout de sa sensation. » Il s'est trop dit qu'à ce prix aussi est la science. La sincérité de M. Taine est hors de cause ; mais seulement, quand on voit un homme aussi respectable que M. Maine de Biran si singulièrement présenté, si bouffonnement même, et par ses propres phrases, on voudrait que le jeune adversaire eût moins chargé le profil, qu'il y eût mis plus de ménagements et d'égards, et qu'il eût tenu compte au chercheur en peine, des difficultés, de l'effort, du fond de l'idée : on en tient bien compte aux philosophes allemands ; pourquoi pas aux nôtres ? On vient de publier en ce moment des *Pensées* de Maine de Biran (1), confessions naturelles et même naïves, d'une modestie, d'une bonhomie touchante, d'une religieuse élévation, et qui montrent tout l'intérieur de ce penseur homme de bien. Il méritait (et je suis sûr que M. Taine le sent

---

(1) *Maine de Biran, sa Vie et ses Pensées,* publiées par Ernest Naville (Paris et Genève, Cherbuliez, 1857).

aujourd'hui) d'être traité avec autant de sympathie que Jouffroy.

Vers 1817, âgé de cinquante ans, délicat et maladif, mêlé malgré lui aux agitations de la politique alors si ardente, Maine de Biran s'en isolait le plus qu'il pouvait; homme de recueillement, il habitait en lui, n'était heureux que là, les jours où la pensée lui était plus facile. Il écrivait dans son Journal intime à la date de janvier de cette année 1817, et confessait ingénument de la sorte son peu de capacité à se produire au dehors :

« 15 janvier. — J'ai eu, ces deux jours, de ces moments heureux d'expansion interne et de lucidité d'idées qui ne m'arrivent que quand je suis seul, en présence de mes idées. *J'appelle cela être en bonne fortune avec moi-même.* J'ai toujours eu de la disposition à retenir en moi les impressions et les idées ; l'expansion est toujours plus ou moins lente, difficile et embarrassée. C'est un véritable instinct, qui me tient renfermé en moi-même et qui empêche l'expansion des idées ou des sentiments. La plupart des hommes ne cherchent à concevoir, connaître, ou travailler d'une manière quelconque leur intelligence que pour la produire au dehors. Alors qu'ils semblent penser le plus profondément, c'est encore l'effet extérieur qui les occupe. Aussi ont-ils besoin de communiquer, de donner à leur conception l'appareil le plus brillant, le plus propre à frapper ; et n'ont-ils pas une idée sans l'habiller de signes, sans l'orner le plus richement ou le plus élégamment qu'ils peuvent. L'emploi de leur vie est d'arranger des phrases, et ils tournent toujours leurs pensées dans le moule grammatical ou logique, bien plus occupés des formes que du fond. J'observe que les hommes ainsi disposés sont tous plus ou moins forts ou vifs, qu'ils ont de bonne heure contracté l'habitude d'exercer l'art de la parole et qu'ils sont aussi peu méditatifs. Je me trouve contraster avec ces hommes par une sorte de faiblesse naturelle. Ma sensibilité réagit peu au dehors ; elle est occupée, ou par des impressions internes confuses, et c'est là l'état le plus habituel, ou par des idées qui me saisissent, que je renferme, que je creuse au dedans, sans éprouver aucun besoin de les répandre au dehors. Je néglige les expressions, je ne fais jamais une phrase dans ma tête : j'étudie, j'approfondis les idées pour elles-mêmes, pour connaître ce qu'elles sont, ce qu'elles renferment, et avec le plus entier désintéressement d'amour-propre et de passion. Une telle disposition me rend propre aux recherches psychologiques et à l'existence intérieure, en m'éloignant de tout le reste. »

Il se croyait par moments, et à ses mauvais jours, dans un état de diminution et de décadence intérieure; cette faculté de réflexion qu'il portait en lui, et qu'il s'appliquait constamment, lui nuisait à force de subtilité ou de clairvoyance :

« J'assiste comme témoin à la dégradation, à la perte successive des facultés par lesquelles je valais quelque chose à mes propres yeux. Il vaudrait mieux peut-être ne pas s'en rendre compte et se faire illusion sur son prix ; mais si je suis amené, par ce sentiment même de ma décadence intellectuelle et morale, à chercher plus haut que moi une consolation et un appui, la réflexion et la raison m'auront rendu sans doute, après avoir été cause de souffrances, le plus grand service qu'il soit possible d'en retirer. »

Sa grande préoccupation fut toujours de trouver, d'atteindre le *point d'appui* intérieur, et là où d'autres ne voyaient qu'un fait, une modification ou tout au plus un centre de gravité instable et mobile, de sentir, lui, un centre fixe, un point essentiel, indivisible, indestructible, animé, une cause vive, une monade, une *âme*. Il s'en croyait assuré par le seul sentiment de possession intime, et il reproduit cette conviction fondamentale sous mille formes. Quand il s'entretenait avec M. Ampère, avec M. Royer-Collard, avec M. Guizot, tout allait bien, et il parlait de ces choses du dedans à qui savait les entendre; mais devant les contradicteurs, et avec ses tâtonnements de parole, il restait court et se déconcertait aisément :

« Le 25 novembre (1817), j'ai passé la soirée chez l'abbé Morellet. — Conversation psychologique. — Mon vieux ami m'a demandé brusquement : « Qu'est-ce que le *moi*? » Je n'ai pu répondre. Il faut se placer dans le point de vue intime de la conscience, et, ayant alors présente cette unité qui juge de tous les phénomènes en restant invariable, on aperçoit le *moi*, on ne demande plus ce qu'il est. »

En revoyant son volume à une seconde édition, M. Taine aura, dût-il le contredire toujours, à réparer envers Maine de Biran, à ajouter un chapitre au précédent, à refaire un autre portrait : pourquoi pas? Maine de Biran est, avec Jouffroy, le plus sérieux et le plus vérace des théoriciens psychologues. M. Taine, s'il veut absolument combattre, lui doit les honneurs d'un combat plus respectueux.

Parmi ces portraits philosophiques de M. Taine, le principal, et sur qui porte le fort de l'attaque et de l'assaut, est celui de M. Cousin. On ne saurait s'en étonner : partout où se rencontre M. Cousin, il est toujours sûr d'être au premier rang. Ici je me récuse; je demande à ne pas entrer dans ces guerres de méthode, dans ces dissections délicates qui pénètrent jusqu'au vif, et à rappeler simplement que, à quelque point de vue qu'on se place pour le juger, M. Cousin, par ses expositions éloquentes et lucides, par les publications multipliées qu'il a faites avec tant de zèle, comme aussi par celles qu'il provoque sans cesse de la part même des survenants qui ne sont pas de son école, par toute son impulsion enfin, aura rendu dans sa longue carrière les plus éminents services à l'histoire de la philosophie, c'est-à-dire à ce qui dure plus que telle ou telle philosophie particulière. — Inventeur ou non en philosophie, il en est du moins le grand bibliothécaire.

A côté des volumes de M. Taine, il faudrait dire quelque chose des articles déjà nombreux qu'il a publiés et qui tous portent son cachet. Il excelle, quel que soit le sujet, et qu'il s'agisse de Shakspeare, de Saint-Simon, de Fléchier, de Bunyan, de Thackeray, etc., à situer (je l'ai dit) le personnage dans son époque et dans son milieu, à établir les rapports exacts de l'un à l'autre, à l'y enserrer comme dans un réseau, à rapprocher, à faire saillir coup sur coup, dans des phrases fermes et courtes qui tombent dru comme grêle, les traits et les signes visibles du talent personnel, de la faculté principale dominante qu'il poursuit et qu'il veut démontrer. Donnez-lui un auteur quelconque par ses écrits, il y applique son mode d'analyse. Sa tête est comme un creuset ; il sait tirer des choses ce qu'il cherche, pour peu qu'il y en ait des éléments : il les concentre. Chaque sujet de l'histoire littéraire, traité de la sorte et soumis à cette espèce de réactifs, chaque nom célèbre d'écrivain, remis en question, retourné et comme refondu dans ce moule, va devenir nouveau. Les traductions qu'il insère chemin faisant dans son texte, quand il s'agit d'un auteur de l'Antiquité ou d'un écrivain moderne appartenant à une littérature étrangère, sont des modèles d'exactitude et d'art. Chacun de ses articles est composé et se tient ; il fait un ensemble. Si l'impression qui en reste est celle de la force, la qualité qui jusqu'ici lui a le plus manqué est la douceur, la grâce : un des derniers articles qu'il a écrits, et qui a pour sujet ou pour prétexte *la Princesse de Clèves*, de madame de La Fayette, montre pourtant qu'il sait toucher, quand il le veut, les cordes délicates et qu'il a en lui bien des tons. Que le savant, chez lui, ne domine pas trop le littérateur : c'est là le seul conseil général qu'on doive lui donner. Il est d'une nation où, tôt ou tard, les gens de talent, s'ils veulent produire tout leur effet et toute leur action utile, **doivent se résoudre à plaire.**

Lundi, 30 mars 1857.

MÉMOIRES
ET
JOURNAL DE L'ABBÉ LE DIEU
SUR
LA VIE ET LES OUVRAGES DE BOSSUET

PUBLIÉS POUR LA PREMIÈRE FOIS PAR M. L'ABBÉ GUETTÉE

Tomes III et IV (1).

J'ai précédemment parlé dans le *Moniteur* (2) des deux premiers volumes de cet ouvrage : la lecture des deux derniers qui viennent de paraître, et qui complètent la publication du *Journal* de Le Dieu, suggère quelques réflexions qu'il est impossible à la critique de dissimuler.

On sait qu'il y a deux ouvrages de l'abbé Le Dieu qui intéressent Bossuet : les *Mémoires*, ou plutôt un Mémoire composé par lui peu de jours après la mort du grand évêque, et à la demande de la famille, pour servir aux orateurs qui auraient à faire des Éloges funèbres, et de plus un *Journal* tout confidentiel et personnel. Le Mémoire, conçu et commencé dans une intention toute

(1) Librairie Didier, quai des Augustins.
(2) 31 mars et 14 avril 1856 (tome XII des *Causeries du Lundi*).

particulière, mais bientôt, à mesure que l'auteur avançait et s'y développait, continué et composé réellement en vue du public, est fort utile et fort attachant. L'abbé Le Dieu s'y élève au-dessus de lui-même et de sa manière; il y entre dans des particularités telles qu'on les aime sur les grands hommes et dans un détail sans trivialité ni bassesse. Il exprime bien le caractère de cette grande et familière éloquence, et comme quelqu'un qui n'était pas indigne de la sentir. Il a touché durant des années au manteau de Bossuet, et il lui en reste quelque chose; il en retient une vertu. Comme certaine pierre dont on parle en physique, il garde quelque temps le rayon, même après que le soleil est couché. Les nombreux amis auxquels il lut, cahier par cahier, ces Mémoires dont il était si fier, eurent raison d'en féliciter l'auteur, de lui donner des encouragements et des conseils; de lui recommander « de les continuer dans le plus grand détail qu'il pourrait, » de ne rien retrancher « de ce qui peint l'homme dans les moindres circonstances de sa vie, » de ne pas trop céder sur ces points au goût simple et un peu nu du trop classique abbé Fleury, lequel en fut d'ailleurs très-satisfait. L'endroit où il donne le caractère de Bossuet dans le sermon, et où il explique sa manière de s'y préparer, enleva tous les éloges. Quelques auditeurs ne lui cachaient pas leur surprise de trouver ces Mémoires plus beaux et mieux écrits qu'on ne s'y attendait. Les plus vifs disaient que c'était *un trésor;* que ce serait rendre un bon office à l'Église que de les publier, et qu'il n'y avait que lui, Le Dieu, qui fût en mesure de faire un tel ouvrage.

Voilà le bien. Ces Mémoires ont été très-utiles en effet à tous ceux qui les ont consultés pour l'histoire de Bossuet, au cardinal de Bausset d'abord, à M. Floquet en dernier lieu, et, quoique si souvent cités et mis à contribution, la lecture, lorsqu'on les a récemment publiés, en a encore été agréable et sur quelques points tout à fait neuve. Mais le *Journal* que l'abbé Le Dieu s'est avisé de tenir durant des années, et qu'il a commencé quatre ans environ avant la mort de Bossuet pour le poursuivre presque jusqu'à l'époque de sa propre mort (1699-1713), est d'un caractère tout différent, et j'ai peine à ne pas regretter qu'il ait été publié *in extenso :* car il ne fait honneur à personne. Si peu de gens savent bien lire, et il sera si facile désormais d'en abuser !

D'en abuser contre Bossuet... qui l'oserait ? et pourtant, tôt ou tard, on l'osera. Bossuet a eu et aura même encore des adversaires, et l'on cherchera dans le *Journal* de Le Dieu ce qui pourra servir à le rabaisser et à le diminuer. L'abbé Le Dieu n'a pas le dessein de diminuer Bossuet, mais il soumet son illustre maître à une épreuve à laquelle pas une grande figure ne résisterait ; il note jour par jour, à l'époque de la maladie dernière et du déclin, tous les actes et toutes les paroles de faiblesse qui lui échappent, jusqu'aux plaintes et doléances auxquelles on se laisse aller la nuit quand on se croit seul, et dans cette observation il porte un esprit de petitesse qui se prononce de plus en plus en avançant, un esprit bas qui n'est pas moins dangereux que ne le serait une malignité subtile. Les deux derniers volumes qu'on vient de publier nous font mieux connaître l'abbé Le Dieu en lui-même, dans son fonds de nature, et l'on doit rétracter les éloges qu'on avait été trop prompt à lui donner d'après les premiers dehors et les commencements. Son caractère est dénué de toute élévation, et le cœur n'y supplée pas : on ne l'appellera plus maintenant le *bon* abbé Le Dieu. En paraissant attaché à Bossuet, il ne poursuivait que son propre intérêt et celui des siens. Il nous l'avoue en un endroit notamment où il veut se justifier au sujet d'un sien cousin, le curé Honbrel, qui revient souvent sous sa plume.

« Dans le même temps, dit-il, j'achevai mon travail sur la Censure de l'Assemblée du Clergé de 1700, que je lus tout entier à M. de Meaux, *pour mériter de plus en plus ses faveurs*, et dont il me sut très-bon gré et me donna mille louanges; j'entrepris aussitôt très-vivement la correction du Missel et du Bréviaire, dont je lus aussi le travail à M. de Meaux, qui l'approuva fort; *tout cela dans le dessein de nous le rendre favorable dans les occasions*. Mais l'abbé Bossuet, qui avait déjà ses vues et voulait être le maître, diminuait exprès et malicieusement le prix de mon travail et de mes assiduités auprès de M. de Meaux, de peur qu'il ne me fît de nouvelles grâces. En effet, trois canonicats furent donnés en 1701 et 1702 à M. de Mouhy, à M. de Mailly et au jeune Phelippeaux : c'était ceux que M. de Meaux avait voulu faire passer devant, et il me dit positivement alors qu'il voulait présentement songer à mon cousin. Pouvais-je faire davantage que de redoubler mes assiduités et augmenter mon travail? de sorte que tous mes soins se tournaient uniquement à mériter un canonicat pour mon cousin, et il fallait s'y conduire avec d'autant plus de sagesse que l'abbé Bossuet était toujours à l'affût pour me chagriner et chercher noise... Mais Dieu m'a fait la grâce de prendre patience et de me soutenir toujours par l'espérance des bontés de M. de Meaux. »

Tel est le mobile avoué de ses assiduités et de son zèle. Il est dans une lutte sourde continuelle avec l'abbé Bossuet, ce neveu actif et ambitieux dont je n'ai pas à faire l'apologie; mais le rôle de l'abbé Le Dieu à son égard n'est pas beau; il joue au plus fin, et n'a d'autre but que d'en tirer le plus de profit qu'il pourra.

Pendant les derniers dix-huit mois de la vie de Bossuet, l'abbé Le Dieu nous tient au courant, beaucoup plus que nous ne voudrions, de ses griefs, des mille tracasseries et des misères de cet intérieur où l'illustre prélat était de plus en plus enchaîné par sa maladie. Il reproche à l'abbé Bossuet de lui retirer la confiance de son oncle, de refroidir celui-ci pour tout ce qui n'est pas sa famille, de l'isoler de ses plus anciens serviteurs et domestiques, et de le circonvenir pour tâcher plus sûrement d'être son héritier dans son évêché, comme son légataire pour ses manuscrits et pour le plus clair de sa dépouille. L'impression qu'on reçoit de ces détails à la longue est affligeante, et il en rejaillit quelque chose, quoi qu'on fasse, sur la noble et belle figure ainsi encadrée et présentée.

Déjà, dans le premier volume du *Journal*, j'avais relevé de tristes paroles sur Fénelon, de ces paroles faites pour être ensevelies, et que Le Dieu avait pris plaisir à surprendre sur les lèvres de son maître et à noter. Si Bossuet a une grande parole, ce n'est pas celle-là qu'il répète ; s'il a une parole ordinaire ou familière, c'est celle dont il s'empare de préférence, et il la rend triviale en l'écrivant. Ainsi, il fera dire à Bossuet qu'il pressait de publier son ouvrage contre Richard Simon : « Avant toute chose, il ne se faut pas *mettre la tête en quatre.* » Il lui fait dire au sujet des lenteurs et des difficultés qu'éprouve cette publication : « Si nous obtenons ce que nous demandons, il y a de quoi faire bien enrager M. le Chancelier ; mais aussi, si nous sommes tondus, nous enragerons bien. » Bossuet *tondu* et Bossuet *enrageant*, ce n'est pas là ce que j'appelle, en bonne peinture de portrait, de la ressemblance. Sur une lecture qu'il fit à Bossuet d'un écrit composé par lui, Le Dieu, et où il commentait l'un des actes de l'Assemblée du Clergé de 1700, il dira : « Il (M. de Meaux) y a remarqué quelques expressions de son style, qu'il dit qu'il faut déguiser ; il a approuvé tous les endroits de doctrine ;... *il a gobé tous les éloges que je lui donne*, sans parler d'en retrancher le moindre mot ; il veut, au contraire, que je diminue celui de M. Arnauld... » Ce n'est là qu'un plat commérage ; mais combien de gens peuvent être tentés d'abuser de ce passage et de tant d'autres ! Vienne un grand railleur, ou même seulement un coloriste outré et grimaçant comme il y en a volontiers de nos jours, Le Dieu lui a préparé toute une palette. Du beau portrait de Rigaud, il sera aisé désormais de faire une caricature.

Dans le volume suivant, Le Dieu continue de se venger de l'abbé Bossuet au détriment de son oncle, et d'exercer sa mesquine jalousie en notant tout ce qu'il peut attraper de petit et de dénigrant. Ce n'est pas par dessein, mais c'est par nature. Bossuet, malade à Versailles, y est retenu par son neveu, qui espère toujours une démission de l'évêché en sa faveur, et qui croit la présence de l'illustre prélat en Cour utile à ses intérêts. Madame de Maintenon s'étonne de ce séjour obstiné, et elle va jusqu'à dire au médecin Dodart, qui le rapporte à l'abbé Fleury : « Veut-il donc mourir à la Cour? » A la fin, on transporte Bossuet à Paris. Il y a du mieux dans son mal ; logé rue Sainte-Anne, il peut faire quelques promenades au jardin des Tuileries après la messe; il y mène son monde :

« Vendredi et samedi (19 et 20 octobre 1703) promenade aux Tuileries, et le reste comme ces jours passés ; mais, en montant et descendant les terrasses des Tuileries, il nous disait qu'il éprouvait ses forces par les pentes douces, afin de s'accoutumer à monter et à descendre, pour se mettre en état d'aller chez le roi. Ainsi voilà déjà le prélat tout résolu d'aller à Versailles, et même lorsqu'il se sent à peine ferme sur ses jambes. Dieu soit loué de toutes choses, et qu'il lui plaise de donner un bon conseil à un homme si sage! »

Cette idée de Versailles n'est point particulière alors à Bossuet, elle est celle de tout le siècle. L'escalier de Versailles! Racine est mort peut-être de n'avoir plus l'espérance de le monter ; Bossuet en garde jusqu'à la fin la vision dorée et la perspective.

Bossuet tient à ce qu'on sache en haut lieu qu'il n'est pas si désespéré de santé qu'on l'a dit. Dans une visite qu'il fait au Père de La Chaise chez les Jésuites de la rue Saint-Antoine, il demande à voir les principaux et les plus célèbres de la maison ; mais les Pères Bourdaloue, de La Rue, Gaillard, sont absents :

« Le Père Gravé, confesseur de madame la duchesse de Bourgogne, s'est trouvé seul, et M. de Meaux l'a vu, et chez le Père de La Chaise, et encore dans la salle où il s'est promené avec lui près d'une demi-heure et sans bâton, donnant cette marque de force et de courage, afin que le Père Gravé en portât la nouvelle à Versailles comme il l'en priait. »

Ce ne sont point de ces détails qui nous déplaisent chez Le Dieu, pas plus que ceux qu'il donne sur la faiblesse tout humaine et plus touchante de Bossuet, sur son désir de guérir ou du moins de continuer de vivre, même avec ses maux. Pour être grand homme, on n'en est pas moins homme. Bossuet donne raison à Mécène et à la fable si connue : *Pourvu qu'en somme je vive...*

« Ce dimanche 7 d'octobre 1703, M. de Meaux a paru fort gai, à son réveil, d'avoir bien dormi toute la nuit, et de joie il lui est échappé cette parole : « Je vois bien que Dieu veut me conserver. » Il a ensuite entendu la messe dans sa chapelle et s'est encore recouché jusqu'à son dîner. Je lui ai lu le quinzième chapitre de l'Évangile de saint Jean, où il a pris un grand goût, disant : « Voilà toute ma consolation. » Puis ajoutant : « Il faut bien remercier Dieu de ce qu'il nous a donné une telle consolation dans nos maux, sans laquelle on y succomberait. » Il s'est promené environ une heure, puis on a continué la lecture des voyages, et le soir il y a eu symphonie. »

Et, le 18 du même mois :

« Il y a plaisir à l'entendre parler de sa santé en des termes qui expriment l'amour de la vie, et il est assez étonnant que la méditation continuelle de l'Évangile n'ôte pas ce sentiment. »

Malgré les soins plus ou moins intéressés dont sa famille l'entoure, il semble que les derniers jours du grand prélat n'aient pas été convenablement honorés par les siens. Madame Bossuet, sa belle-nièce, est une mondaine, et l'abbé Bossuet est tout à fait aux ordres de sa belle-sœur. L'abbé Le Dieu, qui les déteste, tout en vivant chez eux et en étant assez bien traité par eux, nous livre ces secrets de ménage :

« Vendredi dernier, 1ᵉʳ février (1704), il (l'abbé Bossuet) paya le carnaval à tous les valets de chambre et à leurs femmes en leur donnant de quoi aller à l'Opéra ; et samedi, fête de la Purification, à dîner, en pleine table : « Qu'est-ce donc que j'apprends ? dit-il à Hainault, son valet de chambre ; on m'a dit que vous aviez été hier à l'Opéra ? » — « Par votre libéralité ; » répondit le valet, afin que toute la maison, petits et grands, fût informée que notre casuiste envoie ses gens au spectacle, contre *lesquels* M. de Meaux a écrit. »

Et mardi, 5 février, qui est le mardi gras :

« Ce mardi soir, il y a eu grand festin ; et madame Bossuet a encore couru le bal toute la nuit avec madame de Pecouel et autres. »

Puis le lendemain, mercredi des Cendres :

« Madame Bossuet est sortie de son lit à midi pour venir vite prendre des cendres et entendre la messe que j'ai dite pour M. de Meaux. Belle dévotion après la mascarade ! La messe finie, la dame s'est remise au lit. Quelle vie ! »

Le Dieu est donc un espion domestique, et plus son *Journal* avance, plus on y remarque ce caractère. Ce n'est pas seulement un caractère de vérité et de réalité, *le vrai est ce qu'il peut ;* c'est subalterne et bas. Il est exclu de la chambre de Bossuet aux approches de la mort ; on le conçoit, étant ce que son *Journal* le déclare. Il n'est pas inscrit sur le testament non plus que les autres domestiques, qui sont seulement recommandés en général à la libéralité du légataire, et il ne craint pas de dire que ce testament *déshonore* M. de Meaux. Cela n'empêche point qu'à quelques jours de là, et sur la demande de l'abbé Bossuet, il ne compose ce Mémoire dont nous avons parlé, et qui était destiné dans le principe à servir de matériaux et de notes pour une oraison funèbre ; mais il y met avec raison son amour-propre, et, voyant que les premiers cahiers réussissent auprès de ceux à qui il les lit, il redouble de soin et fait un ouvrage utile et plus agréable qu'on n'était en droit de l'attendre de lui. Son mobile d'ailleurs n'est pas plus élevé en cette occasion que dans toutes les autres ; il ne songe qu'à se rendre nécessaire, à se faire un *sort*, comme on dit, du côté de l'abbé Bossuet, en lui prouvant qu'il est l'homme indispensable pour une édition des Œuvres, et surtout pour la publication des écrits posthumes. Il n'y avait que lui, en effet, qui pût bien lire les manuscrits et s'y reconnaître en qualité d'ancien secrétaire. Il était positivement désigné pour cette tâche par quelques-uns des amis de Bossuet, l'abbé Fleury, le docteur Pirot. Il aurait voulu une pension fixe et son logement à Paris. L'abbé Bossuet, que l'ambition dissipe et qui n'est guère pressé de publier, ne s'avance pas jusque-là avec Le Dieu, et la famille se borne à le combler de soins, d'attentions, à le recevoir, à le défrayer pendant les voyages qu'il fait à Paris, au moins une ou deux fois l'an. L'abbé Le Dieu revoit et met au net les manuscrits de la *Politique*, des *Élévations*, des *Méditations sur les Évangiles*, et il fait grandement valoir ce travail qu'il ne poursuit qu'à son aise : « L'abbé (Bossuet) m'a paru étonné de ce que je ne lui donnais que cela, trouvant les cahiers en petit nombre ; mais je suis bien résolu de ne m'en pas hâter davantage, et pour le profit que j'en reçois, ce n'est pas la peine de me tant fatiguer. » C'est le cas de dire comme cet ancien ministre à la tribune : *Est-ce clair ?* Le Dieu s'arrange, en attendant, pour profiter de l'hospitalité, des dîners et régals de la famille Bossuet, qui l'accueille chaque fois en ami ; il affecte, sur les papiers et projets d'écrits du grand évêque, de paraître en savoir plus qu'il n'en dit, d'avoir des manuscrits ou du moins des copies à lui, et meilleures que celles qu'on a. Il ne dit tout cela qu'à demi-mot et avec mystère pour se faire compter et respecter de la famille. Sa condition désormais, sa spécialité, en quelque sorte, sera de tenir *l'ar-*

ticle Bossuet (manuscrits, biographie, etc.); il craint les concurrences. Si l'on publie quelque écrit posthume sans le consulter (comme par exemple la Lettre aux Religieuses de Port-Royal), il laisse faire, et, quand c'est fini, il dit : « Pourquoi ne s'est-on pas adressé à moi ? j'avais la bonne copie. » Il prétend connaître l'état des manuscrits mieux même que les possesseurs. Ainsi la sœur Cornuau a un recueil de toutes les lettres de Bossuet à elle adressées, mais elle y a mis un certain ordre de matières qui n'est pas du tout l'ordre des dates : « Ainsi moi qui ai pris l'ordre des dates, écrit l'abbé Le Dieu d'un air triomphant, j'en serai encore mieux instruit qu'elle et ceux à qui elle communiquera ce volume. » Tel est l'homme auquel, pendant vingt ans qu'il l'eut près de lui, Bossuet ne parvint à rien communiquer de sa religion puissante et sincère, de sa bonté ni de ses vertus. Aussi ne lui accorda-t-il jamais toute sa confiance, et certes il n'eut pas tort.

La nature subalterne et sordide se révèle dans certains passages, de manière à soulever le cœur. Voyant que l'abbé Bossuet ne lui fait aucune proposition formelle, et qu'il n'y faut compter que comme sur un *pis-aller*, il se retourne du côté du nouvel évêque de Meaux, M. de Bissy. Chanoine et chancelier de la cathédrale, ayant avec cela un prieuré, Le Dieu est dans une situation très-honnête : « Je suis sur mes pieds, Dieu merci, dit-il; je n'ai que faire d'eux (des Bossuet). Laissons-les venir, et cependant jouissons de notre liberté. » Et à quelques jours de là, 22 juin 1705 :

« En parlant de ces meubles (de la maison de Germigny) et de toute la sacristie, j'ai demandé à l'abbé Bossuet un petit calice de vermeil dont je me servais à Paris, disant la messe pour M. de Meaux, et que je le priais de m'en faire présent, afin que je m'en servisse encore le reste de mes jours à prier pour mon bienfaiteur : « Je ne vous demande que ce petit calice, lui dis-je, et non celui que je vous ai rendu ici à Meaux avec la crosse et le reste de l'argenterie qui fait partie de la petite chapelle de M. de Meaux, au lieu que ce petit calice est hors d'œuvre. » — « Nous verrons cela à Paris, dit-il, puisque vous y venez. » Je suivrai donc cette demande, puisque la voilà une fois faite, et *j'arracherai ce que je pourrai de ces messieurs*, puisqu'ils ne me font aucune avance d'honnêteté pour ne me rien offrir ni donner. Dieu soit loué de tout ! »

Dieu vient là bien à propos ! Toutes les fois qu'il est piqué ou mécontent, il dit de la sorte : « Dieu soit loué ! » — Et plus loin, 1er juillet :

« Étant à Paris, j'ai acheté par ordre de M. l'abbé Bossuet des livres pour son cabinet, et plusieurs exemplaires de ceux de M. de Meaux pour le Père de La Rue, jésuite, et il a été content de ces emplettes. J'en ai pris occasion de lui demander le petit calice dont je lui avais déjà parlé à Meaux, et il me l'a donné de bonne grâce. »

Le Dieu n'est pas encore satisfait, il y met de la suite. L'année d'après nous lisons cet article, qui complète les précédents :

« Ce samedi 24 (juillet 1706), cet agent (l'agent des Bossuet, Cornuau) m'a envoyé le Missel de Meaux, en maroquin, de feu M. de Meaux, que j'avais demandé à l'abbé Bossuet dès Paris, et qu'il ne m'avait accordé qu'à son corps défendant ; *mais enfin je le tiens : il faut tirer ce qu'on peut de mauvaise paye*. Avec ce Missel, voilà ma chapelle complète, au moins telle quelle, venant de feu M. de Meaux ; nous verrons ce que cet abbé fera de plus quand il aura fini ses affaires, et qu'il verra ce qu'il aura de reste en ses mains. »

Le Dieu nous livre là, comme dans tout le cours de son *Journal*, ses mobiles habituels. On n'est pas au bout. Il y a surtout *quatre aunes de tapisserie*, provenant de l'ameublement de Germigny, qu'il a sur le cœur et qu'il réclame à outrance :

« On voit par là que l'abbé Bossuet n'a pas seulement eu la pensée de me faire présent de ces quatre aunes de tapisserie, tant pour rendre ma tenture parfaite que pour me restituer l'aunage qui me manque, à moi qui travaille pour lui actuellement en chose si importante et si nécessaire (les *Méditations sur les Évangiles*). »

Ces quatre aunes se trouvent ainsi mises en balance avec son travail sur les *Méditations.* D'ailleurs pas un mot de regret, d'affection sentie, d'admiration ni de culte pieux pour le grand homme dont il passait pour être l'Élisée. Ce n'est qu'un valet de chambre mécontent. Pline et Cicéron avaient pour secrétaires des affranchis qui les servaient mieux et avaient de plus nobles sentiments.

L'abbé Le Dieu est de la race et de l'espèce de Boswell, tel que Macaulay nous a défini ce curieux et plat espion-biographe de Johnson, sans délicatesse, sans discrétion, sans tact, sans sûreté, et avec tout cela, et à cause de tout cela, biographe incomparable. Mais, Boswell s'attachant à Johnson, nature puissante, colossale et elle-même grossière, l'a pu peindre à ravir et faire le livre le plus intéressant dans son genre, en s'y accordant tous ses défauts de parasite. Le Dieu, au contraire, en s'attachant aux actions de Bossuet (et à part les Mémoires écrits pour la montre), n'a fait que compromettre, sans le vouloir, cette haute figure; il lui eût fallu pour pâture d'observation un moins noble maître. De tels témoins dégradent, en s'y installant et s'y *vautrant* (comme dirait Saint-Simon), les grands sujets.

Je cherche dans cette paperasserie quelques pages du moins qui instruisent, qui consolent de tant de petitesses; je cherche des passages où les défauts mêmes de l'abbé Le Dieu aient jusqu'à un certain point leur juste emploi. Je reviens en arrière et je trouve une description minutieuse mêlée d'inventaire, une *photographie,* telle que nous les aimons à cette heure, des salons de l'archevêché de Paris; c'est le récit d'une visite que fait Le Dieu au cardinal de Noailles, chez qui il est envoyé un jour par Bossuet pour lui porter un de ses écrits en réfutation de Richard Simon :

« Ce mardi 19 (décembre 1702), j'ai porté au cardinal un exemplaire du livre en état d'être lu, au milieu de son audience remplie d'évêques, de grands seigneurs et de grandes dames, tout le monde debout, et les évêques même, aussi bien que les dames, comme chez le roi; tout le monde dans un grand respect, et plus que chez le roi; le silence même était très-grand dès les antichambres, où les pauvres prêtres attendaient, le chapeau sous le bras, les cheveux fort courts et la tonsure faite, en posture de suppliants ou de séminaristes qui vont à l'examen pour les Ordres; leur extérieur était beaucoup plus composé qu'à l'église et à l'autel. Les dames que j'y ai vues, entre autres madame la princesse de Soubise, étaient toutes vêtues de noir, des coiffes sur leurs têtes et la gorge couverte jusqu'au menton. Après la grande salle, on entre dans le grand cabinet où se tient le bureau du secrétaire et autres officiers : là il y avait des siéges pour les expectants et bon feu à la cheminée. On entre de là dans le grand salon où est la croix archiépiscopale. Les parquets étaient partout frottés et luisants, les vitres claires et nettes, les meubles propres. Le grand cabinet d'audience, orné de tableaux superbes, tous de piété ou de la Cour de Rome et de France, sur des tapisseries de damas violet sans or, est la dernière pièce de ce superbe appartement, destinée aux audiences publiques : des bureaux, des fauteuils, des paravents se voient à l'entour dans un grand ordre, et rien ne manque de ce qui est nécessaire à la propreté et à la magnificence; et il y avait aussi fort bon feu. C'est là où Son Éminence écoute les dames, les prélats et les puissants de la terre, qui sont tous debout en différents coins, tandis que le cardinal occupe le milieu de la cheminée avec ceux qu'il entretient. Les plus distingués d'entre les prêtres se pressent à la porte de ce cabinet pour se faire voir, et quand le cardinal conduit quelqu'un, ils profitent de cette occasion pour dire leur petit mot et recevoir quelque sèche réponse. Pour moi, qui n'avais rien à demander, mais au contraire un présent à faire, je n'ai pas laissé d'éprouver le froid de son abord et la sécheresse de sa réponse, pour ne pas dire sa gronderie.

« Il était en vraie conversation inutile avec deux dames, leur parlant fort négligemment et toujours la tête allant de côté et d'autre de la chambre, sans jamais finir. Ennuyé de perdre là mon temps à voir faire des grimaces, je profitai du moment qu'il regarda de mon côté, qui était celui de la porte : je m'avançai, lui mis le livre en main en lui faisant un court compliment; à quoi, sans me dire un seul petit mot de M. de Meaux, il me répondit par cette dureté : « *Vous m'avez bien pressé,* » pour me reprocher mes paroles de ma précédente visite, où certainement je n'avais pas tort de lui avoir dit que les imprimeurs pressaient, parce que le livre était demandé et attendu avec impatience par le public... Je me retirai sans répliquer, bien résolu de ne paraître jamais, si je puis, à ce spectacle. »

Il n'y a rien dans tout cela de scandaleux, mais seulement un salon de haute compagnie, et l'on voit que le cardinal de Noailles, qui passait pour un peu janséniste, mais qui n'en était pas moins grand seigneur, n'avait rien rabattu du ton ni de l'air de grandeur de son prédécesseur M. de Harlay.

L'autre tableau, si l'on peut donner le nom de tableau à de tels relevés de lieu, est celui d'une visite que fait l'abbé Le Dieu à l'archevêché de Cambrai peu de temps après la mort de Bossuet. Il était de Péronne, et Fénelon, qui le savait, l'avait invité autrefois à le visiter. Le Dieu, avant de partir de Meaux, se munit d'une lettre de madame de La Maisonfort, ancienne et fidèle disciple de Fénelon, et qui vivait reléguée à Meaux dans un couvent d'Ursulines. En arrivant à Cambrai, Le Dieu apprend que Fénelon est absent, en tournée épiscopale; le jour du retour, il se trouve à l'archevêché à l'heure de l'arrivée du prélat, un peu après midi. Il laisse les gens de la maison aller à la descente du carrosse, et il se tient dans la première grande salle au haut de l'escalier. Ici nous lui donnons la parole sans l'interrompre; c'est lui, ou plutôt c'est nous avec lui, tant il copie et verbalise exactement! qui allons faire une visite à Fénelon :

« J'étais donc dans la grande salle du billard, près de la cheminée : dès que je l'y vis entrer, j'approchai en grand respect; il me parut au premier abord froid et mortifié, mais doux et civil, m'invitant à entrer avec bonté et sans empressement. « Je profite, lui dis-je, Monseigneur, de la permission qu'il a plu à Votre Grandeur de me donner de venir ici lui rendre mes respects, quand j'en aurais la liberté. » C'est ce que je dis d'un ton modeste, mais intelligible; j'ajoutai plus bas, et comme à l'oreille, que je lui apportais des nouvelles et des lettres de madame de La Maisonfort. « Vous me faites plaisir, dit-il; venez, entrez. » Alors parut M. l'abbé de Beaumont, qui me salua avec embrassades, d'une manière fort aisée et fort cordiale.

« Le prélat était en habits longs violets, soutane et simarre avec des parements, boutons et boutonnières d'écarlate cramoisi : il ne me parut pas à sa ceinture ni glands ni franges d'or, et il y avait à son chapeau un simple cordon de soie verte; des gants blancs aux mains, et point de canne ni de manteau. Je lui remis le paquet de lettres en entrant dans sa chambre, et, sans l'avoir ouvert, il me fit asseoir au-dessus de lui en un fauteuil égal au sien, ne me laissant pas la liberté de prendre un moindre siége et me faisant couvrir. Les premiers discours furent sur madame de La Maisonfort, sa santé, sa situation et la fermeté qu'elle devait avoir à persévérer dans la maison des Ursulines de Meaux sans songer à changer. Il ouvrit alors son paquet et parcourut ses lettres : « Elles sont, dit-il, un peu malaisées à lire; il faudra les étudier à loisir. » — « J'espère, Monseigneur, de votre bonté, lui dis-je, que vous l'honorerez d'une réponse, afin qu'elle voie que j'ai exécuté ses ordres et que je lui porte de vos nouvelles de vive voix et par écrit. » — « Je n'y manquerai pas, ajouta-t-il; et encore il faut bien lui recommander la fermeté. » — « Elle en sait l'importance et la nécessité, lui dis-je, Monseigneur, car elle ne peut se déplacer sans lettre de cachet, et elle ne veut pas si souvent faire parler d'elle... » Comme on était déjà venu avertir pour dîner, il se leva et m'invita à venir prendre place à sa table.

« Tous les convives l'attendaient à la salle à manger, et personne n'était venu à sa chambre, où l'on savait que j'étais enfermé avec lui. On lava les mains sans façon et comme entre amis : le prélat bénit la table et prit la première place, comme de raison; M. l'abbé de Chanterac était assis à sa gauche : chacun se plaça sans distinction à mesure qu'il avait lavé. Je me mis à une place indifférente, et on me servit aussitôt du potage. La place de la droite du prélat était vide, il me fit signe de m'y mettre : je remerciai, disant que j'étais placé et déjà servi; il insista doucement et poliment : « Venez, voilà votre place. » J'y allai donc sans résistance; on m'y apporta mon potage. Nous étions quatorze à table, et le soir seize...

« La table fut servie magnifiquement et délicatement : plusieurs potages, de bon bœuf et de bon mouton, des entrées et ragoûts de toute sorte, un grand rôti, des perdreaux et autre gibier, en quantité et de toute façon; un magnifique fruit, des pêches et des raisins exquis quoique en Flandre, des poires des meilleures espèces, et toutes sortes de compotes; de bon vin rouge, point de bière; le linge propre, le pain très-bon, une grande quantité de vaisselle d'argent bien pesante et à la mode. Les domestiques portant la livrée étaient en très-grand nombre, servant bien et proprement, avec diligence et sans bruit; je n'ai pas vu de pages : c'était un laquais qui servait le prélat, ou quelquefois l'officier lui-même. Le maître d'hôtel me parut homme de bonne mine, entendu et autorisé dans la maison.

« M. l'archevêque prit la peine de me servir, de sa main, de tout ce qu'il y avait de plus délicat sur sa table; je le remerciais chaque fois en grand respect, le chapeau à la main, et chaque fois aussi il ne manqua jamais de m'ôter son chapeau, et il me fit l'honneur de boire à ma santé, tout cela fort sérieusement, mais d'une manière aisée et très-polie. L'entretien fut aussi très-aisé, doux et même gai : le prélat parlait à son tour, et laissait à chacun une honnête liberté ; je remarquai que ses aumôniers, secrétaires et son écuyer parlèrent comme les autres, fort librement, sans que personne osât ni railler ni épiloguer. Les jeunes neveux ne parlaient pas : l'abbé de Beaumont soutenait la conversation, qui roula fort sur le voyage de M. de Cambrai ; mais cet abbé était très-honnête, et je n'aperçus rien, ni envers personne de ces airs hautains et méprisants que j'ai tant de fois éprouvés ailleurs (1) : j'y ai trouvé en vérité plus de modestie et de pudeur qu'ailleurs, tant dans la personne du maître que dans les neveux et autres.

« Le prélat mangea très-peu, et seulement des nourritures douces et de peu de suc, le soir, par exemple, quelques cuillerées d'œufs au lait ; il ne but aussi que deux ou trois coups d'un petit vin blanc faible en couleur, et par conséquent sans force : on ne peut voir une plus grande sobriété et retenue. Aussi est-il d'une maigreur extrême, le visage clair et net, mais sans couleur, disant lui-même : « On ne peut être plus maigre que je le suis. »

Dans les conversations qui suivent, Le Dieu a soin de remarquer que l'archevêque se garde bien de dire jamais un seul mot au sujet de Bossuet, *ni en bonne ni en mauvaise part*, et, lors même que Le Dieu est interrogé par lui sur les circonstances de la mort de M. de Meaux, Fénelon, qui demande nommément quel prêtre l'a exhorté à ses moments suprêmes, n'y joint pas pour le défunt le moindre petit mot de louange. Entre ces deux grands hommes, la division et la rupture furent entières et de tout point irréparables jusqu'à la fin. Fénelon ne haïssait pas, mais il n'oubliait pas.

Le Dieu ne paraît pas se douter qu'après la mort de Bossuet, et sauf le compte rendu de ses écrits posthumes, son *Journal* n'a plus d'objet. Il se croit intéressant, et nous initie avec un redoublement de complaisance à tous les détails de la vie du chapitre ; on a

(1) Ceci est à l'adresse de l'abbé Bossuet, la bête noire de Le Dieu.

ses querelles de chœur, ses rivalités avec le trésorier Phelippeaux et les *Philippotins*, des zizanies auprès desquelles celles du *Lutrin* sont grandioses. Ces haines étroites et tout ce qu'elles engendrent, ces *trigauderies*, comme il les appelle élégamment, font souvent penser aux *Célibataires* de Balzac, à ce duel fourré de l'abbé Birotteau et de l'abbé Troubert. — Quand la famille de Bossuet, toutes affaires terminées, quitte Meaux définitivement, Le Dieu les salue de cet adieu vraiment cordial et touchant : « Ainsi pour le coup, voilà les Bossuet partis de Meaux : la maison rendue et vidée. — Mardi 2 novembre 1706, est arrivé l'entier délogement de l'abbé Bossuet de Meaux, la dernière charrette partie et la servante dessus, et Cornuau même, son homme d'affaires, parti aussi : Dieu soit loué ! » Notez que dans tous ses voyages à Paris il ira loger chez eux, manger chez eux ; mais la méchanceté va son train sous cape ; il a sur leur propos la dent venimeuse. Il se méfie toujours de l'abbé Bossuet et prend ses garanties contre lui. En lui envoyant copie de la Lettre latine de Bossuet au pape Innocent XI sur l'éducation du Dauphin, il dit : « Je le fais bien valoir à cet abbé par la lettre que je lui écris, parce qu'avec de pareilles gens si méprisants il faut faire le gascon… Nous verrons comment notre abbé le recevra ; je veux qu'il sente le besoin qu'il a de moi. »
— D'ailleurs il est heureux à sa manière, il s'arrange et s'acoquine à Meaux ; il achète une maison, grande affaire ; il se cache pour cela sous le nom du chanoine Blouin ; dès qu'on le sait, les anciennes jalousies contre lui se réveillent. Cette maison est « la plus neuve, la plus propre et la mieux tournée de tout le cloître. » — Il nous explique comment il a pu une fois s'enrhumer en voyage. Ses rhumes durent longtemps, mais il en guérit. Il a son jour de jubilation, où il trouve que tout va pour le mieux dans le meilleur des mondes pos-

sibles : « Ce dimanche 15 janvier 1707, mon ameublement entièrement fait dans ma nouvelle maison, et tous mes ouvriers payés. Ma santé est aussi meilleure, mon rhume fort diminué, et il ne me reste qu'à prendre des forces : c'est pourquoi j'ai retenu ma place au carrosse de voiture pour aller à Paris, Dieu aidant, lundi 30 janvier 1708. Mon jardin tout changé, nouveau parterre, nouveaux arbres fruitiers, le jardin net et approprié. » Il met sa vanité à ce qu'on le croie bien portant : « Je déclare à tout le monde que, ma santé étant assez bonne, je fais état de partir pour Paris lundi 30 janvier. » Arrivé à Paris, il se remet en veine et en pointe d'un peu de haine contre l'abbé Bossuet; c'est son montant. Mais, revenu à Meaux, il retombe dans sa bonne humeur, il a un accès de satisfaction, comme le rat qui rentre dans son fromage : « A mon arrivée (samedi 31 mars 1708), j'ai trouvé mes six beaux fauteuils neufs venus en bon état, et tous les autres meubles et estampes avec des verres que j'avais envoyés avant moi. Dieu soit loué, me voici assez bien meublé et nippé! Il faut à présent faire bien aller la cuisine et tout assaisonner de bon vin. » Il dit une messe en sortant d'une indisposition, et remarque que l'appétit lui est revenu. — Rien n'est parfait en ce monde; Le Dieu commence à souffrir d'une tumeur au pied gauche; puis son pied droit s'enfle. A partir de ce moment, il n'y a plus que des détails sur ses maux de pied. Il est partagé entre la crainte de la maladie et sa gourmandise naturelle. Il note « qu'il a mangé trois tranches d'une éclanche de mouton, » et il ajoute : « J'ai bien dormi avec une petite moiteur, la nuit, sans reproche du gigot. » On a jour par jour le menu des cataplasmes, et cela va jusqu'aux derniers mois (1713).

C'est ainsi que nous est montré finissant, et de plus en plus confit dans sa vulgarité, l'homme qui passait jusqu'ici pour s'être consacré à la mémoire de Bossuet. Nous ne regrettons pas qu'il y perde; le seul danger serait qu'en le lisant mal, et en s'emparant des circonstances triviales qui étaient la pâture naturelle de son esprit, on n'ôtât quelque chose au grand évêque, qui ne lui accorda jamais d'ailleurs, on ne saurait trop le redire, qu'une confiance très-limitée.

Oh! messieurs les érudits et les chercheurs, les déchiffreurs de chartes et de parchemins d'archives, les infatigables transcripteurs de tous authentiques documents, je vous estime, je vous révère pour votre science et vos travaux dans ce qui est du moyen-âge; mais que de mal, vous et les vôtres, vous avez fait sans vous en douter en propageant jusque dans la littérature moderne le culte des vieux papiers! On imprime tout désormais; on ne connaît plus le choix.

Lundi, 6 avril 1857.

MAINE DE BIRAN

SA VIE ET SES PENSÉES

PUBLIÉES PAR M. ERNEST NAVILLE (1).

Ici, nous avons encore affaire à un Journal et à des confidences posthumes, mais il s'agit du Journal et registre d'une belle âme, d'une haute intelligence, et le choix a été fait par un homme de mérite, digne parent par le cœur et par la pensée de celui qu'il présente et introduit.

J'écarterai d'abord de cette publication ce qui la complique et ce qui la masque. Elle est précédée d'un *Avant-propos*, d'une *Histoire des manuscrits* de Maine de Biran, puis d'une Notice sur sa *Vie*. On n'aurait dû y mettre que cette *Vie*. Il serait temps de rejeter à leur place, c'est-à-dire dans quelque note finale imperceptible, ces interminables histoires de papiers, ces aventures et odyssées d'une malle, ces pistes perdues et retrouvées, qui donnent des émotions à l'éditeur, mais auxquelles le public est parfaitement indifférent. Ce sont là des soins et tracas d'arrière-boutique pour ainsi

(1) Paris, Cherbuliez, rue de la Monnaie, 10.

dire, ce ne sont pas de dignes frontispices à des œuvres morales. Vous qui êtes de la famille et de la religion de Platon, souvenez-vous donc aussi de l'art de Platon.

L'intérêt qui s'attache au volume publié par M. Ernest Naville est d'ailleurs, jusqu'à un certain point, indépendant de l'opinion qu'on a des écrits philosophiques et de la doctrine particulière de Maine de Biran ; c'est l'histoire d'un esprit et d'une âme. De même que bien des lecteurs qui ne sont ni théologiens ni convertis s'intéressent aux *Confessions* de saint Augustin, ou au drame intérieur qui se noue et se dénoue dans les *Pensées* de Pascal, de même, sans avoir pris de parti pour ou contre la doctrine psychologique de Maine de Biran, on s'intéressera aux aveux et au travail individuel de sa pensée. On aimera et l'on comprendra en action dans sa personne ce que l'on ne se donne pas la peine de chercher dans ses exposés scientifiques un peu embrouillés. Maine de Biran appartient à la famille des métaphysiciens et méditatifs intérieurs, et, grâce au nouveau volume, on peut étudier à nu et très-commodément ce type d'organisation en lui.

Né en 1766, fils d'un médecin de Bergerac, ayant fait ses études à Périgueux chez les Doctrinaires, il entra en 1785 dans les gardes du corps de Louis XVI, et il y servit jusqu'aux journées des 5 et 6 octobre 1789. Il eut là une jeunesse, qui, jusque dans ses dissipations, ne dut jamais être très-orageuse ni très-vive. Il parle pourtant des passions qui l'entraînaient ou du moins auxquelles il croyait devoir céder, faussement persuadé alors que les passions sont la mesure de la force et de l'énergie. Ceux qui ne l'ont connu que dans la dernière moitié de sa vie ne retrouvaient pas dans ce personnage grand, mince, un peu penché, dans cette figure fatiguée et dont la coloration elle-même était un indice de souffrance, ce qu'il avait pu avoir d'agréments et de grâce dans un âge plus favorisé. Il parle en un endroit « de la décadence de ce corps qu'il a tant aimé, » de la prétention qu'il avait eue « d'être placé au premier rang par les qualités agréables et solides, par la beauté du corps comme de l'esprit. » Il était de ceux dont la fleur se fane vite et n'a qu'une saison. Doué d'une organisation délicate qui lui donnait l'éveil et le qui-vive sur quantité de points du dedans, enclin à s'écouter et à se sentir vivre, il commença de bonne heure à noter les états successifs et, pour ainsi parler, les variations atmosphériques de son âme; il se rendit compte de lui à lui-même. Il regarda comme de dessus un pont intérieur le fleuve qui passait en lui et qui n'était autre chose que *lui*.

Après le licenciement des gardes du roi, il se retira dans son Périgord, à sa terre de Grateloup, sorte de château dans le genre de celui de Montaigne, avec colombier et tourelle gothique (1). Maine de Biran se plut toute sa vie à embellir cet héritage paternel et à en faire une de ses créations; mais, à l'époque dont nous parlons, il ne pensait d'abord qu'à s'y recueillir un peu. Il avait vingt-quatre ans. Il se livra à l'étude; pendant deux années, il lut toutes sortes de livres; il s'appliqua avec suite aux mathématiques : « J'ai conçu beaucoup de choses dans cette science, disait-il, mais je n'ai pas une tête à calcul, et ma santé est trop faible pour supporter l'extrême contention qu'exige cette étude. » Il se considérait dès lors comme un solitaire un peu *cacochyme*, que son organisation éloigne de la vie active et des affaires, et qui est plutôt fait pour se replier et se renfermer au dedans. Il le prouve bien en commençant son Journal

---

(1) Il faut voir dans le volume d'*Épîtres et Élégies*, par Charles Loyson (1819), deux Épîtres (la seconde et la troisième) où est agréablement dépeinte la vie de Maine de Biran à sa terre de Grateloup, et où ce riant domaine obtient aussi sa description familière, dont le ton rappelle l'Épître de Boileau à M. de Lamoignon.

en 1794; le printemps de cette affreuse et mémorable année, même avant qu'on puisse prévoir Thermidor, ne lui apporte que des impressions douces et paisibles; il s'est complétement isolé de la tyrannie qui pèse sur toute la France, et il n'y songe même pas dans le lointain. André Chénier errant en poëte dans les bois de Versailles y pensait davantage.

« Grateloup, 27 mai (1794). — J'ai éprouvé aujourd'hui une situation trop douce, trop remarquable par sa rareté, pour que je l'oublie. Je me promenais seul, quelques moments avant le coucher du soleil; le temps était très-beau; la fraîcheur des objets, le charme qu'offre leur ensemble dans cette brillante époque du printemps qui se fait si bien sentir à l'âme, mais qu'on affaiblit toujours en cherchant à la décrire; tout ce qui frappait mes sens portait à mon cœur je ne sais quoi de doux et de triste : les larmes étaient au bord de mes paupières. Combien de sentiments ravissants se sont succédé ! Si je pouvais rendre cet état permanent, que manquerait-il à mon bonheur ? j'aurais trouvé sur cette terre les joies du Ciel. Mais une heure de ce doux calme va être suivie de l'agitation ordinaire de ma vie; je sens déjà que cet état de ravissement est loin de moi; il n'est pas fait pour un mortel. Ainsi, cette malheureuse existence n'est qu'une suite de moments hétérogènes qui n'ont aucune stabilité. Ils vont flottant, fuyant rapidement, sans qu'il soit jamais en notre pouvoir de les fixer. Tout influe sur nous, et nous changeons sans cesse avec ce qui nous environne. *Je m'amuse souvent à voir couler les diverses situations de mon âme;* elles sont comme les flots d'une rivière, tantôt calmes, tantôt agitées, mais toujours se succédant sans aucune permanence. Revenons à ma promenade solitaire... »

Il s'interroge alors sur les causes de ce bonheur; il se demande à quoi tient cette impression d'intime contentement : il sent que c'est qu'il est dans sa voie et qu'il est rentré dans une situation d'accord avec toute son organisation physique, laquelle a été faite pour le repos plus que pour les passions. Mais cette réponse, qui place le bonheur dans une certaine harmonie des organes avec ce qui les entoure, ne lui suffit pas :

« Je voudrais, dit-il, si jamais je pouvais entreprendre quelque chose de suivi, rechercher jusqu'à quel point *l'âme est active*, jusqu'à quel point elle peut modifier les impressions extérieures, augmenter ou diminuer leur intensité par l'attention qu'elle leur donne ; examiner jusqu'où elle est maîtresse de cette attention... Est-ce que tous nos sentiments, nos affections, nos principes, ne tiendraient qu'à certains états physiques de nos organes? La raison serait-elle toujours impuissante contre l'influence du tempérament? La liberté ne serait-elle autre chose que la conscience de l'état de l'âme tel que nous désirons qu'il soit, état qui dépend en réalité de la disposition du corps sur laquelle nous ne pouvons rien, en sorte que lorsque nous sommes comme nous voulons, nous imaginons que notre âme, par son activité, produit d'elle-même les affections auxquelles elle se complaît. »

Telles sont les questions que se pose le promeneur solitaire et qu'il se posera jusqu'à la fin. Trente ans plus tard, il finira par les résoudre dans le sens favorable à l'âme, à sa force *active*, et encore en supposant cette force aidée et soutenue par une puissance supérieure et un Esprit qui lui communique une sorte de grâce. Mais en 1794, il n'en est pas à cette solution dernière, religieuse, à laquelle il ne s'élèvera que par degrés, et, quoique sans parti pris et sans décision absolue, il incline à tout rapporter à l'état physique et à la machine :

« Je ne prétends rien décider à cet égard. Pour savoir ce qui en est, il faudrait pouvoir lire dans toutes les âmes, être successivement chaque homme, et je n'ai pour moi que mon sens intime. J'ai cherché ce qui constitue mes moments heureux, et j'ai toujours éprouvé qu'ils tenaient à *un certain état de mon être, absolument indépendant de mon vouloir...* Moi-même qu'ai-je fait de bien lorsque je me trouve dans cet état de calme dont je désire la prolongation? Suis-je meilleur, suis-je plus vertueux qu'un instant auparavant où j'étais dans le tumulte et l'agitation? D'après mon expérience, que je ne prétends point donner pour preuve de la vérité, je serais donc disposé à conclure que l'état de nos corps, ou un certain mécanisme de notre être que nous ne dirigeons pas, détermine la somme de nos moments heureux ou malheureux ; que nos opinions sont toujours dominées par cet état, et que généralement toutes les affections que l'on regarde vulgairement comme des causes du bonheur ne sont, ainsi que bonheur même, que des effets de l'organisation. »

Tel nous apparaît Maine de Biran dans ce volume, au

point de départ ; quinze et vingt ans après, et par le seul mouvement continu de sa pensée, il en était venu à déplacer totalement son point de vue, à le porter, en quelque sorte, de la circonférence au centre, à tout rendre (et même au delà) à la force intime et à la volonté :

« L'art de vivre, écrivait-il en 1816, consisterait à affaiblir sans cesse l'empire ou l'influence des impressions spontanées par lesquelles nous sommes immédiatement heureux ou malheureux, à n'en rien attendre, et à placer nos jouissances dans l'exercice des facultés qui dépendent de nous, ou dans les résultats de cet exercice. *Il faut que la volonté préside à tout ce que nous sommes* : voilà le Stoïcisme. *Aucun autre système n'est aussi conforme à notre nature.*

« Jusqu'à présent j'ai attendu tout mon bien-être de ces dispositions organiques, par lesquelles seules j'ai souvent éprouvé des jouissances ineffables ; maintenant je n'ai plus rien à attendre de ce côté ; la force vitale n'éprouve plus que des résistances : il faut se tourner d'un autre côté. »

Ce côté duquel il se tourne, il vient de le nommer, c'est une sorte de stoïcisme. — Quelques années après, il avait changé et s'était transformé encore, il était dans sa troisième et dernière phase, et son Journal se termine par cette parole qui est un désaveu de la précédente et qui semble indiquer l'entrée définitive dans une autre sphère :

« Le Stoïcien est seul, ou *avec sa conscience de force propre qui le trompe ;* le Chrétien ne marche qu'en présence de Dieu et avec Dieu, par le *Médiateur* qu'il a pris pour guide et compagnon de sa vie présente et future. »

On a maintenant sous les yeux les trois temps et comme les trois actes qui constituent le drame intérieur de la vie de Maine de Biran. Tout ce volume est consacré à le développer ; mais les choses n'y sont pas si précises que ce résumé nous les donne. Ce drame à un seul personnage offre bien des alternatives, des péripéties ou plutôt des mélanges. Les diverses époques ne cessent d'y empiéter les unes sur les autres.

Revenons au point de départ. Maine de Biran a dès

l'abord une faculté heureuse qui est le principe de toute découverte et de toute observation neuve : il *s'étonne* de ce qui paraît tout simple à la plupart des hommes, et de ce dont l'habitude leur dissimule la complication et la merveille. Le *nil admirari* en effet, dans le sens vulgaire, n'est pas une marque d'intelligence. La pomme qui tombe paraît chose toute simple au commun des hommes, elle ne le semble pas à Newton. « La première réflexion, a dit quelque part Maine de Biran, est, en tout, le pas le plus difficile : il n'appartient qu'au génie de le franchir. Dès que le grand homme qui sait *s'étonner* le premier porte ses regards hors de lui, le voile de l'habitude tombe, il se trouve en présence de la nature, l'interroge librement et recueille ses réponses. » Le grand homme est celui, qui, après s'être étonné, trouve l'explication. Maine de Biran reste toujours au seuil de son étonnement, si je puis dire ; il y revient sans cesse ; il y fait un pas en avant, un autre en arrière, et durant trente ans il ne le franchit pas :

« Comment ne pas être sans cesse ramené, écrivait-il en 1823, au grand mystère de sa propre existence par l'étonnement même qu'il cause à tout être pensant? J'ai éprouvé pour ma part cet étonnement de très-bonne heure. Les révolutions spontanées, continuelles, que je n'ai cessé d'éprouver, que j'éprouve encore tous les jours, ont prolongé la surprise et me permettent à peine de m'occuper sérieusement des choses étrangères, ou qui n'ont pas de rapport à ce phénomène toujours présent, à cette énigme que je porte toujours en moi, et dont la clef m'échappe sans cesse en se montrant sous une face nouvelle, quand je crois la tenir sous une autre. »

Ce n'est donc pas un grand homme que ce métaphysicien à la fois prédestiné à l'être et insuffisant, ce n'est qu'un commencement de grand homme, ce n'est pas un homme complet. J'ai dit qu'on pouvait étudier à nu le type du métaphysicien en sa personne ; il est juste d'ajouter que ce type, entier et accompli de tout point dans une nature telle que celle de Kant, est fragile et fuit par bien des côtés chez Maine de Biran. Il a en lui, au cœur de sa vocation bien distincte, un principe d'infirmité. Il donne l'idée que la première condition pour être psychologue est d'être infirme, ce qui ne se doit dire d'aucune science vraie : « Quand on a peu de vie, dit-il, ou un faible sentiment de vie, on est plus porté à observer les phénomènes intérieurs. C'est la cause qui m'a rendu psychologue de si bonne heure. » Doué par la nature de la faculté d'*aperception interne*, il ne tient pas à lui qu'on ne croie que cette aptitude qu'il a est due à une maladie ou à une manie. Il compromet à tout instant le résultat de cette observation par je ne sais quoi de mou et d'incertain. C'est le psychologue en peine et dans l'embarras. Il se peint à nous comme une intelligence non pas *servie* (selon le mot de M. de Bonald), mais trahie et *dé-servie* par des organes. Il passe sa vie à chercher un point d'appui en lui, à s'assurer que ce point central spirituel existe indépendant du dehors, qu'il n'est pas complétement à la merci des choses ou de la machine intérieure ; et quand il croit avoir trouvé ce point d'appui (*arx animi*), ce moi permanent, cette force et cette cause, il ne s'y tient pas, il le laisse et n'en fait rien ; il se repent « d'avoir trop compté sur lui-même ; » il va ailleurs, et demande secours, comme dans un naufrage, à l'Esprit universel. Ce n'est qu'un stoïcien manqué, ou un chrétien tardif. Savant, il n'a ni la force d'un Fichte, ni l'audace et la trempe d'un Emerson, ce Descartes en permanence. Maine de Biran est un ancien garde du corps de Louis XVI, qui a du Greuze en lui, un principe de mollesse au milieu de l'élévation, absence de vigueur, de netteté, d'originalité, de ressort... Ai-je assez dit tout ce qui lui manque ? Mais ce qu'il a et ce qui rachète bien des défauts, c'est (je ne parle que du présent volume et du Journal) une certaine richesse de vues, la présence et la suggestion de plusieurs solutions possibles à la fois, la plénitude du problème bien posé et considéré sans cesse, la sincérité parfaite, l'honnêteté, la bonté, la profondeur à force de candeur, un sentiment moral qui anime et personnifie ses recherches, qui les rend touchantes, et qui y donne (avec plus de douceur et d'affection) quelque chose de l'intérêt qu'auront éternellement les angoisses et les fluctuations orageuses de Pascal à la poursuite du bonheur. Bien des esprits sérieux et réfléchis suivront et partageront ainsi désormais les vicissitudes morales de Maine de Biran.

Cette vie de la pensée, à laquelle il était presque exclusivement appelé, fut pourtant interrompue, coupée de temps en temps et longuement entamée par les fonctions publiques. Maine de Biran fut un des administrateurs du département de la Dordogne en 1795, et ensuite nommé député au Conseil des Cinq-Cents, de ceux qui virent leur élection annulée par le 18 fructidor. Sous l'Empire il fut sous-préfet de Bergerac, puis député au Corps Législatif, et en cette qualité il prit part en 1813, avec MM. Lainé, Raynouard, Gallois et Flaugergues, à l'acte fameux de résistance qui peut être apprécié diversement, mais qu'il considéra comme un devoir. Redevenu pour la forme garde du corps en 1814, il fut membre de la Chambre des députés et questeur. Il redevint l'un et l'autre après les Cent-Jours, et fut de plus nommé conseiller d'État. Royaliste par affection et par conviction, voulant le bien, l'ordre et la paix, on ne sera pas tenté, après la lecture de son Journal, de lui attribuer plus de vertus publiques qu'il n'en eut. Si on le prenait au mot et si l'on s'emparait de ses aveux au pied de la lettre, il serait l'homme le plus impropre aux *affaires* qui y ait jamais été mêlé ; mais, capable ou non dans tel ou tel emploi particulier, il est certes le moins homme d'État de tous les hommes. Quoiqu'il se soit laissé faire et qu'il n'ait jamais refusé les fonctions publiques, tous ses penchants, toutes ses qualités étaient pour la vie privée : « Les goûts simples qui s'allient avec les études abstraites donnent une sorte de candeur, de timidité, qui fait aimer la vie domestique. » N'ayant de valeur que dans la solitude ou dans un cercle intime qui l'appréciait, et où ses facultés *reluisent* quelques instants, son état habituel, au sein d'une grande Assemblée, tout le temps qu'il en fut membre, était un état de timidité et de crainte : « Je me sens plus faible, disait-il, au milieu de tant d'hommes forts ; je ne me mets pas en rapport avec eux : *je cesse d'être moi sans me confondre avec les autres.* Le moindre signe d'opposition ou seulement d'indifférence me trouble et m'abat, je perds toute présence d'esprit, tout sentiment et toute apparence de dignité. Je sens que les autres doivent avoir une pauvre idée de mon chétif individu, et cette persuasion me rend plus chétif, plus timide et plus faible encore... *Je suis comme un somnambule dans le monde des affaires.* » Parce qu'il a été vers la fin un adversaire du gouvernement impérial, on aurait tort de le prendre pour un grand partisan du régime constitutionnel ou parlementaire ; selon lui, le seul bon gouvernement est celui « sous lequel l'homme trouve le plus de moyens de perfectionner sa nature intellectuelle et morale et de remplir le mieux sa destination sur la terre : or, sûrement, ajoute-t-il, ce n'est pas celui où chacun est occupé sans cesse à défendre ce qu'il croit être ses droits ; où les hommes sont tous portés à s'observer comme des rivaux plutôt qu'à s'aimer et s'entr'aider en frères ; où chaque individu est dominé par l'orgueil ou la vanité de paraître, et cherche son bonheur dans l'opinion, dans la part d'influence qu'il exerce sur ses pareils. Rien n'est plus funeste au repos public comme au bonheur individuel que cette préoccupation universelle de droits, d'intérêts, d'affaires de gouvernements. » Son idéal en ce genre, autant qu'on l'entrevoit à travers ses regrets, serait une sorte de gouvernement paternel et de famille, avec des influences locales et territoriales et beaucoup de décentralisation. Intime ami de M. Lainé et son égal à l'entrée de la carrière, signalé comme lui à l'attention publique et aux honneurs du nouveau régime par le même acte de résistance au régime précédent, il sent bien vite quelle destinée différente ont faite à son ami ses talents d'orateur, et quelle disproportion de classement il en résulte entre eux dans l'opinion ; il en souffre, il s'abandonne tout bas au découragement et prend une part de moins en moins active aux discussions de la Chambre :

« J'en suis puni (écrivait-il à la fin de l'année 1814) par la perte de cette considération personnelle dont je jouissais il y a un an. Quelle distance s'est élevée dans l'opinion entre mon collègue Lainé et moi! Nous allions de pair l'année dernière ; il faut désormais que j'apprenne à me passer de considération publique, de renommée, et que je me couvre du manteau philosophique en prenant pour devise : *Bene qui latuit bene vixit.* »

La *clef* de bien des vicissitudes et de bien des variations morales de Maine de Biran est dans ce sentiment *intime* et *radical* d'impuissance et de faiblesse, joint à une intelligence élevée qui se rend compte et se contemple. Il s'est attaché quelque part à réfuter une définition que Cabanis a donnée du bonheur : « Le bonheur, dit Cabanis, consiste dans le libre exercice des facultés, dans le sentiment de la force et de l'aisance avec lesquelles on les met en action. » — « A cette condition, répond Maine de Biran, il n'est guère d'homme moins heureux que moi. L'exercice des facultés que j'ai le plus cultivées et auxquelles je tiens le plus est toujours en moi plus ou moins pénible, et je n'ai presque jamais le sentiment de force et d'aisance dans leur exercice. » Tout le Journal que nous avons sous les yeux est la preuve de ce labeur et de cette difficulté continuelle.

Même là où il est sur son terrain et dans sa voie, il a peine à s'en bien démêler; il entreprend plus d'un écrit philosophique ou politique, avec le sentiment qu'il n'en finira jamais : « Je fais un écrit politique (sur l'*Ordre* et la *Liberté*, en 1818) comme Pénélope faisait sa toile. Mon imagination est éteinte, et il faut de l'imagination, c'est-à-dire un certain degré d'activité et de vivacité dans les idées, pour traiter un sujet quelconque, fût-il le plus abstrait possible... Je suis toujours à l'essai de mes forces; je n'y compte pas, je commence et recommence sans fin. Il m'est impossible de faire autrement; mon malheur et mon trouble, mon inutilité, tout vient de n'être pas commandé, de n'être soutenu par rien : je manque d'idée fixe et de but. » Et en réfutant un ouvrage de M. de Bonald, ce qui pourtant devait lui convenir et lui fournir un but précis : « Je me fatigue chaque jour en pure perte et fais avec un grand labeur des pages qui seront effacées le lendemain. C'est, ce semble, une grande patience de rouler ainsi le rocher de Sisyphe... Mon état physique et moral, dont je suis toujours plus mécontent, est une *croix intérieure*, près de laquelle toutes les croix extérieures ne sont rien. » Un jour qu'il est chargé d'un rapport sur les *pétitions*, ce qui n'est jamais très-inspirateur, il s'écrie, pensant bientôt à tout autre chose et à ses difficultés dans tous les genres de travaux : « Je m'ennuie de mes propres idées; je ne suis satisfait d'aucune de celles qui se présentent; j'efface à mesure que j'écris. *Heureux les hommes qui sont ou se sentent inspirés!* Ils ont confiance dans leurs idées et leurs sentiments, précisément parce qu'ils ne se les approprient pas comme l'ouvrage de leur esprit, comme le produit de leur activité propre, mais qu'ils les attribuent à Dieu ou à quelque bon génie... »
C'est précisément le génie dont il manque, le *bon démon*, celui de la facilité, la *muse*, comme on dirait en d'autres

sujets. Les jours où il l'entrevoit par hasard et où elle lui sourit, il est heureux. Il a des éclairs de satisfaction, il se relève. Ainsi, lorsqu'il eut terminé, après bien des efforts et des reprises, son grand article *Leibnitz*, entrepris à l'instigation de M. Stapfer, pour la Biographie-Michaud : « Cependant, il y a des compensations, écrivait-il ; si je me tourmente aux heures de travail, quand j'ai en tête une composition de quelque étendue, je sens aussi plus d'énergie, plus d'aplomb au dedans de moi, plus de sérénité dans ma journée, quand j'ai travaillé avec un succès réel ou apparent, mais dont j'ai l'idée... Voilà ce que j'éprouve en terminant mon article *Leibnitz* le 1er juillet (1819). » — L'année suivante en refaisant son Mémoire autrefois couronné à l'Académie de Copenhague, il éprouvait de nouveau quelque chose de la même joie intellectuelle, tant il est vrai que ce n'est que le travail régulier et un cours tracé de production qui lui manque pour retrouver toute la conscience de lui-même et son équilibre : « Ce travail, dit-il, a duré un mois. J'ai été heureux et actif dans tout cet intervalle ; j'avais un point d'appui fixe, un seul objet qui servait de centre à mes idées ; j'y étais tout entier ; le monde des affaires et des intrigues avait disparu pour moi, ou ne me servait que de distraction. » Il ne tire pas, ce me semble, de ces faits tout le parti qu'il devrait. La seule conclusion que nous tirons, nous, lecteur vulgaire, de ce rare sentiment de satisfaction que nous le voyons éprouver quand il a fini et bien fini, c'est que ce qui lui a manqué, ç'a été la satisfaction plus fréquente de produire, et le plaisir sérieux, mérité, qui accompagne un labeur plus ou moins facile, mais répété, habituel et fécond. Au lieu d'appliquer ses facultés avec suite, il les laisse vaguer, tournoyer, et se dévorer sur place. Les chevaux attelés au char, pour peu qu'ils soient généreux, se rongent le frein et se mordent l'un l'autre s'ils ne courent pas.

Maine de Biran est de ceux qui passent leur vie à se creuser un puits artésien en eux-mêmes : l'eau ne vint que tard et pas abondamment. De là bien des mécomptes, bien des subtilités et des poursuites toujours nouvelles et toujours recommençantes, auxquelles il est secrètement intéressé et induit par son état tout personnel. Mais ces subtilités sont celles d'une nature élevée, délicate ; ces tourments sont d'une noble espèce, et l'humanité a de tout temps estimé ceux qui y furent sujets et qui se sont montrés capables de ces belles *croix*.

Par son premier ouvrage public, couronné par l'Institut (*Influence de l'Habitude sur la Faculté de penser*, 1802), Maine de Biran s'était rallié à l'école, alors régnante, des idéologues de la fin du dix-huitième siècle ; mais il ne s'y rattacha jamais que transitoirement, et bientôt, ne consultant que son sens intime, il passa outre. Il avait en lui un principe d'inquiétude qui l'avertissait que le problème intellectuel et moral de l'homme n'était pas si simple, et qu'il y avait à chercher encore. En 1811, âgé de quarante-cinq ans, et plus lassé ou plus attentif que beaucoup d'autres, sentant la vie se décolorer et la scène intérieure pâlir, il se demandait avec tristesse si c'était là tout, si cette décroissance et cette décadence déjà sensible ne ferait que marcher plus ou moins vite, et s'il fallait se résigner, même dans l'ordre de l'esprit, à cette diminution physique et fatale de tout l'être. Les incapacités que nous lui avons trop vues, et qu'il nous révèle, supprimaient pour lui les années que la plupart des hommes emploient ardemment et consacrent à la poursuite des honneurs et aux objets de l'ambition. Après la jeunesse il voyait venir immédiatement la vieillesse sans avant-garde ni appareil protecteur, sans rien qui la lui ornât à l'avance et la lui déguisât :

« Me voilà déjà avancé en âge, disait-il, et je suis toujours incertain et mobile dans le chemin de la vérité. *Y a-t-il un point c'appui, et où est-il?* — De même qu'en musique le sentiment dominant du musicien choisit dans la variété des sons ceux qui lui conviennent et donnent à tout l'ensemble un motif unique, de même il doit y avoir dans l'être intelligent et moral un sentiment ou une idée dominante qui soit le centre ou le motif principal ou unique de tous les sentiments ou actes de la vie. Malheur à qui ne se conduit pas d'après un idéal! il peut toujours être content de lui, mais il est toujours loin de tout ce qui est bon et vrai. »

Ce point d'appui, ce *motif dominant*, Maine de Biran ne cessera plus de le chercher jusqu'à sa dernière heure, à travers toutes sortes d'anxiétés et d'incertitudes. Il n'est pas de ceux qui se hâtent de dire à tous en courant : *Je l'ai trouvé!*

En 1814, il se donna pourtant un plaisir social bien en accord avec ses goûts méditatifs. Il fonda chez lui, à Paris, un petit cercle philosophique, une véritable petite Académie de métaphysique, qui s'assemblait une fois par semaine, et où se réunissaient MM. Royer-Collard, Ampère, de Gérando, les deux Cuvier, Stapfer, Cousin, Guizot et plusieurs autres. Cette société, plus ou moins fréquentée et renouvelée par portions, mais toujours de grand choix et d'élite, se continua pendant plusieurs années ; on y traitait à fond les questions d'analyse interne. C'était un laboratoire de psychologie. Maine de Biran avait des jours où il y était moins mécontent de lui, et où il avait conscience de s'épanouir un peu, de renaître.

Dans le Journal très-intéressant, et qui ne va plus discontinuer depuis lors, de ses impressions et de ses pensées, on suit parfaitement, sans en rien perdre, les différents temps et presque les motifs de ses désirs, de ses troubles et de ses transformations de doctrine. Si Maine de Biran avait été plus ferme et d'une trempe d'esprit plus résistante, il semble qu'étant arrivé à la conviction du point d'appui intérieur, de l'âme et de la force vive, de la cause efficace qui domine tout l'être (ce qui est sa seule originalité de penseur, si c'en est une), il se serait établi dans une sorte de stoïcisme élevé, tranquille; il aurait cru à la liberté humaine, au devoir, au choix éclairé qu'on en fait, et à la satisfaction sentie qui en est la récompense. Mais il n'est pas plus tôt arrivé à cette conviction méditée qu'il se fait des objections qu'on n'attendait pas. Le roc sur lequel il s'ancrait se dérobe. Il trouve sa liberté de vouloir absente ou insuffisante; il ne trouve nulle part le repos, pas même en soi; non-seulement l'homme extérieur en lui contrarie l'homme intérieur, mais du fond de l'homme intérieur il sent ressortir des contradictions dont il n'est pas maître : « Quel sera le terme de ces contradictions? Où est le repos? Je vois maintenant qu'il est inutile de chercher à l'atteindre par les efforts de la volonté. C'est une vraie misère de vivre sur la terre. » Il a besoin d'un secours extérieur encore, mais, cette fois, de ce secours invisible qui opère par la grâce et moyennant le canal de la prière. « La plus fâcheuse des dispositions, dit-il, est celle de l'homme qui, se méfiant de lui-même au plus haut degré, ne s'appuie pas sur une force supérieure et ne se livre à aucune inspiration; il est condamné à être nul aux yeux des hommes comme à ses propres yeux. » Il connaissait bien cet homme-là. Nul n'a agité plus habituellement que lui et n'a plus pressé en tous sens les rapports du Stoïcisme et du Christianisme, essayant de les concilier, oscillant de l'un à l'autre, mais, après chaque oscillation, s'approchant d'un degré de plus du Christianisme vif et complet, tel qu'il est dans saint Paul, dans l'*Imitation*, dans les *Lettres spirituelles* de Fénelon. — « Douleur, tu n'es pas un mal, » dit le philosophe stoïcien que le mal dévore. Maine de Biran veut encore davantage, il aspire à dire avec le chrétien parfait : « Douleur, tu es mon bien » —

« Car, remarque-t-il délicatement, c'est le trouble et non la souffrance qui nuit à l'âme. »

Tout cela ne se passe pas en un jour chez Maine de Biran, mais dure des années. Son Journal ressemble à un journal de fièvre morale, une longue fièvre de croissance. Que d'intermittences en effet, que d'accès de découragement, que de rechutes! mais le progrès, dans le sens où il l'entend, gagne et avance toujours; il est de ceux qui travaillent à se perfectionner sans cesse. « L'homme extérieur se détruit, l'homme intérieur se renouvelle, » se dit-il avec l'Apôtre. Ce Journal intéresse, parce qu'il n'est pas seulement d'un esprit qui cherche la vérité, mais aussi d'une âme plaintive et qui a soif de bonheur. La vérité pour lui, c'est avant tout celle qui fortifie et guérit, celle qui console. Bien d'autres ont passé par le même chemin, mais il y procède à sa manière, il y parle avec son accent. Je ne sais laquelle choisir dans ces pages où l'on aperçoit insensiblement la transition du philosophique au mystique, le passage de Marc-Aurèle à Fénelon; c'est la continuité même qui en fait le prix et le charme. Maine de Biran n'a pas de ces vigoureuses expressions de pensée qui se gravent, mais il a et il rend bien, à force d'y revenir et d'y abonder, la plénitude de son objet :

> « A en juger par ce que j'éprouve, dit-il en un de ces endroits essentiels, et ne considérant que le fait psychologique seulement, il me semble qu'il y a en moi un sens supérieur et comme une face de mon âme qui se tourne par moments (et plus souvent en certains temps, à certaines époques de l'année) vers un ordre de choses ou d'idées, supérieures à tout ce qui est relatif à la vie vulgaire, à tout ce qui tient aux intérêts de ce monde et occupe exclusivement les hommes. *J'ai alors le sentiment intime, la vraie suggestion de certaines vérités qui se rapportent à un ordre invisible, à un mode d'existence meilleur, et tout autre que celui où nous sommes.* Mais ce sont des éclairs qui ne laissent aucune trace dans la vie commune, ou dans l'exercice des facultés qui s'y rapportent; je retombe après m'être élevé. Or, qu'est-ce qui m'élève? Comment le voile ordinaire

qui couvre mon intelligence se trouve-t-il écarté par moments pour retomber aussitôt ? *D'où me vient enfin cette suggestion extraordinaire de vérités dont les expressions sont mortes pour mon esprit, même quand il les connaît à la manière ordinaire ?* Il m'est évident que ce n'est pas moi, ou ma volonté, qui produit cette intuition vive et élevée d'un autre ordre de choses. Un sourd qui aurait par moments la perception des sons, un aveugle qui aurait le sentiment subit et instantané de la lumière, ne pourraient croire qu'ils se donnent à eux-mêmes de telles perceptions : ils attribueraient ces effets singuliers, et hors de leur mode d'existence accoutumé, à quelque cause mystérieuse... »

Et il en vient à conclure qu'il faut se mettre, s'il se peut, dans un rapport régulier avec cette grande cause, y disposer toute sa personne et son organisation elle-même par certains moyens :

« Les anciens philosophes, comme les premiers chrétiens et les hommes qui ont mené une vie vraiment sainte, ont plus ou moins connu et pratiqué ces moyens. Il y a un régime physique comme un régime moral qui s'y approprie : la prière, les exercices spirituels, la vie contemplative ouvrent ce sens supérieur, développent cette face de notre âme tournée vers les choses du Ciel, et ordinairement si obscurcie. Alors nous avons la présence de Dieu, et nous sentons ce que tous les raisonnements des hommes ne nous apprendraient pas. »

Tel est le point de vue final auquel Maine de Biran se dirige de plus en plus, jusqu'à sa dernière heure (20 juillet 1824). Les défaillances fréquentes qui retardent son avancement et son progrès, en le montrant homme toujours sincère, et, malgré sa portée d'esprit, semblable d'ailleurs aux plus faibles, ne sont pas sans exciter de la sympathie :

« J'ai souvent pitié de moi-même, confesse-t-il ; je déplore mes écarts d'esprit ou de raison, la faiblesse et les courtes limites de mes facultés physiques et morales. Ce sentiment de pitié ou de compassion réfléchie du *moi* sur lui-même est encore assez doux à éprouver, en tant qu'il constate une nature supérieure à celle qui pâtit, quoiqu'elle lui soit intimement jointe. »

S'il y avait pour lui quelque douceur à cette *prise en pitié* de soi par une autre partie de soi-même, il se communique aussi à la longue et il se transmet quelque chose de ce sentiment de tendresse et de commisération chez le lecteur. Ce souffrant et ce patient, qui se flatte si peu, est pour nous un frère.

On a l'aperçu de ce livre, qui est moins un livre de philosophie qu'une peinture morale, livre de naïveté et de bonne foi, nullement d'orgueil, d'où il résulte qu'un homme de plus, et de ceux qui sont le plus dignes de mémoire, est bien connu ; livre à mettre dans une bibliothèque intérieure à côté et à la suite des *Pensées* de Pascal, des *Lettres spirituelles* de Fénelon, de l'*Homme de Désir* par Saint-Martin, et de quelques autres élixirs de l'âme. Quand on l'a bien lu, il naît, selon l'esprit et les dispositions qu'on y apporte, une foule de réflexions sur les problèmes les plus importants et les plus déliés de notre condition humaine ; mais la nature si délicate de ces problèmes fait qu'il vaut mieux que chacun tire sa leçon comme il l'entend, et boive l'eau de la source à sa manière. Je me suis borné à faire mon office et à montrer le chemin (1).

(1) Il y a d'ailleurs dans cet écrit de quoi venir en aide aux points de vue les plus opposés. Par exemple : dans un ouvrage qu'il vient de publier sur *la Connaissance de l'Ame* (1857), le Père Gratry s'est vivement et habilement emparé de ces *Pensées* de Maine de Biran pour dire aux philosophes de l'école de M. Cousin : « Voilà l'homme que vous avez proclamé le premier métaphysicien de notre temps, et cet homme, il avoue que le point d'appui indépendant qu'il avait cherché à sa fondation philosophique n'existe pas, et, par son dernier mot qui se révèle aujourd'hui, il vient à nous, il est avec nous, au pied de la Croix. » — D'un autre côté, les philosophes de l'école positive et physiologique que Maine de Biran a abandonnée pourraient dire : « Toutes ces variations et ces voyages de l'auteur autour de sa chambre s'expliquent : il est faible, il est malade et inquiet, il cherche la vérité, mais sous forme de remède ; et le remède moral que désire si vivement un malade, il finit toujours, s'il cherche longtemps, par le trouver ou par croire qu'il l'a trouvé. » — La vérité est qu'un homme de plus est connu, mais la question n'a pas avancé d'un pas.

— Depuis que ceci est écrit, je vois que d'autres esprits distingués survenant à leur tour ne craignent pas de faire de Maine de Biran leur chef de file en philosophie et de le proclamer comme le fondateur d'une ferme doctrine qu'ils opposent à l'éclectisme désormais en retraite de l'école de M. Cousin. « Les plus sincères défenseurs du spiritualisme en France n'hésitent pas à saluer aujourd'hui dans Maine de Biran *leur véritable maître après Descartes.* » C'est ce que déclare M. Lachelier, un jeune maître éminent, dans une lettre du 30 août 1868 ; et entre Maine de Biran et lui, il se plaît à désigner, comme faisant la chaîne, cet autre disciple d'un ordre bien élevé, M. Ravaisson. Je constate seulement ces filiations tardives et assez inattendues, ces vicissitudes et ces retours de fortune et de destinée, et j'y vois surtout, j'ose l'avouer, une image de la fluctuation et du caprice des pensées humaines. Pauvre Maine de Biran, toujours en quête de son point d'appui qu'il ne put jamais rencontrer ni atteindre, le voilà devenu, sans qu'il s'en soit douté, un guide en matière de certitude, un fondateur !

Lundi, 20 avril 1857.

SOUVENIRS MILITAIRES ET INTIMES

DU

GÉNÉRAL VICOMTE DE PELLEPORT

PUBLIÉS PAR SON FILS (1).

Tout homme qui a assisté à de grandes choses est apte à faire des mémoires, mais à une condition, c'est qu'il ne les fasse que sur ce qu'il a vu, vu de ses propres yeux, observé de particulier et de précis, laissant à d'autres plus ambitieux ou mieux doués la prétention ou la gloire des tableaux, des histoires et descriptions générales. Qu'il dise ce qu'il sait, rien que ce qu'il sait, et ne fasse pas l'*Histoire de mon temps*. De cette sorte, et si l'on s'en tenait à cette règle, la connaissance des faits irait s'accroissant en réalité; on entendrait successivement bien des témoins, mais des témoins toujours utiles; on ne recommencerait pas sans cesse d'éternels récits qui n'ont de prix que chez les narrateurs vraiment originaux et compétents, en attendant qu'ils aient rencontré l'artiste définitif et suprême. C'est ce mérite de la particularité et d'une sincérité parfaite que j'ai trouvé

(1) Deux volumes in-8°, avec portrait, fac-simile et cartes spéciales; chez Didier, quai des Augustins, 35.

dans les deux volumes que je viens de lire, et qui me
les a rendus intéressants après tant d'autres qui se sont
publiés et qui se publieront encore sur cette grande
époque de l'Empire.

Le général Pelleport, mort à Bordeaux le 15 décembre
1855, avait pensé, quinze ans auparavant et dans la
retraite au sein de sa famille, à retracer la suite de ses
services militaires et civiques, et notamment à donner
l'historique de la 18ᵉ demi-brigade, devenue le 18ᵉ régiment, dans laquelle, entré comme simple soldat,
il avait gagné tous ses grades jusqu'à celui de colonel. Le fond de ces volumes, et ce qui en fait le
sujet principal, est donc l'histoire d'un régiment; le
général duc de *Fezensac* avait déjà fait avec succès
pareille chose pour le sien. Il ne faut pas demander au
récit du général Pelleport, son ami et son collègue
comme colonel pendant la retraite de Russie, et qui,
comme lui, eut l'honneur d'être à *l'extrême arrière-garde de l'arrière-garde*, il ne faut pas lui demander,
dirai-je tout d'abord, les mêmes qualités de correction,
d'élégance, et d'un pathétique par moments presque
virgilien; mais la vérité, la candeur, un ton de sûreté
et de probité dans les moindres circonstances, le scrupule, la crainte de trop dire jointe à une bravoure si
entière et si intrépide, un bon sens pratique et des jugements à peine exprimés qui comptent d'autant plus qu'ils
ne portent jamais que sur ce que le narrateur a su par
lui-même, tout cela compense bien pour le lecteur ce
qui est inachevé littérairement, et nous dessine dans
l'esprit une figure de plus d'un bien digne et bien
estimable guerrier.

Je n'ai certes pas la prétention d'embrasser et de dénombrer les différentes formes sous lesquelles peut se
présenter le génie guerrier, la vertu guerrière. Il en est
deux pourtant dont les types nous sont connus et fami-

liers et se personnifient dans des noms qui s'expriquent d'eux-mêmes. Je parlais, il y a quelque temps, de Villars. Qui n'a salué en lui toute une race de vaillants, et la plus aisée à reconnaître, brave, glorieuse, évidemment née pour la guerre, avide des occasions, impatiente de les faire naître, toujours en avant, en dehors, confiante, brillante, la plus prompte au danger, mais ardente aussi à l'honneur et à la récompense? Une autre race de guerriers, que personnifie le nom de Catinat, ou, si l'on veut, de Vauban, est celle des militaires qui joignent aux qualités de leur profession des mérites presque contradictoires de penseurs, de philosophes, de raisonneurs; ils jugent, ils ont des idées politiques, des vertus civiles; une capacité de plus les complète, mais parfois aussi les complique : ils y perdent un peu en relief s'ils y gagnent en profondeur. La réflexion les marque au front et leur ôte de ce qui caractérise avant tout les premiers, je veux dire l'éclair et l'entraînement. A côté de ces deux familles de guerriers, dont je n'indique que la physionomie la plus générale, il en est une autre bien essentielle et qui, dans cette grande communauté de l'armée, constitue peut-être la partie la plus solide, et, si l'on osait dire, la plus consistante : ce sont ces hommes, non pas glorieux, mais modestes, sensés mais sans être philosophes ni raisonneurs, s'abstenant de toute politique, qui ont le culte de l'honneur, du devoir, de la règle, toujours prêts à servir, à combattre, ne demandant rien, contents et presque étonnés lorsque leur vient la récompense, inviolablement fidèles au drapeau et au serment. Quel nom de chef trouver pour personnifier ces races pures dont le propre est précisément de se sacrifier, de s'effacer, de se tenir au second rang partout, hormis quand on est au feu, et de n'avoir rien d'éclatant? Le nom de Drouot (1), par exemple, peut en donner la meilleure

(1) Ou encore celui du général Friant, tel que M. Thiers nous a

idée. C'est à cette race, avant tout honnête, intègre, scrupuleuse autant qu'intrépide, qu'appartient le général Pelleport, dont les *Souvenirs* nous occupent en ce moment.

Né à Montrejeau dans la Haute-Garonne, en 1773, d'une bonne famille bourgeoise à mœurs patriarcales, il avait dix-neuf ans, avait fait ses études au collége de Tarbes, et était destiné par ses parents à l'état ecclésiastique, lorsque, la société changeant subitement de face, la levée en masse le saisit. Le décret du 23 août 1793 l'appela aux frontières avec trois de ses frères. Entré comme soldat dans la compagnie de son canton, il va à Toulouse où se formait un bataillon provisoire; ce bataillon, armé de piques, est dirigé sur la frontière d'Espagne. Le vieux général Dagobert y commande et essaye, à force d'activité, de suppléer à l'inexpérience des nouvelles recrues. A la première affaire d'avant-garde qui s'engage de nuit dans les montagnes, les colonnes françaises, par un malentendu, tirent les unes sur les autres; il s'ensuit une confusion extrême :

« Dans cette échauffourée, le bataillon rompit ses rangs aux premiers sifflements des balles; je restai à ma place comme un soldat russe : c'était quelque chose pour un début. Le chef de bataillon, qui parlait de tout comme un *livre imprimé*, disparut et ne rentra que le lendemain. Cette affaire me rassura un peu contre la peur dont j'étais tourmenté depuis qu'on m'avait fait soldat. »

Le général Dagobert est forcé de renoncer pour le moment à l'offensive. Dans la retraite du lendemain, le bataillon où sert Pelleport tenait la tête de la colonne et pressait un peu trop le pas :

« Son allure vive et animée semblait indiquer de l'empressement

montré ce modèle accompli des modestes et fortes vertus guerrières, au tome XIV, p. 168 de son *Histoire de l'Empire*. — Voir aussi la *Vie militaire* du comte Friant, publiée par son fils (un vol. 1857), et un article au tome XIV de ces *Causeries*.

à s'éloigner des tirailleurs espagnols, dont les balles tombaient dans nos rangs. A cette occasion, le général Dagobert nous dit *qu'il fallait prendre le pas ordinaire en montrant le dos à l'ennemi, et le pas de charge en lui présentant sa poitrine.* Cette leçon, donnée par une autorité que personne ne pouvait contester, était parfaitement appropriée à notre intelligence militaire. »

Tout cela est dit assez finement et très-sensément. Pelleport ne cherche pas à se donner dans son récit un enthousiasme qu'il n'a pas. Lui et ses compagnons sont jeunes, dit-il, peu soucieux de l'avenir. Personnellement il n'était pas ennemi de la Révolution, mais il en sentait les horreurs ou les ridicules, il en répudiait les crimes, et à propos de l'attentat du 21 janvier, il s'attache à constater « les sentiments de réprobation générale que cet événement fit éclater dans tout le Midi, au sein des familles honnêtes, qui ne demandaient à la Révolution que l'égalité politique et la réforme de graves abus :

« Si cette réflexion, dit-il, passe un jour ou l'autre sous les yeux de quelques ardents, ils ne voudront peut-être pas croire que tel était l'état des esprits à cette époque. Ils se tromperont ; ce que je rapporte est très-vrai : les gens honnêtes, les bons citoyens gémirent, en 1793, d'être forcés d'assister aux luttes de ces hommes de sang, qui, en nous déshonorant aux yeux des nations civilisées, finirent par mettre le comble à leurs forfaits en assassinant un prince vertueux, qui ne pouvait être accusé que d'une seule chose, de ne pas savoir défendre sa couronne, et de n'avoir pas assez de tête pour présider à la réforme d'un passé gros d'abus et de haines. »

Dans les différents régimes qu'il a traversés et sous lesquels il a servi la France, n'étant pas de ceux qui se croient appelés à gouverner ou à corriger l'État, Pelleport s'est constamment appuyé à la partie honnête et sensée de chaque régime.

Le 8e bataillon, dans lequel Pelleport demande bientôt son incorporation, n'est pas beaucoup plus aguerri que le précédent, mais cette éducation militaire se fait peu à peu. Dugommier, nommé général en chef, s'applique à réorganiser l'armée; la seconde campagne (1794) s'ouvre par de beaux faits d'armes du vieux Dagobert, qui meurt au milieu des troupes « dont il a guidé l'inexpérience avec un dévouement patriotique. » A la manière dont il parle de la mort de ce général et de sa tombe « pareille à celle du pauvre, » on voit poindre chez Pelleport un sentiment qui se développera de plus en plus, le respect et presque la piété pour les chefs qui l'ont bien mené dans la carrière. C'est ainsi que parlant plus tard du général de division Legrand sous lequel il a servi et dont il estime les sérieux talents, joints à la bienveillance pour ses inférieurs : « C'est avec vénération, dit-il, que je vais, lorsque je suis à Paris, visiter sa tombe au Panthéon. Jamais militaire ne reçut un honneur plus mérité. »

Pelleport n'était pas de ceux qui sont nés irrésistiblement soldats, il le devient; il aurait pu être autre chose. Mais, homme de devoir, il contracte vite la religion de son noble métier. Ces natures d'hommes sont le contraire des natures légères. Ce n'est pas en leur présence qu'on pourrait faire la question de M. Royer-Collard qui demandait *ce qu'était devenu le respect*. Eux, ils l'éprouvent, ils le conservent, et en retour ils l'inspirent.

Les nominations, dans ces premiers temps, se faisaient par l'élection. C'est ainsi que Pelleport fut élu successivement caporal, sergent et sous-lieutenant; c'est le grade qu'il avait dès l'hiver de 1793-1794.

Après la paix signée avec l'Espagne (juillet 1795), le 8ᵉ bataillon se met en marche pour rejoindre l'armée d'Italie. En traversant le midi de la France, il y rencontre la *réaction* dans tout son feu :

« Les terroristes et les thermidoriens se disputaient le pouvoir; les royalistes, malgré la paix de Bâle et les désastres de Quiberon, conservaient leurs espérances; chaque parti se plaignait de l'armée parce qu'elle restait étrangère aux passions et aux intérêts de tous ;

elle commençait à *jouer son rôle* : elle restait froide au milieu de ce brouhaha politique. »

Dans les villes où il passe, à Montpellier, à Nîmes, Pelleport est des plus mal accueillis par les bourgeois pour qui il a un billet de logement. A Nîmes, repoussé tout net par les gens aisés qui le mettent à la porte, il allait être réduit à passer la nuit à la mairie sur un lit de camp, lorsqu'une bonne femme, dont le fils unique était à l'armée, le retira chez elle :

« Nous étions, dit-il, aussi pauvres l'un que l'autre ; elle vivait de son travail, et je n'avais qu'une modique solde en assignats dont personne ne voulait plus. C'est ainsi que nous fûmes reçus après avoir préservé le midi de la France de l'invasion espagnole ; j'en fus étonné et affligé, mais bientôt je me résignai. »

Pauvre pays ! toujours des passions publiques, et jamais d'esprit public.

Il arrive avec son bataillon à l'armée d'Italie, dont le quartier général était à Nice et où commandent successivement Kellermann et Schérer. L'armée était sans vêtements, sans chaussures, sans solde :

« On donna des fusils aux lieutenants et sous-lieutenants ; cette mesure, dont les officiers de ces grades se seraient bien passés, était bien entendue : nous devions faire la guerre sur les crêtes de l'Apennin, et l'effectif sous les armes était tellement réduit, qu'un seul officier, le capitaine, suffisait au commandement d'une compagnie en ligne... Un jour, je ne me rappelle pas la date, le citoyen Chiappe, commissaire du Gouvernement près l'armée d'Italie, présenta à notre acceptation la Constitution de l'an III. Il fut hué dans quelques bivouacs ; l'élégance *incroyable* de son costume était une insulte à notre misère. La troupe ne voulut pas entendre la lecture de l'Acte constitutionnel, fiction politique dans un bivouac; elle demanda avec force du pain et des souliers. Le représentant *muscadin* se retira honteux et confus ; néanmoins, dans son rapport au Directoire, il loua en termes pompeux le bon esprit des troupes : voilà comme on écrit l'histoire. L'armée d'Italie, bien qu'elle fût républicaine, voyait avec indifférence ces réactions dans la capitale, qui faisaient passer le pouvoir d'un parti à un autre sans résultat utile pour elle. »

Cette armée, sous la conduite énergique de Masséna, gagna la bataille de Loano (26 novembre 1795), qui ouvrit les communications avec Gênes, procura des cantonnements pour l'hiver et du pain pour trois ou quatre mois. Le 8ᵉ bataillon, commandé par Suchet et où Pelleport était sous-lieutenant, se signala en s'emparant des hauteurs presque inaccessibles du Monte-Calvo. On a vu les misères; voici l'ovation et l'honneur :

« Les Conseils de la République déclarèrent que l'armée d'Italie avait bien mérité de la patrie : telle fut notre récompense. Les armes d'honneur n'étaient pas encore en usage, et les citations dans les bulletins étaient extrêmement rares; aucun officier n'aurait osé y prétendre à l'exclusion de ses camarades; tout était en commun dans ces familles militaires; la gloire acquise par un de leurs membres devenait la propriété de tous, et contribuait à l'honneur et à la réputation du corps. *Voilà comme nous étions.* »

Le 8ᵉ bataillon, dit de la Haute-Garonne, où servait Pelleport, fit partie des quinze bataillons qui, réunis, formèrent la 18ᵉ demi-brigade. C'est de ce corps, qui devint plus tard le 18ᵉ régiment de ligne, que Pelleport s'est proposé de faire l'historique, s'écartant peu de tout ce qui est relatif à la fortune et aux actions de la famille militaire à laquelle il appartient désormais jusqu'après la campagne de Russie.

Bonaparte, nommé général en chef en remplacement de Schérer, arrive au quartier général à Nice dans les derniers jours de mars 1796 :

« Il trouva tous les services dans un état déplorable : l'armée manquait de tout, et les magasins, les caisses étaient vides. Pour sortir de cette position, n'ayant rien à espérer du Gouvernement, il fallut combattre et vaincre.

« Le 4 avril, Bonaparte passa la revue de la 18ᵉ demi-brigade, qui s'était réunie à Albenga. Après avoir jeté un coup d'œil rapide sur ce corps couvert de haillons, mais riche de jeunesse, ayant le courage des privations et l'expérience acquise par trois campagnes, soit dans les Alpes et les Pyrénées, soit dans la Vendée, il réunit les officiers, se plaça dans le cercle et nous dit :

« J'ai suivi avec un grand intérêt les opérations de la dernière
« campagne, soit en Espagne, soit en Italie; j'ai applaudi au cou-
« rage et au dévouement des deux armées. Je connais vos souffrances ;
« je sais que souvent, pour vous procurer du pain, vous avez vendu
« les objets précieux que vous possédiez, ceux même que vous te-
« niez des mains les plus chères. J'ai la confiance qu'avec votre cou-
« rage et votre discipline vous sortirez glorieusement de cette posi-
« tion; de l'autre côté de l'Apennin, vous trouverez un pays fertile
« qui pourvoira à tous vos besoins; avant d'y pénétrer, vous aurez
« des marches forcées à faire, de nombreux combats à livrer : nos
« efforts réunis surmonteront toutes les difficultés. »

« Ce discours, que j'ai trouvé dans les archives de la 18e demi-
brigade, ne produisit qu'un médiocre effet sur la troupe; elle ne
pouvait avoir confiance dans les promesses d'un jeune homme dont
elle connaissait à peine le nom. Dans les causeries qui eurent lieu à
l'occasion de cette revue, chacun fit part à ses camarades de ses remarques et de ses impressions avec la franchise du bivouac. La taille
petite et grêle du général en chef, son accent corse, que les orateurs
des compagnies exagéraient pour amuser leurs camarades, rien ne
fut oublié, pas même ses cheveux portés *à l'incroyable*; néanmoins,
nous nous préparâmes à combattre pour la gloire de la France et
l'honneur de nos armes. »

Le chef de bataillon Suchet, depuis l'illustre maréchal d'Empire, est de ceux qui paraissent compter le moins sur le nouveau général, « cet intrigant, disait-il, qui ne s'appuie sur rien. » Quelques jours de campagne vont bien changer les points de vue.

On saisit parfaitement dans le récit de Pelleport cette transformation presque soudaine, mais qui pourtant a ses degrés. La confiance s'établit dès les premiers combats; l'armée sent qu'elle a un chef comme elle n'en a jamais eu encore; les plus braves généraux sentent qu'ils ont aussi le leur. Dans une occasion où, la plupart des officiers de l'état-major étant en mission, Pelleport est désigné pour faire le service au quartier général pendant la nuit (à Lévico, 6 septembre 1796) :

« Je vis, dit-il, Masséna et Augereau rendre compte des opérations de la journée à Bonaparte et prendre ses ordres pour le lendemain : le maintien de ces deux chefs de division était fort respectaeux. Je ne cite cette circonstance que pour donner la mesure de l'autorité que Bonaparte, dès le début de son commandement en chef, avait prise sur ses lieutenants. Il faut se reporter à cette époque de camaraderie pour bien juger l'ascendant de cet homme sur l'esprit des officiers qui se trouvaient sous ses ordres. »

Le récit de Pelleport est intéressant par un cachet de simplicité et de naïveté même, auquel rien n'est préférable dans ces narrés d'auteurs originaux. Un officier de la 18e, le capitaine Motte, commandant un fort au débouché du Tyrol, se laisse intimider par les sommations de l'ennemi, lors des premiers succès de Wurmser; il livre le passage et se rend prisonnier de guerre :

« Sans cette malheureuse circonstance, le mouvement des Autrichiens eût été retardé de quelques heures. Ce pauvre Motte ne comprit pas qu'il avait une belle occasion pour se faire tuer, en léguant à ses camarades un bel et utile exemple à suivre. »

Le matin de la bataille de Rivoli, quand la tête de la 18e parut, Bonaparte se porta à sa rencontre et dit ces paroles qui devinrent la devise glorieuse de la demi-brigade, et qui seront plus tard brodées en lettres d'or sur son drapeau : « Brave 18e, je vous connais; l'ennemi ne tiendra pas devant vous. » A ces paroles, les soldats répondirent : « En avant! en avant! » Masséna s'approcha aussi et fit cette harangue d'un autre ton : « Camarades, vous avez devant vous 4,000 jeunes gens appartenant aux plus riches familles de Vienne; ils sont venus en poste jusqu'à Bassano : je vous les recommande. » — « Cette harangue, parfaitement comprise, ajoute Pelleport, nous fit rire. »

Dans tout ceci, il n'est guère question d'avancement pour Pelleport, toujours brave, toujours sous-lieutenant, et jamais pressé. Depuis la réorganisation de l'infanterie, les emplois vacants dans les cadres de la 18e, comme dans toutes les autres demi-brigades, avaient été donnés aux officiers surnuméraires restés à l'armée sans emploi de leur grade et qui formaient une compagnie auxiliaire. Pourtant, cet état de choses ayant cessé, et une place de lieutenant se trouvant vacante dans le bataillon, Pelleport, présenté sur la liste des candidats par les lieutenants ses supérieurs immédiats, fut nommé par les capitaines, et le général en chef confirma le choix : « Je n'étais, dit-il, que le dixième sous-lieutenant par rang d'ancienneté. » Quelques mois après, en garnison à Venise, le conseil d'administration de la demi-brigade le nomme adjudant-major lieutenant dans le 2ᵉ bataillon (juillet 1797) : « Cet emploi, dit-il, m'assurait, après dix-huit mois, le grade de capitaine. *J'étais en veine.* » Notez que ce grade de capitaine, il l'aura le 20 mars 1799, en Syrie. — Homme modeste, qui est de la race patiente, qui ne crie pas à tout bout de champ à l'injustice, à l'ingratitude, qui est plus occupé de mériter que d'obtenir, et que cette fièvre d'avancement qu'on voit à tant d'autres ne dévore pas !

L'armée d'Italie, après ses victoires, était encore ainsi. Sur le côté moral et le chapitre de l'intégrité, Pelleport est bon à entendre ; il dit nettement leur fait aux fournisseurs et à ceux qu'il appelle *riz-pain-sel*, ces hommes qui exploitèrent effrontément l'armée et le pays conquis ; mais les soldats et officiers restaient intacts :

« Nous étions pauvres en entrant en Italie, dit-il après ces deux immortelles campagnes ; nous en sortîmes bien vêtus et parfaitement équipés : voilà l'exacte vérité en ce qui concerne la troupe. La République cisalpine accorda une gratification aux officiers généraux et chefs de corps. Celle de Fugières, notre chef de brigade, fut de 10,000 francs. Ce brave homme, ne sachant que faire d'une somme aussi forte, demanda la permission de la porter à sa femme. »

En rentrant en France par la Suisse, la 18ᵉ passe à Coppet :

« A mon passage, je fus assez heureux pour être agréable à M. Necker ; en reconnaissance du petit service que je lui rendis, il

m'offrit le *Voyage* de Volney *en Syrie et en Egypte*, en me disant :
« Lisez ; cette lecture pourra vous être utile. » J'acceptai avec plaisir ; mes camarades se moquèrent de ce *vieux radoteur*. Nul ne prévoyait l'expédition d'Égypte. M. Necker l'avait-il devinée, ou en avait-il connaissance? Je ne sais que croire. »

Il est fort à croire que M. Necker ne prévoyait point l'expédition d'Égypte ; mais il vit un jeune officier qui lui parut plus sérieux et plus réfléchi que beaucoup d'autres, et il voulut lui procurer une lecture solide, qui montrait, dans un parfait exemple, comment on peut tirer profit de ses observations en tout voyage.

La campagne d'Égypte se préparait, et Pelleport avec la 18ᵉ fut destiné à en faire partie. Le récit qu'il fait de cette expédition a son prix sous sa plume. Il nous exprime bien la moyenne d'esprit de l'armée. Elle a confiance dans son chef, mais, en s'abandonnant à sa fortune, elle ne le comprend et ne le devine qu'à demi ; on s'abstient même de trop se demander où l'on va et dans quel but. Les paroles du général font une impression profonde sur les imaginations ; ses actes sont d'un souverain plus que d'un chef d'armée, il y avait déjà habitué ses troupes dans la campagne d'Italie ; il s'exerce plus que jamais à ce rôle pendant toute l'expédition d'Égypte : il y fait son expérience et comme sa *répétition* de souveraineté et d'empire, à huis clos, dans cet Orient où il est enfermé, et loin de l'Europe qui a les yeux sur lui, mais dont un rideau magique le sépare. Rien ne prouve mieux la force de son ascendant que l'effet que produisent ses paroles sur Pelleport, esprit froid, peu enthousiaste. Ces *légions romaines* « que vous avez quelquefois imitées, mais pas encore égalées » (paroles de la première proclamation), le préoccupent beaucoup, lui et ses camarades ; il les a sur le cœur. Dès la première nuit passée sur le sable après le débarquement avec quelques onces de biscuit trempé dans de l'eau saumâtre, on prend une triste idée de l'avenir qui attend l'armée en Égypte : « Cependant aucun murmure ne se fit entendre : *nous voulions égaler les Romains.* » — Un jour, dans un campement près de Gaza où l'on n'avait trouvé que peu de ressources, comme des soldats s'étaient approchés de sa tente pour se plaindre, le général en chef leur dit « qu'ils n'égaleraient jamais les Romains, qui, dans ces mêmes lieux, avaient mangé leurs sacs de peau. » — « Général, ils n'en portaient pas, vos Romains, » lui répondit un orateur. — « Cette repartie fit rire, ajoute Pelleport, et les murmures s'apaisèrent. »

C'est égal, ces Romains, toujours nommés, restaient dans l'esprit de ces braves et les piquaient d'honneur. Pelleport en est lui-même une preuve lorsqu'au commencement de la retraite de Moscou et de ces fatigues sans nom, supportées par une partie de l'armée avec tant d'héroïsme, il dit tout d'un coup et en y revenant sans qu'on s'y attende : « Je crois, tout amour-propre de côté, que nous avons, en cette circonstance, laissé bien loin de nous les Romains, dont l'Empereur nous parlait tant en Italie et en Égypte. »

Pelleport, très-occupé du détail et de ce qu'il voit, nous apprend un fait assez singulier, c'est que dans les combats de Chobrakhit, qui précédèrent la bataille des Pyramides, il y eut du tâtonnement et quelque inhabileté pratique à exécuter les commandements du chef :

« L'armée d'Italie, bien que brave et intelligente, manquait de flexibilité pour les manœuvres ; les officiers inférieurs et supérieurs, les généraux eux-mêmes qui venaient de faire la guerre avec une grande distinction, avaient négligé l'étude de la petite tactique (manœuvres); aussi se trouvèrent-ils embarrassés pour former les carrés tels qu'ils avaient été indiqués par Bonaparte : il fallut prendre successivement les pelotons et bataillons par la main pour les porter sur le terrain qu'ils devaient occuper dans la disposition générale. »

Par la manière dont il traite en Égypte les vieillards

et les chefs de la loi, les notables habitants et le peuple, Bonaparte prélude à ce qu'il fera bientôt en France à l'égard de la religion et des croyances nationales. Pendant son séjour au Caire, il se rend, accompagné d'un nombreux cortége où figurent les principaux du pays, à la rupture de la digue qui se fait solennellement quand la crue du Nil est assez haute :

« Le canon se fit entendre, et la garnison prit les armes. Bonaparte donna des pelisses d'honneur aux principaux personnages et jeta de l'argent à la populace : il s'exerçait à faire le sultan.

« A cette solennité égyptienne succéda, peu de jours après, la fête de Mahomet. Nous eûmes de nombreuses salves d'artillerie, des feux d'artifice et des illuminations. Bonaparte se rendit à la grande mosquée, et assista au repas donné par le grand cheik : rien ne fut oublié pour persuader aux Égyptiens que l'armée avait la plus grande vénération pour le Prophète. Les soldats faisaient aussi de la politique par leur contenance ; rentrés au quartier, ils riaient de cette comédie. »

Ils riaient, mais ils s'y prêtaient. Qui sait ? après quelques années d'exercice quelques-uns peut-être y auraient cru.

Un jour, après le départ de Bonaparte et la mort de Kléber, et quand Menou était général en chef, celui-ci, qui recherchait toutes les occasions de s'entretenir avec les officiers des différents corps, et qui voulait trancher du Machiavel et du grand politique sans en avoir l'étoffe, se promenait avec le capitaine Pelleport sur l'une des places du Caire. La conversation roulait sur les événements politiques ; s'interrompant au milieu d'une de ces périodes à effet comme il savait les faire, le général lui dit : « Rappelez-vous, Pelleport, et vous êtes trop jeune pour que vous ne puissiez un jour ou l'autre mettre à profit mon avertissement, rappelez-vous qu'en révolution il ne faut jamais se mettre du côté des honnêtes gens : ils sont toujours balayés. » — « Après ce court dialogue, ajoute Pelleport, la conversation reprit son cours ordinaire, et je me promis bien de désobéir à mon général. »

De retour en France, Pelleport continue sa marche d'un pas égal. Tout en regrettant un peu le Consulat « dont les formes austères et grandes allaient beaucoup plus, dit-il, à sa manière d'être que les pompes de l'Empire, » il salue et *acclame* de grand cœur ce dernier régime comme la consécration et le couronnement de l'ère militaire. Nommé de la Légion d'honneur en 1804, il fait la campagne d'Ulm, d'Austerlitz, toujours dans la 18e devenue le 18e régiment de ligne. Il fait la campagne d'Iéna ; mais des circonstances indépendantes de la volonté des chefs empêchent la division Legrand de donner dans cette guerre autant qu'elle l'aurait voulu. En novembre 1806, Pelleport, sur la présentation du maréchal Soult, est nommé chef de bataillon dans le même régiment : « J'avais dix ans d'exercice dans l'emploi pénible d'adjudant-major ; néanmoins, cette promotion fut une grâce et non un droit, car on comptait dans le régiment dix capitaines plus anciens de grade que moi. »

A la veille d'Eylau, il lui arrive un événement fort extraordinaire dont on pensera ce qu'on voudra, et qui serait de nature à justifier l'apparition du fantôme à Brutus, à la veille de Philippes :

« L'on va rire de moi, n'importe... La veille de la bataille d'Eylau, je dormais profondément, lorsque je fus réveillé par un bruit léger : une femme belle et richement habillée était devant moi : « Tu seras blessé, me dit-elle, et grièvement. Ne crains rien, *tu t'en sortiras encore!* » Vivement impressionné par cette étrange apparition, j'allais répondre, lorsque je m'aperçus que ma fée avait disparu... Le lendemain, je recevais trente coups de sabre (plus cinq coups de baïonnette), et j'étais sauvé par un miracle. Cette histoire est étrange, mais elle est vraie. »

Je laisse aux physiologistes à expliquer cette espèce de projection et de réflexion visible de la pensée interne à l'état de mirage : une seule remarque à faire quand on est simple académicien, c'est que la dame ou la fée parlait cette nuit-là un français un peu risqué.

Le lendemain, après la bataille, un soldat de son régiment *déterra* littéralement Pelleport, enseveli qu'il était sous un monceau de cadavres durcis par la neige.

En 1809, il fait la campagne d'Essling et de Wagram. Dans l'intervalle des deux journées et pendant l'occupation à l'île de Lobau, il est nommé colonel du 18e. Le 15 août de la même année, il est fait officier de la Légion d'honneur et créé baron d'Empire :

« J'avoue que, lorsqu'une lettre du major-général m'annonça cette dernière faveur de l'Empereur, j'en éprouvai une bien vive sensation : c'était, en effet, pour nous, pauvres officiers de fortune n'ayant que notre épée, un grand moment que celui dans lequel nous recevions une récompense destinée à perpétuer dans notre famille le souvenir de nos services. »

Envoyé à Rotterdam et nommé commandant supérieur de cette partie de la Hollande, il y exerce un véritable pouvoir dictatorial. C'était le temps du blocus établi dans toute sa rigueur, et les négociants dont ces mesures prohibitives ruinaient le commerce essayaient de les éluder par tous les moyens :

« Depuis longtemps, raconte Pelleport, l'une des plus riches maisons de commerce du pays, — je tairai le nom, — avait eu recours à toutes sortes d'expédients pour faire entrer des marchandises anglaises en Hollande; elle avait échoué. Un employé de cette maison, très-habile du reste, ne trouva alors rien de plus ingénieux que de proposer à ses patrons d'acheter le colonel commandant supérieur. L'autorisation demandée lui fut facilement accordée, et notre homme, enchanté, commença à me poursuivre de ses prévenances et de ses obsessions. Au restaurant comme à la promenade, au théâtre, partout enfin, je trouvais mon Allemand (il était de Hambourg) me faisant force politesses; il était même parvenu à engager la conversation en me parlant de l'un de mes frères établi à Bordeaux. Jusque-là il n'y avait pas de mal, et nos relations se passaient sur le pied de la plus grande politesse, lorsqu'un jour il aborda carrément l'affaire en question, et m'offrit une somme énorme pour laisser pénétrer quelques petits ballots de marchandises en Hollande. Je le repoussai énergiquement ; il revint le jour suivant à la charge. Lui montrant alors mes épaulettes de colonel, un peu détériorées par la dernière campagne : « Vous voyez ces épaulettes, monsieur, lui dis-je, voilà « toute ma fortune ; eh bien ! si vous me répétez encore la proposi-« tion que vous faisiez il n'y a qu'un instant, je vous fais arrêter, et « vous savez quel est le sort réservé aux personnes qui se laissent « traduire pour ce fait devant le conseil de guerre. » Je n'avais pas terminé, que mon homme était déjà loin. »

Pelleport a soin de faire observer que, dans cette circonstance, il n'avait agi que comme tout officier eût fait en sa place :

« L'armée était pure, et les sentiments de l'honneur nous régissaient tous... Je sais, ajoute-t-il, que de graves accusations ont été portées, vers la fin de l'Empire, contre certains hommes. Je ne puis formuler d'opinion à ce sujet, n'ayant rien constaté par moi-même ; ce que je sais, c'est qu'en 1810 toute l'armée, et par armée j'entends la réunion de ceux qui combattent, et non des fournisseurs et de tant d'autres, était restée pure et honnête. Nous ne songions pas au lendemain, nous ne pouvions y croire ; depuis 1793 nous progressions toujours : nous n'avions donc pas d'arrière-pensée. Un mot flatteur de l'Empereur, un titre de baron, et quelques milliers de francs pour vivre plus tard dans une modeste aisance, telles étaient les limites extrêmes de notre ambition personnelle. En résumé, si nous étions honnêtes individuellement, il ne faut pas nous en savoir gré : *c'était à l'ordre du jour !* »

Dans une revue que l'Empereur passa au camp de Zeist, dans l'été de 1811, le 18ᵉ fut l'un des régiments inspectés :

« Arrivé devant le front de bataille de mon régiment, qui présentait 4,000 hommes en ligne parfaitement équipés à neuf, grâce à des économies que j'avais réalisées sur la masse, et après avoir accordé quelques faveurs à mes officiers, l'Empereur parut surpris de ce que je n'avais rien demandé pour moi ; se retournant de mon côté, il me dit : « Et vous, colonel, que demandez-vous ? » Un peu troublé par cette question, je perdis toute contenance, et répondis naïvement : « Mais rien, Sire. » — « Vous avez cependant une famille, reprit l'Empereur ; que voulez-vous pour elle ? » — « J'ai deux frères servant Votre Majesté dans la marine ; ils font leur chemin, m'empressai-je d'ajouter (car le maréchal Oudinot, placé derrière l'Empereur, me faisait signe d'accepter), et je ne puis que les recommander aux bontés de l'Empereur. » — « Mais enfin, colonel, reprit vivement l'Empereur, je veux vous accorder une faveur quelconque : que voulez-vous ? » Il fallait cette fois s'expliquer. Je demandai alors, je ne sais trop pourquoi, une régie de tabac pour l'un de mes frères ; l'Empereur me l'accorda et disparut. »

Adorable gaucherie ! Pelleport avait pour principe que, quand on se sent digne, il faut obtenir sans solliciter.

Le récit qu'il fait de la campagne de Russie où il eut une si belle conduite sous les ordres de Ney à l'arrière-garde de la retraite, commence par un aveu d'une effusion extrême, et qui exprime bien le genre d'intérêt religieux que ces militaires esclaves du devoir et de l'honneur attachent à la consécration des souvenirs :

« L'un des grands regrets que je puisse éprouver aujourd'hui, écrivait Pelleport dans les dernières années de sa vie, c'est de penser qu'il me faudra peut-être mourir sans avoir pu lire dans Thiers l'histoire de notre immortelle campagne de Russie. Seul, en effet, l'historien véritable et sérieux des armées de la République et de l'Empire saura rapporter d'une manière complète et impartiale, et sans tomber dans le roman, cette grande phase de nos victoires et de nos revers. Que pouvons-nous raconter, nous autres, acteurs partiels de ce long drame ? Nos marches et contre-marches sur ce vaste échiquier de neige et de cadavres, nos pertes, nos agonies, nos privations sans nombre, l'héroïsme de nos soldats ! C'est ce que je vais essayer, à mon tour, de retracer religieusement et sans phrases. »

Il le fera, et dans un récit qui, sur quelques points, atteint, à force de simplicité, à l'émotion. Cet acteur qui ne voit qu'un coin du grand drame, jusque dans sa circonspection et son extrême réserve de jugement, apprend ou confirme bien des faits qui jettent du jour sur les vraies causes de notre désastre.

La retraite allait commencer; le 18 octobre (1812), à Moscou, dans la cour du Kremlin, l'Empereur passant une revue du 3ᵉ corps, Ney lui propose Pelleport pour

le grade de général de brigade; l'Empereur répondit :
« Après la campagne; j'ai besoin de mes bons colonels
pour me sortir d'ici. » A tous les pas de cette retraite
terrible, Pelleport fit office du plus brave et du plus
humain des colonels. Dès les premiers jours, dans une
abbaye où l'on s'arrête et où se trouvent entassés un
grand nombre de blessés et de malades, il entre avec
quelques officiers du 18ᵉ pour y chercher les siens :

> « Je les fis mettre sur les voitures des cantinières : ils périrent
> tous avant d'arriver à Smolensk. J'ai toujours la consolation d'avoir
> rempli, en cette circonstance, mon devoir en chef de famille responsable, devant Dieu et l'Empereur, de la vie de mes soldats. »

C'est ce sentiment-là, répandu dans ces pages et
inspirant toute une vie, qui est fait pour toucher et pour
donner à des générations bien différentes l'idée de toute
une race d'hommes, laquelle, il faut l'espérer, n'est
point perdue. Un trait admirable est celui-ci. Au moment où l'armée est forcée d'abandonner ses fourgons
et voitures, le colonel du 18ᵉ, arrivé au bivouac, fait
ouvrir les caissons du régiment et fait compter la caisse
militaire :

> « Elle renfermait 120,000 *francs en or*. J'en fis plusieurs parts :
> chacun des officiers, sous-officiers et soldats reçut une petite somme,
> en promettant de ne pas abandonner ce dépôt confié à son honneur,
> et de le remettre à un camarade s'il venait à succomber. Grâce aux
> soins du capitaine Berchet, payeur du 18ᵉ, grâce à l'honnêteté de
> mes braves camarades, les 120,000 *francs furent remis en caisse
> après la campagne.* »

Chaque mourant (et ils furent nombreux, le régiment fut presque détruit et réduit à une cinquantaine
d'hommes) avait pensé à remettre le dépôt au camarade
qui survivait. — Le récit de Pelleport, colonel du 18ᵉ,
est à joindre désormais à celui de son compagnon
d'honneur et d'infortune, M. de Fezensac, alors colonel
du 4ᵉ.

Général de brigade en 1813, Pelleport fait les campagnes de Saxe et de France dans le corps de Marmont ; ses jugements, quoique toujours prudents et sobres, font sentir à quoi tint surtout l'issue fatale dans cette lutte héroïque, dès l'abord si disproportionnée. « L'armée fut toujours digne d'elle-même, mais *elle était trop jeune.* » — Et puis, à propos des graves résolutions militaires qui signalèrent le milieu de cette campagne, après la bataille de Dresde : « On pensait généralement que Napoléon se déciderait enfin à abandonner la ligne de l'Elbe et à se rapprocher du Rhin : *les vieux de l'armée ne furent pas écoutés.* »

Il est blessé à Leipsick ; il est blessé à la défense du pont de Meaux ; il l'est surtout grièvement sur les hauteurs de Paris, à la butte Saint-Chaumont. Ici laissons-le parler comme nous avons fait si volontiers jusqu'à présent ; il n'est point d'analyse qui puisse équivaloir aux propres paroles, à la fois si contenues et si dignes de réflexion, d'un si brave et si loyal témoin :

« Le général Compans se **retirait** sur la butte de Chaumont après avoir vaillamment défendu le pré Saint-Gervais, et la cavalerie et l'artillerie des deux corps d'armée se surpassaient par la vivacité de leurs charges et de leur feu. Les choses étaient dans cet état, lorsque deux colonnes ennemies marchèrent sur Belleville, et déjà elles atteignaient la grande rue, lorsque le duc de Raguse nous fit dire, à Meynadier et à moi, de rassembler ce qui nous restait de combattants pour essayer de repousser l'ennemi. Nous réunîmes à la hâte 300 jeunes gens armés et habillés de la veille. On battit la charge, l'ennemi fut repoussé, et les communications rétablies avec la barrière.

« Quel spectacle ! un maréchal de France, deux généraux luttant avec 300 jeunes conscrits pour la défense de la capitale du grand Empire, voilà ce qu'on aurait pu voir dans les rues de Belleville le 30 mars 1814 ! Ce dernier combat peint bien la campagne de France tout entière, et en est le digne couronnement.

« Nous venions de chasser l'ennemi, lorsque je reçus en pleine poitrine une balle qui me traversa littéralement de part en part (qui m'avait littéralement *percé à jour*, dit-il ailleurs). Transporté à Paris sur un brancard par deux sapeurs, *personne ne voulut me recevoir dans la capitale.* C'était un spectacle vraiment instructif pour l'armée, toujours si prête à verser son sang sur les champs de bataille, que de voir des Français refuser de recevoir chez eux un officier général mourant pour la patrie.

« Après avoir reçu d'un épicier un verre d'eau, des gens du peuple (ils étaient restés Français), Parisiens du faubourg, enfoncèrent les portes d'un hôtel, m'introduisirent dans les salons de MM. Guilh et Guireau, fabricants de porcelaines, et m'y installèrent. Je dois dire que MM. Guilh et Guireau furent plus tard charmants pour leur convive improvisé, et me comblèrent de soins et de prévenances (1). »

J'ai extrait des *Souvenirs* du général Pelleport la partie la plus vive et la plus émouvante. Son récit ne s'arrête pas là, à cette fin des grandes guerres, il s'étend aux Cent-Jours, à la Restauration et au régime qui a suivi. Sous ces divers régimes, la ligne de conduite de Pelleport, nommé lieutenant général et de plus vicomte à la suite de l'expédition d'Espagne en 1823, est empreinte du même caractère invariable de prud'homie, d'honnêteté, d'utilité pour le public, d'observance de ses serments et de fidélité à ses souvenirs. Bordeaux, qui était devenu sa patrie d'adoption, sait quelque chose de ses services pour l'organisation de la garde nationale après 1830, de sa collaboration active dans les conseils municipaux, dans les commissions des hospices. C'est une vie une, simple et droite, utile au pays, une *vie-modèle* de courage, d'intégrité, de rectitude. Esprit hiérarchique, militaire *classique* comme il le dit quelque part, né pour obéir en toute discipline et pour commander dans les seconds rangs, il a rempli jusqu'au bout avec conscience cette destination méritoire. La société fait bien d'honorer de tels hommes, de leur élever des statues; car c'est

---

(1) Pelleport ne manque pas, en cet endroit, de rendre à son dernier chef Marmont une justice qu'il est redevenu de mode depuis quelque temps de lui refuser. Son témoignage, exprimé avec l'énergie de conviction qu'il y met, est d'un grand poids. — Le plus grand tort des *Mémoires* de Marmont est d'avoir paru trop tôt.

par eux, en grande partie, qu'elle existe, qu'elle subsiste. Ce sont des piliers et des supports de l'édifice; d'autres y mettront les arabesques et les ornements. Et nous tous qui aimons, qui *aimions* avant tout en notre jeunesse à être papillons ou abeilles, demandons-nous quelquefois combien il faut de ces hommes-là dans une société pour que d'autres puissent sans inconvénient se livrer à toutes leurs fantaisies, à leurs rêveries aimables (je ne parle que de celles-là) et à leurs poétiques caprices.

Lundi, 4 mai 1857.

MADAME BOVARY

PAR

M. GUSTAVE FLAUBERT (1).

Je n'oublie pas que cet ouvrage a été l'objet d'un débat tout autre qu'un débat littéraire, mais je me souviens surtout des conclusions et de la sagesse des juges. L'ouvrage appartient désormais à l'art, seulement à l'art, il n'est justiciable que de la critique, et celle-ci peut user de toute son indépendance en en parlant.

Elle le peut et elle le doit. On se donne souvent bien de la peine pour réveiller des choses passées, pour ressusciter d'anciens auteurs, des ouvrages que personne ne lit plus guère et auxquels on rend un éclair d'intérêt et un semblant de vie : mais quand des œuvres vraies et vives passent devant nous, à notre portée, à pleines voiles et pavillon flottant, d'un air de dire : *Qu'en dites-vous?* si l'on est vraiment critique, si l'on a dans les veines une goutte de ce sang qui animait les Pope, les Boileau, les Johnson, les Jeffrey, les Hazlitt, ou simplement M. de La Harpe, on pétille d'impatience, on s'en-

(1) Michel Lévy frères, rue Vivienne, 2 *bis*.

nuie de toujours se taire, on grille de lancer son mot, de les saluer au passage, ces nouveaux venus, ou de les canonner vivement. Il y a longtemps que Pindare l'a dit pour ce qui est des vers : Vive le vieux vin et les jeunes chansons ! — Les jeunes chansons, c'est aussi la pièce du soir, c'est le roman du jour, c'est ce qui fait l'entretien de la jeunesse à l'instant où cela paraît.

Je n'avais pas lu *Madame Bovary* sous sa première forme et dans le Recueil périodique où l'ouvrage avait été publié d'abord par chapitres successifs. Si saisissantes qu'en fussent les parties, il devait y perdre, et surtout la pensée générale, la conception devait en souffrir. Le lecteur, s'arrêtant court sur des scènes déjà hardies, se demandait : *Qu'y aura-t-il au delà?* On pouvait supposer à l'ouvrage de folles poussées, à l'auteur des intentions qu'il n'avait pas. Une lecture continue remet chaque scène à son vrai point. *Madame Bovary* est un livre avant tout, un livre composé, médité, où tout se tient, où rien n'est laissé au hasard de la plume, et dans lequel l'auteur ou mieux l'artiste a fait d'un bout à l'autre ce qu'il a voulu.

L'auteur, évidemment, a beaucoup vécu à la campagne et dans le pays normand qu'il nous décrit avec une vérité incomparable. Chose singulière ! quand on vit beaucoup aux champs, qu'on sent si bien cette nature et qu'on la sait si bien peindre, c'est pour l'aimer en général, c'est du moins pour la présenter en beau après surtout qu'on l'a quittée ; on est porté à en faire un cadre de bonheur, de félicité plus ou moins regrettée, parfois idyllique et tout idéale. Bernardin de Saint-Pierre s'ennuya fort à l'Ile-de-France tant qu'il y vécut, mais revenu de là, et de loin, il ne considéra plus que la beauté des sites, la douceur et la paix des vallons ; il y plaça des êtres de son choix, il fit *Paul et Virginie*. Sans aller si loin que Bernardin de Saint-

Pierre, madame Sand, qui s'était peut-être ennuyée d'abord dans son Berry, ne s'est plu ensuite à nous le montrer que par des aspects assez attrayants ; elle ne nous a pas désenchantés, tant s'en faut, des bords de la Creuse ; en y introduisant même des personnages à théories ou à passions, elle a laissé circuler un large souffle pastoral, rural, poétique dans le sens des Anciens. Ici, avec l'auteur de *Madame Bovary*, nous touchons à un autre procédé, à un autre mode d'inspiration, et, s'il faut tout dire, à des générations différentes. L'idéal a cessé ; le lyrique est tari. On en est revenu. Une vérité sévère et impitoyable est entrée jusque dans l'art comme dernier mot de l'expérience. L'auteur de *Madame Bovary* a donc vécu en province, dans la campagne, dans le bourg et la petite ville ; il n'y a point passé en un jour de printemps comme le voyageur dont parle La Bruyère et qui, du haut d'une côte, se peint son rêve en manière de tableau au penchant de la colline, il y a vécu tout de bon. Or, qu'y a-t-il vu ? Petitesses, misères, prétentions, bêtise, routine, monotonie et ennui : il le dira. Ces paysages si vrais, si francs, et où respire l'agreste génie des lieux, ne lui serviront qu'à encadrer des êtres vulgaires, plats, sottement ambitieux, tout à fait ignorants ou demi-lettrés, des amants sans délicatesse. La seule nature distinguée et rêveuse qui s'y trouvera jetée, et qui aspire à un monde d'au delà, y sera comme dépaysée, étouffée ; à force d'y souffrir, de ne pas trouver qui lui réponde, elle s'altérera, elle se dépravera, et, poursuivant le faux rêve et le charme absent, elle arrivera de degré en degré à la perdition et à la ruine. Est-ce moral ? est-ce consolant ? L'auteur ne semble pas s'être posé cette question ; il ne s'est demandé qu'une chose : Est-ce vrai ? Il est à croire qu'il aura observé de ses yeux quelque chose de semblable, ou du moins il a aimé à condenser dans ce tableau étroitement lié et à y reporter le résultat de ses observations diverses, sur un fonds général d'amertume et d'ironie.

Autre particularité également remarquable! parmi tous ces personnages très-réels et très-vivants, il n'en est pas un seul qui puisse être supposé celui que l'auteur voudrait être; aucun n'a été soigné par lui à d'autre fin que pour être décrit en toute précision et crudité, aucun n'a été ménagé comme on ménage un ami; il s'est complétement abstenu, il n'y est que pour tout voir, tout montrer et tout dire; mais dans aucun coin du roman on n'aperçoit même son profil. L'œuvre est entièrement impersonnelle. C'est une grande preuve de force.

Le personnage le plus essentiel à côté de madame Bovary est M. Bovary. Charles Bovary fils (car il a un père qui nous est dépeint aussi d'après nature) nous est montré dès le temps du collége comme un garçon rangé, docile mais gauche, mais nul ou incurablement médiocre, un peu *bêta*, sans distinction aucune, sans ressort, sans réponse à l'aiguillon, né pour obéir, pour suivre pas à pas une route tracée et pour se laisser conduire. Fils d'un ancien aide-chirurgien-major assez mauvais sujet, il n'a rien de la crânerie ni des vices de son père; les épargnes de sa mère l'ont mis à même de faire à Rouen de chétives études qui l'ont mené à se faire recevoir officier de santé. Le grade obtenu non sans peine, il ne s'agit plus que de choisir un lieu où il ira exercer. Il se décide pour Tostes, petit pays non loin de Dieppe; on le marie à une veuve bien plus vieille que lui, et qui a, dit-on, quelques rentes. Il se laisse faire et n'a pas même l'idée de s'apercevoir qu'il n'est pas heureux.

Une nuit, il est appelé à l'improviste pour aller à une ferme, à six bonnes lieues de là, remettre une jambe cassée au père Rouault, un cultivateur veuf, aisé, et qui a une fille unique. Le voyage de nuit à cheval, les abords et l'aspect de la riche ferme dite *des Bertaux*, l'arrivée, l'accueil que lui fait la jeune fille qui n'est pas du tout une paysanne, mais qui a été élevée en demoiselle dans un couvent, l'attitude du malade, tout cela est admirablement décrit et rendu de point en point comme si nous y étions : c'est hollandais, c'est flamand, c'est normand. Bovary s'accoutume à retourner aux Bertaux, et plus souvent même qu'il n'est besoin pour le pansement du malade ; il continue d'y aller même après la guérison. Ses visites à la ferme, sans qu'il s'en aperçoive, sont devenues peu à peu un besoin, et au milieu de ses occupations pénibles une exception charmante :

« Ces jours-là, il se levait de bonne heure, partait au galop, poussait sa bête, puis il descendait pour s'essuyer les pieds sur l'herbe, et passait ses gants noirs avant d'entrer. Il aimait à se voir arriver dans la cour, à sentir contre son épaule la barrière qui tournait, et le coq qui chantait sur le mur, les garçons qui venaient à sa rencontre. Il aimait la grange et les écuries ; il aimait le père Rouault qui lui tapait dans la main en l'appelant son sauveur ; il aimait les petits sabots de mademoiselle Emma sur les dalles lavées de la cuisine : ses talons hauts la grandissaient un peu, et quand elle marchait devant lui, les semelles de bois, se relevant vite, claquaient avec un bruit sec contre le cuir de la bottine.

« Elle le reconduisait toujours jusqu'à la première marche du perron. Lorsqu'on n'avait pas encore amené son cheval, elle restait là. On s'était dit adieu, on ne parlait plus ; le grand air l'entourait, levant pêle-mêle les petits cheveux follets de sa nuque, ou secouant sur sa hanche les cordons de son tablier, qui se tortillaient comme des banderolles. Une fois, par un temps de dégel, l'écorce des arbres suintait dans la cour, la neige sur les couvertures des bâtiments se fondait. Elle était sur le seuil ; elle alla chercher son ombrelle ; elle l'ouvrit. L'ombrelle de soie gorge de pigeon, que traversait le soleil, éclairait de reflets mobiles la peau blanche de sa figure : elle souriait là-dessous à la chaleur tiède, et on entendait les gouttes d'eau, une à une, tomber sur la moire tendue. »

Se peut-il un plus frais, un plus net tableau, et mieux découpé et mieux éclairé, et où le ressouvenir de la forme antique soit mieux déguisé à la moderne? Ce bruit des gouttes de neige fondue, qui tombent sur l'ombrelle, m'en rappelle un autre des gouttes de glace qui tintent en tombant des branches sur les feuilles sèches du sentier, dans la *Promenade d'hiver à midi* de William Cowper. Une qualité précieuse distingue M. Gustave Flaubert des autres observateurs plus ou moins exacts qui, de nos jours, se piquent de rendre en conscience la seule réalité, et qui parfois y réussissent; il a le *style*. Il en a même un peu trop, et sa plume se complaît à des curiosités et des minuties de description continue qui nuisent parfois à l'effet total. Chez lui, les choses ou les figures les plus faites pour être regardées sont un peu éteintes ou nivelées par le trop de saillie des objets environnants. Madame Bovary elle-même, cette mademoiselle Emma que nous venons de voir si charmante à son apparition, nous est si souvent décrite en détail et par le menu, que physiquement je ne me la représente pas très-bien dans son ensemble ni d'une manière bien distincte et définitive.

La première madame Bovary meurt, et mademoiselle Emma devient la seconde et la seule madame Bovary. Le chapitre de la noce qui se fait aux Bertaux est un tableau achevé, d'une vérité copieuse et comme regorgeante, mélange de naturel et d'endimanché, de laideur, de roideur, de grosse joie ou de grâce, de bombance et de sensibilité. Cette noce, la visite et le bal au château de la Vaubyessard, qui en sera comme le pendant, toute la scène des Comices agricoles qui viendra plus tard, font des tableaux qui, s'ils étaient peints au pinceau comme ils sont écrits, seraient à mettre dans une galerie à côté des meilleures toiles du genre.

Voilà donc Emma devenue madame Bovary, installée dans la petite maison de Tostes, dans un intérieur étroit, avec un petit jardin plus long que large, qui donne sur les champs; elle introduit partout aussitôt l'ordre, la propreté, un air d'élégance; son mari, qui ne songe qu'à lui complaire, achète une voiture, un *boc* d'occasion pour qu'elle puisse se promener, quand elle le voudra, sur la grande route ou aux environs. Lui, il est heureux pour la première fois de sa vie, et il le sent; occupé de ses malades tout le jour, il trouve, en rentrant au logis, la joie et la douce ivresse; il est amoureux de sa femme. Il ne demande plus rien que la durée de ce bonheur bourgeois et tranquille. Mais elle, qui a rêvé mieux, et qui s'est demandé plus d'une fois dans ses ennuis de jeune fille comment on faisait pour être heureuse, elle s'aperçoit assez vite, et dès sa lune de miel, qu'elle ne l'est pas.

Ici commence une analyse profonde, délicate, serrée; une dissection cruelle s'entame et ne cessera plus. Nous entrons dans le cœur de madame Bovary. Comment le définir? elle est femme; elle n'est que romanesque d'abord, elle n'est nullement corrompue. Son peintre, M. Gustave Flaubert, ne la ménage pas. En nous la dénonçant dès l'enfance dans ses goûts raffinés et coquets de petite fille, de pensionnaire, en nous la montrant rêveuse et sensible d'imagination à l'excès, il la raille impitoyablement; et l'avouerai-je? on est, en la considérant bien, plus indulgent qu'il ne semble l'être à son égard. Emma a, dans la position où elle est désormais placée et à laquelle elle devrait se faire, une qualité de trop, ou une vertu de moins : là est le principe de tous ses torts et de son malheur. La qualité qu'elle a de trop, c'est d'être une nature non pas seulement romanesque, mais qui a des besoins de cœur, d'intelligence et d'ambition, qui aspire vers une existence plus élevée, plus choisie, plus ornée que celle qui lui est échue. La vertu qui lui manque, c'est de n'avoir pas appris que la première condition pour bien vivre est de savoir porter l'ennui, cette privation confuse, l'absence d'une vie plus agréable et plus conforme à nos goûts ; c'est de ne pas savoir se résigner tout bas sans rien faire paraître, de ne pas se créer à elle-même, soit dans l'amour de son enfant, soit dans une action utile sur ceux qui l'entourent, un emploi de son activité, une attache, un préservatif, un but. Elle lutte sans doute, elle ne se détourne pas du droit chemin en un jour ; il lui faudra s'y reprendre bien des fois et pendant des années avant de courir au mal. Cependant chaque jour elle s'en approche d'un pas, et elle finit par être égarée et follement perdue. Mais je raisonne, et l'auteur de *Madame Bovary* n'a prétendu que nous montrer jour par jour, minute par minute, son personnage en pensée et en action.

Les journées longues, mélancoliques, d'Emma solitaire, livrée à elle-même dans les premiers mois de son mariage, ses promenades jusqu'à la hêtrée de Banneville en compagnie de *Djali*, sa fidèle levrette, tandis qu'elle s'interroge à perte de vue sur la destinée et qu'elle se demande *ce qui aurait pu être*, tout cela est démêlé et déduit avec la même finesse d'analyse et la même délicatesse que dans le roman le plus intime d'autrefois et le plus destiné à nourrir les rêves. L'impression de la nature champêtre, comme au temps de René ou d'Oberman, vient se mêler par caprices et par bouffées aux ennuis de l'âme et stimuler les vagues désirs :

« Il arrivait parfois des raffales de vent, brises de la mer, qui, roulant d'un bond sur tout le plateau du pays de Caux, apportaient jusqu'au loin dans les champs une fraîcheur salée. Les joncs sifflaient à ras de terre, et les feuilles des hêtres bruissaient en un frisson rapide, tandis que les cimes, se balançant toujours, continuaient leur grand murmure. Emma serrait son châle contre ses épaules et se levait.

« Dans l'avenue, un jour vert rabattu par le feuillage éclairait la mousse rose qui craquait doucement sous ses pieds. Le soleil se couchait ; le ciel était rouge entre les branches, et les troncs pareils des arbres plantés en ligne droite semblaient une colonnade brune se détachant sur un fond d'or : une peur la prenait, elle appelait Djali, s'en retournait vite à Tostes par la grande route, s'affaissait dans un fauteuil, et de toute la soirée ne parlait pas. »

C'est vers ce temps qu'un voisin, le marquis d'Andervilliers, qui se prépare une candidature politique, donne un grand bal à son château, et il y convie tout ce qu'il y a de brillant ou d'influent dans les environs. Un hasard lui a fait connaître Bovary qui, à défaut d'autre médecin, l'a guéri un jour d'un abcès à la bouche ; le marquis, en venant à Tostes, a entrevu une fois madame Bovary, et d'un coup d'œil l'a jugée assez *comme il faut* pour être invitée au bal. De là, la visite de M. et madame Bovary au château de la Vaubyessard ; c'est un des endroits principaux du livre, et des plus savamment touchés.

Cette soirée où Emma est reçue avec la politesse qui attend partout une jeune et jolie femme, et où elle respire en entrant ce parfum de vie élégante, aristocratique, qui est sa chimère et pour laquelle elle se croit née, cette soirée où elle danse, où elle valse sans l'avoir appris, où elle devine tout ce qu'il faut, et où elle réussit très-convenablement, l'enivre et contribuera à la perdre : elle s'est comme empoisonnée dans le parfum. Le poison n'agira qu'avec lenteur, mais il est entré dans ses veines et il n'en sortira plus. Toutes les circonstances, même les plus futiles, de cette mémorable et unique soirée, lui restent gravées dans le cœur et y travailleront sourdement : « Son voyage à la Vaubyessard avait fait un trou dans sa vie, à la manière de ces grandes crevasses qu'un orage, en une seule nuit, creuse quelquefois dans les montagnes. » Quand le lendemain du bal, partis au matin de la Vaubyessard, et de retour chez eux à l'heure du dîner, M. et madame Bovary se retrouvent dans leur petit ménage, devant leur table modeste où fume une soupe à l'oignon et un morceau de veau à l'oseille, Bovary est heureux, il se frotte les mains en disant : « Cela fait plaisir de se retrouver chez soi ! » elle le regarde avec un ineffable mépris. Son esprit, à elle, a fait bien du chemin depuis hier et en un sens tout opposé. Quand ils partaient l'un et l'autre dans leur *boc* pour la fête, ils n'étaient que très-différents : quand ils en sont revenus, un abîme les sépare.

J'abrége là ce qui occupe des pages, ce qui va se prolonger pendant des années. Il faut rendre cette justice à Emma, elle y met du temps. Elle cherche des auxiliaires à son effort de sagesse ; elle en cherche et en soi et auprès de soi. En soi : — elle a un défaut grave, elle n'a pas beaucoup de cœur ; l'imagination de bonne heure a tout pris et absorbé. Auprès de soi : — autre malheur ! ce pauvre Charles qui l'aime, et que par moments elle voudrait tâcher d'aimer, n'a pas l'esprit de la comprendre, de la deviner ; s'il était ambitieux du moins, s'il se souciait d'être distingué dans son art, de s'élever par l'étude, par le travail, de rendre son nom honoré, considéré ; mais rien : il n'a ni ambition, ni curiosité, aucun des mobiles qui font qu'on sort de son cercle, qu'on marche en avant, et qu'une femme est fière devant tous du nom qu'elle porte. Elle s'en irrite : « Ce n'est pas un homme, cela. Quel pauvre homme ! s'écrie-t-elle, quel pauvre homme ! » Une fois humiliée par lui, elle ne lui pardonnera pas.

Enfin une espèce de maladie la prend, que l'on qualifie de maladie nerveuse ; c'est comme une nostalgie, le mal du *pays inconnu*. Charles, toujours aveugle et toujours dévoué, essaye de tout pour la guérir et n'imagine rien de mieux que de lui faire changer d'air, et pour cela de quitter Tostes et la clientèle qui commençait à lui venir, pour aller se fixer dans un autre coin de la Normandie, dans l'arrondissement de Neufchâtel, en un fort bourg nommé Yonville-l'Abbaye. Jusque-là, le roman n'a fait que préluder : ce n'est que depuis l'installation à Yonville que la partie s'engage et que l'action, moyennant toujours application et accompagnement d'analyse, avance à pas moins lents.

Au moment de ce changement de séjour, madame Bovary est enceinte de son premier et unique enfant, qui sera une fille. Cet enfant apportera dans sa vie un léger contre-poids, des retards au progrès du mal, des accès et comme des caprices de tendresse : pourtant ses entrailles de mère sont mal préparées ; le cœur est déjà trop envahi par les passions sèches et par les ambitions stériles pour s'ouvrir aux bonnes affections naturelles et qui demandent du sacrifice.

Le nouveau pays où l'on s'installe, et qui confine à la Picardie, « contrée bâtarde où le langage est sans accentuation comme le paysage sans caractère, » est décrit avec une vérité non flatteuse ; le gros bourg et les principaux habitants, le curé, le percepteur, l'aubergiste, le sacristain, le notaire, etc., y sont pris sur le fait et restent fixés dans la mémoire. Parmi ceux qui vont désormais paraître et ne plus quitter la scène à titre d'officieux et d'empressés, au premier plan se dessine le pharmacien M. Homais, une création de M. Flaubert, et qui s'élève à la hauteur d'un type. M. Homais, nous l'avons tous connu et rencontré, mais jamais sous une face si fleurie et si triomphante : c'est l'homme important, considérable du lieu, à phrases toutes faites, se vantant toujours, se croyant sans préjugés, emphatique et banal, adroit, intrigant, faisant servir la sottise elle-même au savoir-faire ; M. Homais, c'est le M. Prudhomme de la demi-science.

Dès le jour de leur arrivée, M. et madame Bovary, en descendant au *Lion-d'Or*, font connaissance avec quelques-uns des principaux du pays ; mais, parmi les habitués de l'auberge se trouve un petit clerc de notaire, M. Léon Dupuis, qui à table se prend particulièrement de conversation avec madame Bovary, et à l'instant, dans un dialogue très-bien mené, très-naturel, et foncièrement ironique, l'auteur nous les montre allant au-devant l'un de l'autre par leurs côtés faux, leur goût de poésie vague, de romanesque, de romantique, tout cela servant de prétexte à la diablerie cachée ; ce n'est qu'un commencement, mais il y a de quoi déconcerter ceux qui croient à la poésie du cœur et qui ont pratiqué l'élégie sentimentale ; évidemment leurs procédés sont connus et imités et parodiés : c'est à dégoûter des dialogues d'amour pris au sérieux.

Les choses ne se passeront pas comme vous êtes porté à l'imaginer : ce petit M. Léon fera du chemin dans le cœur de madame Bovary, mais pas si tôt ni si avant, mais pas encore. Pendant quelque temps madame Bovary est, de fait, une honnête femme, bien que son nom secret, tel qu'on le lirait déjà inscrit au dedans, soit *perfidie* et *infidélité*. Ce petit M. Léon, au fond, n'est pas grand'chose ; cependant il est jeune, il a l'air aimable, il croit aimer. Elle croit, par moments, aimer aussi. Cela est entretenu et interrompu par les gênes de leur vie très-observée, par la difficulté de se voir, par leur timidité à tous deux. Elle institue en elle des combats, bien qu'elle n'en ait l'honneur aux yeux de personne : « Ce qui l'exaspérait, c'était que son mari n'avait pas l'air de se douter de son supplice. » Elle essaye un jour de s'en ouvrir au brave curé, M. Bournisien, nature épaisse et vulgaire, qui est à cent lieues de deviner de quel mal moral il s'agit. Par bonheur Léon, sur ces entrefaites, vient à partir à temps ; il va continuer ses études de droit à Paris. Les adieux contraints, les chagrins étouffés, les nuances inégales de ce qui leur fait l'effet tout bas d'être un désespoir, le regret qui s'augmente chez elle par le souvenir et qui s'exalte après coup à l'aide de l'imagination, ce sont là des analyses parfaitement suivies et nettement creusées. L'ironie est toujours au-dessous.

Il y a un bien beau jour pour Yonville-l'Abbaye, c'est celui où s'y tiennent les Comices agricoles de la Seine-Inférieure. Le tableau de cette fameuse journée compose le troisième grand morceau d'ensemble de l'ouvrage; il est achevé dans son genre. Le sort de madame Bovary s'y décide. Un beau monsieur du voisinage, une manière de gentillâtre, M. Rodolphe Boulanger de la Huchette, qui l'avait vue quelques jours auparavant chez elle, en conduisant à son mari un paysan pour être saigné, M. Rodolphe, un homme de trente-quatre ans, grossier mais frotté d'élégance, grand chasseur du sexe, et dont l'esprit est tourné de ce côté, s'est dit que madame Bovary avait de bien beaux yeux et lui conviendrait fort. Le jour des fameux Comices, il ne la quitte pas; bien que membre du jury, il lui sacrifie son rôle de représentation sur l'estrade. Il y a une scène très-piquante et très-bien tissée : tandis que, dans son discours, le conseiller de préfecture qui préside s'élève sur les tons les plus graves aux considérations économiques, industrielles, politiques et morales que suggère la circonstance, Rodolphe, dans l'embrasure d'une fenêtre de la mairie, glisse à l'oreille de madame Bovary les éternels propos qui lui ont tant de fois réussi auprès d'autres filles d'Ève. Ce discours solennel, officiel, et qu'on a soin de remplir de pathos, coupé de temps en temps par cette tendre déclaration *en mineure* et ces roucoulades sentimentales non moins banales au fond, est d'un effet très-heureux, toujours ironique. Résultat bien naturel ! madame Bovary, qui avait résisté à Léon, mais dont le cœur avait été ébranlé par lui et qui se repentait d'avoir tant résisté, va céder du premier jour à ce nouveau venu qui, dans sa fatuité, s'en attribuera tout l'honneur. Toutes ces bizarreries, ces inconséquences de la nature féminine sont d'une observation excellente.

Une fois qu'elle a fait le premier pas décisif, madame Bovary va vite et regagne le temps perdu. Elle aime follement Rodolphe, elle se jette à sa tête et ne craint pas de se compromettre pour lui. Nous la suivrons de moins près désormais. L'épisode du *pied-bot*, c'est-à-dire d'une sotte opération entreprise et manquée par son mari, achève d'enterrer celui-ci dans son cœur comme dans son estime. Elle en vient, dans son égarement de passion, jusqu'à ne plus supporter un jour d'absence loin de Rodolphe, et à réclamer un enlèvement, à implorer une chaumière avec lui au fond des forêts, une cabane au bord des mers. Il y a une scène touchante et poignante : c'est celle où Bovary, rentré de ses visites, la nuit, devant le berceau de sa fille, se met à rêver (le pauvre homme qui ne soupçonne rien!) tout ce qu'il peut se promettre de bonheur pour cette enfant, pour l'avenir de sa petite Berthe; et à côté sa femme, qui fait semblant de dormir, ne rêve, elle, pour le lendemain matin qu'enlèvement dans une chaise de poste à quatre chevaux, félicité romanesque, voyages imaginaires, Orient, Grenade, Alhambra, etc. Ce double rêve côte à côte et à perte de vue, du père abusé qui ne songe qu'à de pures douceurs et joies domestiques, et de la belle et forcenée adultère qui veut tout briser, est d'un artiste qui, quand il tient un *motif*, lui fait rendre tout son effet.

On aurait à noter bien des mots pris à même de la nature. Un soir que Rodolphe est venu rendre visite à madame Bovary et qu'il s'est installé dans le cabinet aux consultations où personne n'entre à cette heure, on entend du bruit ; Emma lui dit : « As-tu tes pistolets ? »

Le mot le fait rire. Ces pistolets, contre qui aurait-il à s'en servir, sinon contre son mari à elle ? et certes il n'a nulle envie de le tuer. C'est égal, le mot a été dit. Madame Bovary, en le disant, n'y a pas réfléchi ; mais elle est de ces femmes qui, au besoin et dans l'emportement de leur passion, ne reculeraient devant rien. Elle le montrera encore plus tard, lorsque délaissée par Rodolphe qui veut bien avoir une jolie voisine, mais qui ne tient pas du tout à l'enlever, ayant trouvé dans un voyage à Rouen Léon très-gâté et qui n'est plus timide, livrée elle-même à d'ignobles entraînements, ayant ruiné son intérieur et contracté des dettes à l'insu de son mari, un jour qu'elle ne sait plus où donner de la tête et où la saisie la menace, elle dit à Léon en lui demandant de lui procurer 3,000 francs à l'instant même : « Si j'étais à ta place, moi, je les trouverais bien. — Où donc ? — A ton étude. » Le meurtre et même le vol, cette dernière dégradation, voici ce que madame Bovary irait jusqu'à insinuer à ses amants s'ils étaient hommes à l'entendre. Mais il est bien de n'avoir laissé entrevoir ces affreuses perspectives que par des mots perçants une fois dits.

Dans la dernière moitié de l'ouvrage qui n'est pas moins étudiée ni moins exactement exprimée que la première, je signalerai un inconvénient qui a trop éclaté ; c'est que, sans que l'auteur y ait visé certainement, mais par l'effet même de sa méthode qui consiste à tout décrire et à insister sur tout ce qui se rencontre, il y a des détails bien vifs, scabreux, et qui touchent, peu s'en faut, à l'émotion des sens : il eût absolument fallu s'arrêter en deçà. Un livre, après tout, n'est pas et ne saurait jamais être la réalité même. Il y a des points où la description, en se prolongeant, trahit le but, je ne dis pas du moraliste, mais de tout artiste sévère. Je sais que jusqu'en ces endroits les plus risqués et les plus osés le sentiment chez M. Flaubert demeure très-âpre et ironique; le ton n'est jamais tendre ni complice : au fond, rien n'est moins tentant. Mais il a affaire à un lecteur français *né malin*, et qui met de cette malice partout où il le peut.

La fin atroce de madame Bovary, son châtiment si on veut l'appeler ainsi, sa mort, sont présentés et exposés dans un détail inexorable. L'auteur n'a pas craint d'appuyer sur cette corde d'airain, jusqu'à la faire grincer. La fin de M. Bovary, qui suit de près, est touchante et intéresse à ce pauvre excellent homme. J'ai parlé de mots naturels, et terriblement vrais, qui échappent. Dans sa douleur de la perte de sa femme sur les torts de laquelle il s'est abusé tant qu'il l'a pu, Bovary continue de tout rapporter à elle, et, recevant vers ce temps la lettre de faire part du mariage de Léon, il s'écrie : « Comme ma pauvre femme aurait été heureuse ! » Bientôt après, quand il a trouvé le paquet de lettres tant de Léon que de Rodolphe, il pardonne tout, il aime encore l'ingrate et l'indigne qu'il a perdue, et il meurt de douleur.

Il faudrait peu de chose, à certains moments de ces situations, pour que l'idéal s'ajoutât à la réalité, pour que le personnage s'achevât et se réparât en quelque sorte. Ainsi pour Charles Bovary vers la fin : le sculpteur n'avait qu'à vouloir, il suffisait d'un léger coup de pouce à la pâte qu'il pétrissait pour faire aussitôt d'une tête vulgaire une noble et attendrissante figure. Le lecteur s'y serait prêté et le réclamait presque. Mais l'auteur s'y est toujours refusé; il n'a pas voulu.

Au moment même où le père Rouault, arrivé tout exprès, vient d'enterrer sa fille, au milieu de sa douleur désespérée il a un mot de paysan, grotesque et sublime de naturel : chaque année il envoyait à Charles Bovary une dinde en souvenir de sa jambe remise; en le quittant les larmes aux yeux, il lui dit pour dernier mot de sentiment : « N'ayez peur, vous recevrez toujours votre dinde. »

Tout en me rendant bien compte du parti pris qui est la méthode même et qui constitue l'*art poétique* de l'auteur, un reproche que je fais à son livre, c'est que le bien est trop absent; pas un personnage ne le représente. Le seul dévoué, désintéressé, amoureux en silence, le petit Justin, apprenti de M. Homais, est imperceptible. Pourquoi ne pas avoir mis là un seul personnage qui soit de nature à consoler, à reposer le lecteur par un bon spectacle, ne pas lui avoir ménagé un seul ami? Pourquoi mériter qu'on vous dise : « Moraliste, vous savez tout, mais vous êtes cruel. » Le livre, certes, a une moralité : l'auteur ne l'a pas cherchée, mais il ne tient qu'au lecteur de la tirer, et même terrible. Cependant, l'office de l'art est-il de ne vouloir pas consoler, de ne vouloir admettre aucun élément de clémence et de douceur, sous couleur d'être plus vrai? La vérité d'ailleurs, à ne chercher qu'elle, elle n'est pas tout entière et nécessairement du côté du mal, du côté de la sottise et de la perversité humaine. Dans ces vies de province, où il y a tant de tracasseries, de persécutions, d'ambitions chétives et de coups d'épingle, il y a aussi de bonnes et belles âmes, restées innocentes, mieux conservées qu'ailleurs et plus recueillies; il y a de la pudeur, des résignations, des dévouements durant de longues années : qui de nous n'en sait des exemples? Vous avez beau faire, dans vos personnages même si vrais vous rassemblez un peu comme avec la main et vous rapprochez avec art les ridicules, les travers; pourquoi aussi ne pas rassembler le bien sur une tête au moins, sur un front charmant ou vénéré? J'ai connu, au fond d'une province du centre de la France, une femme jeune encore, supérieure d'intelligence, ardente de cœur, ennuyée : mariée sans être mère, n'ayant pas un enfant à élever, à aimer (1), que fit-elle pour occuper le trop-plein de son esprit et de son âme? Elle en adopta autour d'elle. Elle s'était mise à être une bienfaitrice active, une civilisatrice dans la contrée un peu sauvage où le sort l'avait fixée. Elle apprenait à lire et enseignait la culture morale aux enfants des villageois souvent épars à de grandes distances. Bénévolement elle faisait quelquefois une lieue et demie à pied ; son élève, de son côté, en faisait autant, et l'on prenait la leçon dans un sentier, sous un arbre, sur une bruyère. Il y a de ces âmes dans la vie de province et de campagne : pourquoi ne pas aussi les montrer ? cela relève, cela console, et la vue de l'humanité n'en est que plus complète.

Voilà mes objections à un livre dont je prise très-haut d'ailleurs les mérites, observation, style (sauf quelques taches), dessin et composition.

L'ouvrage, en tout, porte bien le cachet de l'heure où il a paru. Commencé, dit-on, depuis plusieurs années, il vient à point en ce moment. C'est bien un livre à lire en sortant d'entendre le dialogue net et acéré d'une comédie d'Alexandre Dumas fils, ou d'applaudir *les Faux Bonshommes*, entre deux articles de Taine. Car en bien des endroits, et sous des formes diverses, je crois reconnaître des signes littéraires nouveaux : science, esprit d'observation, maturité, force, un peu de dureté. Ce sont les caractères que semblent affecter les chefs de file des générations nouvelles. Fils et frère de médecins distingués, M. Gustave Flaubert tient la plume comme d'autres le scalpel. Anatomistes et physiologistes, je vous retrouve partout !

(1) Je puis la nommer aujourd'hui qu'elle n'est plus, — madame Marsaudon, qui résidait à Mézières, dans la Haute-Vienne.

Lundi, 11 mai 1857.

ALFRED DE MUSSET

C'est un devoir à chaque génération comme à une armée d'enterrer ses morts, de leur rendre les derniers honneurs. Il ne serait pas juste que le poëte si charmant qui vient d'être enlevé disparût sans recevoir, même au milieu de ce qui a été dit et de ce qui se dira de vrai et de senti sur son talent, quelques mots particuliers d'adieu de la part d'un ancien ami, d'un témoin de ses premiers pas. La note chantante d'Alfred de Musset nous était si connue et si chère dès le premier jour, elle nous était allée si avant au cœur dans sa fraîcheur et sa verte nouveauté, il était tellement, avec plus de jeunesse, de la génération dont nous étions nous-même, génération alors toute poétique, toute vouée à sentir et à exprimer! Il y a vingt-neuf ans de cela, je le vois encore faire son entrée dans le monde littéraire, d'abord dans le cercle intime de Victor Hugo, puis dans celui d'Alfred de Vigny, des frères Deschamps. Quel début! quelle bonne grâce aisée! et dès les premiers vers qu'il récitait, son *Andalouse*, son *Don Paez*, et sa *Juana*, que de surprise et quel ravissement il excitait alentour! C'était le printemps même, tout un printemps de poésie qui éclatait à nos yeux. Il n'avait pas dix-huit ans : le front mâle et fier, la joue en fleur et qui gardait encore les roses de l'enfance, la narine enflée du souffle du désir, il s'avançait le talon sonnant et l'œil au ciel, comme assuré de sa conquête et tout plein de l'orgueil de la vie. Nul, au premier aspect, ne donnait mieux l'idée du génie adolescent. Tous ces brillants couplets et ces jets de verve que leur succès même a usés depuis, mais qui dans la poésie française étaient alors si nouveaux :

> Amour, fléau du monde, exécrable folie, etc.;
>
> Comme elle est belle au soir, aux rayons de la lune, etc.;
>
> O vieillards décrépits, têtes chauves et nues, etc.;
>
> Peut-être que le seuil du vieux palais Luigi, etc.!

tous ces passages comme marqués d'un accent shakspearien, ces furieux élans au milieu des audaces fringantes et des sourires, ces éclairs de chaleur et de précoce orage, semblaient promettre à la France un Byron. Les chansons sveltes, élégantes, qui s'envolaient chaque matin de ses lèvres, et qui bientôt coururent sur celles de tous, étaient bien de son âge; mais la passion, il la devinait, il l'aspirait avec violence, il la voulait devancer. Il en demandait le secret à ses amis plus riches en expérience et encore humides du naufrage, comme on le voit dans les stances à Ulric Guttinguer :

> Ulric, nul œil des mers n'a mesuré l'abîme...

qui finissent par ce vers :

> Moi si jeune, enviant ta blessure et tes maux !

Au bal, dans les réunions et les fêtes riantes, quand il rencontrait le plaisir, il ne s'y tenait pas, il cherchait par la réflexion à en tirer tristesse, amertume; il se disait, tout en s'y livrant avec une apparence de fougue et d'abandon, et pour en rehausser même la saveur, que ce n'était qu'un instant fugitif, aussitôt irréparable, et qui ne reviendrait plus jamais sous ce même rayon ; et en tout il appelait une sensation plus forte, plus aiguë, d'accord avec le ton auquel il avait monté son âme. Il trouvait que les roses d'un jour n'étaient pas encore assez rapides ; il eût voulu les arracher toutes pour les mieux respirer, pour en mieux exprimer l'essence.

Une préoccupation lui vint presque en même temps que son premier succès. Il y avait alors une école nouvelle, non encore régnante, mais déjà des plus en vogue et qui se dessinait au complet. C'était dans son sein qu'il avait préludé, qu'il s'était produit, et il pouvait sembler y être éclos. Il s'appliqua à montrer que cela n'était pas, ou du moins aurait pu ne pas être, qu'il ne relevait de personne, et que, même dans les rangs nouveaux, il ne ressemblait qu'à lui. Ici encore il se hâtait trop impatiemment sans doute. Qu'avait-il à craindre ? le seul développement de ce talent si franc et si vif aurait bien suffi à manifester naturellement son originalité. Mais il n'était pas homme à attendre le fruit du temps et le cours des saisons. L'école poétique nouvelle avait été volontiers jusque-là religieuse, élevée, un peu solennelle, ou sentimentale et rêveuse ; elle se piquait d'être exacte et même scrupuleuse par la forme : il rompit d'emblée en visière à cette solennité ou à cette sensibilité, et se montra familier ou persifleur à l'excès ; il nargua le rhythme et la rime ; il mit la poésie en déshabillé et fit *Mardoche*, suivi bientôt de *Namouna*. O le profane, ô le libertin ! s'écria-t-on de toutes parts ; mais on le savait par cœur aussi, on retenait, on récitait de ce *Mardoche* des dizains entiers sans se bien rendre compte du pourquoi, si ce n'est que c'était plein de facilité, de fantaisie, parfois d'un bon sens inattendu jusque dans l'insolence, que c'étaient des vers *amis de la mémoire*, et les rêveurs eux-mêmes, et les plus tendres, allaient d'un air de gloire se répétant tout bas le couplet : *Heureux un amoureux*, etc. Quant au don Juan de *Namouna*, à cette forme nouvelle du roué qui pouvait sembler l'enfant chéri de l'auteur, l'idéal, hélas ! de son vice et de son mal, il était si charmant, si hardiment jeté, il était l'occasion de si beaux vers, les deux cents vers les mieux lancés et les plus osés que la poésie française se fût jamais permis, que l'on concluait avec le poëte lui-même en disant :

Que dis-je ! tel qu'il est, le monde l'aime encore...

Dans le drame intitulé *la Coupe et les Lèvres*, Alfred de Musset exprimait admirablement, sous la figure de Frank et de Belcolore, la lutte entre un cœur noble, fier, orgueilleux, et le génie des sens auquel il a une fois donné accès. Il y avait de tristes, de hideuses vérités entrevues, et plus qu'entrevues, des monstres arrachés et traînés au jour du fond de cette caverne du cœur, comme l'appelle Bacon : mais le tout revêtu d'un éclat, d'une puissance sonore incomparable. Et même sans que le monstre fût vaincu, on sentait pleuvoir et résonner sur ses écailles les flèches d'or d'Apollon.

Alfred de Musset, comme plus d'un des personnages qu'il a peints et montrés en action, s'était dit qu'il fallait tout voir, tout savoir, et, pour être l'artiste qu'il voulait être, avoir plongé au fond de tout. Théorie périlleuse et fatale ! comme il l'a rendue par une énergique et expressive image dans sa comédie de *Lorenzaccio !* Qu'est-ce en effet que ce Lorenzo « dont la jeunesse a été pure comme l'or ; qui avait le cœur et les mains tranquilles ; qui n'avait qu'à laisser le soleil se lever et se coucher pour voir fleurir autour de lui toutes les espérances humaines, qui était bon, et qui, pour son malheur, a voulu être grand? » Ce n'est pas un artiste que Lorenzo, il veut être, lui, un homme d'action, un grand citoyen : il s'est proposé un héroïque dessein, il s'est dit de délivrer Florence, sa patrie, de l'ignoble et débauché tyran Alexandre de Médicis son propre cousin; et pour y réussir, qu'imagine-t-il? de jouer le rôle du premier Brutus, mais d'un Brutus modifié selon la circonstance, et, à cette fin, de se prêter à toutes les folies, à tous les vices chers au tyran dont les orgies déshonorent Florence. Il s'insinue donc dans sa familiarité, et devient son complice et son instrument, guettant l'heure et l'instant propice : mais, en attendant, il a trop vécu, il a trop plongé chaque jour dans la vase immonde, il a trop vu la lie de l'humanité; il s'est réveillé de ses rêves. Il continue toutefois et persévère, il atteindra son but, mais il sait bien que ce sera en vain. Il mettra à bas le monstre qui soulève de dégoût Florence, mais il sait bien aussi que ce jour-là où elle en sera délivrée, Florence se choisira un autre maître, et que Lorenzo n'en sera que plus honni. Et puis Lorenzo, à force de simuler le vice et d'endosser le mal comme un habit d'emprunt et qui sert à une expérience, se l'est incorporé; le masque qu'il a pris s'est collé à lui et lui restera par plaques au visage. La tunique trempée du sang de Nessus a pénétré sa peau et ses os. Le dialogue entre Lorenzo et Philippe Strozzi, un honnête et vertueux citoyen qui ne voit que le côté honorable et désirable des choses, est d'une effrayante vérité. La conscience qu'a Lorenzo d'avoir trop vu et trop pratiqué la vie, d'être allé trop au fond pour en jamais revenir, d'avoir introduit en lui l'hôte implacable qui sous forme d'*ennui* le ressaisira toujours et lui fera faire éternellement par habitude, par nécessité et sans plaisir, ce qu'il a fait d'abord par affectation et par feinte, cette affreuse situation morale est exprimée en paroles saignantes. « Pauvre enfant, tu me navres le cœur, » lui dit Philippe; et il ne sait que répéter, à toutes les explications et révélations profondes et contradictoires du jeune homme : « Tout cela m'étonne, et il y a dans tout ce que tu m'as dit des choses qui me font peine, et d'autres qui me font plaisir. »

Je ne fais qu'effleurer le sujet. Mais, à relire ainsi et à reprendre, maintenant qu'il n'est plus, bon nombre des pièces et des personnages d'Alfred de Musset, on arriverait à découvrir en cet enfant de génie le contraire de Gœthe, de ce Gœthe qui se détachait à temps de ses créations, même les plus intimes à l'origine, qui ne pratiquait que jusqu'à un certain point l'œuvre de ses personnages, qui coupait à temps le lien, les abandonnait au monde, en étant déjà lui-même partout ailleurs, et pour qui « poésie était délivrance. » Gœthe, dès sa jeunesse et dès le temps de Werther, s'apprêtait à vivre plus de quatre-vingts ans. Pour Alfred de Musset, la poésie était le contraire; sa poésie, c'était lui-même, il s'y était rivé tout entier; il s'y précipitait à corps perdu; c'était son âme juvénile, c'était sa chair et son sang qui s'écoulait; et quand il avait jeté aux autres ces lambeaux, ces membres éblouissants du poëte qui semblaient parfois des membres de Phaéton et d'un jeune dieu (se rappeler les magnifiques apostrophes et invocations de *Rolla*), il gardait encore son lambeau à lui, son cœur saignant, son cœur brûlant et ennuyé. Que ne prenait-il patience? tout serait venu en sa saison. Mais il avait hâte de condenser et de dévorer les saisons.

Après les jeux de la passion que devinait cette enfance, elle-même pourtant elle vint, la passion en personne : nous le savons; elle éclaira un moment ce génie si bien fait pour elle, elle le ravagea. On connaît trop bien cette histoire, devenue une fable, pour que ce soit une inconvenance de la rappeler en passant; ce n'est point aux poëtes de nos jours, aux enfants du siècle qu'il faut appliquer une discrétion dont ils ont si peu fait usage. Dans le présent épisode surtout, les *Confessions* ont retenti des deux parts, et ce serait le cas de dire avec Bossuet, si nous en avions le droit et si nous n'étions pas des leurs, qu'il y en a « qui passent leur vie à remplir l'univers des *folies de leur jeunesse égarée.* » L'univers, il faut en convenir aussi, c'est-à-dire la France, s'y est prêtée en toute bonne grâce ; elle a écouté et accueilli avec un intérêt prononcé, et d'une âme encore très-littéraire en ce temps-là, tout ce qui du moins lui paraissait éloquent et sincère. Pour ce qui est d'Alfred de Musset, il a dû à ces heures d'orage et de douloureuse agonie de laisser échapper en quelques *Nuits* immortelles des accents qui ont fait vibrer tous les cœurs, et que rien n'abolira. Tant qu'il y aura une France et une poésie française, les flammes de Musset vivront comme vivent les flammes de Sapho. — A ces quatre *Nuits* célèbres, n'oublions pas d'ajouter un *Souvenir* qui s'y rattache étroitement, un retour à la forêt de Fontainebleau, qui est d'une émouvante et pure beauté, et, ce qui est rare chez lui, d'une grande douceur.

Il y eut dans cette vie rapide un favorable moment où, pendant l'intervalle et au lendemain des crises, la fatigue déjà venue laissait pourtant à la parole d'Alfred de Musset toute sa fraîcheur, en même temps qu'il s'y mêlait une finesse nouvelle de pensée, une ironie, une légèreté moqueuse, la plus aisée et la plus française peut-être depuis Hamilton et Voltaire. Ce moment fut court, avec Musset tout se menait vite et courait ; mais ce fut un moment unique et bien précieux où il donna l'idée et l'espérance à quelques-uns de ses amis qu'il pouvait mûrir et se transformer. Des proverbes d'une délicatesse exquise, de beaux vers toujours, des vers légers et qui sentaient une aisance supérieure, qui portaient un bon sens spirituel mêlé à d'aimables négligences, puis des accents soudains qui se relevaient avec chant et rappelaient les sons mélodieux d'autrefois :

> Étoile de l'amour, ne descends pas des cieux!

tout cela semblait présager une saison plus tempérée et le règne durable d'un talent qui était devenu cher à tous, et que le monde le plus choisi, comme la plus fervente jeunesse, avait décidément adopté. Qu'il s'agît de chanter les premiers triomphes de Rachel et le début de Pauline Garcia, ou de railler de grosses emphases patriotiques venues du libre *Rhin allemand*, ou de filer un conte moqueur, Alfred de Musset était là, mêlant à propos un éclair d'enthousiasme, un grain d'ironie; il vérifiait de plus en plus la devise du poëte :

> Je suis chose légère et vole à tout sujet.

Il était même à la mode. Ses volumes, je l'ai remarqué ailleurs, faisaient partie des corbeilles de noces, et j'ai vu de jeunes maris élégants le donner à lire à leurs femmes, dès le premier mois, pour leur former l'esprit à la poésie. C'est alors aussi qu'on entendait dans les salons des gens d'esprit et réputés gens de goût, des demi-juges de l'art comme il y en a surtout dans notre pays (1), affecter de dire qu'ils aimaient Musset pour sa prose, et non pour ses vers, comme si la prose de Musset n'était pas essentiellement celle d'un poëte: qui avait fait les vers pouvait seul faire cette fine prose. Il y a des gens qui couperaient, s'ils le pouvaient, une abeille en deux. Cependant le succès du théâtre était venu se joindre pour lui à la faveur du monde. On s'était aperçu depuis

---

(1) Un élégant écrivain qui passe pour un de nos premiers critiques, mais qui n'a jamais été un bon critique dès qu'il s'agissait de se prononcer sur les contemporains et les vivants, M. Villemain (puisqu'il faut le nommer) était de ceux-là.

quelque temps que plus d'un de ces jolis proverbes qui composaient *le Spectacle dans un fauteuil* pouvait, bien compris et bien rendu par des acteurs et des actrices de société, procurer une heure de très-agréable délassement. On essayait à l'envi de monter ces petites pièces dans les loisirs de la vie de château. Madame Allan eut l'honneur de cette même découverte au théâtre; on a dit spirituellement qu'elle rapporta de Russie *le Caprice* de Musset dans son manchon (1). Le succès qu'obtint à la Comédie-Française cette jolie chose poétique prouva qu'il y avait lieu encore, dans le public, à de l'émotion littéraire délicate quand on la savait éveiller. Que manquait-il donc en ces années au poëte, bien jeune encore, pour être heureux, pour vouloir vivre et aimer la vie, pour laisser son esprit courir et jouer en conversant sous des regards prêts à lui sourire, et son talent désormais plus calme, plus apaisé, s'animer encore par instants et combiner des inspirations renaissantes avec les nuances du goût?

Musset n'était que poëte; il voulait sentir. Il était d'une génération dont le mot secret, le premier vœu inscrit au fond du cœur, avait été la *poésie en elle-même*, la *poésie avant tout*. « Dans tout le temps de ma belle jeunesse, a dit l'un des poëtes de cette même époque, j'ai toujours été ne désirant, n'appelant rien tant de mes vœux, n'adorant que la passion sacrée, » la passion, c'est-à-dire la matière vive de la poésie. Tel, au plus haut degré, était Musset, prodigue entre tous (2). Comme

(1) La *Revue des Deux-Mondes* du 15 mai 1857 (page 475) semble contester l'exactitude de ce mot. Mais on n'a pas voulu dire que le directeur de la Revue, qui fut pendant quelques années l'administrateur très-zélé du Théâtre-Français, n'ait pas songé à y mettre en œuvre le talent de M. de Musset ; ce qu'on a voulu dire, c'est que madame Allan, qui avait joué *le Caprice* à Saint-Pétersbourg, le joua à ravir à Paris, et mit chacun en goût de telle friandise.

(2) Quelqu'un, à moi de bien connu, qui fut un moment compagnon

un soldat téméraire, il ne sut pas d'avance préparer la seconde moitié du voyage; il eût dédaigné d'accepter ce qu'on appelle sagesse et qui lui semblait la diminution graduelle de la vie. Se transformer n'était pas son fait. Arrivé au haut et déjà au revers de la montagne, il lui semblait être arrivé à l'extrémité et au delà de tous les désirs : le dégoût l'avait saisi. Il n'était pas de ceux que la critique console de l'art, qu'un travail littéraire distrait ou occupe, et qui sont capables d'étudier, même avec emportement, pour échapper à des passions qui cherchent encore leur proie et qui n'ont plus de sérieux objet. Lui, il n'a su que haïr la vie, du moment, pour parler son langage, qu'elle n'était plus la jeunesse sacrée. Il ne la concevait digne d'être vécue, il ne la supportait qu'entourée et revêtue d'un léger délire (1). Il a souffert; que ceux qui l'ont aimé et qui l'aimeront toujours pour

---

de Musset dans cette vie d'imagination et d'effréné désir, a osé encore écrire une pensée que je surprends et que je dérobe, une pensée qui exprime à souhait, et plus qu'à souhait, cette forme de déréglement et de fureur passionnée si chère à la génération dite des enfants du siècle : « Je me fais quelquefois un rêve d'Élysée; chacun de nous va rejoindre son groupe chéri auquel il se rattache et retrouver ceux à qui il ressemble : mon groupe, à moi, je l'ai dit ailleurs, mon groupe secret est celui des *adultères* (*mœchi*), de ceux qui sont tristes comme Abbadona, mystérieux et rêveurs jusqu'au sein du plaisir et pâles à jamais sous une volupté attendrie. — Musset, au contraire, a eu de bonne heure pour idéal l'orgie, la bacchanale éclatante et sacrée; son groupe est celui de la duchesse de Berry (fille du Régent), et de cette petite *Aristion* de l'*Anthologie* qui dansait si bien et qui vidait trois coupes de suite, le front tout chargé de couronnes : Κῶμοι καὶ μανίαι, μέγα χαίρετε... (*Anthol. Palat.*, VII, 223.) »

(1) Vivre et jouir, c'était pour lui tout un : « *Le bonheur! le bonheur! et la mort après, et la mort avec!* » c'était sa devise. A la seconde époque de sa jeunesse, disant qu'il lit *Werther* et *la Nouvelle Héloïse* et qu'il dévore toutes les folies sublimes dont il s'est tant moqué, Alfred de Musset ajoutait : « J'irai peut-être trop loin dans ce sens-là comme dans l'autre. *Qu'est-ce que ça me fait? j'irai toujours.* » Aller dans tous les sens jusqu'à extinction : terrible hygiène morale et physique!

ses vers ne l'oublient pas. Il a eu, il a dû avoir bien des fois le sentiment et comme l'agonie de sa défaillance devant l'idée de cette vérité supérieure, de cette beauté poétique plus sereine qu'il concevait et qu'il n'avait plus assez de force pour atteindre ni pour embrasser. Un jour, un de ses amis les plus dévoués et dont la perte bien récente a dû lui porter un coup, lui être d'un fâcheux présage, Alfred Tattet, que je rencontrais sur le boulevard, me montra un chiffon de papier sur lequel étaient quelques vers tracés au crayon, et qu'il avait, le matin même, surpris sur la table de nuit de Musset, en ce moment à la campagne chez lui, dans la vallée de Montmorency (1). Voici ces vers qui ont été depuis imprimés, mais qui n'ont tout leur sens que quand on les voit ainsi tracés par le poëte dans une nuit d'abattement et de regret amer, et dérobés à son insu, par l'amitié :

> J'ai perdu ma force et ma vie
> Et mes amis, et ma gaieté ;
> J'ai perdu jusqu'à la fierté
> Qui faisait croire à mon génie.
>
> Quand j'ai connu la vérité,
> J'ai cru que c'était une amie ;
> Quand je l'ai comprise et sentie,
> J'en étais déjà dégoûté.
>
> Et pourtant elle est immortelle,
> Et ceux qui se sont passés d'elle
> Ici bas ont tout ignoré.
>
> Dieu parle, il faut qu'on lui réponde.
> — Le seul bien qui me reste au monde
> Est d'avoir quelquefois pleuré.

Qu'on se rappelle ses premières chansons de page ou

---

(1) Mon souvenir est très-exact sur ce point : M. Edmond Texier croit que c'est dans une autre maison de campagne de M. Tattet, à la Madeleine, près Fontainebleau, que les vers furent écrits ; mais c'est bien à Bury dans la vallée de Montmorency qu'ils ont été crayonnés en effet.

de cavalier amoureux : *En chasse, et chasse heureuse!...*, ce son matinal du cor, et qu'on mette en regard cet admirable et affligeant sonnet final, toute la carrière poétique d'Alfred de Musset m'apparaît comprise entre deux : gloire et pardon ! Quel sillon brillant, hardiment tracé ! que de lumière ! que d'éclipse et d'ombre ! Poëte qui n'a été qu'un type éclatant de bien des âmes plus obscures de son âge, qui en a exprimé les essors et les chutes, les grandeurs et les misères, son nom ne mourra pas. Gardons-le particulièrement gravé, nous à qui il a laissé le soin de vieillir, et qui pouvions dire l'autre jour avec vérité en revenant de ses funérailles : « Notre jeunesse depuis des années était morte, mais nous venons de la mettre en terre avec lui. » Admirons, continuons d'aimer et d'honorer dans sa meilleure part l'âme profonde ou légère qu'il a exhalée dans ses chants; mais tirons-en aussi cette conséquence de l'infirmité inhérente à notre être, et de ne nous enorgueillir jamais des dons que l'humaine nature a reçus.

— Tous les articles qui composent jusqu'ici ce volume ont paru le lundi dans *le Moniteur* : les deux morceaux suivants sur *le Duc de Nivernais* et *le Maréchal de Saint-Arnaud* ont été publiés d'abord dans la *Revue contemporaine* du 31 janvier et du 31 mai 1857.

LES NIÈCES DE MAZARIN

ET SON DERNIER PETIT-NEVEU

LE DUC DE NIVERNAIS

Les Nièces de Mazarin, études de mœurs et de caractères au dix-septième siècle, par Amédée Renée, 2ᵉ édition, revue et augmentée de documents inédits. Paris, Firmin Didot, 1856.

Depuis l'enlèvement d'Hélène ou celui des Sabines, il ne s'est jamais vu tant et de si beaux enlèvements de femmes qu'aujourd'hui ; il est vrai que ce sont des enlèvements tout littéraires. Chacun (et, ne vous en déplaise, ce sont les plus illustres entre les écrivains de notre temps) a mis son honneur à *s'embarquer* avec quelqu'une ou avec quelques-unes. Comment ne pas nommer en tête celui qui, par son talent, par sa verve, par la curiosité infinie de ses recherches, et par je ne sais quelle flamme qu'il a l'art de communiquer à ce qui en d'autres mains ne serait resté que des papiers, a forcé le public, je ne parle plus du public érudit et lettré, mais le public des salons et qui décide des modes, à s'occuper de ces belles du temps jadis et à en disserter d'après lui ? M. Cousin a donc enlevé et conquis en plein soleil madame de Longueville, et il ne s'est pas tenu à ce coup de maître, il a poussé plus loin sans se croire le moins du monde infidèle : il en a affiché bien d'autres, et, en dernier lieu, on a revu, grâce à lui, par les chemins, galopant par monts et par vaux, cette autre brouillonne adorable en son temps, madame de Chevreuse. M. Villemain, dans un livre ingénieux et animé, non pas animé du seul intérêt littéraire, a esquissé en couleurs brillantes et flatteuses, et sous le rayon d'une jeunesse dont nous n'avons pas vu la fin, une grande dame moderne qui s'est aussi piquée de politique, la belle duchesse de Dino. Ici ce n'est pas un enlèvement, comme bien l'on pense, ce n'est qu'une atteinte, ce n'est qu'une page ! mais quelle page ! l'éloquent écrivain ne l'eût peut-être pas écrite si accentuée et si vive avant toutes ces levées galantes de boucliers. Par une sorte d'émulation bien permise aux plus graves, et que n'eût point censurée Platon, M. Guizot, dans un intervalle de ses mâles et fermes histoires, s'est dit qu'il y avait lieu d'intéresser sans tant d'aventures et de beaux crimes : il a retracé et buriné à la manière hollandaise la figure de lady Russell, ce modèle des grandes veuves, de celles qui restent fidèles à un noble sang généreusement versé et à une vieille cause. C'était une revanche indirecte sur le succès désordonné de toutes ces belles Longueville. Le bon Walckenaer avait eu pour madame de Sévigné une passion jaseuse, empressée et devenue proverbiale; mais on ne possède pas madame de Sévigné, on ne la conquiert pas; elle n'a jamais été entièrement qu'à sa fille, et depuis ce temps-là elle appartient à tous et n'est à personne. Madame de Maintenon était moins recherchée et entourée : M. le duc de Noailles a cru qu'il était du devoir de sa maison et de son nom, de réparer l'injustice dont elle était l'objet, de redresser l'opinion sur son compte, et de lui rétablir aux yeux de tous sa situation véritable. Mais, dans cette œuvre légitime de restauration un peu lente, il a rencontré des auxiliaires et, plus que cela, des émules et des rivaux. Un homme de mérite, occupé de l'histoire comme d'une science, habitant dans le voisinage de Saint-Cyr, et à la source des meilleurs mémoires, M. Théophile Lavallée, a eu l'occasion d'étudier madame de Maintenon, et il s'est fait bientôt son éditeur le plus exact, son commentateur essentiel et précis, et l'historien de son œuvre ; il est un des passionnés, et un passionné positif, de madame de Maintenon. M. Saint-Marc Girardin, lui aussi, à qui d'ordinaire ce mot de passion semble faire peur, ou qui du moins aime à se jouer en en parlant, a compris que c'était là ou jamais le cas de se déclarer, que c'était une passion par *raison*, tout pour le bon motif et pour l'ordre, pour l'étroite morale et la juste discipline : dans une suite de charmants articles il a pris rang à son tour parmi ceux qui *occupent* en propre un de ces beaux noms de femmes d'autrefois, qui s'en emparent et portent désormais couleurs et bannière de chevaliers. — Et vous donc qui parlez, me dira quelqu'un, où avez-vous planté votre drapeau ? — Hélas ! j'avouerai mon faible : j'ai sans doute courtisé plus d'une de ces femmes illustres ; je m'en suis souvent approché, et de quelques-unes de celles-là mêmes que j'ai nommées et de beaucoup d'autres ; mais je ne leur ai fait en quelque sorte qu'un *doigt de cour*, je ne me suis point attaché à une seule, et me voilà puni de mon inconstance : j'ai été traité en *passe-volant* ; pas une ne m'est restée.

Quant à M. Amédée Renée, il s'est arrangé si bien qu'il en a pris sept d'un seul coup de filet et qu'il les saura garder. Sérieusement, ç'a été une idée heureuse et bien conçue, d'embrasser un groupe naturel, un groupe de famille, qui offre à la fois des traits frappants de ressemblance et une agréable variété. En général, lorsqu'on peut étudier les proches parents d'un grand personnage ou d'un homme distingué, soit ses père et mère et aïeux, soit ses frères et sœurs, soit ses enfants, on est plus à même de le bien connaître, car on connaît la souche et la race; on peut mieux juger de ce qu'il a dû au fonds commun, à la trame commune, et de ce qu'il y a ajouté ou de ce qu'il en a développé. Les facultés et qualités qu'il réunit, et dont quelques-unes peuvent se masquer l'une l'autre étant serrées comme en faisceau, se dédoublent quelquefois, se divisent chez de proches parents moins complets, et se laissent mieux mesurer isolément. Sans sortir du point de vue littéraire, j'ai pu faire cette remarque; par exemple, lorsqu'on étudie Boileau et qu'on le compare avec ses frères, dont l'aîné et très-aîné Gilles était déjà un satirique, et dont Jacques, celui qui ne précédait Nicolas que d'un an, poussait l'humeur railleuse jusqu'à la charge et au grotesque : Nicolas, venu après ses deux frères, qui semblent deux ébauches de lui-même, l'une inachevée, l'autre exagérée, où s'essayait par avance la nature, en est plus nettement défini. Madame de Sévigné elle-même ne semble-t-elle pas se dédoubler dans ses enfants, donnant sa ferme raison à l'une, à madame de Grignan, sa grâce d'imagination et toute *la folle du logis* à l'autre, à l'étourdi chevalier? Politiquement, quand on en vient à étudier de grands personnages, des hommes d'action, les traits généraux de famille ressortent encore mieux et se vérifient plus aisément. On n'a bien connu Mirabeau que lorsqu'on a vu la souche d'où il sortait, cette race originale et robuste, déjà éloquente, de père, d'oncle et d'aïeux. Si ample qu'il fût, le grand tribun de 89 n'a eu qu'à mettre en dehors ce que les siens avaient au dedans et à tailler en pleine étoffe. Napoléon, pour la composition de son caractère, pour la combinaison des éléments primitifs qui y entraient et auxquels le génie donna le sens et l'âme, est certainement mieux connu, lorsque autour de lui, et avant de le suivre en toute sa carrière, on a parcouru et épuisé le cercle de ses frères et sœurs. Dans le cas présent, quoique le groupe dont il s'agit ne soit point direct par rapport à Mazarin, et qu'il s'éloigne même d'un degré en descendant, il n'est pas inutile pourtant pour mieux définir et circonscrire la nature originelle de ce cardinal-ministre et pour achever de le faire comprendre. Ces enfants de ses sœurs montrent bien de quelle race fortement constituée et prédestinée à l'action il était issu; la plupart des nièces nous représentent bien cette race en tout ce qu'elle avait de non altéré et de *genuine*, comme disent les Anglais, la force sacrée du sang, comme diraient les Grecs, la noblesse naturelle avec de terribles instincts d'aventures. Ces nouvelles venues, qu'il se hasarde à introduire en Cour de France à deux ou trois reprises, et que tant de malicieux brocards attendaient d'abord, ne lui firent pas de déshonneur, bien qu'elles lui aient causé parfois de l'embarras. L'oncle n'a pas beaucoup à dire pour leur faire prendre leur volée; elles vont d'elles-mêmes, elles s'élèvent, elles s'adressent aux trônes et aux couronnes, et en rabattent le moins possible; elles chassent de race. Bon sang ne peut mentir. Elles ont presque toutes, beauté, force, hardiesse et adresse, — des scrupules médiocrement, quoiqu'il y ait eu dans le nombre (ne l'oublions pas) deux vertueuses et une sainte. En les faisant venir en France, l'oncle n'avait pas si mal spéculé pour la grandeur de sa maison et pour l'agrément de la société française. Il a ragaillardi cette belle société, qui n'en avait pas déjà un si grand besoin, par cette petite invasion romano-sicilienne; avec ces Olympe, ces Marie et ces Hortense, il y a semé d'éclatantes variétés de grandes existences, et l'a sillonnée de fredaines imprévues et bizarres. Il y eut, certes, une vraie chrétienne parmi elles, une admirable pénitente qui sembla vouloir payer pour toutes, la princesse de Conti ; mais en revanche et à ses côtés, dans cette quantité de cousins et de cousines, que de païens et de païennes ! Elles n'ont qu'un mot, ces terribles nièces, un premier cri pour déplorer la mort de leur cher oncle, et ce cri du cœur est toute une oraison funèbre : *Il est crevé!* Leurs brillants esprits, quand elles se seront développées, se porteront à aimer, à favoriser par goût les plus naturels et les moins réglés des génies d'alors ; elles en seront les inspiratrices déclarées et les patronnes : la duchesse de Mazarin ne saurait se séparer de son philosophe Saint-Évremond, ni la duchesse de Bouillon de son conteur La Fontaine. Ce sont chez le duc de Nevers des soupers délicieux et libres avec Chaulieu et La Fare, avec le grand prieur de Vendôme, tous libertins de mœurs et d'esprit qui côtoient le grand siècle sans en être, et n'attendent que la Régence. La France est trop petite pour l'activité de ces nièces de Mazarin, et quelques-unes vont porter dans des contrées et des cours voisines leurs éclats et leurs erreurs, sans jamais déchoir pourtant de ce grand état où elles sont comme nées et où elles se sont naturalisées en quasi-souveraines. Je ne recommencerai pas ce qui a été si bien dit. M. Amédée Renée (est-il besoin de le rappeler aux lecteurs de cette Revue?) a défilé le plus joliment du monde ce chapelet de belles, de violentes et de légères, où il y a un ou deux grains à oraison. M. Renée dans sa jeunesse a eu ses *Heures de poésie* (1), il a eu son hymne *à la Beauté idéale*, il s'est mêlé en fidèle au cortége d'André Chénier ; il a connu intimement, il a aimé et apprécié Maurice de Guérin, ce poëte du *Centaure*, qui promettait à l'art un

---

(1) *Heures de Poésies*, par Amédée Renée; Paris, chez Delloye, 1841.

génie original. Je ne sais quel goût de distinction native se sent toujours chez ceux qui, jeunes, ont eu de ces religions secrètes; même quand l'heure de l'érudition est venue, on se dit en les lisant, et on devine à un certain air, que *la poésie a passé par là.*

M. Renée a donc su rendre, par un agréable enchaînement de citations, d'extraits et d'observations rapides, l'existence et le caractère de la comtesse de Soissons, de la duchesse de Mazarin, de la duchesse de Bouillon; il nous a introduits dans cette compagnie choisie de l'hôtel de Nevers, dans ce mystérieux ménage « qui joignait les grâces de Mortemart (1) et l'imagination de Mancini. » Comme les *Nièces de Mazarin* ne se referont pas et qu'elles ont trouvé maître, je me permettrai seulement, en qualité de critique, de demander à M. Renée, pour une prochaine édition, de mieux marquer le contraste de l'une des figures, celle de la princesse de Conti, l'aînée des Martinozzi, avec ses brillantes sœurs et cousines qui aimaient tant le plaisir, le jeu, la folle et spirituelle orgie. Ce n'était pas seulement une *candide* princesse que cette vertueuse Conti, et sa vie, bien que revêtue d'une teinte sévère, n'a rien de voilé; on peut l'étudier à fond aux sources de Port-Royal, dans le *Nécrologe* et le *Supplément au Nécrologe;* elle y a sa place comme bienfaitrice et amie. Elle était née avec toutes les qualités qui peuvent recommander une personne de son sexe dans le monde; elle avait le don de beauté, et avec cela « sérieuse, douce, tranquille dès l'enfance, et toutefois très-sensible; ferme, hardie, et néanmoins mesurée et pleine de tous les égards nécessaires pour s'établir une réputation hors d'atteinte. » Mais cette modestie, cette régularité extérieure ne faisaient d'elle qu'une *honnête païenne,* comme elle l'a dit depuis. Elle

---

(1) La duchesse de Nevers était une Thianges.

n'était consumée que du désir d'être heureuse et glorieuse ici-bas, et d'arriver à une haute alliance. Son ambition, si grande qu'elle fût, semblait devoir être satisfaite et au delà, lorsqu'à dix-sept ans elle se vit mariée à Armand de Bourbon, prince de Conti, qui devint sincèrement amoureux d'elle (1). Et cependant, au milieu des grandeurs et des magnificences qui l'environnaient, il lui manquait encore quelque chose; son cœur se sentait au dedans un vide qui n'était pas comblé.

Elle couvait un profond orage intérieur, et à cet âge de dix-huit ans, sous un extérieur calme, elle agitait les pensées les plus contradictoires. Assez confusément instruite des vérités et de l'esprit du Christianisme, elle en avait entrevu assez pour désirer de s'en débarrasser absolument, afin de n'en être point gênée. Elle fit des efforts pour éteindre d'abord les faibles restes de sa foi languissante, espérant par là calmer son inquiétude; « mais Dieu ne permit pas qu'elle y réussît. » Elle ne trouva le soulagement d'une telle tristesse qu'en affectant le doute et une indifférence qu'elle n'avait pas. Des infirmités secrètes l'avertissaient tout bas que l'heure de l'Éternité n'était peut-être pas aussi éloignée que le lui disait la jeunesse. Son époux converti ne perdait aucune occasion de lui répéter « tout ce que la charité peut faire dire sur la plus grande de toutes les affaires à la personne du monde à qui elle importe le plus et que l'on aime le mieux. Elle recevait avec beaucoup de douceur ce qu'il lui disait; mais toutes ces instances ne faisaient au fond que l'importuner et l'aigrir contre la piété, qu'elle regardait comme son ennemie et sa grande rivale dans le cœur du prince. » C'est dans ces disposi-

---

(1) Mémoires de Daniel de Cosnac. — **La princesse de Conti s'y montre sous sa première forme, avant sa conversion; elle n'y paraît pas sans quelques défauts.**

tions d'une lutte intérieure déjà ancienne, qu'un jour elle se trouva tout d'un coup, et sans savoir comment, tournée à Dieu, persuadée des vérités de la foi et brûlant du désir de s'élever à la source suprême. Son cœur fut changé, et il ne le fut pas à demi ; c'est en ceci qu'elle se montra un grand cœur. Elle avait dix-neuf ou vingt ans. A partir de ce moment, elle marcha, sans se plus détourner jamais, dans les routes de la piété pratique et de la charité ; il ne s'agissait plus que du degré, selon qu'elle croissait en lumières. Elle prit un directeur qui avait été donné au prince son mari par l'évêque d'Aleth, Pavillon ; elle se rattacha par toute sa conduite à l'esprit austère de Messieurs de Port-Royal (1). C'était à qui des deux ferait le plus de progrès dans cette voie étroite, d'elle ou de sa belle-sœur, la duchesse de Longueville. Naturellement fière, assez disposée à l'avarice, elle dompta ses inclinations, soigna les pauvres, les malades, fit des aumônes considérables avec discernement et intelligence, n'oubliant pas la justice jusque dans la charité. Demeurée veuve à vingt-neuf ans, elle redoubla de soin et de vigilance à bien gouverner sa maison, à élever chrétiennement ses fils, à qui elle avait donné pour précepteur Lancelot. Très-respectée de Louis XIV, elle n'abandonna jamais devant lui ceux qu'on présentait comme trop austères. Un dimanche de l'Avent, en 1670, comme Bourdaloue avait prêché sur la *sévérité de la pénitence* en y faisant une allusion très-sensible aux doctrines supposées excessives de Port-Royal, de M. Arnauld et de ses amis, la princesse, qui

---

(1) Pour tous les détails essentiels et les différents temps de la conversion du prince et de la princesse de Conti, il faut lire la *Vie de M. Pavillon, évêque d'Aleth* (1738), tome I, pages 260-333 ; on y verra les retraites pénitentes que firent les deux illustres époux à Aleth, et plusieurs lettres de consultation spirituelle adressées par la princesse au pieux prélat.

assistait au sermon, exprima assez hautement sa plainte pour que le célèbre jésuite se crût obligé de lui venir donner satisfaction : elle l'écouta, mais ne lui cacha point qu'elle était peu édifiée de cette partie de son discours. Telle elle vécut et elle mourut. Ses fils, ces brillants et dissolus Conti, qui devaient répondre si étrangement à son vœu et aux espérances de leur éducation première, lui firent élever un monument dans l'église Saint-André-des-Arcs avec cette épitaphe où il n'y avait que la vérité :

« A la gloire de Dieu, et à l'éternelle mémoire d'Anne-Marie Martinozzi, princesse de Conti, qui, détrompée du monde dès l'âge de dix-neuf ans, vendit toutes ses pierreries pour nourrir, durant la famine de 1662, les pauvres de Berri, de Champagne et de Picardie ; pratiqua toutes les austérités que sa santé put souffrir ; demeura veuve à l'âge de vingt-neuf ans, consacra le reste de sa vie à élever en princes chrétiens les princes ses enfants, et à maintenir les lois temporelles et ecclésiastiques dans ses terres ; se réduisit à une dépense très-modeste, restitua tous les biens dont l'acquisition lui était suspecte jusqu'à la somme de huit cent mille livres ; distribua toute son épargne aux pauvres dans ses terres et dans toutes les parties du monde, et passa soudainement à l'Éternité, après seize ans de persévérance, le 4 février 1672, âgée de trente-cinq ans. »

Voilà certes une nièce de Mazarin qui, dans son cadre noir, ne ressemble à pas une de ses fameuses cousines, et qui ne saurait en être trop distinguée. Qu'on veuille penser à tout ce qu'il y avait de réfléchi et de profond, d'éclairé au sens chrétien, dans cette piété qui sentait le besoin d'expier et de payer pour les autres, — pour son époux, le prince de Conti, fauteur de guerres civiles et artisan de désastres dans tant de villages et de chaumières, — pour son oncle le cardinal, acquéreur avide et si peu scrupuleux de richesses innombrables. De quelque côté qu'on l'envisage, on se trouve là en présence d'une inspiration des plus rares, d'un admirable esprit de sacrifice, et qui imprime un souverain respect.

Cela dit, et ne pouvant rien ajouter d'ailleurs à tout ce que rassemble de vif et de varié le volume de M. Renée, je n'ai trouvé qu'une manière de m'acquitter envers l'auteur : c'est de me rejeter sur un coin qu'il n'a pas dû développer, sur le dernier des petits-neveux de Mazarin, l'ambassadeur et académicien duc de Nivernais, en qui s'était adouci, sans trop s'affaiblir, le sang des Mancini.

Un seul mot encore auparavant. Le grand-père du duc de Nivernais était le propre neveu de Mazarin, ce duc de Nevers, trop connu par sa querelle avec Racine et Boileau; il s'est ainsi fait, de gaieté de cœur, une méchante affaire auprès de la postérité, et qui pèse encore sur son nom. Il valait mieux que cela; M. Renée a rassemblé bien des témoignages de son esprit et de sa grâce, et à ce propos je rappellerai, un peu à sa décharge, que cette grande querelle à l'occasion de *Phèdre* fut provoquée peut-être, et certainement aggravée, par le procédé de Racine lors de la première représentation. Il n'est pas du tout exact de dire, je le crois, que la duchesse de Bouillon ait d'emblée loué la salle pour faire tomber la pièce. Voici du moins la version très-authentique de mademoiselle Des Houlières, répondant là-dessus à une question que lui adressait Brossette. Celui-ci était, comme on sait, un grand curieux. Dans un voyage qu'il fit de Lyon à Paris en 1711, il fut conduit, le 4 juin, chez mademoiselle Des Houlières par un officier du duc d'Orléans, M. de Chatigny; il interrogea ingénument la respectable demoiselle sur les relations qu'avait eues sa mère avec Boileau, sur les causes de leur inimitié, devenue publique et notoire, si bien que le satirique avait logé *la Des Houlières,* comme il l'appelait tout crûment, dans sa *Satire des Femmes.* Brossette, en rentrant chez lui, mit par écrit la conversation qn'il venait d'avoir. Je donnerai ici tout ce passage tiré de ses manuscrits, et dont je ne vois pas qu'on ait fait jusqu'ici d'usage.

« J'ai demandé à mademoiselle Des Houlières, nous dit Brossette, quelle était la cause de cette petite animosité qui était entre madame sa mère et M. Despréaux.

« M. Racine en était la cause, m'a-t-elle dit; car pour M. Despréaux, il n'y était pas intéressé personnellement. Dans le temps que M. Racine faisait des tragédies, Pradon en faisait aussi. Quoique M. Racine fût bien au-dessus de Pradon, il ne laissait pas de le regarder comme une espèce de concurrent, surtout quand il sut que Pradon composait en même temps que lui la tragédie de *Phèdre* par émulation, et qu'il avait doublé celle de M. Racine sur le récit que Pradon en avait ouï faire. D'ailleurs Pradon avait fait une Critique des Poésies de M. Despréaux. Voyez par combien de titres Pradon avait mérité l'animosité de ces messieurs.

« Pradon venait souvent chez ma mère, pour laquelle il avait beaucoup de considération, et au goût de qui il avait assez de confiance pour la venir consulter sur les ouvrages qu'il faisait.

« La *Phèdre* de M. Racine et celle de M. Pradon furent prêtes à être jouées en même temps. Celle de M. Racine fut promise et annoncée pour le premier jour de l'année 1677; celle de Pradon fut jouée quelques jours après à l'hôtel de Guénégaud.

« Ma mère voulut voir la première représentation de la *Phèdre* de Racine : elle envoya retenir une loge, quelques jours d'avance, à l'hôtel de Bourgogne; mais Champmeslé (le mari de la célèbre actrice), qui avait soin des loges, fit toujours dire aux gens qui venaient de la part de madame Des Houlières, qu'il n'y avait pas de places et que toutes les loges étaient retenues. Ma mère sentit l'affectation de ce refus et en fut piquée : « J'irai pourtant, en dépit d'eux, dit-elle, et je verrai la première représentation. » Quand l'heure de la comédie fut venue, elle se mit en négligé avec une de ses amies qui prit des billets. Elle se cacha tout de son mieux sous une grande coiffe de taffetas, et au lieu d'entrer par la porte du théâtre, comme elle avait accoutumé de faire, elle entra par la porte des loges et s'alla placer au fond des secondes loges, car toutes les autres étaient remplies.

« Elle vit la pièce, qui fut jouée en perfection. Elle revint souper chez elle au logis avec cinq ou six personnes, du nombre desquelles était Pradon. On ne parla d'autre chose pendant tout le souper : chacun dit son sentiment sur la tragédie, et on se trouva plus disposé à la critique qu'à la louange. Ce fut pendant ce même souper que ma mère fit ce fameux sonnet :

> Dans un fauteuil doré, Phèdre tremblante et blême
> Dit des vers où d'abord personne n'entend rien, etc.

« Ce sonnet fut retenu et même écrit par quelques-uns des convives qui en donnèrent des copies dès le lendemain matin. Ce même matin sur les onze heures, l'abbé Tallemant (que l'on appelait le Père Tallemant pour le distinguer d'un autre abbé Tallemant son neveu, tous deux de l'Académie française), l'abbé Tallemant vint donc sur les onze heures du matin, et d'un air fort empressé apporta à ma mère une copie de ce sonnet qu'il avait copié lui-même pour elle. Ma mère prit ce sonnet comme une chose nouvelle, et fut la première à le montrer comme le tenant de l'abbé Tallemant.

« Le même jour ce sonnet se répandit dans tout Paris et passa dans les mains de M. Despréaux et de M. Racine. Toute la peine fut de découvrir qui en était l'auteur.

« Après une infinité de conjectures que ces messieurs hasardèrent, leur soupçon s'arrêta principalement sur M. le duc de Nevers, qu'ils avaient vu à la représentation; car pour Pradon, franchement ils ne lui firent pas l'honneur de le croire capable d'une critique si maligne et si ingénieuse.

« Ils s'arrêtèrent donc à M. le duc de Nevers; et dès le même jour ou le lendemain, M. Racine et M. Despréaux, avec le chevalier de Nantouillet, tournèrent ce sonnet contre M. de Nevers sur les mêmes rimes.

« Cette réplique fit un bruit terrible à la Cour, et chacun prit parti pour ou contre. La cabale de madame de Bouillon et du duc de Nevers, laquelle favorisait Pradon contre M. Racine, fit de grandes clameurs. « Quoi? disaient-ils : le premier sonnet, *de qui qu'il puisse*
« *être*, n'attaque que la pièce de Racine; et Racine, dans le sonnet
« doublé, s'en prend au duc de Nevers lui-même, qui n'y a aucune
« part! »

« Le duc de Nevers était plus curieux que les autres de savoir qui était l'auteur du sonnet qu'on lui attribuait. Pradon, qui l'avait vu faire, eut pourtant assez de force et de discrétion pour ne pas nommer madame Des Houlières; et l'on a été dix ou douze ans sans savoir que ce fût elle qui l'avait composé. Pradon lui-même, que l'on en soupçonnait aussi, n'était peut-être pas fâché d'un soupçon qui lui faisait honneur. Quoi qu'il en soit, il ne dit point ce qu'il savait là-dessus.

« M. Racine, ayant eu occasion de s'expliquer avec M. de Nevers, lui désavoua d'avoir fait la réplique, comme ce duc jurait qu'il n'avait aucune part au premier sonnet; et M. Racine, voulant entièrement se disculper, sans décharger Pradon, dit au duc « qu'apparemment celui qui avait fait le premier sonnet, avait aussi fait le second. » Mais cette défaite ne fit point revenir le duc de Nevers. »

Le récit qu'on vient de lire et qui ne laisse rien à désirer, ce me semble, pour la précision et l'exactitude, nous permet aujourd'hui de faire à chacun sa part. Les torts du duc de Nevers, qui furent très-réels et impardonnables en raison de certaines menaces, eurent une espèce d'excuse pourtant et de motif par le tort premier de Racine, qui imputa à ce duc un sonnet qu'il n'avait point fait, et qui s'en vengea par un autre sonnet personnellement injurieux au duc et à sa sœur Hortense. On entrevoit de plus la vérité sur la première représentation de *Phèdre*. Racine, sentant qu'il avait des ennemis, ne fit pas autrement que de grands auteurs ne l'ont fait de nos jours : il prit bonne partie de la salle pour la première représentation, faisant refuser des places aux *suspects* envers qui il osait se le permettre. Madame Des Houlières elle-même n'entra que par contrebande. Qu'on se mette à la place d'une femme auteur, à qui on refuse une place à pareil jour! Son irritation, à elle aussi, a son excuse. Quant à la duchesse de Bouillon, ce fut sans doute pour prendre sa revanche du sonnet qu'elle loua la salle aux représentations suivantes. On sait le reste; la guerre était déclarée.

J'arrive maintenant à mon personnage, qui est digne de quelque chose de mieux qu'un bref éloge et un vague souvenir.

LE DUC DE NIVERNAIS.

Le duc de Nivernais a déjà eu deux biographes à qui j'emprunterai beaucoup : l'un, François de Neufchâteau, qui lut l'Éloge de cet ancien confrère à une séance publique de l'Institut, le 26 août 1807, et l'autre, M. Dupin, qui prononça son Éloge aussi, dans une séance de l'Académie du 21 janvier 1840. Ce double hommage était bien dû au duc de Nivernais, qui, membre de l'Académie française depuis 1743, avait fait partie durant cinquante ans de l'illustre compagnie, en était devenu le doyen, l'avait présidée plus souvent qu'aucun autre dans des occasions brillantes, en avait vu la ruine, et était mort avant l'entière réparation.

Petit-fils de ce duc de Nevers dont j'ai parlé, et qui, au milieu de toutes sortes de rimes à l'aventure, a fait un bien joli vers, daté de Rome :

Sans un peu de Coulange on mourrait en ces lieux,

il était fils d'un autre duc de Nevers, qui fut longtemps sans avoir le droit de s'appeler de ce nom ; car, dans leur insouciance épicurienne, ces distraits et excentriques seigneurs avaient omis, en temps utile, de faire enregistrer leur titre au Parlement ; ils n'aimaient ni la guerre ni la Cour, et ne suivaient que leur caprice, la paresse et le plaisir. Le duc de Nivernais hérita de leur goutte, de leur esprit, mais non de leur insouciance ; il répara les négligences de sa maison et se naturalisa sur tous les points. Ils étaient restés plus Italiens que Français : il fut, lui, un Français des plus accomplis, ayant bien le cachet de son temps. Ce dernier rejeton de la maison Mancini naquit à Paris, le 16 décembre 1716 ; très-délicat, très-frêle de constitution, il sut, malgré des excès de jeunesse qui l'exténuèrent encore, mener son fil très-délié jusqu'à l'âge de quatre-vingt-deux ans, et mourut sur la fin du Directoire.

Il se voua d'abord à la carrière des armes ; il débuta en Italie, en 1734, sous Villars. Il fit les campagnes de Bohême, en 1742, et de Bavière, en 1743 ; mais déjà sa santé ruinée par les fièvres ne lui permettait plus d'encourir de nouvelles fatigues, et il dut renoncer pour toujours au service militaire. Il fit, en 1744, des adieux en vers au régiment dont il était colonel. Pendant son absence, et tandis qu'il était encore sous les drapeaux, l'Académie française l'avait nommé à l'âge de vingt-sept ans pour remplacer le grand orateur Massillon. Il fut reçu le 4 février 1743, le même jour que Marivaux.

Qu'avait fait à cet âge M. de Nivernais pour être choisi par l'Académie française avec cette sorte de concert et d'acclamation? Il était beau-frère de M. de Maurepas, alors ministre; il avait épousé une Pontchartrain; il faisait pour elle de jolis vers de mari et d'amateur, et la célébrait dans des Élégies, sous le nom de *Délie*. Il était assez piquant, au dix-huitième siècle, d'être l'amant de sa femme; Nivernais le fut, du moins en vers, et quelque temps; car, peu d'années après, on le trouve dans la société sur le pied bien établi d'*ami* de madame de Rochefort, qu'il épousa même plus tard, après la mort de sa *Délie*. Ajoutons que la comtesse de Rochefort, née Brancas, avait été pendant quarante ans l'amie la plus intime de la duchesse de Nivernais.

J'en reviens aux titres académiques du jeune duc. Il n'avait rien publié alors, mais on savait (et l'archevêque de Sens, qui le recevait, le lui dit) qu'il avait composé certaines *Réflexions sur Horace*, où il le comparait avec Despréaux et Jean-Baptiste Rousseau. On savait aussi qu'il cultivait l'Élégie de société; l'archevêque, qui l'avait entendu réciter quelques-uns de ses vers, fit encore à sa modestie la *trahison* d'indiquer ce nouveau titre littéraire. Il ajoutait d'ailleurs, dans un sentiment très-judicieux :

« L'Académie, en vous adoptant si jeune, non-seulement s'assure une plus longue jouissance de vos talents, mais elle donne en votre personne un exemple propre à réveiller dans notre jeune noblesse le goût des belles-lettres, qui semble s'y éteindre peu à peu ; c'est ce qui nous fait craindre pour l'avenir un temps où la noblesse ne se distinguera plus du commun des hommes que par une férocité martiale. »

Le duc de Nivernais était, en effet, plus propre que

personne à servir d'exemple; à une époque où l'on se piquait avant tout d'être, non pas féroce, mais ce qu'on appelait un homme *aimable* et même un petit-maître, et en l'étant lui-même, il n'avait rien négligé de ce qui orne intérieurement l'esprit, il se préparait à devenir insensiblement raisonnable; il savait toutes les langues vivantes, il lisait les auteurs étrangers et en tirait des imitations faciles; il ne songeait qu'à embellir, à égayer honorablement une grande et magnifique existence, et, sans le savoir, il ménageait à son âme des consolations imprévues pour son extrême vieillesse, dans la plus violente crise sociale qui ait assailli les hommes civilisés. L'honneur du duc de Nivernais, son originalité mémorable sera dans cette fin, dans la manière unique et douce dont il supporta la ruine, la prison et le complet dépouillement. Cet homme, qu'on ne croyait qu'aimable, et auquel on imputait volontiers un vernis de frivolité, se trouva, quand il ne fut plus que le *citoyen Mancini*, un modèle aisé de courage, de philosophie tranquille et sereine, et sans jamais rien perdre de son aménité.

Je ne prétends pas le surfaire; je ne le ferai pas plus accompli de tout point qu'il ne l'était. Je n'ai pas oublié que madame Geoffrin, dans son bon sens bourgeois aiguisé de malice, disait de lui : « Il est *manqué* de partout, *guerrier manqué, ambassadeur manqué, homme d'affaires manqué, et auteur manqué.* » — « Non, reprenait Horace Walpole qui cite le mot, il n'est pas *homme de naissance* manqué. » — « Non, dirai-je à mon tour plus fermement encore après cette épreuve où on le verra en 93, il n'est pas un *homme comme il faut* manqué, puisqu'il sut rester tel, si convenable, si décent, si souriant, et prêt à devenir laborieux dans la mesure de ses forces, à demander à sa plume une ressource honnête, à l'heure de l'adversité extrême. »

Nivernais, en son beau moment et avant que le siècle tournât décidément au sérieux, avait ses admirateurs et son école mondaine. Bernis, à ses débuts, ne se proposait pas d'autre idéal, et lorsqu'il fit ses premiers pas dans la carrière de la poésie comme dans celle de l'ambition, c'est auprès du duc de Nivernais, et dans son cercle élégant et poli, qu'il mettait du prix à recueillir des suffrages. Lord Chesterfield écrivait, en janvier 1750, à son fils, qu'il voulait former au parfait bon ton, et dont l'étoffe était si rebelle :

« Lorsque vous voyez qu'un homme est universellement reconnu pour agréable, bien élevé, aimable, en un mot pour un *parfait gentilhomme*, tel, par exemple, que le duc de Nivernais, examinez-le, suivez-le avec soin, remarquez de quel air il s'adresse à ses supérieurs, sur quel ton il est avec ses égaux et comment il traite ses inférieurs. Voyez le tour de sa conversation dans les diverses occasions, soit aux visites du matin, soit à table, ou enfin aux amusements du soir. Imitez-le sans le contrefaire, et soyez son ombre sans être son singe. Vous trouverez qu'il a grand soin de ne rien dire et de ne rien faire qui puisse être imputé à mépris ou à négligence, ni qui puisse le moins du monde atteindre la vanité ou l'amour-propre des autres : loin de là, vous apercevrez qu'il rend les gens contents de lui, faisant en sorte que chacun soit content de soi-même ; il a du respect, des égards, de l'estime et de l'attention, précisément là où chacune de ces choses est de mise ; il les sème avec soin, et il en recueille des fruits à foison. »

Le duc de Nivernais, s'il suivit et donna la mode en son temps, échappa du moins à l'un des plus grands travers d'alors : il évita la méchanceté, je veux dire la prétention à être méchant, le persiflage, ce vice dans lequel donnèrent Stainville et Maurepas; lui, il fut bienveillant toujours, sincèrement bienveillant, et eut l'art de maintenir son amabilité sans malice et sans fadeur. Ceux même qui rompirent avec lui, ce chevalier d'Éon, par exemple, qui fut ingrat (ou ingrate) à son égard, ne trouvaient rien à lui reprocher « qu'une *coquetterie d'esprit* qui voulait plaire à tout le monde. »

Les ambassades du duc de Nivernais sont la partie principale de sa carrière publique; obligé de renoncer au militaire, il se tourna de cet autre côté. Il ne s'y lança pas en simple amateur, il s'y appliqua. On a quelques études qu'il fit sur les anciens négociateurs, Loménie, Jeannin. Dans les quatre *Dialogues des Morts* qu'il a écrits, il en est un entre *Périclès* et *Mazarin*, où il leur fait dire des choses très à remarquer sur celui-ci, très-neuves alors, et qui prouveraient beaucoup de sagacité historique si l'esprit de famille n'avait en ceci aidé à l'impartialité. Il y a même plus ou moins que de l'impartialité, car si l'auteur voit juste et finement sur bien des points de la conduite de Mazarin, il se trompe en voulant retirer à Richelieu ce qu'il accorde à son cher grand-oncle.

On rencontre le duc de Nivernais dans trois ambassades ou négociations, à Rome (1740-1752), à Berlin (1756), à Londres (1762-1763). Il a été publié de ses lettres ou dépêches durant ces années un assez grand nombre pour qu'on puisse se faire une idée nette du caractère et des qualités qu'il y montra. A Rome, où il succéda au cardinal de La Rochefoucauld, il n'eut point de bien grandes affaires à traiter, mais il y acquit de la considération par son esprit de sagesse et sa représentation grandiose. Il s'y trouvait lorsqu'on apprit brusquement la disgrâce de son beau-frère Maurepas (avril 1749). Il a très-bien défini dans une lettre à M. de Puysieux (du 6 août) le genre de conduite et de procédé qui était fait pour réussir et imposer en Cour romaine; il parle d'un agent français qui, bien qu'à Rome depuis quinze ans et se proposant d'y passer sa vie, est resté très-anti-Romain de cœur, d'esprit et de discours :

« On l'accuse d'ardeur et de hauteur dans les affaires, et j'ignore si ces accusations sont fondées. L'ardeur serait un grand inconvénient dans cette Cour-ci, dont le système me paraît être d'attendre et voir venir, et même de tendre des panneaux pour se mettre en avantage le plus qu'ils peuvent. Quant à la hauteur, je ne sais si ce ne serait pas plutôt un bien qu'un mal, et je croirais que ce serait une bonne attention à faire dans le choix des ministres que le roi enverra ici. Il est prouvé par l'expérience que ces gens-ci ne font rien par reconnaissance et par inclination, et il est même peut-être vrai de dire qu'ils ne le doivent pas; car, leur intérêt étant de faire le moins qu'ils peuvent, puisqu'ils ne font rien qu'à leur détriment, leur système doit être de ne faire jamais que le plus pressé : or, ce qui presse le plus, c'est la crainte; et en effet, c'est là le vrai mobile de tous les ressorts de cette Cour-ci : or la hauteur, quand elle n'est pas trop excessive, inspire une espèce de crainte, au lieu que trop de politesse et d'égards courent risque d'être pris ici pour de la timidité et de la faiblesse. »

« — Soyez certain, dit-il encore à propos de quelques manéges qu'il voit se pratiquer autour de lui, que cela ne me fera pas prendre un moment d'humeur; mais je vous avoue que je voudrais que mon caractère pût se prêter à un peu de hauteur, qui, quand elle sera jointe avec de la sagesse et de la raison, fera toujours, je crois, un bon effet ici; je sens que cette qualité me manque, mais je ne chercherai pourtant pas à affecter de l'avoir, parce que, ne l'ayant pas intérieurement, il serait impossible que je l'affectasse si bien que le naturel ne me trahît souvent; et je pense, pour cette raison, qu'il ne faut jamais se proposer un système de conduite qui ne s'accorde pas avec le caractère qu'on a; car, celui-ci venant à démentir le système comme il arrive toujours en ce cas, la conduite d'un homme ne paraît plus qu'une bigarrure tissu d'inégalités, ce qui est, je crois, fort préjudiciable à la réputation, et par conséquent aux affaires. »

Tout cela est d'un bon esprit qui sent sa portée et ses limites, d'un acteur politique qui connaît son terrain et ses moyens. Pendant son séjour à Rome, le duc de Nivernais fut en correspondance avec Montesquieu au sujet de l'*Esprit des Lois*, qui avait été déféré à la Congrégation de l'Index. Il intervint utilement, et de la seule manière dont il le pouvait, en tâchant de faire prolonger indéfiniment les procédures : « Car il ne faut pas se flatter, écrivait-il, de terminer cette affaire autrement que par insensible transpiration, et en la traînant si longtemps que cela la fasse oublier, ce qui n'est pas même fort aisé; car quand une fois un livre est dénoncé ici, vous ne sauriez croire avec quelle ardeur quatre zélés et quatre mille hypocrites le poursuivent. » Il réussit pourtant à rendre à son illustre confrère ce bon office auquel se prêta la partie sage de la Cour romaine. — Le duc de Nivernais avait auprès de lui, dans son ambassade de Rome, un homme d'esprit et de talent, *La Bruère*, auteur d'opéras et capable de mieux, et qui, s'il avait vécu, aurait appris au public à distinguer son nom de celui de son presque homonyme.

A Berlin, lorsqu'il y fut envoyé en 1756 à la veille de la guerre de Sept-Ans, le duc de Nivernais ne fut point heureux. Il ne faut pas prendre au pied de la lettre le pamphlet de Voltaire qui dit : « L'ambassade d'un duc et pair et d'un poëte semblait devoir flatter la vanité et le goût de Frédéric ; il se moqua du roi de France, et signa son traité avec l'Angleterre le jour même que l'ambassadeur arriva à Berlin ; joua très-poliment le duc et pair, et fit une épigramme contre le poëte. » Frédéric était moins leste et persifleur que ne le fait ici Voltaire. Dans une lettre intime à sa sœur la margrave de Baireuth, du 21 février 1756, il dit en parlant des négociations *très-délicates et épineuses* où il était plongé en ce moment : « Le duc de Nivernais vient aujourd'hui ici ; si je pouvais jouir de l'homme aimable, j'en serais charmé ; mais jusqu'à présent je n'ai vu que l'ambassadeur. » L'ambassadeur ne réussit pas, mais tout autre n'eût guère mieux réussi en cette conjoncture. Le duc de Nivernais passa quelques mois à voir tous les jours Frédéric et à l'entretenir sur les objets les plus intéressants, à étudier son caractère : car, pensait-il avec raison, dans les monarchies mixtes et non purement absolues, là où l'organisation de certains conseils est régulière et où l'État se conduit par les vrais principes, « on peut saisir les motifs déterminants de la conduite, par la combinaison des circonstances avec l'intérêt de l'État :

ainsi, les puissances voisines d'une telle monarchie ont des moyens de direction solides pour traiter avec elle; mais, dans les pays où le souverain n'a d'autre conseil que lui-même, où ses perceptions non comparées à d'autres perceptions sont la seule occasion et la seule règle des mouvements de l'État, le caractère du prince est le gouvernail de l'État : la politique, l'intérêt fondamental ne sont que ce que l'intuition du prince veut qu'ils soient; et les puissances voisines d'une telle monarchie ne peuvent traiter avec elle que d'après la connaissance des mouvements intérieurs du monarque, qui seuls impriment le mouvement à toute la machine. C'est, concluait-il, ce qui rend intéressant et nécessaire de connaître le caractère du roi de Prusse, qui est à lui-même son ministre, son général, son conseil; qui délibère, qui détermine sans consulter personne, et même sans communiquer à personne. »

On a donc un Portrait du roi tel que Nivernais l'a connu alors, Portrait qui est judicieux, sensé, et d'une circonspection qui ne nuit point à la ressemblance (1).

(1) J'ai eu, depuis que ceci est écrit, le plaisir de trouver l'opinion que Frédéric avait du duc de Nivernais, exprimée aussi nettement qu'on peut le désirer. — Dans une lettre de Frédéric à Maupertuis du 12 mars 1756, on lit : « J'ai ici le duc de Nivernais qui me paraît d'un caractère bien estimable; avec beaucoup d'esprit et de connaissances, il est sans prétentions. La simplicité de ses mœurs annonce la candeur de son âme. Je suis bien malheureux qu'il ne soit pas né à Berlin, je vous assure bien que je ne l'enverrais à aucune ambassade, et qu'il ne sortirait de chez moi. » — Dans une lettre du 20 mars : « Ne me parlez plus du duc de Nivernais, je dirai de lui ce qu'on disait à Rome à la mort de Marcellus : *Les Dieux n'ont fait que le montrer à la terre*. Ce n'était pas la peine de faire sa connaissance pour le perdre pour toujours. » — Et le 8 avril : « Le duc de Nivernais est parti d'ici, comme vous le saurez. Je suis bien fâché de ne l'avoir pas pu posséder plus longtemps; je lui ai escamoté deux soupers, dans lesquels il a été aussi aimable que l'homme du plus d'esprit qui soupe toute sa vie. » — Je crois pourtant devoir avertir que les lettres de Frédéric à Maupertuis, telles qu'on les a

Après son retour, et dans un remaniement de ministère (fin de 1757), Bernis essaya inutilement de faire entrer au Conseil le duc de Nivernais : « La connaissance qu'on avait de ses talents, écrivait Duclos, ne put triompher de la répugnance que madame de Pompadour a toujours eue pour ceux qui sont liés de sang ou d'amitié avec le comte de Maurepas, et le duc de Nivernais avait ce double titre de réprobation. »

S'il n'avait pu prévenir à Berlin l'explosion de la guerre de Sept-Ans, le duc de Nivernais fut plus heureux à Londres pour mettre un terme aux conséquences de cette guerre si désastreuse pour la France. Il y fut envoyé en septembre 1762, en qualité de ministre plénipotentiaire. Il n'y rencontra point le même genre de difficulté qu'en Prusse, où l'on n'avait à traiter qu'avec une seule tête, ferme, compliquée et peu pénétrable ; mais la difficulté, pour être inverse, n'était pas moindre : il fallait traiter avec plusieurs, et, peu s'en faut, avec tous. Avoir le roi pour soi et même quelques-uns de ses ministres n'était qu'une partie du succès, si le public était contre. Dès son arrivée, et en mettant le pied sur le sol anglais, le duc de Nivernais put s'apercevoir combien la paix y était peu populaire : un aubergiste de Cantorbéry, pour une nuit que l'ambassadeur avait passée, lui septième, à son auberge, le rançonna en lui demandant quarante-trois guinées. Il est vrai qu'à la nouvelle de cette avanie dont l'aubergiste n'avait pas manqué de faire trophée, la noblesse de Londres et de la contrée s'indigna et résolut de faire un exemple : on s'entendit pour ne plus descendre chez l'aubergiste exacteur, qui fut ruiné et qui n'eut de recours, dans la suite, qu'en la bienfaisance et la générosité du duc de Nivernais. Mais ce procédé de

---

publiées, sont fort sujettes à caution, et qu'une nouvelle édition est nécessaire pour établir l'authenticité du texte.

la noblesse qui faisait une sorte de réparation de gentilshommes à gentilhomme, les égards particuliers que toutes les personnes de distinction témoignaient à l'ambassadeur, n'empêchaient pas le public et les meneurs influents de demeurer très-peu favorables à l'idée de paix. Une des premières lettres du duc de Nivernais au comte de Choiseul (bientôt duc de Praslin), chargé des Affaires étrangères, est pour lui présenter une description fidèle de l'état des partis et de l'opinion (24 septembre 1762) :

« Comme, par la Constitution de ce pays-ci, l'état respectif des partis est la seule boussole qui puisse nous guider dans la négociation présente quant au fond et quant à la forme, je vais, dans cette lettre, avoir l'honneur de vous transmettre toutes les connaissances locales, que j'ai prises avec autant de soin que de diligence, des intérêts, des vues, des forces desdits partis; et j'ose me persuader que ce détail pourra vous servir utilement pour apprécier au juste les discours du plénipotentiaire anglais (à Versailles), qui doivent, si je ne me trompe pas, servir de preuve à mes observations, comme mes observations leur serviront de clef et d'éclaircissement. Le temps est si précieux, que j'ai cru ne pouvoir pas me trop hâter dans ce travail; mais la crise violente et l'excès de fermentation qu'il y a ici m'ont heureusement fourni des moyens de prompte instruction, qui, dans un temps plus tranquille, auraient demandé de plus longues recherches. »

Suit une description claire et détaillée, à commencer par le *parti du roi*, qui n'est guère composé, dans sa totalité, que du roi lui-même et de son ministre très-impopulaire, lord Bute, auxquels encore on peut joindre le duc de Bedfort, plénipotentiaire à Paris. Eux seuls peut-être veulent réellement la paix; le reste du ministère la veut aussi, mais faiblement. Le parti opposé au ministère doit se décomposer en plusieurs fractions, comme toute coalition parlementaire. Tous crient contre la paix, mais sans la haïr également :

« A la tête du parti qui crie contre la paix et qui veut la guerre, est M. Pitt, qu'il faut toujours regarder comme l'idole du peuple et d'une partie du Parlement. A la tête du parti qui n'aime pas la guerre, et qui travaille pourtant contre la paix, est le duc de Newcastle, qui passe pour regretter sa place, et qui n'y peut revenir que par le bouleversement du ministère. Il y a un troisième parti qui tient des deux autres, et qui a pour chef M. le duc de Cumberland : ce prince est mécontent et souhaite la guerre, mais il n'entre pas dans toutes les manœuvres violentes du parti de M. Pitt, et pour la conduite il se rapproche du parti du duc de Newcastle. Enfin, il y a le parti prussien qui sert tous les autres, en ce qu'il intrigue vivement contre le ministère, et qui se sert de tous les autres, en ce que les intérêts du roi de Prusse sont également et hautement protégés par eux. »

Ce n'est là qu'un premier aperçu, et l'ambassadeur poursuit dans cette lettre même une analyse, qu'il a dû reprendre encore et approfondir bien des fois dans les dépêches qui ne sont pas publiées.

Un homme d'esprit, qui est redevenu de mode, Stendhal, dans une page de son *Histoire de la Peinture*, a écrit :

« Le pays du monde où l'on connaît le moins les Grecs, c'est la France, et cela, grâce à l'ouvrage de l'abbé Barthélemy : ce prêtre de cour a fort bien su tout ce qui se faisait en Grèce, mais n'a jamais connu les Grecs. C'est ainsi qu'un *petit-maître* de l'ancien régime se transportait à Londres à grand bruit pour connaître les Anglais : il considérait curieusement ce qui se faisait à la Chambre des Communes, ce qui se faisait à la Chambre des Pairs ; il aurait pu donner l'heure précise de chaque séance, le nom de la taverne fréquentée par les membres influents, le ton de voix dont on portait les *toast* : mais sur tout cela il n'avait que des remarques puériles. Comprendre quelque chose au jeu de la machine, avoir la moindre idée de la Constitution anglaise, impossible ! »

Et il a ajouté en note :

« Voir la Correspondance du duc de Nivernais, qui, à la Cour, passait pour trop savant, 1763. »

Je ne sais ce qu'a voulu nous dire Stendhal par cette note ; s'il a prétendu dire que le duc de Nivernais était un de ces *petits-maîtres* et qu'il n'a rien compris au jeu de la machine anglaise, il s'est trompé, et cette Correspondance même qu'il atteste, et qui n'est qu'une faible partie des dépêches dont cependant elle peut donner l'idée, en est la meilleure preuve.

Le mauvais vouloir de la nation anglaise et des partis, les lenteurs et les prétentions de l'Espagne comprise dans le traité, la nouvelle de succès obtenus par les armes anglaises, la prise de la Havane, qui intervint dans le cours même de la négociation, la médiocre sincérité de quelques-uns des ministres anglais qui concouraient à la confection du traité et leur crainte de se compromettre, retardèrent de quelques semaines la signature qu'il aurait fallu enlever de prime abord. Le duc de Nivernais ne cessait de presser son ministre de se hâter à Versailles, sentant bien que chaque retard augmentait les espérances de l'Opposition et les chances pour elle de renverser lord Bute : « Si vous voulez la paix, signez avant l'ouverture du Parlement, *quoquo modo*... En vérité, c'est un enfer que de négocier ici dans le moment présent. Vous ne sauriez avoir l'idée du fanatisme d'orgueil et d'insatiabilité qui règne dans cette nation-ci. » Pour lui, il se multipliait et faisait en toute conscience son métier de négociateur auprès d'une puissance aussi parlementaire, dans une crise de violente fermentation : sa frêle machine n'y suffisait pas ; il était littéralement sur les dents :

« Mon cher ami, écrivait-il au comte de Choiseul (9 octobre), je ne vous dirai rien ici de plus, sinon que je suis tout à fait borgne. Je finis ma dixième heure de travail depuis hier au soir, et je suis excédé de toutes les peines de corps qu'il m'a fallu me donner depuis quelques jours. La négociation est trop fatigante ici pour moi : il faut négocier avec vingt personnes également accréditées ou également à craindre ; il faut courir après eux en toute sorte de lieux et à toute sorte d'heures ; il faut recevoir et combiner une immensité de rapports et de relations ; il faut passser quatre heures à table ; enfin, il faut tout ce que je n'ai pas. Quant au moral, j'y mets tout ce que j'ai... »

Le duc de Nivernais dut sentir à chaque instant que, pour être un grand ambitieux et un premier acteur sur le théâtre de ce monde, le zèle, l'esprit ne suffisent pas : il faut encore une machine, des organes, une trempe de tempérament. Une détestable santé est l'explication de bien des choses.

Enfin la paix se signa moyennant bien des sacrifices de notre part, douloureux, mais nécessaires. A Londres, on estimait ou l'on faisait semblant de croire, par orgueil et insolence, que c'était une grande preuve d'habileté au ministère français d'avoir su obtenir une telle paix. On n'osait pas dire en face au duc de Nivernais : « Vous êtes trop heureux que nous ayons un ministère si inhabile; » on lui disait du moins : « Vous êtes en ce moment plus habiles que nous. » Il touche et fait sentir cela avec beaucoup de tact et de bonne grâce dans un passage d'une de ses lettres, le dernier que nous citerons (toujours au comte de Choiseul) :

« Je dois vous dire, entre nous, que cette paix, qu'on critique peut-être à Paris, passe ici pour un chef-d'œuvre d'habileté de notre part. Vous pouvez compter que votre cousin (le duc de Choiseul) et vous, vous passez à Londres pour les deux plus grands ministres qu'il y ait jamais eu, et il ne s'en faut guère qu'on ne me joigne à vous deux. Ce qu'il y a de plaisant, c'est que je me tue à disputer contre cette idée, en établissant que nous avons fait une paix bien aisée et immanquable à faire, dès que le roi, notre maître, voulait bien se porter de bonne foi et sans retour à des sacrifices tels que ceux que l'Angleterre a obtenus de nous. Je ne persuade personne, mais j'espère que je serai plus heureux cet été aux Tuileries quand j'irai lire la *Gazette* avec les opposants. »

Si l'on publie un jour les dépêches du duc de Nivernais durant cette mission laborieuse et délicate, je ne doute pas qu'elles ne fassent beaucoup d'honneur et à son bon esprit et à son patriotisme. Il y apporta mieux que le zèle et l'adresse de l'homme de Cour, il y mit (pour me servir d'un mot qu'il employait déjà volontiers) la chaleur d'un *citoyen*.

Personnellement, il s'acquit, durant ces quelques mois de séjour à Londres, une très-grande considération, et cette considération ne diminua pas lorsqu'il eut des successeurs. On se confirma dans l'idée que la France avait envoyé du premier coup *ce qu'elle avait de mieux*. C'est l'opinion d'Horace Walpole, bon juge, et qui venait, de temps en temps, renouveler ses termes de comparaison en France.

Il faut toutefois ne rien exagérer et continuer de voir le duc de Nivernais dans son juste cadre. Horace Walpole va nous l'y montrer. Dans l'été qui suivit la conclusion de la paix, quelques personnes du beau monde français voulurent voir l'Angleterre; la comtesse de Boufflers fut des premières à y aller. Duclos en fut aussi. Horace Walpole les reçut à sa résidence de Strawberry-Hill, et y donna à madame de Boufflers des fêtes charmantes, d'un pittoresque savant et merveilleux. On en a le récit. Les matinées avec promenades en calèche, cavaliers et piqueurs alentour, pouvaient ressembler à un tableau de Wouvermans ; mais les après-midi sont de vraies journées de Watteau. Dîner au son du cor et du hautbois; promenade au Belvédère, avec un arc-en-ciel qui paraît juste comme à point nommé pour décorer le fond du paysage; collation rurale dans le bois, à l'entrée de la grotte. En tout, le duc de Nivernais y fait bien son rôle; il traduit des compliments en vers de Walpole à l'adresse de madame de Boufflers, de madame d'Usson (une belle Hollandaise) (1); il improvise des vers à miss Pelham dans le Belvédère; le

---

(1) Je dois être tout à fait exact. Le jour particulier que j'ai eu en vue (18 mai 1763), madame de Boufflers, fatiguée d'une partie de campagne qu'elle avait faite la veille, ne put revenir pour cette nouvelle fête, et madame d'Usson seule y était.

soir, au concert, il fait sa partie de violon; il danse malgré ses rides, et à Horace Walpole, qui a une ride de moins, il donne la hardiesse de l'imiter. Et tout cela n'empêche pas que ce diable d'hôte, si Anglais et Anglo-Saxon au fond de l'âme, ne trouve que ces Français ne méritent pas la réputation de vivacité qu'on leur accorde; il ne leur trouve point cette *vitalité* dont il a des exemples sans aller si loin : « Charles Townshend, dit-il, a en lui plus de *sel volatil* que toute leur nation. Leur roi (Louis XV) est la taciturnité même, Mirepoix est une momie ambulante, Nivernais a autant de vie à peu près qu'un enfant gâté malade... Si j'ai la goutte l'année prochaine, et qu'elle me mette tout à fait à bas encore une fois, j'irai à Paris pour être à leur niveau; quant à présent, je suis *trop fou* pour leur tenir compagnie. » Prenez ces paroles pour ce qu'elles sont, pour une boutade, mais retenons-en quelque chose.

Le mordant, le montant, la séve, de quel côté sont-ils? Dans Horace Walpole nous avons l'image de l'*amateur* anglais en son temps. Nivernais est un amateur aussi, qui représente bien à son heure cette belle société du dix-huitième siècle. Mais quelle différence d'accent et de ressort! De ce côté-ci, comme on sent l'excès de poli et, dessous, l'épuisement! — Messieurs de la Régence et des années qui ont suivi, nous en avons trop fait, et plus encore par genre et par *bel air* que par tempérament et par nature, et c'est ce qui tue; nous ne sommes plus gaillards et drus d'humeur, comme l'était, par exemple, un Vivonne aux belles années de Louis XIV. *Intemperans adolescentia effetum corpus tradit senectuti :* le duc de Nivernais m'a remis en mémoire cette moralité, et c'est l'histoire de presque toute sa génération.

Dans un voyage en France, quelques années après (1766), Horace Walpole retrouve le duc de Nivernais et son monde ; il se loue en toute occasion de sa serviabilité, de son obligeance ; mais il le peint au vif dans sa haute coterie. Il commence par parler de la comtesse de Rochefort, qu'il distingue des autres femmes, et particulièrement d'avec la comtesse de Boufflers : « Son intelligence est juste et délicate, avec une finesse d'esprit qui est le résultat de la réflexion. Ses manières sont douces et féminines, et, quoique *savante*, elle n'affiche aucunes prétentions. Elle est la *décente* amie de M. de Nivernais ; car en ce pays aucune intimité n'est permise que sous le voile de l'amitié. » Le duc a son mérite ; comme écrivain, il est *au sommet du médiocre*, et Horace Walpole cite à ce propos le mot de madame Geoffrin, qu'il corrige légèrement, puis il ajoute : « Il serait disposé à penser avec liberté, s'il n'avait l'ambition de devenir gouverneur du Dauphin (Louis XVI), et de plus il craint sa femme et sa fille qui sont des fagots d'Église. La première passe en jacasserie le duc de Newcastle, et la seconde, madame de Gisors, épuise une éloquence de Pitt à défendre l'archevêque de Paris. M. de Nivernais vit dans un petit cercle d'admirateurs à sa dévotion, et madame de Rochefort est la grande prêtresse ; elle a pour salaire un petit crédit. » Il n'est qu'un étranger, homme d'esprit, pour marquer ainsi nettement et mettre en relief les choses que, de près, quand on les veut exprimer, on efface dans une politesse trop uniforme.

Parmi les écrits du duc de Nivernais qui se rapportent assez bien avec cette ambition d'être gouverneur d'un prince et qui peuvent indiquer qu'il en était assez digne, on distingue au troisième volume de ses OEuvres quelques Essais moraux (*Sur l'état de courtisan ; Sur la manière de se conduire avec ses ennemis*), toutes instructions et conseils qu'il adressait à son beau-fils, le comte de Gisors, celui qui fut tué à vingt-cinq ans à la journée de Crefeld. C'est ce qu'a fait de mieux le duc de Nivernais, et ce qui donne le plus l'idée d'un Chesterfield français en sa personne.

D'ailleurs, des vers faciles, ce qu'on appelait alors des vers aimables, qu'il semait partout sur les albums de Moulin-Joli, d'Ermenonville, quand Ermenonville fut à la mode, comme il avait fait à Strawberry-Hill ; des chansons-romances dont quelques-unes valent celles du président Hénault, par exemple, la chanson intitulée *Mes Souhaits*, sur l'air de la romance du *Barbier de Séville* :

> D'aimer jamais si je fais la folie,
> Et que je sois le maître de mon choix, etc.;

des couplets à une jolie janséniste, et qui finissaient par cette pointe :

> Pour mes tendres réflexions
>   Quelle heureuse fortune,
> Si de cinq Propositions
>   Vous en acceptez une !

une réponse à madame de Mirepoix qui lui envoyait *de ses cheveux blancs*; des vers à mademoiselle de Sivry, un enfant prodige qui étonnait les salons par sa facilité à rimer (La Harpe, dans un excès de franchise, trouve ces vers les meilleurs sans comparaison, et même *les seuls bons*, qu'ait faits le duc de Nivernais); des fables qu'il lisait dans les séances publiques de l'Académie : « Il avait la complaisance de les lire, dit encore La Harpe, et la discrétion de ne les point imprimer. » Et parlant d'une de ces séances les plus goûtées : « M. le duc de Nivernais a lu une demi-douzaine de fables d'une moralité juste, mais commune, et d'une versification aussi mince que sa voix est flûtée : l'une semble être faite pour l'autre. Mais sa personne est aimée et justement aimée, et l'on a fort applaudi ces vers de duc et d'amateur. » Il ne passait pas à Paris un souverain étranger, un prince Henri de Prusse, une grande-duchesse de Russie, que le duc de Nivernais ne les fêtât par quelques couplets impromptus, ou même par quelque opéra de sa façon. Il leur ménageait ces surprises soit à l'hôtel de Nivernais (rue de Tournon), soit dans son château de Saint-Ouen. On lit dans la Correspondance de Grimm, à la date de février 1789 :

« A la petite fête donnée par M. le duc de Nivernais au prince Henri, ce qu'il y eut de plus intéressant, ce fut un proverbe en musique dont le nom est : *Une hirondelle ne fait pas le printemps*. Les paroles et la musique sont de M. le duc de Nivernais... Pour faire concevoir le charme de ce joli petit ouvrage, il faudrait l'avoir vu représenter avec tout l'intérêt qu'inspiraient la présence du prince et celle de l'auteur. Ce dernier a paru lui-même à la fin de la représentation, et, les lunettes sur le nez, il n'en a pas eu moins de grâce à chanter les couplets que voici :

> Faites grâce à mon plat proverbe,
> O vous qui ressemblez aux dieux!... »

Sa fonction, si on le demande, c'était proprement d'être le plus aimable maître des cérémonies de la société française.

L'Académie occupait fort agréablement le duc de Nivernais, et, on vient de le voir, il en était mieux qu'une décoration. Il la présida souvent, et il lui servait volontiers d'organe ou même d'avocat en Cour quand elle en avait besoin (1) : il partageait cette charge flatteuse avec le maréchal de Richelieu et le prince de Beauvau, et formait un de ces liens précieux dont on ne pouvait

---

(1) On a pu lire, dans la *Revue contemporaine* du 31 mai 1856 (tome XXV, p. 629), les lettres du duc de Nivernais et l'exposé de ses démarches au sujet de l'élection, non approuvée, de l'abbé Delille et de Suard.

se passer alors. Dans les dernières années de l'ancienne Académie, il eut à recevoir successivement Condorcet, l'abbé Maury, M. Target. Même quand les réponses eussent paru faibles dans une autre bouche, elles devenaient gracieuses et distinguées dans la sienne; on était prévenu pour lui, et sa personne agréait toujours.

Ses opinions étaient modérées, éclairées, favorables à une amélioration sociale continue, et empreintes d'une philanthropie sincère : il exprimait bien la douce civilisation de Louis XVI. Il n'intervint qu'à peine dans la politique et à titre de conciliateur. On le voit dans l'Assemblée des Notables s'interposer, ainsi que le duc du Châtelet, pour rapprocher les esprits et pour tâcher d'obtenir qu'en haine d'un ministre on ne rejette pas des projets utiles. Sous le ministère de l'archevêque de Toulouse, il fut appelé au Conseil comme ministre sans portefeuille, ministre-*amateur*; c'était sa vocation en toute chose :

« M. de Nivernais, dit à ce propos Besenval assez peu indulgent, était frêle, exigu, d'une santé fragile et délicate ; dans sa jeunesse, il s'était usé par les excès à la mode, et, trop faible pour servir, il s'était réduit à des ambassades, dont on pouvait attendre des résultats plus brillants. L'Académie française s'en était emparée, parce qu'un duc poétique était son fait. Il y lisait de petites fables spirituelles et même élégantes. M. de Maurepas, son beau-frère, l'avait évalué d'une manière peu favorable, puisqu'il n'avait pas voulu qu'il eût même les apparences du crédit et qu'il lui parlât d'autres choses que de frivolités littéraires. »

A cette époque, et dans le monde particulier où vivait Besenval, M. de Nivernais était dès longtemps remplacé : le Nivernais jeune et du moment, l'homme aimable et à la dernière mode, c'était M. de Vaudreuil.

La Révolution, en éclatant, ne surprit point M. de Nivernais. Il eut tout le temps de se faire à ses rigueurs et à ses menaces. Il baissa la tête sous la tourmente; il ne paraît pas avoir eu la pensée d'émigrer. Arrêté en septembre 1793, hautement dénoncé par Chaumette comme un de nos tyrans féodaux, lui le plus débonnaire des derniers seigneurs et ducs de province, et dont le Nivernais a gardé la mémoire (1), il fut détenu pendant près d'un an à la prison des Carmes. Il s'y délassa en faisant des vers, une traduction du poëme de *Richardet* (*Ricciardetto*) de Fortiguerri, trente mille vers, disent ceux qui les ont comptés. N'y voyons nous-mêmes que ce qu'il y cherchait avant tout : c'était un écheveau facile qu'il se donnait à dévider chaque jour, ne sachant lequel de celui-là ou de l'autre serait le plus court ou le plus long. Délivré par le 9 thermidor, rentré dans son hôtel délabré, il n'avait rien perdu de sa gaieté ni de sa tranquillité d'âme. De tous ses titres d'autrefois, celui d'homme de lettres était le seul qui lui fût demeuré en propre et auquel il parût tenir. Il commença par payer un tribut à l'amitié en donnant un élégant *Essai sur la Vie de Barthélemy*, l'auteur d'*Anacharsis* (1795). Puis il se mit à publier une édition de ses Œuvres : « J'ai longtemps résisté, disait-il dans sa Préface, aux sollicitations d'amis trop prévenus en ma faveur, qui me pressaient de faire imprimer ces mélanges; mais à mon âge de quatre-vingts ans, on perd la force de résistance comme toutes les autres, et je me suis laissé persuader. » On put mieux juger de ses *Fables*, lorsqu'on les lut enfin recueillies. On y vit d'heureux traits de détail, mais on y sent trop bien l'absence d'intérêt dans les sujets et le manque d'invention poétique. Ne croyez pas que j'aille parler de La Fontaine, mais Nivernais est incomparablement au-dessous de Florian. J'y cherche en vain une

---

(1) On peut voir dans l'ouvrage de M. L. de Lavergne, *les Assemblées provinciales* (1863), p. 217, quelle fut la part du duc de Nivernais dans l'établissement de l'Assemblée de 1788 qu'il avait été des premiers à provoquer, bien qu'elle dût mettre des bornes à son pouvoir.

seule pièce qui soit un petit chef-d'œuvre et de tout point excellente. Chateaubriand dans son *Essai sur les Révolutions*, publié à Londres en 1797, où il ramassait tant de disparates, a cité une fable de Nivernais, *le Papillon et l'Amour*, à côté d'un fragment d'élégie de Solon : « Outre son immortel fabuliste, disait-il, la France en compte un autre qui a vu de près les malheurs de la Révolution. M. de Nivernais n'a ni la simplicité d'Ésope, ni la naïveté de La Fontaine : mais son style est plein de raison et d'élégance; on y retrouve le vieillard et *l'homme de bonne compagnie* (1). »

C'est sur cet éloge que nous finirons. M. de Nivernais ci-devant duc, pair de France, grand d'Espagne, doyen de l'Académie française et de celle des Inscriptions, etc., etc., jouissant de cent mille écus de rente, n'était plus rien, n'avait plus rien, et il chantait, et il se chansonnait lui-même, il était aimable, il songeait à ses amis, il s'occupait encore à leur plaire, à leur être gracieux. Huit jours avant sa mort, il écrivait un billet char-

(1) C'est l'éloge qui revient invariablement sous la plume quand on parle de lui. Le Prince de Ligne, avec la désinvolture qui lui est habituelle, disait : « Le duc de Nivernais écrivait mieux que le duc et le menuisier de Nevers, cet ancien maître Adam qui se servait si souvent des chevilles de son métier; mais il était aussi délicat d'esprit que de corps, et cela ne l'a mené qu'à sept ou huit fables très-ingénieuses. Beaucoup d'agrément dans la société, d'aménité dans les mœurs, le ton excellent d'un grand seigneur homme de cour, et peut-être un peu trop homme de lettres... » Enfin (et ceci est plus sérieux), on lit dans une lettre du général en chef Bonaparte au général Joubert, datée du quartier général, Milan, 14 thermidor an V (1er août 1797) : « Il y a à Vicence, citoyen Général, la veuve Brissac, fille du respectable Mancini-Nivernais; elle est hors de France depuis 1787; je ne vois point d'inconvénient à ce que vous lui donniez un passe-port pour se rendre au quartier général, comme je lui en ferai donner un pour se rendre en France ; je vous prie même, si l'occasion s'en présentait naturellement, de lui faire des honnêtetés. Son père, que vous connaissez peut-être de réputation, est un littérateur célèbre. » *Célèbre* est beaucoup dire : tenons-nous-en au respectable et à l'aimable Nivernais.

mant à M. Roy (depuis le comte Roy), son avocat alors et son conseil. Le billet est trop joli pour ne pas être cité :

« 29 pluviôse an VI. — Ménagez-vous, je vous en conjure, mon cher voisin, et faites trêve au travail jusqu'à votre parfait rétablissement. Vous avez des amis qui vous suppléeront dans la besogne de vos affaires personnelles ; et, quant à celles d'autrui, laissez-les dormir en dormant vous-même. Cicéron n'allait pas à la tribune quand il était enrhumé ; les centumvirs se passaient de Pline le Jeune quand il avait la goutte ; et le maréchal de Saxe, qui avait une oppression de poitrine le jour de Fontenoy, n'a pas fait dix pas à cheval et n'en a pas moins gagné la bataille : après quoi, il a guéri de son hydropisie. Je ne sais pas ce que penseront vos clients, mais, pour moi, si j'avais actuellement une affaire à moi entre vos mains, j'aimerais mieux perdre mon procès que de vous y voir travailler. — Ménagez-vous, mon voisin, je vous en conjure, et ne me répondez pas, mais aimez-moi et croyez-moi, etc. »

Le jour même où il mourut, il dictait un billet en vers pour son médecin, et pour qu'il n'en appelât point d'autres en consultation ; il lui disait en badinant que, s'il mourait, il voulait que ce fût entre ses bras. C'est dans cet esprit de gentillesse finale qu'il s'éteignit à Paris, le 25 février 1798. Il y a plus d'une manière de tomber d'une position élevée avec dignité, avec décence ; mais il n'en est certes pas de plus douce, de plus accorte et de plus humaine que celle-là. A sa manière, ce petit-neveu de Mazarin n'a pas fait honte au courage d'esprit de son grand-oncle, et il a montré que, s'il aima de tout temps les Muses légères, il avait bien réellement en lui une parcelle de l'âme d'Horace.

31 janvier 1857.

LE
MARÉCHAL DE SAINT-ARNAUD

SES LETTRES PUBLIÉES PAR SA FAMILLE (1),

ET AUTRES LETTRES INÉDITES

Il y a eu de nos jours, et dans un intervalle de peu d'années, trois belles morts, trois morts généreuses, égales à tout ce qu'on peut admirer en ce genre dans le passé, et qui laissent ceux qui ont succombé dans une attitude historique suprême, plus grands qu'il ne leur avait été donné de paraître jusque-là dans leur vie : la mort de M. Affre, archevêque de Paris, sur les barricades ; la mort de M. Rossi, à Rome, sous le poignard, au moment où ce politique habile, devenu fier et hardi, restaurait et réhabilitait, en le servant, le régime civil pontifical ; la mort du maréchal de Saint-Arnaud, au lendemain de sa victoire de l'Alma, cette mort qu'il portait en lui depuis bien des jours, qu'il contenait et recélait en quelque sorte, à laquelle il *commandait d'at-*

(1) Michel Lévy, 2 vol. in-8°, 1855.

tendre jusqu'à ce qu'il eût lui-même frappé le grand coup qu'il méditait. Courage surnaturel, mais auquel il s'était par avance essayé de longue main et presque accoutumé avant le dernier jour! Combien de fois déjà auparavant n'avait-il pas dompté le mal et triomphé de l'épuisement extrême pour courir à l'action, pour voler le premier au péril! C'est ce nerf héroïque, cette veine de sentiments énergiques déjà anciens, cette lutte prolongée du moral et du physique, qui mérite étude et qui offre à l'observation un intérêt puissant. La Correspondance du maréchal publiée par sa famille nous permet de pénétrer dans toute sa vie militaire des dernières années. Nous pouvons apprécier désormais, jusque dans la camaraderie du bivouac, cet homme de sentiment, d'impression, de ressort, d'élan, abattu vingt fois et se relevant toujours, se relevant en un clin d'œil comme le coursier généreux au son du clairon. Militaire français s'il en fut, esprit français, saillie française, il était fait pour conduire et enlever des soldats de notre nation. Nous allons chercher bien loin dans le passé des figures de capitaines à remettre en lumière et en honneur; n'oublions pas et tâchons de fixer sous leur éclair celles qui passent et brillent à nos yeux dans le présent.

Né à Paris, le 20 août 1798, d'une famille honorable (son père était préfet sous le Consulat), le jeune Saint-Arnaud fut élève du lycée Napoléon. Sa mère, devenue veuve, s'était remariée en 1811 à M. de Forcade-la-Roquette, qui fut juge de paix à Paris pendant plus de trente ans. Après des études rapides, mais qui laissèrent une trace durable dans cette facile et spirituelle intelligence, le jeune Saint-Arnaud entra en 1815, à dix-sept ans, dans les gardes du corps; sa jeunesse fut vive et orageuse. On le fit passer dans un régiment d'infanterie; il fut envoyé en garnison à Lyon et ailleurs. Il s'en dégoûta et partit en 1822 pour la Grèce. C'était le moment du plus grand enthousiasme et de la croisade chrétienne universelle contre les Turcs. On a quelques lettres de lui datées de cette époque; il y juge le pays et les hommes, et d'un ton qui est fait pour guérir de toutes les belles phrases qu'on débitait à Paris vers ce temps-là. Il n'y a pas le plus petit bout de Périclès ni de Lascaris dans tout ce qu'il voit et raconte; ses lettres ressemblent terriblement à des pages d'Edmond About. Cette excursion de volontaire en Grèce lui fut plus tard portée sur ses états de service comme une campagne. En 1827, il reprit du service en France, toujours comme sous-lieutenant, dans le 49e « qu'il quitta sottement, » dit-il. Il cessa de faire partie de l'armée. Il voyagea et se remit à sa vie de hasard et d'aventures. Il ne pouvait en finir de cette longue première jeunesse. Qu'y faire? « La sagesse n'est pas donnée à tout le monde, écrira-t-il un jour gaiement à son frère; mon pauvre ami, je suis arrivé tard à l'appel quand on la distribuait. On a beau dire, cela dépend beaucoup du tempérament, et on naît sage comme on naît peintre ou rôtisseur; moi je suis né soldat... » Enfin, après la révolution de Juillet, sentant qu'un grand signal public était donné, il rentra dans l'armée avec son grade de sous-lieutenant, et nous le trouvons, au début de la Correspondance, en garnison à Brest, au printemps de 1831; il avait trente-trois ans.

Que de temps perdu! pas si perdu pourtant qu'on le croirait. Avoir tout vu de la vie, en savoir tous les courants et tous les écueils, s'y être brisé, puis s'en être relevé, connaître les hommes par leurs passions et savoir s'en servir, avoir appris à ses dépens à toucher en eux les cordes qui résistent et celles qui répondent, avoir conservé au milieu de toutes ses traverses, et jusque dans les désastres où l'on est tombé par sa faute, son sang-froid, sa gaieté, son entrain, ses ressources d'esprit, sa bonne mine, son courage, son espérance surtout, cette vertu et cette moralité essentielle de l'homme ; quelle préparation meilleure, quand le ressort principal n'a point fléchi, quand le principe d'honneur a gardé toute sa sensibilité ! quelle plus profitable avance pour cette vie de fatigue, d'invention et de péril, pour cette improvisation perpétuelle de toutes choses qu'on appelle la guerre, et qui, dès qu'on arrive au commandement, est bien autre que ce qu'elle paraît de loin ; car on ne l'a définie qu'en gros quand on a dit qu'elle est l'art de tuer et la facilité à mourir !

Mais il était loin du commandement, et un sous-lieutenant a tout son chemin à faire. En janvier 1832, et jusque dans l'automne suivant, on le voit employé en Bretagne à battre le pays et à faire la chasse aux chouans. L'horizon d'abord est étroit : il vient de se marier ; il pense à son avancement, à sortir de l'ornière. C'est l'idée fixe. A peine lieutenant, s'il pouvait tout d'un coup passer capitaine ?... Chef d'un détachement, il raconte à son frère ses battues dans les bois : pourra-t-il atteindre une des deux bandes qu'il poursuit, l'une forte de six hommes et l'autre de quinze : « Demain sera un grand jour pour moi. Je saurai, oui ou non, si je réussirai à les avoir. Si j'ai du succès, je te l'écris sans perdre une seconde. » Il y met le même cœur, la même ardeur et la même importance qu'il mettra plus tard aux plus grandes choses. C'est ainsi que l'on perce et que l'on avance. Être tout entier et donner de toute sa force sur chaque point successivement ; faire de chaque difficulté qui s'offre sa grande bataille, et dire à chaque fois : *C'est le grand jour !* on a chance de telle sorte d'avoir peut-être à la fin un grand jour dans sa vie, et de n'y être pas pris au dépourvu.

Une fois, un vendredi saint, le régiment manque un bon coup. Ces diables de chouans étaient tous réunis en assemblée dans une ferme ; les principaux chefs y assistaient. Une patrouille de huit voltigeurs, commandée par un caporal, passe par là et veut entrer. On s'y oppose. De là, rixe, combat, décharge de fusils et de pistolets; et cependant les chouans de filer par une porte de derrière : « Avoue que nous ne sommes pas chanceux, écrit à son frère le lieutenant désolé; si ce détachement eût été commandé par un officier et fort de quelques hommes de plus, nous pouvions prendre d'un coup de filet toute la bande. Ah! si j'eusse été avec les huit hommes, ou j'y serais resté, ou j'en aurais eu quelques-uns. Ainsi, le jeudi et le samedi, je battais tout le pays, je fouillais partout, et le vendredi ils étaient tranquilles dans une ferme à manger un mouton. » — Tout cela, d'ailleurs, est gaiement dit, avec légèreté, entrain; c'est alerte; il met à raconter les choses la même action et le même geste qu'à les faire.

Une fatigue, une prostration extrême suivie d'élan, c'est ce qu'il éprouve déjà. Ce sera le *rhythme* de son organisation jusqu'à la fin. Cette vie de marche, jour et nuit, par monts et par vaux, à travers les ronces et les épines, l'atteint aux entrailles, lui donne la fièvre et l'abat : « Si l'on se battait, si l'on se tirait des coups de fusil, passe au moins, cela reposerait. Espérons toujours, il n'y a que cela qui nous soutienne; car, pour mes pauvres jambes, elles ne me soutiendront bientôt plus : je suis tellement habitué à les remuer, que, même en rêve, je marche. Je suis comme le Juif-Errant. » Il n'a plus tout à fait pour ce qui peut en arriver la même indifférence qu'autrefois; marié, bientôt père, il sent les obligations qu'il a contractées; il a acquis une valeur pour ceux à qui sa vie est utile : « Cela ne m'empêcherait pas de l'exposer mille fois le jour avec sang-froid pour la gloire et le roi que je crois nécessaire à mon pays. Je courrais sur le danger demain à le faire fuir loin de moi. Je n'ai pas assez de bonheur pour qu'il se présente : je cherche cependant bien. »

Après une tournée qu'il a faite à la tête d'une colonne mobile, il est invité par le général Meunier à assister à une distribution de drapeau et de croix qui se fait dans une plaine auprès d'Amailhou. Après la cérémonie et au déjeuner qui termine la fête, au dessert, il improvise en l'honneur du général des couplets qui rappellent les refrains patriotiques d'Émile Debraux : « Critique, mon ami, critique, dit-il avec bonne grâce à son frère en les lui envoyant. C'est mauvais, je le sais. Dans cela, il y a trois idées; le reste est remplissage, tiré par les cheveux, détestable; mais le vieux général pleurait, et il est venu m'embrasser. C'est payé bien plus cher que cela ne vaut. »

En 1833, il est envoyé à Blaye où était enfermée la duchesse de Berry; il s'y fait bien venir du général Bugeaud en traduisant au courant de la plume, en trois langues différentes, un petit ouvrage de lui, *Aperçu sur l'Art militaire*. Le général se prend de goût et d'amitié pour ce lieutenant de grenadiers si vif, si spirituel et si amusant; il le mettra plus tard à l'épreuve et en vue dans toute circonstance de guerre, et le traitera comme son élève préféré. En attendant, il en fait son officier d'ordonnance. A ce titre, le lieutenant Saint-Arnaud est un de ceux dont la signature se lit au bas de l'acte de naissance de la petite princesse venue au jour à Blaye. Il accompagne le général dans le voyage qu'il fait jusqu'à Palerme pour y remettre au ministre de Naples la noble prisonnière contre un *recepisse* de sa personne délivré en bonne forme. On évita de débarquer par prudence, se sentant en face d'une des plus *gueuses* populaces de l'univers. A son retour en France, Saint-Arnaud ne désire qu'une occasion de se distinguer; de Bordeaux où est son régiment, il regrette de ne pas s'être trouvé à Paris dans les troubles d'avril 1834. « Je viens d'écrire au général Bugeaud qui a marqué dans toutes ces affaires. Il commandait à l'Hôtel-de-Ville ; un officier de la garde nationale a été blessé à ses côtés. C'était là ma place. Cette balle-là, je la regrette. Ah ! mon ami, comme je me battrai quand j'en trouverai l'occasion ! Ce sera toujours dans la proportion de *quitte ou double*. Il faut que je sorte de la position où je suis, ou que je tombe avec quelque gloire. »

L'occasion, une occasion ! je ne dirai pas, peu lui importe en quel sens, pourvu qu'il la trouve ; mais il est évident que peu lui importe en quel lieu. Qu'elle s'offre à sa portée, cette occasion quelconque, il ne la marchandera pas. Un champ de bataille en Europe, le désert d'Afrique ou le pavé de Paris, il s'y portera d'un feu égal. Ces natures ardentes n'y regardent pas à deux fois. Agir avant tout, agir et se produire, c'est le premier besoin.

Un malheur domestique atteignit le lieutenant Saint-Arnaud. Il perdit sa première femme en 1836. Sur sa demande alors il passa dans la légion étrangère pour aller en Afrique (novembre 1836) ; il était le premier lieutenant de la légion ; il avait trente-huit ans.

Cette légion était le plus singulier ramassis qui se pût imaginer, des aventuriers de tout pays, parlant toutes les langues, ayant fait tous les métiers, ayant chacun son épisode orageux et ses naufrages de jeunesse : « Du reste, disait-il au premier coup d'œil, ces hommes feront, je l'espère, d'excellents soldats. Il faut savoir les prendre et s'en faire aimer, et j'y mettrai mes soins. J'aurai besoin d'eux devant l'ennemi, car on ne fait rien tout seul : je vais m'attacher à les bien connaître. »

Le 15 janvier 1837, il touche pour la première fois la terre d'Afrique. Il la décrit dès son arrivée en traits simples, pittoresques. Si cet homme-là tenait par métier une plume entre les mains comme Charles Nodier ou Alexandre Dumas (qu'il aimait tous deux), il n'en serait pas plus embarrassé que de son épée ; mais l'épée lui va encore mieux que tout. Dans les journées des 29 et 30 avril, aux environs de Blidah, il reçoit, lui et sa légion, le baptême du feu. Il fait office de capitaine en attendant qu'il en ait le grade : le grade désiré arrive (août). L'expédition de Constantine se prépare ; il en est avec sa légion. Bonheur et victoire ! enfin il est à l'aise, il respire, il est dans son centre : cette vie d'énergie, de privation, de sacrifice, va se couronner de danger, d'un danger éclatant ; il faut que Constantine *lui rapporte quelque chose.* Ce ruban à la boutonnière qui souvent coûte si peu à gagner ici dans le civil, et qu'une bonne grâce de jour de l'an décerne, au prix de combien d'épreuves et par quels sanglants efforts ne l'achète-t-on pas à l'armée ! La prise de Constantine est admirablement décrite dans les lettres du capitaine Saint-Arnaud : lui, il monte à l'assaut avec la seconde colonne, il est sur la brèche au moment où la mine des assiégés fait explosion. A cet instant décisif, et dans le terrible étonnement qui succède, le colonel Combes, le commandant Bedeau, et lui, capitaine Saint-Arnaud après eux, s'écrient : « En avant, en avant ! camarades, ce n'est rien, c'est de la mitraille ; à la baïonnette, en avant ! » Il mérite que le colonel Combes, qui va tout à l'heure être frappé, lui serre affectueusement la main en lui disant : « Bravo, capitaine ! » La brèche franchie, et une fois dans la place, sur un léger signe du commandant Bedeau, il s'enfonce avec son peloton dans une petite rue de la ville où il y a une barricade à enlever ; puis c'est une autre rue qu'il faut prendre maison par maison ; chaque nouvel assaut lui réussit ; pas même une blessure. Enfin il a ce qu'il désire, il est cité à l'ordre du jour de l'armée: il est porté pour la croix. Il a fait son premier pas dans la grande carrière : sa réputation africaine commence.

Trois semaines après, par une péripétie qui se rencontrera plus d'une fois dans sa carrière et qui en est, si l'on y prend garde, la mauvaise étoile et comme le *guignon* dominant, dans un camp perdu, loin de toute ville, il était saisi du mal qui sera son ennemi familier, le choléra le terrassait : « O mon Dieu, comme je regrettais les balles de Constantine!... y avoir échappé et venir mourir du choléra... mourir sans la croix, sans avoir lu son nom sur le Rapport de l'armée; » ce sont là ses premiers sentiments. Il se relève, il ressuscite; mais il a chanté trop tôt victoire, une rechute l'oblige de se faire transporter à onze lieues de là, à Bone.

Capitaine de voltigeurs avec la croix, et une croix bien gagnée que personne n'est tenté de regarder en souriant, sera-t-il bientôt chef de bataillon? Là est tout son point de mire, là en apparence son bâton de maréchal. Cette idée fixe d'avancement ne lui est point particulière, elle est celle de tout militaire qui n'est pas encore arrivé au sommet de la hiérarchie. Les conceptions générales, les grandes vues viendront après, s'il y a lieu; mais le grade avant tout : c'est la première condition pour pouvoir montrer à tous ce qu'on est et ce qu'on vaut. Quand il sera chef de bataillon, il visera de même, et avec la même fixité, à devenir colonel, puis quand il sera colonel à devenir maréchal de camp. Ses raisons pour conquérir ces grades le plus vite possible et pour se faire tuer, s'il le faut, à les mériter, il les dit ingénument, il ne les va point puiser dans de hautes régions métaphysiques : ce sont les motifs éternels qui, dès le temps d'Homère, dès le temps de Tyrtée, agissaient sur le cœur des hommes, et qui font de ceux qui y vibrent le mieux des héros. S'il se bat comme un lion, « c'est, dit-il à son frère, que chaque grade gagné me rapproche de vous et de mes enfants; » et plus tard : « Il vaut mieux pour mes enfants qu'ils soient orphelins d'un colonel que d'un chef de bataillon. » En versant ainsi son sang en Afrique, en prodiguant sa vie, il ne cesse d'être occupé des siens : « Moi, je n'ai que votre souvenir pour me soutenir. Si j'étais seul, j'irais bien vite croupir dans un bataillon en France. » Il le croit, il se trompe; un autre motif, celui-là manquant, surgirait sans doute; mais celui qu'il se propose et qu'il a constamment devant les yeux est le plus sensible, le plus puissant : « Ah! mon pauvre frère chéri, si tu veilles sur mes enfants, si tu me remplaces auprès d'eux, il faut bien aussi que tu aies ta compensation et que ton cœur bondisse comme le mien de joie et de fierté au récit de mes succès, où tu es pour bonne part, ami, car je n'ai jamais donné deux coups de sabre aux Bédouins sans qu'il y en ait eu un à ton intention, et l'autre dans la pensée de mes enfants... Est-ce que tu n'as pas l'intention de demander bientôt une bourse pour mon fils? Un fils au collége! il faut absolument être colonel. »

Ah! messieurs les philosophes, vous vous croyez supérieurs et vous souriez; soyez plus vraiment philosophes encore, et consentez à voir l'homme en moralistes. Une chose remarquable et bien précieuse en résultats dans ces carrières tracées et définies, encadrées de toutes parts, c'est la force du ressort, c'est comme le resserrement profite à l'énergie, à l'impulsion du jet et de l'élan. On ne pense qu'à avancer, à monter, à gagner un grade de plus, et en pensant à ce point unique, on y tend avec plus de vigueur et une émulation plus ardente; le sang circule plus vite; tout ce qui a du cœur en a plus. Aucune force humaine ne se perd, et les plus naturellement indisciplinés, sous cet aiguillon incessant, se rangent au devoir. Il faut des motifs dans la vie, et des motifs aussi présents que possible; les sages, les trop sages en effet, s'ils sont livrés à eux-mêmes, courent risque de prendre l'inaction pour la supériorité, et, sous air de modération, d'écouter le conseil indirect de la paresse. Pour moi, qui suis de ceux qui sont accoutumés à se glorifier de courir en une libre et vague carrière, j'ai toujours regretté, je l'avoue, qu'on ne pût y introduire quelque motif d'action plus précis, plus déterminé. L'idéal est une belle chose, mais il est bien loin et il a ses éclipses; le public est une respectable personne, mais il est bien multiple, il a bien des visages et on ne le connaît pas. Que ne peut-on se le représenter de plus près, d'une manière sensible, encourageante, sous forme d'un juge prochain, immédiat, qui voit et qui sait, qui censure et récompense! L'unité de direction, le but, un but précis, graduel, c'est encore ce qui mène le plus loin et le plus haut dans les arts. Que si vous faites fi d'un Mécène ou d'un Médicis, lesquels d'ailleurs ne courent pas les rues, songez du moins à une Laure ou à une Béatrix, ou encore ayez, s'il se peut, à côté de vous, ce connaisseur attentif et habituel, ce parfait ami littéraire qu'était Tibulle ou Quintilius à Horace, Horace à Virgile, Despréaux à Racine et à Molière, Gœthe à Schiller lui-même.

Je m'oublie et je reviens bien vite à la légion étrangère. Notre capitaine de voltigeurs fait des expéditions, des reconnaissances, se familiarise avec la vie arabe. Il y a un charmant récit d'une visite que lui rend, au camp du Fondouck, un cheik d'une tribu, qui ne veut boire du vin que goutte à goutte, et qu'il grise *guttatim* en déjeunant. Ces lettres, pour le tour et la désinvolture, me rappellent quelquefois celles de Victor Jacquemont, le courageux et divertissant voyageur (1). La gaieté et l'entrain y sont d'ailleurs fréquemment coupés par la maladie, la gastrite et les accès de découragement. « Je ressemble à ces vieux chevaux de bonne maison qui, bien pansés, bien cirés, bien harnachés et un peu poussés d'avoine, redressent encore la tête et piaffent avec élégance ; mais plus de fond, plus de nerf... L'élan est toujours là, impétueux, terrible, mais il ne faut pas que la course soit longue. » Dans ce camp du Fondouck, dans ces commandements de misérables bicoques où l'on est relégué durant des saisons, il y a de longs intervalles d'ennui, d'attente, où l'on est visité par la fièvre ; on sent qu'on s'use et qu'on se mine sans profit : « Ah ! frère, que de courage, que de résignation il me faut ! Quand le mal vient saper mon moral, que je me sens seul, isolé, loin de tout ce que j'aime, j'ai le cœur bien serré ; alors je regarde ma croix, mes épaulettes, je pense à mes enfants, à vous, à mon passé, à l'avenir ; je me roidis et je tiens bon, mais mes cheveux blanchissent et mes genoux tremblent. »

Dans une expédition faite pour prendre possession de Djidjelli (mai 1839) et pour châtier les Kabyles voisins, le capitaine Saint-Arnaud mérite d'être proposé pour le grade de chef de bataillon, en remplacement du brave Horain, qui meurt des suites d'une blessure. Le maréchal Valée le porte et l'appuie ; il cite son nom à l'ordre du jour de l'armée. Mais après les brillantes affaires du début, la fièvre vient, comme toujours en Afrique, rabattre les trop vives espérances ; Saint-Arnaud voit sa compagnie se fondre et s'en aller plus tristement que sous les balles. « Ma pauvre compagnie, si belle il y a

---

(1) Elles rappellent aussi de jolies lettres de Maurice Dupin, le petit-fils du maréchal de Saxe, que madame George Sand, sa fille, a données dans les premiers tomes de ses Mémoires : il y en a notamment une bien amusante sur la bataille de Marengo.

deux mois, cent dix brillantes baïonnettes, bien pointues, bien agiles! j'ai à peine quarante combattants... Quiconque aurait vu ce bataillon il y a cinq mois et le verrait aujourd'hui, se sentirait saisi de pitié et en même temps de haine pour la guerre. Moi, je l'aime malgré tout, parce que je suis obligé d'en vivre en attendant que j'en meure. » Lui-même, il a son accès terrible; « il va *piquer une tête contre la porte de l'enfer*, mais le diable le renvoie et ne veut pas encore de lui. » Avec cela, il n'est pas nommé chef de bataillon. Misère, misère ! c'est la fin de l'automne; il a des désirs de revoir la France : « Je voudrais voir la neige de France, dût-elle être haute de six pieds dans les rues. » Revenir en France et avoir une grande guerre en Europe, une guerre régulière, y être employé, c'est là son vœu. Comme les soldats d'Afrique, ces soldats du *corps à corps*, y auraient l'avantage sur les autres, et comme on jugerait vite la différence!

C'est l'avénement du ministère dit du 1er mars (1840), dont M. Thiers était le chef, qui faisait naître dans les rangs de l'armée ces espérances de guerre. La manière dont Saint-Arnaud, et, je le crois, la plupart des officiers d'Afrique, envisageaient la politique de France pendant ces huit ou dix dernières années du règne de Louis-Philippe, était commandée par leur position et leur intérêt : des champs de bataille ou des assemblées publiques, ces deux champs de gloire pour les hommes, comme disait déjà le vieil Homère, ils préféraient naturellement le premier et étaient portés à mépriser le second. Tandis que de près, ici, on était ébloui par des déploiements d'éloquence souvent contradictoires et stériles en résultats, de loin ils n'étaient sensibles qu'au peu de fruit qu'ils en retiraient, eux et la colonie pour laquelle ils guerroyaient nuit et jour, et dont l'avenir était sans cesse remis en question par des discussions décourageantes. L'armée d'Afrique était une des gloires de ce régime, et cependant elle lui reprochait tout bas et lui en voulait un peu de ne pas aimer assez la gloire. Je ne dis pas que cela fût juste, mais je dis que cela était. Et je ne parle pas des officiers qui étaient par principes de l'opposition systématique, comme le général Cavaignac, mais je parle de ceux même (et c'était le grand nombre) qui n'avaient pas de parti pris et qui étaient même attachés à ce régime d'alors par la bravoure et l'affabilité des jeunes princes. La condition naturelle de l'armée d'Afrique, résultant des points de vue et des intérêts qui étaient propres à ses chefs, était donc de vivre dans une espèce d'opposition ministérielle permanente; de se plaindre du peu d'égard qu'on avait à Paris pour les propositions des généraux en chef et gouverneurs, et de ne pas approuver la politique générale, avant tout conciliante et accommodante, qui présidait aux relations avec les autres puissances : « Quelle marche prend le ministère! écrivait Saint-Arnaud (juin 1839). Mon pauvre pays! je le sers de bien loin, mais je voudrais le voir grand et puissant; pour cela, il ne faut pas qu'il soit mené par de petites gens et de petits esprits. » Il allait à l'extrémité de sa pensée ou plutôt de son impression, lorsqu'il écrivait encore (novembre 1840) : « Il faut que le gouvernement soit bien aveugle pour ne pas voir qu'avec la marche qu'il suit, il se perd infailliblement. La paix, qu'il achète à tout prix, le renversera plus vite qu'une guerre, quelque malheureuse qu'elle eût été. » Ce qu'écrivait là Saint-Arnaud, bien d'autres de ses compagnons d'armes, qui, depuis 1848, ont suivi une autre ligne que lui, ont dû le dire comme lui dans les dix années qui précédèrent.

Saint-Arnaud n'est pas de l'expédition des Portes de fer, que le maréchal Valée exécute de concert avec le duc d'Orléans (octobre 1839); mais il tient, malgré sa fièvre, à être des expéditions qui se font dans les mois suivants. Il est blessé d'une balle au bas-ventre, en partant du bivouac, la veille de l'affaire du col de Mouzaïa (11 mai 1840). Cette blessure, incomplétement guérie, le ramène en France en congé; il y est nommé chef de bataillon (août), et envoyé en garnison à Metz pour y refaire sa santé. Dînant à son passage à Paris chez le général Pajol, dont le fils est son ami : « Le général, dit-il, croit à la guerre, mais pas avant le printemps. L'Italie se remue, la Pologne gronde. Le soir, je suis allé avec Pajol voir *Polyeucte* et *Japhet*. Rachel est au-dessus de tout ce que tu m'avais annoncé. Elle a dit le *Je crois...* à envoyer toute la salle à confesse en sortant. » Tel est l'homme, dans sa variété et sa mobilité complexe d'impressions. — Sa santé se refait vite, et surtout sa mine. A peine arrivé à Metz, il a repris son air jeune « qui, avec sa grosse épaulette, le fait un peu regarder. — Cela m'amuse, » dit-il. — Un vrai militaire français.

La nomination du général Bugeaud comme gouverneur général de l'Algérie le rappelle en Afrique; il entre aux zouaves (avril 1841), et désormais, sous les yeux du chef le plus capable, dont il est connu et apprécié, il va parcourir la seconde et décisive partie de sa carrière avec l'avantage d'être dans des emplois supérieurs dès le premier jour.

Le général Bugeaud n'est qu'incomplétement connu, si on ne l'a pas vu se dessiner en entier et se développer dans la Correspondance de Saint-Arnaud. Ceux qui avaient rencontré le général Bugeaud à Paris avant sa grande et dernière renommée ont eu quelque effort à faire avant de le placer dans leur estime à la hauteur où la reconnaissance du pays l'a justement porté. Il avait des défauts qui sautent aux yeux dans un salon; il tranchait, parlait à satiété de lui, réfutait ses adversaires sans ménagement, choquait leurs sentiments sans pitié, se vantait en tout de faire mieux que tous. Habitué dans sa longue vie des champs à vivre avec des inférieurs, il ne se contraignait en rien; il n'avait pas le tact, il ne prenait pas garde aux bienséances. Sous ces défauts d'une rude écorce, on sentait à tout coup l'homme de sens, mais souvent intempestif; l'homme supérieur perçait, mais ne se dégrossissait pas. A la Chambre, dans les premières années où il y siégeait, ses collègues disaient de lui, non sans sourire : « Il n'y a plus qu'un homme en France qui croit à la gloire, c'est le général Bugeaud. » Il avait raison d'y croire. Dès qu'il fut en Afrique, et sur un terrain digne de son activité, il donna sa mesure et dépassa les espérances même de ses amis. Saint-Arnaud, dès les premiers mois de son installation, nous le montre à l'œuvre, positif, effectif, infatigable, allant en tout au résultat sans charlatanisme : « Passionné pour la guerre et les combats, il préfère, aux bulletins qu'il pourrait rechercher, la poursuite d'un but utile au pays. Cet homme est admirable, frère; on ne le connaît pas, on ne lui rend pas justice. Il a vraiment du génie. Je le suis, je l'examine sans passion, et chaque jour je lui découvre de nouvelles qualités; mais il a bien les défauts de ses qualités. Franc et loyal à l'excès, il tourne quelquefois à la brusquerie. D'une activité inconcevable, il devient minutieux. Agriculteur pendant quinze ans, vivant dans un frottement continuel avec la classe peu élevée de la société, il n'a pas toute la dignité, toute la tenue désirables. Mais quelle conscience, quelle probité, quelle délicatesse de sentiments, quelle abnégation personnelle! Et on l'entoure de difficultés! de petites coteries lui suscitent des embarras et des ennuis; la presse l'assassine à coups d'épingle. » C'est à cet homme éminent et solide, et qui grandit jusqu'à la fin, que Saint-Arnaud s'attacha avec affection, avec zèle, et qu'il dut d'être assez mis en vue pour être reconnu ensuite, et l'occasion échéant, le plus digne de le remplacer.

Saint-Arnaud, en entrant dans les zouaves, « cette garde impériale de l'Afrique, » avait à faire sa réputation au corps. Il la fait dans la journée du 2 mai sur la route de Milianah, en se maintenant avec énergie sur un plateau assailli par les Kabyles. Sa conduite dans les journées suivantes lui vaut d'être cité (c'est la quatrième fois) à l'ordre du jour de l'armée : « Mes enfants liront encore le nom de leur père cité au milieu de ceux des bons diables qui se battent pour le pays. »

Le général Bugeaud, par une suite d'opérations méthodiques et bien conçues, travaille à ruiner la domination et l'influence d'Abd-el-Kader, en attendant qu'on vienne à s'emparer, s'il se peut, de sa personne. Il mène à bien l'expédition dans l'Ouest, où l'on prend Mascara. Tout ce pays est décrit par Saint-Arnaud en quelques traits qui donnent bien la vue cavalière des lieux, de l'échiquier parcouru. Le colonel des zouaves, Cavaignac, étant parti, Saint-Arnaud reste sous le général Lamoricière avec son bataillon et comme chef de corps, ayant une responsabilité d'autant plus grande qu'on le sait aimé du gouverneur et que, là où il est, on aime peu le gouverneur. Ces dissidences de nos généraux d'Afrique sont à peine indiquées dans la Correspondance ; on les sent toutefois et on les devine. Dans la mesure où tout cela est présenté (et il faut en savoir gré aux éditeurs qui ont dû quelquefois choisir entre divers passages de la Correspondance), personne n'a à se plaindre. Justice est rendue et au noble caractère du colonel Cavaignac, « droit et consciencieux, mais susceptible et impressionnable » (Saint-Arnaud jouit de ses qualités, qui sont nombreuses, en évitant de heurter ses défauts), et à Changarnier, « le Masséna africain, » qui montre un *moral de fer* dans les dangers, et à Bedeau, « homme de vrai mérite qui, tandis que d'autres se jalousent, s'efface tant qu'il peut, ne médit de personne, juge tout le monde et gémit. » Les critiques très-discrètes qu'on entrevoit permettent seulement de distinguer et de nuancer ces figures, que les bulletins avaient l'habitude d'offrir sous un jour trop uniforme.

Nous sommes, même avec les réserves de la Correspondance publiée, dans le secret de bien des misères qu'on a eu à traverser, et où *on l'a échappé belle* : il y a tel retour de Mascara à Mostaganem (juillet 1841) où il est fort heureux qu'on n'ait pas été attaqué plus sérieusement. En perçant le rideau des braves zouaves qui la couvraient à l'arrière-garde, l'ennemi n'eût trouvé qu'une armée démoralisée. Cependant, dans le Rapport, on ne dit que les belles choses; les autres sont rejetées dans l'ombre et comme non avenues : « En arrivant, j'ai dû faire mon Rapport et des états de proposition pour mes officiers, récompenser mes zouaves et leur adresser des compliments dans un bel ordre du jour, nommer quelques sergents, quelques caporaux, quelques soldats de première classe. Voilà comment on fait tuer les gens ! » (21 juillet 1841.)

Installé à Blidah d'où il fait une grande expédition et de belles razzias, en rapport continuel et de confiance avec le gouverneur, appelé, consulté par lui à Alger, l'aidant dans ses correspondances, il participe aussi aux ennuis du chef, qui est souvent contrarié par le ministère dans ses mesures, et qui se sent menacé de loin dans sa position par des influences princières : les expéditions mêmes, que cet homme d'énergie ne cesse d'entreprendre pour mettre la dernière main à la conquête, ne redonnent de l'entrain qu'à de certains jours : « C'est une belle chose que la guerre, cher frère, mais seulement quand on se bat et quand il fait beau. » Cependant la nomination de lieutenant-colonel arrive pour Saint-Arnaud (avril 1842) ; à chaque pas qui le porte d'un degré de plus vers le haut de l'échelle, il y a un moment d'ivresse : « C'est une belle chose qu'une promotion à un beau grade, surtout quand elle est méritée. On ne rencontre presque pas d'envieux et on reçoit des compliments à peu près sincères. Il y a, après cela, le beau côté, la catégorie des vrais amis, des chaudes et cordiales félicitations, et les *demi-mots des soldats qui vont droit au cœur.* »

On n'est pas plus soldat par le nerf et par la fibre que Saint-Arnaud. Quand il parle de sa compagnie, de son régiment, de sa troupe, il a le sentiment camarade et fraternel, il a l'expression sympathique et vibrante. Quand on ne l'a que dans des bulletins, on peut la prendre et l'affecter ; mais ici, c'est dans des lettres de famille qu'il s'épanche sur cette autre famille militaire, qui est la sienne aussi : « Pauvres soldats ! quelle résignation, quel courage ! Nous, nous avons un mobile, la gloire, l'ambition, et, par-dessus le marché, nous sommes bien vêtus et bien nourris ; mais eux, rien, rien, et chantant au moindre rayon de soleil. C'est à faire pleurer. Je les aime comme mes enfants, tout en désirant leur faire entendre quelques balles d'un peu près. » — Et quand il est déjà colonel : « Je viens de recevoir pour mon brave régiment une croix d'officier, quatre croix de chevalier et deux grades à l'occasion de l'affaire de Dellys. Voilà le beau rôle du colonel, ses jouissances immenses, ineffables. J'ai attaché tous ces rubans, et j'ai vu de douces larmes de reconnaissance couler sur des visages bronzés ; j'ai senti des cœurs bien nobles et bien fermes devant l'ennemi battre comme le cœur d'une femme, et le mien battait à l'unisson. » — Et à Varna, quand il sera général en chef et pendant le fléau du choléra, revenant de visiter les hôpitaux : « J'ai vu là onze cents malades et deux mille malingres qui ne me sortent pas de la pensée. Je crois que, pour être général en chef, il faut être égoïste; moi, je ne puis pas l'être; j'aime mes soldats et je souffre de leurs maux. »

Nommé par le général Bugeaud au commandement supérieur de Milianah (juin 1842), avec trois bataillons sous ses ordres, soixante cavaliers, de l'artillerie, du génie, « enfin une petite brigade, complète et organisée, » il s'exerce à l'administration, à la conduite de la guerre; il gagne en expérience, en aplomb; il fait son apprentissage de commandant en chef : « Si jamais je suis général, j'arriverai tout formé. » Dans les expéditions qu'il dirige alentour, il y a tel petit combat « où il y a tactique en miniature et combinaison de trois armes. » En parlant de sa manière de traiter avec les Arabes, il dit en riant *ma politique*. Les lettres écrites pendant cette période de commandement sont très-vives, animées d'incidents; les aperçus s'étendent; le ton s'élève sans que l'enjouement diminue. Cette activité qui, lorsqu'il ne sait qu'en faire, *lui rentre dans l'estomac* et réveille sa gastrite, trouve ici à se déployer et à se répandre en tous sens; un moment il a espéré faire un magnifique coup de main sur la smalah d'Abd-el-Kader : « L'émir me croyait dans le sud, il ne se gardait pas du côté de la plaine, et je tombais sur lui. Mon affaire était immanquable; les Arabes le disent hautement. » Il en veut au général Changarnier, dont un ordre des plus impératifs l'a retenu alors et l'a forcé de rentrer : « Que Dieu lui pardonne! mais il m'a fait manquer un coup qui m'envoyait droit à la postérité. » Cette prise était réservée, quelques mois plus tard, à un jeune et hardi chasseur dont rien ne bridait l'audace. Malgré tout, et quoique Milianah devienne par moments centre d'opérations, Saint-Arnaud trouve qu'on n'en fait pas assez, que l'Afrique se gâte; les succès même acquis et obtenus nuisent désormais aux belles occasions : « **Alors** (en 1840 et 1841) on faisait de l'éclatant, aujourd'hui on fait du pénible, du fatigant, du méritant. » Son vœu et son rêve est toujours une grande guerre en Europe. En 1843, il croit en voir une qui se prépare en Espagne : « Ah! frère, si j'avais un régiment et qu'on me fît entrer en Espagne, où les affaires se brouillent, on verrait les officiers d'Afrique à l'œuvre. Je crois que je rajeunirais de dix ans... Je ferais parler de moi, quelque chose dans le cœur me le dit. Comme cette guerre aurait de l'intérêt pour moi, qui n'ai jamais rien fait qu'en Afrique, où tout se fait en miniature, où il n'y a de grand que les fatigues, les privations, les maladies et les dépenses! mais la vraie guerre contre des masses, contre du canon, contre des manœuvres, rien qui y ressemble, ou de si loin, qu'il faut une lunette pour y reconnaître quelque chose. J'ai seulement vu un bon et beau siége. Je voudrais voir une belle et bonne bataille, avec une cinquantaine de mille hommes engagés. »

Son rêve ici lui ouvre par avance l'avenir, et cette belle et bonne bataille où il verra, non pas cinquante mille, mais plus de cent mille hommes engagés, et où il commandera en chef, aura nom l'Alma. Heureux qui ne meurt pas sans avoir vu l'instant sublime qui lui rend accompli et exaucé son plus noble désir! il emporte jusque dans la mort la conscience d'avoir vécu.

Après un an du commandement de Milianah, où, encore lieutenant-colonel, il est remplacé par un maréchal de camp, il revient passer quatre mois de congé en France. De retour en Afrique en février 1844, il retrouve le maréchal Bugeaud, toujours aussi chaud pour lui, et qui lui donne le commandement de l'infanterie dans une colonne d'expédition conduite par le général Marey. Il éprouve des retards dans sa nomination au grade de colonel et les ressent vivement; il est pressé comme quelqu'un qui n'a pas de temps à perdre et dont le pouls a souvent la fièvre. Il n'était pas auprès du maréchal lorsque se livre la bataille d'Isly, « une vraie et savante bataille, » qui donne idée de ce que le maréchal pouvait faire dans une grande guerre. Cette image de grande guerre se retrouve sans cesse dans les prévisions de Saint-Arnaud et dans ses espérances. Un moment, au plus fort des débats Pritchard, il croit à une rupture inévitable avec l'Angleterre : « Il faudra en venir aux coups tôt ou tard, parce que l'esprit national et la masse de la nation, raisonnable ou non, entraînera et débordera le Gouvernement lui-même... Enfin, tout se complique tellement que la bombe éclatera, et ses éclats tueront bien des médiocrités, et nous... nous monterons. » *Nous monterons!* c'est là le fond de l'âme et de ses désirs. Ne demandons pas aux hommes de ne pas être des hommes; demandons-leur plutôt d'être le plus hommes possible, c'est-à-dire actifs, courageux, ardents et dévoués chacun dans leur ordre et dans leur ligne. Un moment, même après Isly, Abd-el-Kader recommence à se remuer. Il a quitté le Maroc et s'est montré en deçà de la frontière : « Cela ne finira jamais; tant mieux, nous aurons le temps d'entrer dans les constellations, » c'est-à-dire dans les étoiles de l'épaulette de général.

Le maréchal a obtenu pour Saint-Arnaud le grade de colonel; le 53ᵉ régiment et le commandement de la subdivision d'Orléansville, qui est en réalité un poste de général, voilà des occupations nouvelles et brillantes (novembre 1844); Saint-Arnaud s'y adonne tout entier. A peine installé dans son gouvernement, il fait labourer, il fait faire des routes. Il y a une mosaïque (car on est, à Orléansville, sur une ancienne ville romaine), une mosaïque admirable, qui servait d'enseigne au tombeau de saint Reparatus : « Je veux, dit-il, dans un sentiment de *Génie du Christianisme* que nous lui retrouverons plus tard, je veux faire bâtir l'église chrétienne au-dessus. Une voûte bien faite la conservera visible dans toute sa beauté, et le temple de Dieu s'élèvera là où il était il y a quatorze siècles. » En attendant, il donne un bal qu'il nous décrit plaisamment. Il entreprend toutes choses, et sa santé, bien que si atteinte, semble d'abord suffire à tout : « Comme tous les nerfs de mon imagination sont tendus, les autres sont au repos par force. » Un bonheur lui arrive : un marabout se disant chérif, c'est-à-dire de la famille du Prophète, a travaillé les tribus arabes; il a prêché la guerre sainte et a levé l'étendard. « Cher frère, la guerre, voici la guerre! vive la gloire! Nous sommes en pleine révolte d'Arabes. Les coups de fusil roulent comme en 1840 et 1842. » C'est Saint-Arnaud qui parle. Il a Bou-Maza à poursuivre, à réduire, à mater et à traquer. Bou-Maza, c'est son Abd-el-Kader à lui, et à force d'activité, il saura en venir à bout. L'Ouest est en feu. Avec les Arabes, c'est à recommencer toujours : « Cette nation-là naît un fusil à la main et un cheval entre les jambes. » Au point où il est arrivé, Saint-Arnaud sent ses vues s'agrandir, et se multiplier les occasions d'agir comme il l'entend. Ses idées sur l'Afrique plaisent au maréchal; sa manière de mener les Arabes en paix comme en guerre lui convient. Il ne songe plus à quitter cette terre d'Afrique; « plus il y réussit, plus il y est enchaîné; » c'est une bonne école; il se fait petit à petit général : « Je m'aperçois avec plaisir qu'en face des circonstances les plus difficiles je prends un calme et un sang-froid que je n'avais pas autrefois : je me sens commander, je m'écoute, je me trouve de l'aplomb, et tout marche. Qui sait ce que tout cela deviendrait sur une plus grande échelle et dans un cadre plus étendu?... Patience, notre temps et notre tour viendront! »

Puis, à d'autres jours, la patience manque; un mauvais vent du désert se remet à souffler; à force de guerroyer et de courir, de mener de razzia en razzia sa *colonne infernale*, de s'ingénier (périlleux problème) à soumettre les Arabes par les Arabes, de vouloir créer et fonder par tout le pays de petits forts de sûreté où les chefs amis, les agas et les caïds puissent se maintenir et se défendre au besoin, et brider les tribus rebelles; à force d'être sur pied nuit et jour, et de se ronger au gîte quand on y est retenu, à force de se passionner pour tout, on se consume, on s'use avec une rapidité effrayante : « Je veux trop bien faire et trop de choses, et je prends tout trop à cœur; c'est le propre des âmes généreuses, mais ces âmes-là ne vivent pas longtemps; elles s'usent trop vite, et je le sens, mais il n'est plus temps de se changer. »

Quelques visites de France apportent des diversions dans cette vie locale si dévorante. Saint-Arnaud voit à Alger M. de Salvandy, qui lui plaît beaucoup, et dont les bonnes qualités lui apparaissent là dans un jour tout favorable. A Orléansville, il a occasion de recevoir M. de Tocqueville et d'autres voyageurs appartenant à la Chambre ou à la presse. Il les observe d'un clin d'œil, il a des mots fins pour les *silhouetter* au passage. Il aime peu la presse d'ailleurs, et si en 1847 on le voit n'augurer rien de bon du système politique ministériel qui continuait de prévaloir, ce n'est point qu'il penche du côté des journaux; il s'exprime sur leur compte avec un dédain et une énergie de soldat : antipathie de milieu et de métier, plus encore que de nature.

Bou-Maza s'est rendu à lui. Il est fier, comme il le doit, de sa capture; cependant, lorsque ensuite on en fait un lion à Paris, il est d'avis qu'on le gâte trop. Grande révolution en Afrique : le maréchal Bugeaud se retire; « fatigué de lutter contre des ministres qui repoussent ses idées et veulent faire prévaloir d'autres systèmes, » il envoie sa démission, cette fois irrévocable. Le duc d'Aumale devient gouverneur général de l'Algérie. Saint-Arnaud est nommé maréchal de camp. C'est le moment où Abd-el-Kader se soumet, ou *les Girondins* de M. de Lamartine font fureur, où s'organisent les fameux banquets, où la France chauffe et fermente de plus en plus. Le général Saint-Arnaud arrive en congé à Paris, tout juste à temps pour assister à la Révolution de février (1848). Il y court quelques dangers du côté des quais, et est retenu quelque temps prisonnier à l'Hôtel-de-Ville.

Il se remarie et repart pour l'Afrique, décidé à suivre uniquement sa carrière militaire, en prenant aussi peu de part qu'il pourra à une politique qui le dégoûte et pour laquelle il n'est pas mûr. C'est alors qu'on voit avec lui percer et se produire plus fréquemment dans ses lettres cette seconde génération africaine qui remplacera la première déjà revenue en France; les Pélissier, les Canrobert, les Bosquet, les Morris, sont, avec Saint-Arnaud, les chefs brillants de cette seconde génération qui serre et talonne le plus près qu'elle peut les Changarnier, les Lamoricière, les Bedeau, les Cavaignac, et qui n'attend que son tour d'entrer en scène. La politique intérieure de la France, les fautes des assemblées et celles des dictateurs provisoires sont saisies dans les lettres de Saint-Arnaud avec un bon sens net, qui était assez facile d'ailleurs à qui restait en dehors et loin de la mêlée. Tout compte fait, et malgré les chances de guerre en Europe, il aime mieux l'Afrique pour le quart d'heure, bien assuré que, si l'on se bat en Europe, tout le monde en sera : « Ici, je sers mon pays, et je m'éloigne des mauvaises passions. » Le maréchal Bugeaud, rappelé dès ce temps-là à des commandements importants et consulté par le prince président de la République, dut lui donner les premières impressions avantageuses sur Saint-Arnaud comme officier général de grand avenir et comme homme de nerf à employer dans l'occasion : sa mort soudaine arrache à Saint-Arnaud des témoignages bien dus de regret et de profonde douleur. Il s'impatiente des lenteurs qu'on met à sortir du triste fossé où la France s'est jetée ; il n'aime pas la République, il la souffre ; il en souffre aussi. Ne lui demandez pas une ligne de politique suivie : sa solution, à lui, est celle de l'instinct, celle de son impulsion de cœur et de son intérêt particulier de soldat : « Je vois toujours l'avenir sombre ; avec la guerre, j'aurais eu quelque espoir ; j'aurais bravé tout, fait face à tout : j'ai fo en moi ; mais la paix nous étrangle. C'est le terrain des intrigants, des esprits médiocres, des faiseurs et des phraseurs ; ce n'est pas le mien. »

Une belle position d'intervalle et d'attente se présente pour lui : il est nommé au commandement supérieur de Constantine (janvier 1850). Tandis qu'en France les autres généraux illustres de la première génération africaine s'emploient utilement et s'usent aussi (et tous, sauf Changarnier, s'usèrent vite) dans les assemblées, dans les luttes et les compétitions civiles, lui, il va continuer de se former militairement et de mûrir. Il ne voit de l'émeute que ce que la déportation lui en a jeté de débris, « mélange d'artisans et d'instruments de désordre : journalistes, poëtes, maçons, instituteurs, peintres, puis des échappés de prison. » Il fait de ces déportés de Bone et de leur fureur d'énergumènes un tableau qui rappelle ceux d'une maison de fous. Au printemps, il entreprend une grande expédition au Sud, au delà de l'Aurès, qu'il traverse en tous sens ; il fait briller les baïonnettes françaises en de lointaines oasis et jusqu'en des défilés réputés impraticables, où, depuis les légions d'Antonin le Pieux, nulle force aussi imposante n'avait passé Il n'est pas insensible à ces souvenirs des temps anciens. Au bivouac de Raz-Gueber, en pleins Nemenchas, il rencontre des ruines de temples chrétiens : son imagination s'exalte, ce rayon de *Génie du Christianisme,* auquel nous l'avons déjà vu enclin et accessible, revient le frapper : « J'ai un aumônier, l'abbé Parabère, que je viens de faire recevoir chevalier de la Légion d'honneur devant la deuxième brigade. Il va nous dire la messe en face d'un vieux temple chrétien. Toute l'armée y assistera. Est-ce que tu ne trouves pas qu'on élève mieux son âme vers Dieu en plein air que dans une église? le vrai temple de Dieu, c'est la nature. L'abbé Parabère est enchanté de dire sa messe. Moi je penserai à vous tous, à ma femme, à mes enfants. »

Un moment viendra où il entendra la messe pour elle-même, le sacrifice pour le sacrifice : il a en lui un commencement de disposition, qui de la tête lui descendra dans le cœur.

Le résultat de sa campagne est complet. La puissance française s'est fait reconnaître et craindre en des contrées jusque-là hors d'atteinte, et où elle semblait ne pouvoir pénétrer. Bou-Akkas, le dernier des grands chefs du pays, qui avait toujours refusé de se faire voir à Constantine, y est venu faire acte de soumission et d'hommage au général Saint-Arnaud. Les gouverneurs généraux de l'Algérie se succèdent; le général d'Hautpoul y remplace le général Charron. Saint-Arnaud lui-même commence à entrevoir ce gouvernement général de l'Algérie comme pouvant devenir la récompense de ses travaux africains et le dernier terme de son ambition. Il témoigne toujours de la même aversion pour la politique intérieure de la France, triste ménage en effet, et des plus embrouillés alors : « Ce à quoi je dois viser, c'est à une réputation militaire pure de politique. Je ne suis ni usé, ni coulé comme tant d'autres; je suis jaloux de ne pas perdre cette rare et précieuse virginité. » Parti de

France depuis avril 1848, il ne connaissait nullement le prince président. Le résumé du message présidentiel le frappe ; il le trouve remarquablement bien : « Le général d'Hautpoul dit qu'il est de la main du président ; mais alors c'est un homme, c'est plein de cœur et d'esprit. »

L'expédition de la petite Kabylie ou Kabylie orientale, que le général Saint-Arnaud entreprend pour affermir son autorité dans sa province et agrandir sa réputation africaine, sera pourtant l'occasion imprévue de sa première initiation très-intime à la politique de Paris et de la France. Le prince président lui envoie le commandant Fleury pour faire cette expédition à ses côtés ; les entretiens de la marche et du bivouac durent en apprendre beaucoup à Saint-Arnaud. Par une campagne de quatre-vingts jours (mai-juillet 1851), durant laquelle sa colonne se mesure vingt-six fois avec l'ennemi, et toujours avec avantage, et où il dirige une série de mouvements qui amènent des résultats prévus et décisifs, il couronne sa carrière d'Afrique et mérite d'être nommé général de division comme il convient de le devenir, c'est-à-dire à la suite « d'une des plus rudes, des plus longues et des plus belles expéditions qui se pussent faire. » Cette nomination de général de division qui lui arrive en même temps que la nouvelle que son fils a passé un bon examen pour Saint-Cyr, lui tire de la plume et du cœur cette lettre charmante et qui décèle en Saint-Arnaud des qualités, des jets de source qu'on ne peut s'empêcher d'aimer :

« Cher enfant, tu es admissible, et moi je suis général de division. Nous avons fait tous deux un pas de plus dans le monde. Il t'en reste à toi beaucoup à faire en montant. Je viens d'atteindre le sommet de l'échelle militaire. Ma nomination, l'expédition que je viens d'achever avec quelque succès, aplanissent devant toi les difficultés de la route, je l'espère du moins ; mais que jamais cette idée ne ralentisse tes efforts et ton zèle. Cher Adolphe, il est doux de ne devoir rien qu'à soi-même. C'est une grande satisfaction pour les cœurs bien placés... »

Le fils, à qui cette lettre est adressée et à qui elle donnait une si pénétrante leçon, devait mourir avant son père.

Malgré sa répugnance à la politique, et quoiqu'il écrivît vers ce temps même : « Ici, l'on a sa réputation dans sa main ; à Paris, on la joue sur une phrase, sur un mot, sur une démarche, sur un sourire : j'aime mieux l'Afrique ; m'y laissera-t-on ? » le général Saint-Arnaud accepta le commandement d'une division active à Paris (juillet 1851) ; ce n'était qu'une porte d'entrée au ministère de la guerre (octobre). Dès lors les événements se pressent ; ceux auxquels le général Saint-Arnaud prit part sont trop considérables et trop voisins encore pour pouvoir être exposés avec tout leur développement. S'il avait tant tardé à se mêler de politique, il en fit beaucoup en peu de temps ; ministre de la guerre avant et après le 2 décembre, et durant cette année où la France entière changeait de face comme à un soudain commandement, le maréchal de Saint-Arnaud avait raison de dire : « C'est sur moi (dans le ministère) que reposent l'action et la force. »

Cependant cette santé, que nous avons vue tant de fois minée, se ruinait de plus en plus : il dissimulait encore ; l'ivresse des grandes choses faites ou à faire le soutenait par accès ; ceux qui le voyaient de près pouvaient seuls observer cette alternative presque continuelle de soubresauts et d'épuisements. C'est alors, après une dernière atteinte plus rude que les précédentes, qu'il recourut à un autre remède, à un auxiliaire puissant qu'on eût été loin d'imaginer. Pendant un séjour à Hyères pour une convalescence trop provisoire, il se sentit touché des entretiens d'un prêtre, qui lui parla un langage d'affection et de charité : « J'ai trouvé dans le curé d'Hyères, écrivait-il à son jeune frère du second lit (M. de Forcade), un prêtre comme je les comprends et les aime. Nous avons eu de longues conférences, et dimanche je communierai comme un vrai chrétien. Cette conversion t'étonnera peut-être, et tu verras en moi une grande transformation. La prière est un excellent médecin : rappelle-toi cela dans l'occasion. Tu feras lire cette lettre à ma gracieuse sœur : son âme élevée me comprendra. » (22 mars 1853.)

Ce qui est certain, c'est que cette force morale nouvelle qui lui vint par la religion servit puissamment à le rendre capable des derniers efforts auxquels sa constitution physique semblait par elle-même se refuser. Il ne lui fallait pas moins que ce viatique inattendu pour ravitailler jusqu'à la fin son cœur généreux, mais expirant, et qui était souvent comme aux abois. A n'en juger même qu'en moraliste et en philosophe, il est évident qu'ici le sacrement vint directement en aide et en réconfort à la vertu guerrière. Un second ressort mystique s'ajouta à celui de l'honneur et le doubla.

L'expédition d'Orient se prépare, et Saint-Arnaud, tout mortellement atteint qu'il est, demande à l'Empereur la faveur de la conduire et de la commander (1). Son vœu secret, magnanime, c'est du moins de tout lancer dans une bonne voie, de commencer, de pousser vaillamment la grande œuvre, et de mettre, dès les premiers jours, les choses dans un tel état qu'un autre, à son défaut, n'aura plus qu'à achever. Mais que de lenteurs non prévues, que d'obstacles de tout genre, que de misères à traverser avant de voir luire ce beau jour, ce jour unique tant désiré, et de mourir sans même avoir

---

(1) A l'un de ses anciens collègues dans le ministère (M. Giraud), qui, allant le voir, lui représentait l'état de sa santé à la veille du départ, il fit cette réponse : « La fortune est venue vite, il faut la justifier. »

pu assister et présider à la seconde grande journée!
J'userai de préférence, pour ce qui me reste à dire, de
lettres du maréchal non encore imprimées, et qui montrent à nu les mouvements, les battements de son cœur
dans une entière franchise.

En arrivant à Marseille en avril 1854, le général en
chef, au moment de s'embarquer, s'impatiente et se
plaint des lenteurs et mécomptes, sans doute inévitables
dans les débuts d'une grande entreprise. Il voudrait
s'embarquer le 27. Cependant il souffle un vent d'est
défavorable, et qui fait rentrer les bâtiments dans le
port. Il comptait sur des frégates; la marine n'a pu
fournir d'abord que des corvettes et des avisos. Il s'en
prend à tout le monde. Mais même quand il a l'air de
se fâcher, ce n'est que du bout des nerfs, et une sorte de
gaieté se mêle aux reproches comme une mousse piquante : « Il n'y a de charbon nulle part, et Ducos ordonne de chauffer *avec le patriotisme des marins*. C'est de
l'histoire. Chapitre oublié dans *les Girondins* ou les Garonnais... On ne promène pas un maréchal de France
général en chef comme une cantinière hors d'âge. »
Quelques lettres encore, il remerciera son ancien et
excellent collègue, le ministre de la marine, qui a fait
de son côté tout ce qu'il a pu.

Pendant toute cette première partie de l'expédition,
le maréchal Saint-Arnaud, on le conçoit, pétille d'impatience; il voudrait tout hâter, tout concentrer dans
sa main pour une exécution rapide; il se sent pressé, il
l'est plus qu'un autre, et ce n'est, en effet, qu'au prix
de cette activité dévorante, de ce cri continuel d'appel,
qu'à de telles distances et avec des éléments si nombreux
et si disparates à concerter, on parvient à être en mesure pour l'occasion.

Cette occasion, elle ne s'offrit point d'abord, et il fallut
des combinaisons pour l'amener. Partant de Yeni-Keuï

pour Varna, où il allait s'occuper à concentrer et à organiser l'armée, le maréchal de Saint-Arnaud songeait à se porter le plus tôt possible, et dans la première quinzaine de juillet sur Silistrie, pour y secourir les Turcs et atteindre les Russes s'ils s'y prêtaient. Ce premier mouvement, qui semblait naturellement indiqué, n'était pourtant pas aussi facile, les Russes même y consentant, qu'il le semblait à Paris aux promeneurs du boulevard; l'armée n'avait au plus de biscuits que pour dix jours : « De Varna à Silistrie, disait le maréchal (24 juin 1854), sur toutes les routes, peu ou point d'eau... quelques puits sans cordes et sans seaux. Je fais donner des cordes aux compagnies et des seaux en cuir. J'ai fait faire de grandes outres à Constantinople et partout; mais il faut des chevaux pour les porter... A chaque pas des embarras... des ennuis. C'est égal nous en triompherons, mais cela ne sera pas sans peine. Nous allons trouver sur le Danube un ennemi fortifié, bien établi dans un camp retranché, qui rend son armée, déjà forte, très-mobilisable. Nous croyions les Russes endormis, ils travaillaient, et si les Autrichiens ne marchent pas en avant, j'aurai 150,000 hommes sur les bras, dans de bonnes conditions et ayant bien préparé leur champ de bataille. On ne se fait pas d'idée de cela à Paris. On croit qu'il n'y a qu'à marcher sur Silistrie pour le débloquer et jeter les Russes dans le Danube.
— Pas du tout. — Il y a quatorze redoutes bien armées à enlever et 30,000 Russes dans la Dobrutscha, sur mon flanc droit. Vous voyez, mon cher ami, qu'il faut manœuvrer, ouvrir l'œil et jouer serré. J'ai peu d'envie de perdre 10,000 hommes à ma première affaire. »

Mais, tandis qu'il agissait en conséquence de ces données, les Russes se dérobaient à une trop facile bataille, et, le 27 juin, le maréchal écrivait de Varna : « Je suis à Varna depuis trois jours, et les oiseaux sont dénichés.

C'est un grand désappointement pour moi, qui me fait déplorer encore davantage les retards inévitables qui nous ont empêchés d'être prêts. — Ce n'est la faute de personne et c'est la faute de tout le monde. Enfin, au moment où nous étions en mesure, quand nous pouvions, avec quelques jours de marche, être en face des Russes, ils ont... ils ont lâchement levé le siége d'une bicoque, dont les défenseurs ont fourni une belle page à l'histoire de l'empire turc, et m'ont enlevé, à moi, une magnifique occasion de les battre; car j'avais quatre-vingt-dix-neuf chances contre une pour moi... C'est vexant... Le fait est accompli, les Russes ont repassé le Danube en détruisant leurs redoutes, leur camp retranché, leurs ponts. Où vont-ils? Je ne le saurai que dans quelques jours. »

Et encore, à la date du 11 juillet : « Les Russes m'ont causé une des douleurs les plus vives que j'aie ressenties de ma vie. Ils m'ont *volé* l'occasion presque sûre de les battre et de les jeter dans le Danube (1). »

Les Russes jouaient leur jeu, et il n'y avait rien dans ce mouvement rétrograde qui ne fût d'une bonne politique et d'une bonne tactique; Saint-Arnaud au fond le savait bien : « La Russie peut être bloquée impunément. Elle en est quitte pour se retirer dans sa carapace et attendre. C'est un porc-épic, et les piquants sont toujours en arrêt. »

La campagne semblait manquée; elle l'était dans sa première partie. On écrivait de France et tous les échos répétaient : *Faites quelque chose;* le cœur du maréchal le lui disait plus haut encore : « Vous dites, à Paris : *Il*

(1) C'est le même sentiment qu'exprime héroïquement Hector (au commencement de la tragédie de *Rhésus* d'Euripide), lorsqu'on vient l'éveiller de nuit pour lui annoncer que le camp des Grecs s'illumine de tous côtés de feux, ce qui est probablement le signal du départ : « O mauvais génie, s'écrie-t-il, qui m'arraches mon festin de lion au plus beau moment, avant que j'aie pu exterminer, balayer l'armée des Grecs tout entière avec cette lance que voilà! »

faut faire quelque chose, il est indispensable de faire quelque chose, de frapper un grand coup; mais je sens cela mieux que vous, mes généraux aussi, mes soldats aussi, tout le monde; mais j'aime mieux ne rien faire que de faire des bêtises ou de tenter des choses absurdes!... Je pioche jour et nuit, je sonde par la pensée la Crimée, Anapa, Tiflis et Odessa. Tous ces projets sont beaux et faciles à faire en imagination et en prenant du thé à Paris ou buvant du champagne (1). »

C'est alors qu'on en vint ou qu'on en revint à l'idée d'un débarquement en Crimée. La Crimée était d'abord l'idée favorite du maréchal, le *joyau* dont il rêvait. Il en avait médité jour et nuit les cartes et plans. Mais il avait vu des embarquements et des débarquements se faire, ces laborieux morcellements de transports, il savait à quelles chances fortuites sont sujettes ces vastes machines, dans lesquelles concourent tant de variables et d'inconnues, et, entre toutes les opérations de ce genre, combien est périlleuse celle surtout qui s'appelle un *débarquement devant l'ennemi.* En ces moments pénibles, la pensée religieuse à laquelle il s'était ouvert depuis quelque temps le ressaisissait à propos; il y puisait l'humilité en même temps que la force : « Vois-tu, frère, écrivait-il à M. de Forcade, à M. Le Roy de Saint-Arnaud, dans ces grandes expéditions, l'homme, c'est bien peu de chose; ses desseins, ses projets, c'est moins encore : il faut que Dieu sanctionne et protége tout cela. — Je ferai de mon mieux : Dieu est le maître; je ne néglige rien pour mettre les bonnes chances de mon côté; mais je sens bien que je navigue dans une mer semée d'é-

---

(1) Et même il ajoutait (car la gaieté du maréchal dans ses lettres s'exerçait volontiers aux dépens du Garonnais M. Ducos, son ancien collègue) : « Mais l'illustre Ducos, qui a créé un nombre indéfini d'escadres dans tous les coins humides du globe, ne m'a pas donné malgré mes cris le plus petit moyen de débarquement. »

cueils, et que chaque jour j'en vois sortir de nouveaux du fond des eaux... — A la volonté de Dieu! En attendant, je prie et ne me plains pas. »

A l'armée même, et parmi les officiers de toute arme, de tout grade, il ne manquait pas de contradicteurs et d'opposants à cette audacieuse entreprise : « L'opposition à la guerre de Crimée continue, écrivait un jour le maréchal, sourde chez les pusillanimes, plus ouverte chez ceux qui sont décidés à faire leur devoir. » Cette opposition, qui ne se déclara pas tout d'abord, tenait surtout aux événements qui étaient venus affecter l'état de l'armée à la fin du mois de juillet et pendant le mois d'août : choléra, incendie, tous les contre-temps et toutes les calamités.

Et d'abord le choléra qui éclate dans le camp de Varna, et dont le germe était également à bord de la flotte : « Tout allait bien, écrit de Varna le maréchal à la date du 4 août, tout marchait à souhait. Nos préparatifs sont poussés vigoureusement; j'ai été moi-même à Constantinople choisir le parc de siége pour remplacer celui que vous m'annoncez comme étant sur mer, — mais sur des bateaux à voiles, ce qui me le fait espérer pour le mois de septembre au plus tôt. Malgré cette anicroche incroyable, je pouvais croire à la réussite d'une expédition hardie, mais bien étudiée et entreprise par des gens de cœur commandant à de braves soldats. La main de Dieu brise souvent les projets des hommes. Le choléra s'abat sur nous et fait de grands ravages... la 1re division est décimée; la 2e moins touchée; la 3e a peu de cas ainsi que la 4e, mais la 5e est horriblement maltraitée... Le moral des troupes est excellent, mais comment oser entasser pour quatre ou cinq jours sur des vaisseaux des hommes qui ont le germe cholérique, germe qui existe aussi sur la flotte, où plusieurs équipages sont atteints et ont eu des morts! Je suis paralysé partout.

« Les Anglais sont comme moi, mais moins forts jusqu'à présent.

« Cependant il faudrait faire quelque chose, et nous sommes prêts...

« Malgré tout, je fais face à l'orage et mon moral est et sera toujours le même. C'est un mauvais moment à passer, je m'en sortirai ; mais j'avais rêvé une grande gloire pour mon pays, et le cœur me saigne en la voyant près de s'échapper. »

Et le 8 août, il définissait en ces termes sa situation telle qu'elle se peignait dans son imagination douloureuse : « Jamais général en chef n'a été placé dans une position semblable. Je l'accepte telle qu'elle est et je ferai face à tout ; mais personne ne la comprend cette position. — Pas d'ordres, liberté d'action, mais pas de *moyens de faire* : le choléra décimant mes troupes, et les fièvres du pays arrivant à grands pas. — Impossibilité de rester dans ce pays pestilentiel et d'y hiverner. — Nécessité de faire quelque chose ; tout le monde crie : *Sébastopol, Sébastopol !... Allons à Sébastopol*. Parfait si je réussis, mais si j'échoue !... J'ai plus de quatre mille malades et deux mille morts. — Toutes les divisions sont plus ou moins envahies ; la 1re, la plus belle, est abîmée. — Mauvaises conditions pour entreprendre une opération où toutes les chances de succès sont dans l'élan, la force et la vigueur. Malgré tout, le moral de l'armée est excellent, et je continue mes préparatifs. »

Et le 14, après le nom de quelques braves officiers qui ont succombé, tels que Carbuccia, aussi regrettable que d'Elchingen : « Bien d'autres braves ont succombé comme lui. La liste en est longue, et leurs cendres seront bien froides quand vous aurez à vous attrister et la lisant. Mais vous avez failli avoir de plus grands désastres encore à déplorer. Le 10 *août*, mauvais jour, nous nous sommes défendus pendant cinq heures pied à pied contre un saut aérien d'où personne ne serait redescendu par terre à l'état complet. Le feu a dévoré le septième de la ville de Varna, et les flammes, à plusieurs reprises, sont venues lécher les murs de nos poudrières. Les trois magasins renfermant les munitions de guerre des Anglais, Français et Turcs, étaient menacés, enveloppés, *échauffés* par le feu. A deux reprises, j'ai été supplié de faire sonner la retraite, signal d'un triste *sauve qui peut*. Je n'ai pas voulu. J'ai préféré sauter avec tout le monde ; il n'y avait de salut pour personne : Constantinople et ses faubourgs auraient sauté avec une telle quantité de poudres, et on n'aurait pas retrouvé vestige de Varna. J'ai lutté, et Dieu a fait changer le vent. Nous avons tous été bien fatigués. Le feu avait pris par la maladresse d'un débitant d'eau-de-vie qui a laissé s'enflammer de l'esprit. A sept heures, l'incendie se déclarait ; nous n'avons été maîtres du feu et hors de danger qu'à trois heures du matin.

« Les généraux Thiry, Bizot, Martimprey, le colonel Lebeuf et bien d'autres ont été superbes. Thiry disait avec calme : « Un miracle seul peut nous sauver, » et il restait devant son magasin. Le directeur de l'artillerie turque s'était couché devant la porte et attendait le moment fatal. Je n'ai eu à regretter que deux morts et quelques blessés. Mais quel désastre ! que de pertes ! Nous n'avions pas besoin de cela... Rien ne nous aura manqué : le choléra dans l'armée, et aujourd'hui dans les flottes ; — l'incendie. — Il nous faut une tempête atroce pour être complets : — je l'attends... »

Cependant il n'y avait plus que le choléra qui s'opposât au départ ; on attendait avec anxiété qu'il se ralentît ou cessât de sévir. C'est ce qui arriva dans la seconde quinzaine d'août. Au moment enfin de prendre la mer (29 août), énumérant encore une fois les incertitudes, les difficultés de tout genre qu'il ne se dissimulait pas, et sur le point précis où opérer le débarquement, et sur la manière d'aborder Sébastopol et le côté par où mordre à « ce dur morceau, » et son autre souci, presque aussi grave, du bon accord à maintenir entre des alliés d'habitudes et de génies si différents, le maréchal concluait ainsi et livrait le fond de son âme au sein de l'intimité : « N'est-ce pas bien lourd tout cela, mon cher Franconnière, pour un pauvre homme qui lutte contre ses propres souffrances, qui les domine pour d'autres luttes plus importantes et plus nobles, qui heurte sa tête, sans l'amollir, contre des obstacles sans nombre que la prudence humaine ne peut ni prévoir ni empêcher? Voilà la vie qui m'est faite, et le rôle qui m'est imposé. Pensée triste qui ne change rien à mes résolutions, à ma fermeté, à mon entrain, à ma confiance même, parce que j'ai foi dans le Dieu de la France et dans ses soldats, mais qui vous prouve que je ne me fais pas d'illusions et que j'envisage tout d'un œil calme. Fais ton devoir, advienne que pourra! »

L'héroïsme du maréchal en cette expédition glorieuse, on le sent bien maintenant, consiste non pas à avoir pris sur lui et à avoir maîtrisé sa souffrance pendant une journée, pendant une bataille, à avoir vaincu à l'Alma et à être resté debout tout ce temps, ayant déjà la mort dans les entrailles, mais à avoir fait cela pendant des mois et durant tous ces jours obscurs qui n'étaient pas des jours de bataille; il s'était fait une préméditation et une habitude de ce suprême effort où il est déjà beau à l'âme guerrière de réussir une seule fois. Il agissait et vivait à tous les instants, la mort dans le cœur, le calme sur le front.

A sa noble femme, la maréchale de Saint-Arnaud qui l'avait accompagné jusqu'à Constantinople et qui avait songé à aller même plus loin, il écrivait de Varna, à cette heure du départ pour la Crimée : « Il vaut mieux que je ne te voie pas. Je me serais beaucoup attendri, et cela m'aurait fait mal. Je souffre déjà bien assez, et j'ai besoin de tout mon courage, de toute mon énergie. Peut-être le repos forcé de la traversée me remettra-t-il : dans tous les cas, je me connais et je sais qu'au moment solennel la machine se remontera au diapason le plus élevé, dût-elle ensuite retomber affaissée sur elle-même ! J'ai éprouvé cela bien des fois dans ma vie. Dieu ne me retirera pas sa grâce au moment où elle me sera le plus nécessaire. » Il y avait d'autres heures moins soumises et où la nature retrouvait ses plus âpres plaintes ; à la maréchale encore, et à deux jours de là, il écrivait : « Aurai-je assez bu dans le calice d'amertume ? Il y a des moments où mon âme entière se révolte et se soulève. La prière n'agit plus sur moi que comme une tempête. Son impuissance me rejette parfois dans le doute, et je souffre tant que ma foi s'ébranle. »

A bord, et dès le premier jour de la traversée (6 septembre), il est assailli d'un accès de fièvre pernicieuse qu'il surmonte.

Opérant son débarquement le 14, et de la façon la plus brillante, la plus magnifique qu'on pût espérer, il pousse ses mouvements avec toute la rapidité possible ; mais nos braves alliés les Anglais n'ont pas l'élan de Saint-Arnaud : ils ne sont et ne seront jamais prêts (c'est lui qui le dit) qu'à se bien battre en face de l'ennemi, et il faut les *locomotiver* dans les intervalles ; ils ne savent pas *se retourner :* « Il y a deux jours, écrivait de Old-Fort le maréchal, à la date du 18, que j'aurais pu avoir battu les Russes qui m'attendent à Alma, et je ne peux partir que demain, grâce à MM. les Anglais qui ne se gênent guère, mais me gênent bien !... Enfin cela finira, je l'espère. Je pousse les opérations aussi vite que je le peux pour arriver jusqu'au bout. Ma santé est déplorable, mais personne ne s'en apercevra les jours de bataille. Je serai le 23, au plus tard, sous Sébastopol. »

Le 20 septembre se livre cette glorieuse bataille de l'Alma qui restaure, en face de l'Europe, l'honneur des armes de la France, et à laquelle il n'a manqué que mille sabres des chasseurs d'Afrique pour être la plus merveilleuse par les résultats : « Malgré tout, belle et magnifique journée, qui a mis au grand jour la valeur et les qualités de chacun, nation et hommes, a donné à l'armée un moral de 99 degrés et tué les Russes. » Saint-Arnaud écrit ces mots triomphants sur le champ de bataille même et la tête encore ardente de l'action. Mais il a touché le terme, et, comme dans l'épopée antique, le fantôme de la mort l'environne jusque durant sa victoire et se tient debout à ses côtés. « Si je triomphe, avait-il dit en s'embarquant, je ne resterai pas longtemps à jouir du succès; j'aurai fait plus que ma tâche, et je laisserai le reste à faire à d'autres; mon rôle sera fini dans ce monde, nous vivrons pour nous dans la retraite et le repos. » Il écrivait cela à la maréchale en se flattant peut-être ou plutôt en la flattant; il n'y avait plus pour lui que l'éternel repos. On sait qu'atteint le 24 d'une attaque de choléra, il dut résigner le commandement de l'armée, et il expira le 29 à bord du *Berthollet* qui le transportait à Thérapia. Sa retraite et sa mort ont laissé douteuse, à son grand honneur, la question de savoir si, lui vivant, le siége de Sébastopol et toute l'expédition de Crimée n'eussent point été considérablement abrégés; car sa retraite, après le premier grand coup d'épée, eut pour effet immédiat de supprimer la rapidité dans les opérations, cette rapidité foudroyante qui était sa pensée même et qui, à ce début, était le premier élément de succès. C'était lui qui avait dit : « Si je débarque en Crimée, si Dieu m'accorde quelques heures d'une mer calme, je suis maître de Sébastopol et de la Crimée; je mènerai cette guerre avec une activité, une énergie qui frappera les Russes de terreur. »

Belle mort, quoi qu'il en soit du contre-temps, heureuse même dans sa destinée incomplète, et qui comble à jamais une vie de guerrier. Le maréchal Saint-Arnaud a un dernier bonheur, et qui assure à son nom une durée ou mieux un rajeunissement continuel que les actions toutes seules ne donnent pas. Il s'est trouvé écrivain sans le savoir et sans y viser. Ses lettres, conservées avec intérêt dans sa famille et publiées aujourd'hui par elle, sont tout naturellement une des productions les plus agréables de cet esprit français si vif, si net, si improvisé, et qui n'a jamais fait faute en aucun temps à nos hommes de guerre, à remonter jusqu'au vieux Villehardouin. Le maréchal de Saint-Arnaud est de ceux qui ne sont pas plus embarrassés à tenir la plume que l'épée, et qui, en ne songeant qu'à laisser courir leur pensée du moment, réussissent souvent à mieux dire que les auteurs de profession. On le lira toujours avec plaisir, même après les grands écrivains militaires, les César, les Montluc, les Villars; n'ayant pas écrit des Mémoires, mais des Lettres, il est même le premier des épistolaires de bivouac. Sa langue est svelte, son bon sens fin, spirituel, sa gaieté excellente, son naturel saisissant; son expression prompte est presque toujours celle que la réflexion eût choisie. Il a de l'artiste, du soldat, de l'homme surtout, et si l'on voulait donner à quelque étranger de distinction, à quelqu'un de nos ennemis réconciliés, la définition vivante de ce qu'est un brillant officier français de notre âge, on n'aurait rien de plus commode et de plus court que de dire : Lisez les lettres du maréchal de Saint-Arnaud.

31 mai 1857.

APPENDICE

On lit dans *le Moniteur* du 18 avril 1856 :

« Aujourd'hui (17 avril) a eu lieu, dans la salle du Conservatoire impérial de musique, la distribution solennelle des prix de la Société des gens de Lettres.

« La séance, ouverte à deux heures sous la présidence de M. Mérimée, sénateur, académicien, et membre du Jury d'examen, a commencé par une cantate, paroles de M. Émile Deschamps, musique de M. Halévy, chantée par M. Roger, de l'Opéra, avec chœurs et orchestre du Conservatoire.

« M. Louis Lurine a lu ensuite un discours vivement applaudi, auquel a succédé une autre cantate, paroles de M. Camille Doucet, musique de M. Auber, chantée par madame Marie Cabel.

« Aussitôt après, M. Sainte-Beuve, de l'Académie française, a lu le rapport, que nous reproduisons plus bas, sur les résultats de ce concours, et a proclamé les noms des lauréats. Ce sont MM. :

Jacques Demogeot. — *Étude sur les Lettres et l'homme de Lettres au dix-neuvième siècle.*

POUR LA POÉSIE :

(*Les Chercheurs d'or au dix-neuvième siècle.*)

MM.

Karl Daclin, 1er prix.
Eugène Villemin, 2e prix.
Ph. Boyer et Th. de Banville, 1er accessit.
Émile de Labretonnière, 1re mention honorable.
Siméon Pécontal, 2e mention.

POUR LES NOUVELLES :

MM.

Louis Fortoul, 1er prix.
Le comte de Légurat, 2e prix.

« Enfin, madame Arnould Plessy, de la Comédie française, a lu avec une grâce charmante *les Chercheurs d'or*, de M. Karl Daclin.

« La séance a été levée à cinq heures. »

Rapport fait par M. Sainte-Beuve, au nom du Jury d'examen pour les prix proposés par la Société des gens de Lettres, et lu dans la séance publique du jeudi 17 avril.

« Messieurs,

« L'encouragement des Lettres sous toutes les formes est utile et honorable. Quand ce sont les pouvoirs publics, quand c'est l'État qui prend à cet égard l'initiative, cela s'appelle protection, et cette protection favorisée d'heureuses rencontres et entourée de hautes lumières, a pris, à de certaines époques, un caractère d'immortelle grandeur. Quand ce sont les Académies qui encouragent, c'est une sorte de protection encore, protection fort adoucie et ornée, assez imposante toujours, et qui peut même intimider quelquefois le talent par l'idée qu'on attache à des conventions de rigueur ou à des doctrines régnantes. Mais il est une forme d'encouragement à la fois bien noble et plus accueillante, et qui s'inspire de l'esprit de confraternité pour faire appel à tous, — bien réellement à tous, sans acception d'idées, de systèmes, de genres littéraires ; et ne demandant que cette moralité saine qui vient de l'âme, et la marque du talent. C'est le caractère du Concours qu'une disposition généreuse, transmise à la Société des gens de Lettres par un de ses membres (1), lui a permis d'ouvrir dans des proportions inusitées, et dont elle vient vous rendre compte. La preuve que c'est bien à tous qu'elle s'adressait, c'est le nombre même de ceux qui ont répondu de toutes parts à l'appel et qui se sont présentés avec espérance ; c'est aussi, j'ose le dire, l'ensemble tout à fait satisfaisant et la variété des résultats.

« Quatre sujets étaient proposés, dont les titres seuls témoignaient de cet esprit de bon accueil et d'entière ouverture qui devait présider à l'examen. On demandait :

1º Un Discours sur les Lettres et l'homme de Lettres au dix-neuvième siècle.

2º Une Étude sur le célèbre romancier Balzac.

3º Une pièce de poésie qui répondît à une idée très à l'ordre du jour, mais diversement comprise : *les Chercheurs d'or.*

« Aucun programme tracé à l'avance n'indiquait le sens dans lequel ces différents sujets devaient être traités. Cela voulait dire : « Faites bien, et entendez-le comme vous voudrez. »

4º Enfin, on demandait une Nouvelle ou pathétique, ou délicate, ou piquante, dont le sujet naturellement était laissé à l'inspiration des concurrents.

« De ces quatre sujets un seul, celui de Balzac, a trompé les espé-

---

(1) La somme de 20,000 francs affectée à ces prix avait été mise à la disposition de la Société par le docteur Véron qui avait tenu à garder l'anonyme, mais dont le nom n'était un secret pour personne.

rances. Je ne reviendrai pas sur ce qui vient d'être si bien dit, et dit de telle manière, avec tant de pénétration d'analyse, tant de bonheur d'expression et de vigueur d'accent, que l'Étude semble faite : j'allais oublier que mon devancier, en me comblant, m'a interdit à son égard l'éloge. Les concurrents ont donc échoué sur un point. Il y a en effet, je ne fais que le redire, il y a dans le talent de Balzac je ne sais quel prestige qui fascine ; et à ceux qui le sentent le plus vivement il faut du temps, je le crois, pour réagir sur eux-mêmes, pour se dégager et se rendre compte de l'impression qu'ils subissent, dussent-ils la justifier et la confirmer ensuite par l'examen. Le temps a manqué, et de la foule des admirateurs (cela n'a rien d'étonnant), il n'est pas sorti du premier coup un bon juge.

« Le Discours sur les Lettres et sur l'homme de Lettres au dix-neuvième siècle, semble, au contraire, avoir trouvé des concurrents tout préparés. Il s'en est présenté jusqu'à trente-huit dont plusieurs ont fait preuve de connaissances étendues et d'idées. Le Discours auquel le prix a été décerné à l'unanimité des suffrages, se distingue par la composition, la justesse de la pensée, le tour aisé et le soin de l'expression ; on sent une plume exercée, châtiée, maîtresse d'elle-même, soit qu'elle coure avec vivacité, soit qu'elle se complaise au développement. Elle s'aiguise d'une fine ironie, lorsqu'elle touche quelques-uns de nos travers : une douce et noble chaleur anime les endroits où l'idéal du bien nous est proposé. L'auteur est évidemment de ceux chez qui le goût s'inspire aux sources de l'âme. Il y est parlé délicatement de la dignité des Lettres, de leur rôle dans la société, et surtout de leur part dans la vie. L'auteur continue d'entendre toutes ces choses comme on les entendait autrefois, du temps d'Horace, du temps de La Bruyère et de Vauvenargues. C'est dans ces limites, chères aux esprits d'élite et aux âmes modérées, qu'il circonscrit ses vues, et qu'il aime à tracer le cercle où il voudrait retenir le plus habituellement, ou faire rentrer le plus tôt possible, l'homme de Lettres même de l'avenir. Après avoir entendu la lecture (comme on aurait désiré que vous pussiez l'entendre, Messieurs) de cette composition vraiment classique et pleine d'urbanité, le Jury n'a pas été surpris de rencontrer le nom de l'auteur, M. Jacques Demogeot, professeur agrégé de l'Université, connu par une Histoire élégante de la Littérature française et par des études d'art et de poésie.

« D'autres concurrents toutefois, moins heureux dans l'exécution, mais louables encore dans la pensée, avaient abordé le sujet par d'autres aspects, et soulevé, sans les résoudre, quelques-unes des difficultés qui demeurent jusqu'ici pendantes. Qui pourrait se le dissimuler, en effet ? la condition de l'homme de Lettres, comme tant d'autres conditions dans notre société, a changé, et probablement changera de plus en plus ; elle est soumise bien autrement qu'elle ne l'a jamais été à ces grandes lois de l'égalité, de l'émulation, de la libre concurrence. Heureux qui peut encore cultiver les Lettres comme du temps de nos pères, dans la retraite ou dans un demi-loisir, faisant aux affaires, aux inévitables ennuis leur part, et se réservant l'autre; s'écriant avec le poëte : *O campagne, quand te reverrai-je?* et la revoyant quelquefois; et là, dans la paix, dans le silence, mûrissant quelques beaux fruits préférés, résumant dans quelque livre choisi, et qu'on ne recommence pas, les trésors de son imagination ou de son cœur, ou, comme Montaigne, le suc le plus exquis de ses lectures et de son étude! La littérature ainsi comprise et cultivée, se peut appeler la fleur et le parfum de l'âme. Mais elle est encore autre chose, Messieurs, elle est un instrument plus puissant, ou du moins plus actif, l'expression et l'organe perpétuel des pensées, des travaux de toute une vie. Il est homme de Lettres aussi, celui que le feu de son imagination porte sans cesse vers des sujets nouveaux; qui, doué de verve et de fécondité naturelle, n'a pas plus tôt fini d'une œuvre qu'il en recommence une autre; qui se sent jeune encore pour la production à soixante ans comme à trente, qui veut jouir tant qu'il le peut de cette noble sensation créatrice et mener la vie active de l'intelligence dans toutes les saisons. Il est homme de Lettres celui que la nécessité (pourquoi ne pas la nommer, cette mère rigoureuse de plus d'un grand esprit?), — que la nécessité, dis-je, aiguillonne et arrache à la douce paresse, que l'occasion encourage et multiplie, et qui, une fois voué à cette vie de labeur et de publicité incessante, ne déroge point pour cela, ne tombe point par là même en décadence, mais a chance de se varier, de s'élever, de se perfectionner parfois. On parle toujours de La Bruyère et de son livre unique, immortel. Heureux La Bruyère en effet! Mais qui nous dit que si, dès l'âge de vingt-cinq ans La Bruyère, dans un siècle différent du sien, avait été obligé pour vivre, pour se faire connaître, de tailler sa plume, d'écrire moins bien d'abord, mais vite, mais toujours, il n'aurait point tiré de lui autre chose encore que ce que nous en avons, et je veux dire autre chose de bien, qui sait? de mieux peut-être? Ces roideurs de style, ces passages qui sentent l'huile dans son beau livre, auraient disparu. Ces portraits et caractères composés si savamment, mais composés et concertés, auraient pris plus de naturel et de vie; les originaux vrais auraient apparu, se seraient développés avec ampleur, abandon, et je ne sais quel charme qui leur manque; je le suppose toujours à l'abri du trop de facilité et du laisser-aller. Il aurait peut-être créé des genres, trouvé des veines que nous ne soupçonnons pas, qu'il n'a pas soupçonnées lui-même. Sans doute faire trop est un danger, mais faire trop peu est une tentation. Il y a bien des couches dans la profondeur d'un vrai talent; la première couche peut être riche : qui nous dit que la seconde ou la troisième ne le serait pas davantage, si le chercheur d'or, stimulé par un maître sévère, creusait sans cesse et allait plus à fond?

« Ce ne sont là que des aperçus ; ils ont leur vraisemblance, et je ne les crois pas dénués de vérité. En fait, la condition de l'homme de Lettres a changé ; le nombre est de plus en plus grand de ceux qui, ne pouvant s'assujettir à ce qui fait l'objet de la plupart des ambitions, à ce qu'on appelle *une place*, sont prêts à se confier tout entiers, eux et les leurs, à leur plume, à leur plume seule. A ceux-là, généreux imprudents et qui vont courir tant de hasards, s'ils ont même un véritable talent, que de conseils nouveaux à donner et non prévus par Quintilien, pour leur dignité, pour la conduite et l'économie de leur verve laborieuse, pour la modération des désirs, pour qu'ils ne sacrifient pas l'art au métier, l'inspiration à l'industrie, pour qu'ils ne fassent du moins que les concessions indispensables ! S'ils sont aimés du public, et si la faveur, si l'estime ou l'admiration les récompense, il importe de plus que cette récompense, sous ses différentes formes, aille bien à eux, leur revienne en une juste proportion et ne reste point en chemin : c'est à cette condition que leur talent vieillissant ne sera point condamné à une production toujours recommençante, et que là aussi, au bout de la carrière, il y aura la dignité d'un certain loisir. Être homme de Lettres comme on est avocat, comme on est médecin, ne vivre que de sa plume, ne relever que du public, des nombreux amis et des clients qu'on s'y est faits, quoi de plus noble et de plus honorable ?

> Il est si doux, si beau, de s'être fait soi-même,
> De devoir tout à soi, tout aux beaux-arts qu'on aime,

a dit André Chénier : mais encore faut-il que ce soit possible, et que l'organisation de la chose littéraire s'y prête. Ici se rencontre une question forcément matérielle, et que les esprits mêmes qui aimeraient le moins à s'occuper de ce côté de la vie ne peuvent éviter. Du moment, d'ailleurs, qu'il y a production d'une richesse dans la société, il y a un possesseur, et il est juste que la richesse produite ne se trompe point, qu'elle n'aille point presque entière à qui l'a moins méritée. De là, des questions positives qui se mêlent aux questions morales et qui intéressent la condition future de l'homme de Lettres et sa véritable indépendance. Ces questions complexes étaient peut-être contenues dans votre programme : elles resteront longtemps encore proposées ; nous aimons à espérer qu'elles se résoudront peu à peu, et dans un sens qui ne sera pas défavorable, en définitive, à l'honneur des Lettres, ni à l'émancipation de l'esprit.

« La poésie, revenons à la poésie ! elle a répondu avec ardeur, avec feu et sur tous les tons, à l'appel et au vœu des fondateurs du Concours, non pas qu'il soit sorti de cette mêlée générale, où 251 concurrents étaient aux prises, une œuvre achevée, complète, et qui réunisse toutes les conditions que les législateurs d'autrefois en ces matières eussent exigées pour une parfaite couronne ; mais il y a nombre de pièces, et même parmi celles qu'on a eu le regret de devoir éloigner, où s'est montrée l'empreinte du talent, le signe distinctif du poëte; et quelques-unes enfin dans lesquelles, d'un bout à l'autre, un souffle heureux a circulé. Le sujet proposé, et où l'or se présentait comme réalité ou comme emblème, a été considéré sous ses divers aspects; la Californie et ses mines à fleur de terre n'ont été pour la plupart que le prétexte. Les uns ont pris parti contre l'or et les vices qu'il soudoie, d'accord en cela avec tous les anciens moralistes et satiriques, avec Juvénal et Boileau. D'autres ont cru l'or moins coupable s'il est bien employé, et ils ont tempéré leur anathème. D'autres enfin n'ont pas eu du tout d'anathème : ils ont osé soutenir en moralistes hardis, mais surtout en poëtes, qu'il faut dans ce monde nouveau, où la nature domptée par la science devient la première collaboratrice de l'homme, marcher résolûment à la fortune pour en faire un large et magnifique usage, conquérir l'or pour le répandre ensuite d'une main souveraine, pour fertiliser en tous sens et renouveler la face de la terre. Nobles esprits qui parlent sans doute ainsi avant de s'être mis en marche pour la riche conquête! Quoi qu'il en soit, et vous en jugerez tout à l'heure, Messieurs, le Concours a eu de la vie, et la poésie qu'on y couronne n'est pas une poésie froide et morte.

« La pièce qui a mérité le premier prix se distingue par je ne sais quoi de prompt, de svelte, de facile, qui marche de soi-même, et qui, chemin faisant, se rencontre avec l'élévation ou l'ingénuité du sentiment. Le poëte au début se représente une maison ou plutôt un village abandonné : de pauvres Alsaciens sont partis, au bruit des merveilles de la Californie, pour aller tenter fortune. On nous les montre de loin en voyage; mais, arrivés à Paris, une voix, qui sort de toutes parts, s'élève et leur dit : C'est ici qu'on cherche l'or, ne le voyez-vous pas? Et le poëte, prenant la parole, décrit avec feu, avec rapidité, les différentes manières de le chercher; mais, trop jeune sans doute et trop pur pour être censeur impitoyable, il s'arrête, il considère le bien à côté du mal, tant de charité, de dévouement, de patriotisme, de vertus militaires et de sacrifices, de poésie encore, tout ce trésor moral subsistant dans de belles âmes. Ce passage d'une noble et pure veine et d'une émotion vibrante a décidé du succès de la pièce et a enlevé tous les suffrages. Le poëte oublie un peu ses émigrants, qui n'étaient que le prétexte, et on les oublie avec lui.

« Ce qui caractérise cette pièce à nos yeux, c'est, je le répète, qu'elle est née d'un souffle, qu'elle est bien venue et tout d'un jet. Sans doute, tout ne s'y tient pas également; la source est pleine de fraîcheur, mais elle ne coule pas dans un canal régulier. Il y a même des endroits où le canal semble manquer, où la ligne est indécise, mais la source reprend aussitôt. Enfin, en la mettant au premier rang, le Jury a cédé à une impression unanime reçue par lui à plus d'une reprise; il a cru couronner, et il ne s'est pas trompé, quelque chose de la naïveté, du mouvement et de la grâce de la jeunesse.

« L'auteur de cette pièce est M. Karl Daclin, attaché au ministère d'État.

« La pièce qui a mérité le second prix offre des caractères assez différents et quelquefois opposés : de la fermeté, de l'habitude, une idée suivie et s'enchaînant avec vigueur dans toutes les parties de son développement, de l'élévation aussi et un sentiment moral s'attaquant à d'autres cordes, mais également vibrant. Le poëte cette fois n'anathématise point l'or et ne blâme point les malheureux émigrants qui le vont chercher; il jette sur l'ensemble du monde un regard de tristesse et trouve encore l'humanité bien misérable au gré des désirs et des vœux qu'il conçoit pour elle. Il est de ceux qui aiment à croire à un grand avenir, à une ère décidément nouvelle, et qui mettent l'Age d'or en avant : s'il y a quelque système en ceci et quelque illusion (et il en paraît convenir vers la fin), il anime ses tableaux du moins par un enthousiasme sincère et par des traits d'une imagination grandiose; mais ce qui est mieux, il y met des tons de cordialité franche et de mâles effusions de tendresse. Quand il fait dire à chaque portion souffrante de la société et de la famille, à l'enfant, à la jeune fille, à l'épouse indigente, à l'aïeule glacée, quand il leur fait dire tour à tour à chacun : Cherchez l'or, nous en avons besoin pour vivre, pour grandir, pour travailler même et avoir toutes nos vertus, pour vieillir et pour mourir, — il a touché les fibres de tous et il arrache des larmes. Ce passage éloquent et tout semé d'images poétiques a enlevé les suffrages du Jury : qu'il enlève aussi les vôtres, Messieurs; car la pièce entière ne pouvant vous être lue comme va l'être tout à l'heure la première, je demande au moins à vous en dire le plus bel endroit :

>   Cherchez l'or, dit l'enfant qui souffre;
>   Au travail, joug prématuré,
>   Je meurs; — ni le beau ciel doré
> Ni le bel arbre vert ne viennent, à ce gouffre,
> Dissiper les vapeurs dont je suis dévoré...
>
>   Cherchez l'or, dit la jeune fille;
>   Mon travail ne me suffit pas;
>   Et le tentateur sur mes pas
> Jette rubans, tissus, joyaux, tout ce qui brille.
> Je pleure, et la misère insulte à mes combats...
>
>   Cherchez l'or, dit la jeune épouse;
>   Sous les travaux mon front penché
>   Ressemble un myrte desséché,
> Qui livre sa couronne à la chèvre jalouse,
> Ou que les vents du nord, l'hiver, ont arraché.
>
>   Cherchez l'or, dit la blanche aïeule;
>   La bise est mortelle au vieillard;

> Quand vient la neige ou le brouillard,
> L'âtre est vide, et le blé souvent manque à la meule.
> Allez!... et revenez avant qu'il soit trop tard...
>
> . . . .
>
> Cherchez l'or, cherchez l'or! — Apportez le bien-être;
> De la grande famille acquittez la rançon;
> Au joug des ateliers l'enfant ne doit plus naître,
> Et le beau lis éclos des larmes du gazon,
> La vierge, qu'au travail comme un bœuf on attelle,
> La vierge, en fredonnant, doit tisser la dentelle,
> Et briller dans son charme au seuil de la maison.

« On a cru couronner dans l'auteur de cette pièce (et on ne s'est point non plus trompé) un homme de talent et de sentiment, doué de .erté de cœur, une âme qui a souffert et qui s'y est aguerrie.

« L'auteur est M. Eugène Villemin, homme de Lettres et docteur en médecine.

« L'accessit a été obtenu par une pièce qui a des mérites à elle et qui porte aussi sa marque poétique. Il y a de la verve, un mouvement impétueux; les navires qui partent pour traverser l'Atlantique marchent bien; les chercheurs d'or, les émigrants sont bien lancés; le tableau de l'agitation humaine et de cette poursuite fiévreuse, qui est celle de la misère autant que de la cupidité, se dessine nettement. Le poëte, à un moment de la pièce, met en opposition les deux points de vue, les deux ordres de considérations morales et sociales. Le moraliste, l'économiste d'autrefois s'indigne, s'irrite de cette poursuite de l'or, il voudrait ramener le monde à la pauvreté. Il y a, à cet endroit, de fort belles strophes, et qui expriment énergiquement la protestation de l'antique frugalité à la vue des poursuivants modernes de la richesse et des adorateurs du veau d'or : j'en veux citer une seule, qui a bien du souffle et de la verdeur :

> Généreuse aristocratie
> Des grands cœurs sur terre envoyés,
> O Caton, ô La Boëtie,
> Fiers de vos indigents foyers!
> O laboureurs qui sauviez Rome,
> O Bayard! pauvre gentilhomme,
> De tout, fors de sang, économe;
> O Corneille! ô Marceau! vous tous
> Dont la misère fut féconde,
> Et sans trêve dota le monde
> Des vertus par où tout se fonde,
> En les voyant, que diriez-vous?

« Certes, il y a peu de poëtes capables de conduire d'une main ferme des strophes de ce genre, cette espèce de char lyrique à double rang de triples chevaux. Ce mouvement, qui se soutient pendant huit strophes, atteste la force et l'adresse d'un talent éprouvé. La réponse dans laquelle les avantages de l'or sont opposés aux invectives des détracteurs, réponse qui rentre dans le ton et la doctrine de la pièce précédente, n'est pas à la hauteur de cette course lyrique du milieu, sans quoi le char du poëte, ou, pour parler plus exactement, des poëtes, eût touché plus près du but.

« Je dis les poëtes, car la pièce s'offre à nous signée par les deux noms unis et fraternels de MM. Théodore de Banville et Philoxène Boyer, de la Société des gens de Lettres.

« Des mentions toutes particulières ont été accordées encore à deux pièces diversement remarquables : M. Émile de Labretonnière, membre de l'Académie de La Rochelle, dont la pièce a obtenu la première de ces mentions, a composé, sous le titre de *Petit Souper, tableau de chevalet*, une scène nocturne qui se passe à la Maison d'Or, en carnaval, et où il introduit des originaux et des masques à demi philosophes qui parlent très-spirituellement de nos vices et de nos travers. La seconde mention a été obtenue par une pièce d'un ton moral élevé, mais où le sujet n'a point paru assez directement traité. L'auteur de ces strophes généreuses, parfois éloquentes, est M. Siméon Pécontal, poëte bien connu, l'un des fervents disciples de l'art sérieux, et qui, tout récemment encore, en célébrant dans des stances le génie de Chateaubriand, a rencontré un des plus beaux exordes lyriques dont puisse s'honorer l'ode française.

« Si ceux qui n'ont pas été vainqueurs ont de tels mérites, les vaincus trouveront peut-être de quoi se consoler. Parmi ces derniers, il en est quelques-uns qu'on a regretté de ne pouvoir admettre à l'une des distinctions proposées. Plusieurs de ceux qui n'ont pu y atteindre et qui sont restés en deçà, s'étant hâtés d'en appeler au public et de faire imprimer leurs vers, je n'ai point à m'en occuper ici. Je signalerai seulement deux pièces dignes de mention parmi celles qui ont succombé : l'une, un dialogue extrêmement spirituel, et parfois poétique aussi, entre deux anciens camarades de collége, un poëte et un banquier ; le sujet du Concours y est traité un peu trop sans gêne toutefois. Cet excès de plaisanterie ou de familiarité a nui à la pièce, d'ailleurs aussi élégante que facile. Une autre pièce, qui a longtemps attiré l'attention de la sous-commission et du Jury, est un conte dont la scène se passe en Normandie, et qui sent tout à fait sa littérature familière du dix-huitième siècle, poésie courante, négligée, gracieuse toutefois et spirituelle, dernier souvenir d'un genre ancien et qui s'efface. Mentionner cette pièce et dire qu'elle a compté longtemps dans la balance du Jury, c'est montrer au moins qu'on n'a fait exclusion d'aucune manière et qu'on ne s'est enfermé dans aucune école.

« Il faut s'arrêter et passer à la dernière branche du Concours, à celle qui confine au roman. L'ouvrage qui a obtenu le premier prix parmi les 129 présentés, et qui a paru le plus s'approcher de l'idée qu'on se pouvait faire d'une nouvelle excellente, a pour titre *Cécilie*. De la curiosité, une fantaisie parfois saisissante, une moralité affectueuse et qui pénètre, la vigoureuse peinture de deux avares qui n'ont peut-être d'autre défaut que de se corriger à la fin (les avares ne se corrigent pas), recommandent cette nouvelle dont l'auteur est M. Louis Fortoul de la Société des gens de Lettres, déjà connu par des écrits qui intéressent l'éducation de l'enfance.

« La nouvelle qui a obtenu le second prix, et qui a pour titre *le Chant des Hellènes*, est une confession, ou du moins une confidence, celle d'une femme à une jeune amie qu'elle veut prémunir contre un travers dont elle n'a pas su se garder elle-même. « Préserver son imagination de tout écart n'est qu'un simple calcul de bonheur pour une femme vertueuse : » cette épigraphe, empruntée à madame Necker de Saussure, se trouve justifiée par le récit ; mais ce récit est facile, naturel, coulant, et n'a rien d'une prédication. C'est l'histoire d'un enthousiasme romanesque pour un beau chanteur qu'on croit né prince, une erreur d'imagination dans l'amour. Le ton est celui du monde et de la bonne société. Le billet décacheté a donné le nom de M. le comte de Légurat. Serait-ce être indiscret de chercher encore sous ce nom et d'y entrevoir un gracieux talent de femme?

« Deux autres nouvelles ont mérité des accessits : le premier est accordé à un récit intitulé *les Deux Transfuges*, qui semble réel dans sa singularité, et qui s'encadre agréablement entre les haies d'un humble champ du Bourbonnais. L'auteur est M. Oscar Honoré, de la Société des gens de Lettres. — La nouvelle qui a obtenu le second accessit a pour scène les bords de la mer sur les côtes de Normandie, et pour sujet un épisode de la vie de pêcheur : au milieu de figures simplement vraies se détache celle de *Pierre*, qui donne son nom au récit, et qui est pleine d'idéal et de sensibilité. L'auteur est M. Charles Deslys, de la Société des gens de Lettres.

« Tel est, Messieurs, le produit assurément très-varié et assez animé du Concours. Au milieu des comparaisons multipliées et consciencieuses auxquelles se sont livrés le Jury général et les sous-commissions dans lesquelles il s'était divisé, il y avait une difficulté très-réelle, au moins pour ce qui concernait les nouvelles et la poésie, non pas tant à démêler d'abord qu'à classer définitivement les ouvrages. Cette difficulté tenait au grand nombre des concurrents, à la diversité des sujets ou à la manière très-diverse dont le même sujet était envisagé, et, je le dirai aussi, au grand nombre des juges. Le Jury a fait tous ses efforts pour être juste et pour ne manquer à aucun devoir. Pour moi, qui suis de ceux à qui la Société des gens de Lettres avait fait l'honneur de les appeler dans son sein pour participer à ce jugement, je puis dire en mon nom et en celui des hommes de Lettres ainsi conviés que j'ai été frappé et touché avant tout d'une chose, du sentiment d'équité générale et bienveillante qui a présidé à ce long examen. Ainsi, pour le concours de poésie, dont j'ai pu suivre de plus près toutes les phases, que de soins, que de lectures répétées, que de retours en arrière et de révisions! combien d'épreuves et de contre-épreuves scrupuleuses! Les juges étaient fort dissemblables et venus d'écoles ou, si l'on veut, de camps très-différents. Quelques-uns avaient marqué avec éclat dans la poésie même, et avaient bien droit d'avoir leurs préférences. Nous avons tous, si nous n'y prenons garde, un premier jugement prompt, facile, involontaire, par lequel nous approuvons chez les autres ce qui nous ressemble, ou nous rejetons ce que nous n'aurions pas fait. En un mot, il y a un jugement auquel il est aisé de s'abandonner comme si l'on était chez soi, et par lequel on abonde dans son propre sens. Je ne veux pas dire que ce premier jugement soit toujours mauvais et faux, mais il est hasardeux, et il court risque fort souvent de ressembler à de la prévention. Il y a aussi un second jugement, plus réfléchi, plus méritoire, dans lequel on sacrifie quelque chose du sien et l'on se met au point de vue des autres ; où, sans se départir de sa propre impression, l'on accorde quelque chose à d'autres manières de voir et de faire. C'est sur le terrain élargi de ce second et plus impartial jugement que j'ai vu des hommes de directions et de natures de talent très-diverses se rencontrer, se rapprocher durant des semaines, et chercher sincèrement à se mettre d'accord pour rester justes envers les concurrents, ces autres confrères inconnus. Le fait de cet esprit d'union désintéressée et de concorde intelligente est aussi l'un des résultats et des produits du Concours, et j'aurais cru ne pas avoir rendu justice à tout ce qui en est sorti, si je ne l'avais signalé en m'honorant d'en avoir été l'organe. »

FIN DU TOME TREIZIÈME.

TABLE DES MATIÈRES

Lettres inédites de Voltaire.	I....................................	1
	II...................................	21
Le maréchal de Villars.	I....................................	39
	II...................................	57
	III..................................	81
	IV...................................	103
	V....................................	123
Histoire de la querelle des Anciens et des Modernes,	I......	132
par M. H. Rigault, ou l'abbé de Pons.	II.....	150
Tallemant *et* Bussy................................		172
Essais de Madame de Tracy..........................		189
Histoire du règne de Henri IV, par M. Poirson........		210
Guillaume Favre *de Genève, ou l'Étude pour l'Étude*....		231
Divers écrits de M. Taine.	I....................	249
	II...................	268
Mémoires et Journal de l'abbé le Dieu *sur la vie et les ouvrages de Bossuet*...............................		285
Maine de Biran, *sa Vie et ses Pensées*...............		304
Souvenirs militaires du général Pelleport...........		324
Madame Bovary, par M. Gustave Flaubert..............		346
Alfred de Musset....................................		364
Les Nièces de Mazarin, et le duc de Nivernais.......		376
Le maréchal de Saint-Arnaud, *ses Lettres publiées par sa famille*...		412
Appendice..		453

(L'errata suivant ne s'applique qu'au tome XII de la *première* édition.)

Dans le tome précédent (tome XII) j'ai à indiquer quelques corrections :

A la page 143, ligne 7 et 17, au lieu de : Léon X, lisez : Jules II.

A la page 335, supprimez *toute* la note qui commence ainsi : Dans une lettre de Frédéric à Maupertuis, etc. Et à la page 347, ligne 13, après : Ce M. de Mirabeau, *supprimez la parenthèse où il est dit :* (Ce nom est-il bien exact?).

A la page 341, ligne 11, *il faut rétablir au commencement de la ligne le mot :* la; *et à la ligne* 12, *le mot :* à.

Paris. — Imp. E. Capiomont et Cⁱᵉ, rue des Poitevins, 6.

www.ingramcontent.com/pod-product-compliance
Lightning Source LLC
Chambersburg PA
CBHW070208240426
43671CB00007B/589